法官解案

了解法官眼中的
事实和真相II

主　编　陈德鸿
副主编　郝燕飞　侯旭鸣

中国出版集团　｜　全国百佳图书
中国民主法制出版社　｜　出版单位

图书在版编目（CIP）数据

法官解案：了解法官眼中的事实和真相 . Ⅱ / 陈德鸿主编 . —北京：中国民主法制出版社，2023.4

ISBN 978-7-5162-3155-5

Ⅰ . ①法…　Ⅱ . ①陈…　Ⅲ . ①案例 – 中国　Ⅳ . ① D920.5

中国版本图书馆 CIP 数据核字（2023）第 050383 号

图书出品人：刘海涛
出 版 统 筹：石　松
责 任 编 辑：张佳彬　张　婷

书　　　名 / 法官解案：了解法官眼中的事实和真相 Ⅱ
作　　　者 / 陈德鸿　主编
　　　　　　郝燕飞　侯旭鸣　副主编

出版·发行 / 中国民主法制出版社
地址 / 北京市丰台区右安门外玉林里 7 号（100069）
电话 /（010）63055259（总编室）　63058068　63057714（营销中心）
传真 /（010）63055259
http: // www.npcpub.com
E-mail: mzfz@npcpub.com
经销 / 新华书店
开本 / 16 开　710 毫米 ×1000 毫米
印张 / 33.25　**字数** / 416 千字
版本 / 2023 年 4 月第 1 版　　2023 年 4 月第 1 次印刷
印刷 / 北京天宇万达印刷有限公司

书号 / ISBN 978-7-5162-3155-5
定价 / 139.00 元

编委会名单

序

写在"法官解案"系列节目开播十周年之际

  2013 年，最高人民法院新闻局联合中央广播电视总台社教节目中心《法律讲堂》栏目重磅推出系列普法节目"法官解案"。节目以法官视角解析法理，解读案例背后的人情冷暖，展现新时代人民法官和人民法院审判工作的业绩与风貌。一个案件就是一个故事，一本卷宗就是一种人生，由人民法官来讲述这样的"故事"和"人生"，两相观照，不偏不倚，更能引起人们的共情，达到弘扬法治精神、传播司法智慧、彰显人民法官情怀的效果。

  在最高人民法院新闻局与《法律讲堂》栏目的共同努力和探索下，"法官解案"系列节目已形成一套流程完备且行之有效的运行机制，包括选拔培训、选题策划、节目录制、播出宣推等环节。截至目前，已有来自北京、河北、内蒙古、辽宁、上海、江苏、浙江、安徽、福建、江西、广西、海南、重庆、四川、云南、新疆16个省、市、自治区的80余位人民法官登上央视舞台，他们之中先后有多人受到全国性表彰：全国人民满意的公务员（郁华冰、耿青）、全国优秀法官（郁华冰、杜君）、全国法院办案标兵（耿青）、全国法院十佳新闻发言人（刘平）、全国普法工作先进个人（谭媛媛）、全国维护妇女儿童权益先进个人（靳淑芝）、全国法院少年法庭工作先进个人（任莉华）……工作中，他们眼里有光、肩上有责、心中有爱，以身践行"唯情怀可度人间薄凉"；舞台上，他们深情澎湃、用心用情、精益求精，始终坚信"唯热爱可抵岁月漫长"。

十年来，"法官解案"始终坚持精品战略，播出节目近300期，累计播出时长近8000分钟，单期节目收视率最高达0.78%。据不完全统计，全国累计收看"法官解案"节目的观众达4亿多人次，口碑与影响力持续攀升。目前，该节目已成为中国法官进行公益普法宣传的重要阵地和知名品牌。

节目制作方《法律讲堂》，作为中央广播电视总台社教节目中心的一档公益普法栏目，自2004年12月28日开播以来，通过以案释法、以情说法，弘扬社会主义法治精神，传播司法理念和生活智慧，在业界形成了较强影响力和感召力。近些年，最高人民法院新闻局不断深化与《法律讲堂》栏目的合作，2017年又成功推出大型法治演说类节目"法治中国说"，以大法官视角，讲中国法治故事，谈司法改革进展，立体展现法治中国的壮美蓝图。

习近平总书记强调："普法工作要紧跟时代，在针对性和实效性上下功夫。"过去十年，最高人民法院新闻局与中央广播电视总台社教节目中心同舟共济，成绩斐然。站在新的历史起点上，特别是党的二十大报告专章部署"坚持全面依法治国，推进法治中国建设"，如何让法治声音更响亮，让法治观念更加深入人心，显得尤为重要。"常制不可以待变化，一途不可以应无方，刻船不可以索遗剑"，只有坚持守正创新、踔厉奋发，才能推动普法工作迈上新台阶，让人民群众的法治意识更加牢固，法治信仰更加坚定。

十年磨剑，不负韶华；行而不辍，未来可期。祝愿"法官解案"这个品牌更加闪耀、更加响亮，不断续写新时代新征程更加簇新的法治华章！

最高人民法院政治部副主任、新闻局副局长　李广宇

2023年3月

目 录
CONTENTS

王丽蕊

　　1982年9月出生，中共党员，硕士研究生，现就职于北京市第一中级人民法院民事审判第六庭，四级高级法官。曾荣立个人三等功两次，获审判业务标兵、调解（和解）能手、先进个人、五四红旗青年、优秀共产党员、优秀党务工作者等荣誉称号。深耕劳动争议审判领域，办理的一起案件入选最高人民法院指导性案例；多篇案例于全国法院系统年度优秀案例分析评选中获奖；多篇调研报告、案例于《人民司法》等刊物发表。

隐姓埋名的童工

主讲人：北京市第一中级人民法院　王丽蕊

2016年初夏的一天午后，老张顶着烈日，在地里挥汗如雨地干着农活。今年的庄稼长势不错，老张盘算着，等到秋收后卖了粮食攒够了钱，该给儿子盖间房子了；有了像样的房子，以后才好给儿子娶媳妇。想到这里，老张挂满汗水的脸上不由得露出了笑容。

忙活间，老张口袋里的手机响了起来。他摸出手机一看，是个陌生的电话号码，心想：该不会又是推销保险的电话吧？老张没好气地接起电话，正准备告诉对方自己没钱买保险时，就听到电话里传来一阵焦急的声音："请问你是张立住的父亲吗？我是你儿子的领导刘经理。你儿子出事了，你赶紧来一趟省城。直接来医院吧，地址是……"

听到这儿，老张只感觉"嗡"的一声，整个脑子都空白了。之后电话里的人说了什么、他是怎么回的家，几乎都记不清了。回到家，他把接电话的情况告诉了媳妇李秀娥，两个人胡乱抓了几件衣服塞进包里，就急匆匆地去赶火车了。

算起来，老张两口子有三个多月没见到儿子了。三个月前，他们唯一的儿子跟同村的几个老乡一起去省城打工，之后儿子每月初都给家里汇来500元钱，这是他们两口子第一次收到儿子挣的钱。他们觉得儿子懂事、孝顺，虽说年纪不大就辍学了，但是能够早早养活自己，做父母的也就安心了。想到这些，他们在火车上互相安慰："咱家儿子那么懂事，能出啥事呢？"可电话里刘经理的语气支支吾吾，像层层乌云罩在他们心头，不祥的预感挥之不去。

老张两口子来到医院，刘经理已经在门口等候多时了。双方确认身份之后，刘经理就带着他们走进了医院大楼。老张着急地问："我家立住怎么了？在哪个病房呢？"刘经理眼神躲躲闪闪的，径直带着老张两口子来到了一个房间门口。老张抬眼一看，差点吓晕过去，门上赫然写着"太平间"。

老张只觉得腿一软，整个人瘫倒在地上。刘经理连忙扶住他，颤抖着声音对他们说："张立住已经去世了，您二位节哀呀！"老张感觉天都快塌下来了，千里迢迢从老家赶到省城，看到的却是儿子冰冷的尸体。老张两口子无论如何也想不明白，儿子好端端地在省城打工，怎么突然就死了呢？

等到老张两口子略微平复了心情，刘经理告诉他们，张立住是跟人打架之后死亡的，事发时有很多工友在场。听了这话，老张两口子哪还坐得住：原来儿子是被人打死的！于是，俩人马上让刘经理带他们赶到儿子生前干活的工地。工地上的工人们正忙碌着，得知是张立住的父母来了，都聚拢了过来，大家你一言我一语地告诉他们事情的经过。

原来，张立住在这个工地干活两个多月了。一天前的下午，张立住像往常一样搬运着砖块、沙土。当时，他正推着一辆装满沙土的小车一路小跑，不承想，工友王强突然从旁边的墙后跑出来，张立住来不及刹车，眼看就要撞上了，他只得一个紧急拐弯，人是没撞到，可沙土车翻了，沙土撒了一地。

张立住立马来了气，指着王强就骂："你怎么回事，长没长眼睛？"王强是个中年汉子，向来瞧不上年纪轻轻的张立住，觉得他瘦瘦小小的身板，根本不是在工地干活的料；又觉得自己年长，反而被小兄弟这么吆喝，脸上挂不住，于是便和张立住对骂了起来。俩人越吵越凶，互不相让，最后扭打了起来。

王强人高马大，一把抓住张立住的衣领，挥拳就朝张立住的胸口打了两下。一旁的工友闻声赶来，急忙将二人拉开。被工友们劝阻后，王强也没再继续争执，嘴上骂骂咧咧地走了。张立住则站在一旁生闷气。大家见他俩不再争斗，就散开继续干活了。这时，一个细心的工友瞥见站在一旁的张立住开始摇摇晃晃站不稳，还大口大口地喘着气，一副呼吸困难的样子。张立住用力喘了几下后，一下子跌倒在了地上。

这名工友见状，急忙大声招呼大家过来看看。大家也不知道张立住是怎么了，有的给他掐人中，有的给他按压胸口，可张立住一点反应也没有。工友们意识到情况的严重性，赶紧拨打了急救电话，并且将情况向在工地值班的刘经理做了报告。

不一会儿，救护车呼啸而至，刘经理随救护车将张立住送到附近的医院进行抢救，并且支付了急救费用。可谁也没有料到，还不到一个小时，张立住就因抢救无效被确认死亡。之后便有了刘经理给老张打电话的那一幕。

老张两口子听完工友们的讲述之后，怒火中烧，原来儿子是被一个叫王强的家伙害死的！欠债还钱！杀人偿命！王强必须要为张立住的死负责。两口子怒气冲天，在工地上找到了王强，并向公安机关报了案。

人命关天，公安机关立即对此事立案侦查。可在审讯中，王强虽然对自己和张立住打架的事供认不讳，但就是不承认张立住是被他打死的。

王强红着眼睛与警察争辩："我只打了他两拳，就两拳，又没使多大劲儿，好多工友都看见了，这怎么可能就把人打死了呢？你们来打我试试，使劲打，看两拳能把我打死吗？"

经过与目击证人的反复确认，侦查人员认定王强与张立住之间打斗的情况与王强所说的基本一致，按照常理推断，这种打击并不能致人死亡。为了查明张立住的死因，侦查机关对张立住进行了尸检。鉴定结论与警方的推断相符，张立住的左颞部、右肘部和右胸部三处有轻微损伤，根本不会致命。那张立住是怎么死的呢？

经过法医的进一步鉴定，终于查明了死因——张立住属于胸腺淋巴体质猝死。胸腺淋巴体质是一种特异体质，主要特征是胸腺肥大，全身淋巴组织增生。这种体质的人，通常身材瘦小、体质脆弱、抵抗力差，可能由于激动、惊吓、轻微外力作用而猝死，甚至像疫苗注射、抽血这样微小的刺激都可能引发其死亡。

事发之前，张立住一家由于缺乏保健意识，从未给儿子进行过全身体检，都不知道儿子属于特异体质，工友们就更无从得知了。可正是这种特异体质，使张立住在与工友发生争吵打斗后，受到刺激，最后猝死。

至此，张立住的死因真相大白。公安机关侦查完毕后将案件移送至检察机关审查起诉。基于张立住的死因报告，检察机关认为王强的行为属于一般殴打行为，不具有故意伤害意图；且主观上无法预见张立住的特殊体质及死亡结果，也不存在过失，不构成犯罪，最终决定对王强不予起诉。

对于这一结果，老张两口子实在难以接受。但面对种种鉴定事实和检察官的耐心解释，他们也无话可说了。可是自己好端端的儿子，说没就没了，王强不用负刑事责任，谁又应该对儿子的死亡负责呢？

在离开检察院的路上，老张跟媳妇说："之前听说过一个词叫'工伤'，儿子是在工地干活的时候死的，应该算是'工伤'吧。儿子已经不在了，如果能够得到应有的赔偿，也算是告慰儿子的在天之灵啊！"

两口子一合计，决定去儿子生前工作的建筑公司讨个说法。没想到，他们得到了更令人吃惊的答复——建筑公司声称公司员工档案里根本就没有张立住这个人！这次出面接待他俩的不是刘经理，而是一个自称是杨老板的人。

这是怎么回事呢？明明是建筑公司的刘经理在张立住出事后主动联系了老张，而且在医院里，刘经理还紧紧握着老张两口子的手关心慰问，怎么现在建筑公司突然翻脸不认人了呢？

这时，杨老板拿出了一张员工入职登记表，姓名一栏写着"张立住"，还贴着照片。老张一看到儿子熟悉的面庞和笔迹，就忍不住激动起来："这不就是我儿子吗？你们怎么不承认？"杨老板慢条斯理地说："你们再好好看看，这张表上写的年龄、身份证号码跟你儿子的一样吗？"老张定睛一看，儿子明明是 15 岁，可表上填写的是 20 岁，身份证号码也跟儿子的完全不一样。

这时，杨老板语气陡然一转，冷冷地说："最重要的是，你们的儿子叫'张小北'，根本不叫'张立住'，我们公司压根儿没有你儿子这号人，还谈什么工伤？"老张两口子顿时愣住了，他们一时不知道怎么反驳，因为杨老板确实说对了一件事，他们儿子的大名确实不叫"张立住"，而是叫"张小北"。

这又是怎么回事呢？怎么又冒出来一个"张小北"？"张立住"和"张小北"又是什么关系？老张两口子知道死亡的明明就是他们的儿子，但面对这张儿子亲手填写的员工入职登记表，他们又百口莫辩。

老张两口子与杨老板争执不下，越吵越凶，最后杨老板一声令下，让人把他俩赶出了办公室。老张两口子很纳闷，儿子为什么在员工入职登记表中填写了虚假的个人信息呢？

这时，一个小伙子从他俩身后赶过来："张大叔，你们等等！"老张两口子回头一看，这不是同村的曹磊吗，儿子就是和曹磊一起出来打工的。

曹磊追上老张两口子，说："叔、婶，我知道立住的事儿是咋回事。"

说着，他把老张两口子扯到一边，讲起了事情的原委。

这事要从几个月前说起。张小北，也就是"张立住"，与曹磊本是同班同学，俩人在镇上的一所中学念初二，平时关系挺好的。这一年初春，回乡过年的大人们又要出去打工了，张小北就跟曹磊商量："咱俩学习也不好，家里条件也差，不如不要上学了，出去打工赚钱多好！"曹磊也正有此意，于是俩人一拍即合，各自回家准备去了。起初，两家的家长都觉得孩子才15岁，年龄还小，不同意他们去。后来禁不住孩子软磨硬泡，两家的家长又想着：反正孩子学习也不好，与其在学校里混日子，不如早早出去打工养活自己。于是，两家的家长也没多想，就让两个孩子跟着大人们去了省城。

两个小子初到省城，不知道能干点什么。同村的大人说，你们没什么手艺，不好找工作，不如去建筑工地试试吧。两人说干就干，可没想到的是，他们去了几个工地应聘都被拒绝了，理由是年龄不满16周岁。他俩这才知道，原来劳动法有规定，年满16周岁才能和用人单位建立劳动关系。

这可怎么办呢？一晃都离家半个月了，从家里带来的钱马上就要花光了，可不能就这么空着手回去啊。

一天晚上，俩人正在一起啃着馒头，张小北突然兴冲冲地跟曹磊说："哎，有了！我想到办法了，咱们假装自己年满16周岁了不就行了吗？反正别人又不知道咱们到底有多大。"俩人决定试试看。

打定主意之后，第二天一早，俩人又去各个工地应聘了。因为之前他们以真实信息应聘都被拒绝了，所以这次为了蒙混过关，俩人都给自己编了全套的虚假信息。张小北给自己编了假年龄"20岁"，还换了个名字叫"张立住"。这个名字倒也不假，因为"立住"就是张小北父母给他起的小名，寄托了父母对这个孩子的朴素心愿，希望他"立得住"，能够健康长大，平安一生。

就这样，俩人用假身份信息继续应聘。但是连着去了几个工地，招聘人员都要核对应聘者的身份证。张小北和曹磊谎称身份证丢了，可招聘人员告诉他们，没有身份证不能录用。就在俩人觉得这个办法行不通的时候，有一个建筑公司的工地在急招建筑工人，招聘人员觉得，虽然俩人没有身份证，不符合招聘员工的规定，但无奈工期紧、任务重，还是留下了他们。

就这样，张小北就用"张立住"这个名字，高高兴兴地开始了他在大城市的务工生活。

曹磊说到这儿，老张两口子才明白了儿子那份员工入职登记表的原委。曹磊告诉他们，张小北出事后他也很害怕，不知道该怎么办。今天听到老张两口子和杨老板的争吵，才知道虚假的个人信息带来了这么严重的后果，这才想到把这件事情告诉他们。

事实上，直到张小北出事后，在办理就医、死亡证明等相关手续，以及配合侦查机关调查的过程中，建筑公司才发现，原来"张立住"这个名字只是张小北应聘时编出来的，他的身份证、尸检报告等材料中都是"张小北"这个名字。老张两口子因为对这两个名字都太熟悉了，反而一直没觉察出有什么问题。但正是这一点，引起了建筑公司的注意。

面对来索要工伤死亡赔偿的张小北父母，建筑公司的杨老板内心打起了"小算盘"。张小北在工地干活的这两个多月，公司并没有为其缴纳工伤保险，他也就不能享受工伤保险待遇。最关键的是，张小北刚满15岁，雇用童工可是违法的啊！所以，杨老板便以员工入职登记表为由，声称公司只有员工"张立住"而没有"张小北"，对张小北的死亡，公司概不负责。

双方协商未果后，老张两口子无奈之下状告建筑公司，要求其支付赔偿金。此案经过劳动争议仲裁程序后起诉至人民法院，案件由北京市第一中级人民法院王法官主审。

庭审期间，双方公说公有理，婆说婆有理。建筑公司坚持主张公司雇用的员工是"张立住"而非张小北，而老张两口子则努力证明"张立住"就是张小北。建筑公司紧紧抓住员工入职登记表这一点，认为"张立住"的姓名、年龄等信息与张小北不一致，他们不是同一个人。

为此，老张申请调取了公安机关、检察机关对王强案的相关调查材料；还赶回老家，取得了村民委员会出具的证明——"张立住"就是张小北的小名，"张立住"与张小北为同一人，该证明文件上还由当地派出所加盖了公章。此外，曹磊还作为证人出庭做证，陈述张小北填报虚假信息入职建筑公司的过程，并证明员工入职登记表中的"张立住"就是张小北。

经过梳理案情，王法官面临着很多问题。第一个问题是，厘清张小北和"张立住"的关系。对此，王法官认定，侦查机关的相关调查笔录和检察机关的《不起诉决定书》，能够证明张小北在建筑公司工地发生意外死亡的事实，与建筑公司关于"张立住"的陈述相一致；张小北户籍所在地村民委员会和派出所出具的证明及证人曹磊的证言也能够证明，张小北就是建筑公司的死亡员工"张立住"。

第二个问题是，既然张小北已经是建筑公司的员工了，是不是就意味着双方构成劳动关系呢？

对此，王法官给出了否定的答案，原因就在于张小北的年龄。

法官解案 >>>

《中华人民共和国劳动法》第十五条第一款规定："禁止用人单位招用未满十六周岁的未成年人。"

为保护未成年人而特别制定的《禁止使用童工规定》第二条第一款也规定："国家机关、社会团体、企业事业单位、民办非企业单位或者个体工商户（以下统称用人单位）均不得招用不满16周岁的未成年人（招用不满16周岁的未成年人，以下统称使用童工）。"

而原劳动和社会保障部发布的《关于确立劳动关系有关事项的通知》中也明确，劳动者不符合上述法律、法规规定的主体资格的，与用人单位之间不构成劳动关系。

在本案中，因张小北是不满16周岁的未成年人，所以他和建筑公司之间不构成劳动关系。那么，这是不是就意味着，建筑公司不用承担责任了呢？

其实不然，王法官认为，建筑公司招录年仅15岁的张小北，属于使用童工，是一种性质极为恶劣的非法用工行为。使用童工不仅违法，而且对于劳动者和用人单位来说，都面临着巨大的法律风险。不能正常缴纳工伤保险，就是其中的一个重要隐患。

在本案中，建筑公司既没有审慎核查张小北的身份，又没有按照法律规定为其缴纳社会保险，从而一次又一次错过了得知其真实年龄的机会，也在一定程度上造成了现在的结果。

那么，在建筑公司非法使用童工，又没有正常缴纳工伤保险的情况下，张小北的死亡还能得到赔偿吗？对此，《禁止使用童工规定》第十条第二款明确规定，用人单位应当一次性地对伤残的童工、死亡童工的直系亲属给予赔偿，赔偿金额按照国家工伤保险的有关规定计算。

这里还涉及关于工伤认定标准的问题。简单来说，工伤是指员工在工作时间、工作地点因为工作原因受到的人身伤害。本案中，张小北是因自身疾病导致死亡的，并不符合"因为工作原因"死亡的标准，但《工伤保险条例》第十五条规定，在工作时间和工作岗位，突发疾病死亡或者在

48 小时之内经抢救无效死亡的，视同工伤。张小北是在工作时间和工作岗位突发疾病，经抢救后在 1 小时之内死亡的，符合视同工伤的标准，所以应该获得工伤死亡赔偿。

最终，鉴于建筑公司已先行支付了部分医疗费，一审法院判决建筑公司向老张夫妇支付一次性赔偿金差额 75 万余元。后建筑公司虽提起上诉，但二审法院予以驳回，维持原判。

法官点评

案件至此结束了，却让人感慨良多。建筑公司因贪图一时的小利，非法使用童工还妄图逃避责任，最终以高额赔偿为自身的不法行为买单；反观老张夫妇，在儿子本该读书的大好年纪，没有尽到监护职责，最终白发人送黑发人；最令人心痛的是张小北，为了早早工作赚钱，客死异乡，代价沉重，令人警醒！

何 锐

1981 年 9 月出生，中国人民大学民商法学硕士，现为北京市第一中级人民法院立案庭副庭长、三级高级法官。多次获得嘉奖、荣立两次个人三等功，被评为北京市法院民事审判业务标兵、北京市法院先进法官、北京市法院办案标兵。曾担任国家法官学院北京分院兼职教师、中国人民大学法律硕士实务导师、中国劳动关系学院实践导师。在《人民司法》《北京审判》《中国社会保障》等期刊发表十余篇文章和案例。

职场"碰瓷"专业户

主讲人：北京市第一中级人民法院　何　锐

2017年6月的一天，某公司的办公室主任赵刚接到通知，让他去法院领取应诉材料。拿到起诉状后，赵刚心头涌起一股怒气："这个王晓珍，有完没完？公司待她不薄，劳动仲裁都结束了，她还不依不饶，害得我还得往法院跑。"赵刚拿着材料，刚走出法庭，就碰上了一个熟人——在另一家公司做行政工作的李晓明。

"你怎么过来了，也有案子啊？"赵刚打着招呼。

"是啊，一个小姑娘才干了两个月，说与我们没签劳动合同，就把我们告了，看来以后要专门招个人事专员才行啊。"李晓明拍拍手中的材料，苦笑了一下。

"等会儿……"赵刚瞥见李晓明手中的材料，"王晓珍"三个字赫然映入眼帘。"告你们的人叫王晓珍？"赵刚问道。

"是啊，怎么了？"李晓明一脸疑惑。

"告我们公司的这个人也叫王晓珍。"俩人一核对，结果让人大跌眼镜，两家公司的当事人竟然是同一个人。

这是怎么回事？这个王晓珍到底是谁，一个年纪轻轻的小姑娘，为什么会同时与两家公司产生劳动争议呢？

这还得从2008年说起。王晓珍本科毕业于一所名牌大学的管理系，农村出身的王晓珍凭借自身努力考上了名牌大学，还获得了保送硕士研究生的机会。王晓珍家在农村，经济条件不好，但她年轻，长得漂亮，在人群中很显眼。面对这样美好的前程，王晓珍却犹豫了。她家里经济条件不好，父母在家务农，还有一个弟弟在读高中，为了供自己上大学，家里已倾尽了所有。虽然父母希望她继续深造，但看到双亲日益增多的白发和皱纹，王晓珍心里实在不忍。最终，她还是放弃了保送名额，选择参加工作，希望能早点分担家庭的重担。

王晓珍找工作异常顺利，仅仅面试了一次，她就被一家教育培训公司录用了，是行政岗位，月薪 8000 元。不仅如此，据公司的部门经理透露，老板非常赏识她。王晓珍特别开心，生性要强的她决定要加倍努力，干出一番名堂。同时，她还希望能多赚钱，尽快减轻家里的负担，这份工作让王晓珍对未来充满了期待。

可惜事与愿违，入职刚满一年，王晓珍本来干得好好的，却突然被公司毫无理由地开除了。王晓珍对这个结果百思不得其解，她不知道自己哪里做得不对，公司总经理马飞也确实很赏识她。刚进公司的时候，马飞曾把她单独叫到办公室说："王晓珍，我很看好你，面试的时候，我就觉得你是做大事的人，以后跟着我好好干。从农村出来不容易，我老家也是农村的，咱们一定要争一口气。"听到这话，王晓珍激动地说："谢谢马总抬爱，我一定努力工作。"

这之后，马飞果真没有食言，他经常亲自指导王晓珍，带她出席各种活动。有了总经理的指点和提携，王晓珍的业务能力越来越出色。在工作逐步进入正轨后，王晓珍本来想请马飞吃顿饭，表达一下感激之情，没想到却在这个时候突然得知自己被开除的消息。王晓珍接受不了，她带着满腔的疑惑和委屈去找公司的领导，想要问个究竟，可什么也问不出来。她去找马飞，也一直见不到人，马飞的手机也一直处于关机状态。

王晓珍非常沮丧。刚步入社会就碰上这样莫名其妙的打击，她感到手足无措，不知道自己究竟错在哪里，情绪也变得低落。就在此时，与王晓珍关系非常要好的同事张姐将事情原委偷偷告诉了她。

　　原来，问题出在马飞的老婆李莎莎身上。说起来，李莎莎才是这家公司的大股东，她娘家有自己的产业，家产丰厚，公司主要是李莎莎出资成立的。相反，马飞出身农村，家境不好，但特别能干，才华横溢。最初，马飞是一名教师，特别受学生欢迎，后来他才离职创业，开了这家公司。

　　他们生意越做越大，分校越开越多。公司业务也从只培训英语到涉及各个科目的培训，市场知名度大大提升。虽然马飞的工作如此出色，但他在家里还是低人一等。李莎莎是典型的大小姐脾气，平常对人专横跋扈，对马飞也不例外，马飞基本上对她言听计从。李莎莎嫉妒心很强，她不允许马飞和别的女性有过多接触。

　　王晓珍疑惑不解，难道是因为马飞经常带她参加活动，李莎莎吃醋了，所以才让马飞开除自己？

　　张姐撇了撇嘴，说道："算是吧，但也不全是。"

　　"什么叫不全是，难道还有其他原因？"王晓珍听到这儿，更加疑惑了。

　　张姐接下来的一席话，让王晓珍简直不敢相信自己的耳朵。原来，马飞最初自己开了一家公司，但由于市场定位失准，赔得一塌糊涂，欠下了一笔不小的债务。正当他感到绝望之际，曾当过他学生并一直爱慕他的李莎莎提出借钱给他，并答应帮助他东山再起。但条件是，马飞必须离开他的初恋情人，与李莎莎结婚。

　　面对这个条件，马飞陷入了深深的纠结。一边是爱情，一边是事业，二者不可兼得。经过了一番艰难的思想挣扎，想到自己一身抱负却无法施展，对成功充满渴望的马飞，最终选择了李莎莎。而这次李莎莎坚持解雇王晓珍的原因，竟然是王晓珍长得特别像马飞的初恋情人。

世上竟有这么巧的事？话说到这儿，王晓珍就是再单纯，也能想到马飞之所以对她这么好，很有可能是因为自己的长相。怪不得马飞总是带着她出席各种活动，原来是想和她多待一会儿。想到这儿，王晓珍倒吸了一口凉气，她心里很复杂，初入社会就遇到这样的事，她完全不知道该怎么应对。

王晓珍问道："李莎莎是怎么知道这件事的？"

张姐说："有一天，李莎莎到公司办事，恰好就在马飞的办公室门口，亲眼看到了你。"

就在两个星期前，李莎莎看到了王晓珍。那一瞬间，李莎莎突然分不清这是现在还是过去。等李莎莎仔细看清王晓珍的长相，那略显稚嫩的脸庞让她明白，这个女孩只不过是跟马飞的初恋情人有几分相像罢了。世界上竟然有长得如此像的两个人。但惊讶之余，她更多的是愤怒。结婚后，她最怕出现这样的情形，所以才对马飞横加限制，不准他离别的女性太近。马飞现在这样做，她早已满腔怒火。

果不其然，李莎莎回到家和马飞大闹了一番，并让马飞开除王晓珍。马飞刚开始还准备搪塞过去，不料李莎莎说她已经见过王晓珍，马飞迫不得已承诺立马开除王晓珍，并且保证以后绝不和王晓珍有任何往来。

说到这里，王晓珍终于明白自己为什么无缘无故地被开除了。但她打心底里接受不了这样的结果，她为自己感到不公，可想到曾帮助过自己的马飞，她又有些无奈。最终，她决定默默离开公司，再找一份工作。

就在王晓珍抱着东西准备离开公司的时候，却迎面撞上了李莎莎。李莎莎也没想到，王晓珍竟然还在公司，她看到王晓珍就气不打一处来，故意挡在了王晓珍面前，上下打量着她说："你就是王晓珍？"

"是。"第一次直接面对李莎莎，王晓珍心里有点紧张。

"你还好意思待在这儿？" 李莎莎傲慢的语气中充满了鄙夷，话也越说越难听，"哟，长得还真有几分姿色，你以为自己真的是凭借能力获得这份工作的吗？要不是马飞，你什么都干不了，一个穷'乡巴佬儿'。"

王晓珍委屈至极，眼泪几乎要夺眶而出，几次话到嘴边，她都忍住了，毕竟对方是马飞的妻子。王晓珍不想和她纠缠，于是赶紧离开了公司。李莎莎以为王晓珍是因为理亏心虚才跑开的，竟特意打电话对王晓珍进行羞辱，说她勾引自己的老公，企图借此上位；年纪轻轻，不走正道偏要走歪路，早就应该把王晓珍开除；等等。

王晓珍刚刚踏入社会，一心只想上进，哪里受得了这些。想起离开公司那天，围观人群异样的眼神，王晓珍想：李莎莎太欺负人了，我不能就这样不明不白地离开公司，得给自己讨一个说法。

经过咨询，王晓珍了解到，公司将其辞退，没有合法理由，属于违法解除劳动合同，应当按照正常解除劳动合同经济补偿标准的二倍支付违法解除劳动合同赔偿金。同时，由于公司没有与其签订书面劳动合同，应当自用工之日起的次月起，每月向其支付二倍的工资。王晓珍据此提起了劳动仲裁及诉讼。

在此后的一年时间里，王晓珍顶着巨大的心理压力和经济压力与公司打官司，眼看积蓄就要花光了，家中还等着用钱，着急上火的王晓珍终于等来了终审判决。最终，法院判决认定公司违法解除劳动合同，应支付王晓珍违法解除劳动合同赔偿金 16000 元。并且，因为公司并没有和王晓珍签订书面劳动合同，应支付王晓珍未签书面劳动合同二倍工资差额 88000 元，总计 104000 元。

拿到赔偿金的那一刻，王晓珍如释重负。她觉得自己这一年没有白忙，公司开除自己终究是错了。王晓珍本想着拿到钱就专心找下一份工作，但休息了将近一年的时间，再加上第一份工作留下的阴影，使她再也找不到工作的激情和动力。

之前她努力工作是为了赚钱补贴家里，打完这个官司后，王晓珍甚至苦笑着对自己说，原来打官司也能赚钱啊。

尽管这一年都在打官司，但可比上班要轻松多了，只需要去几次法院，最后拿到的钱居然比自己挣的工资都多。这件事情让王晓珍的心理发生了变化，难道只有认真工作才能挣钱吗？况且，无论是公司违法解除劳动合同还是未签订书面劳动合同，都是公司违反法律规定在先，自己主张获得赔偿完全是在维护自己的合法权益。

抱着这种心态，王晓珍尝试着根据网上的招聘广告，随便找到了一家公司应聘行政工作岗位。果然，她发现这家公司在劳动用工管理上漏洞也很大，根本就不与员工签订书面劳动合同。工作没几个月，王晓珍便提出离职并提起劳动仲裁。结果可想而知，一告一个准，她顺利拿到了公司因未签订书面劳动合同而支付的赔偿金。

两次成功的维权经历使王晓珍对工作逐渐失去了兴趣，她反而对如何从公司获取劳动赔偿金越来越上心。一般情况下，王晓珍都会选择中小型公司，这样的公司在劳动用工管理上往往不够严格，很多公司不会与员工签订书面劳动合同。即使公司提出签订劳动合同的要求，王晓珍也会以各种理由搪塞、拖延，时间一长，公司也没有特别留意，或者干脆忘了，签合同的事就不了了之了。

为了减轻自己的心理压力，也为了更好地假戏真做，刚入职时，王晓珍会假装认真工作几个月，然后就开始实施她的计划。她先是故意频频犯错，让公司逐步认为她无法胜任工作，但她对犯错尺度把握得很准，都是一些不太严重的错误。几次犯错后，公司便对她忍无可忍，殊不知此时公司已经进入了王晓珍布置的陷阱。她一步步诱导公司主动开除自己，同时还要装出一副无辜的样子，她对公司制度的漏洞和公司管理人员的心理把握得异常精准。而在这之后，王晓珍就会提起仲裁及诉讼，并接着寻找下一家目标公司。

如此这般，与王晓珍产生纠纷的公司逐渐增多，但由于王晓珍总能找到每个公司的漏洞并加以利用，所以她"碰瓷"的手法一直没有被发现。

俗话说，常在河边走，哪能不湿鞋。一次偶然的机会，就出现了开头的那一幕。办公室主任赵刚发现王晓珍竟同时和两家公司存在劳动争议，他马上把这个信息告诉了主审案件的刘法官。得知此事的刘法官也暗自疑惑，这件事情确实太过巧合，案情还这么相似。

于是，刘法官试着在裁判文书网上进行检索，搜索结果让他大吃一惊！原来，与王晓珍相关的劳动争议案件竟达数十件之多，且案件争议的焦点基本相同，即王晓珍向用人单位主张未签订书面劳动合同的二倍工资差额及违法解除劳动合同的赔偿金。数量如此之多且争议焦点集中的系列案件，引起了刘法官的高度重视。

认真阅卷后，刘法官安排好时间，公开开庭对此案进行了审理。法庭上，王晓珍与公司针锋相对，双方都火药味十足。

王晓珍在起诉状中称，2016年6月5日，其入职这家公司，月工资9000元，但公司未与其签订书面劳动合同，严重违反劳动合同法的规定，公司应从其入职的第二个月，即2016年7月5日开始，至其2017年2月4日离职时，每月支付未签订书面劳动合同的二倍工资差额，共计63000元。

公司代理人赵刚辩称，公司与王晓珍签订了书面劳动合同，但因为王晓珍负责保管员工档案，其离职时将自己的劳动合同带走了。根据王晓珍在劳动仲裁期间提交的聘任通知书及《员工录用审批表》可见，王晓珍确实负责保管员工档案。赵刚越说情绪越激动："公司并没有亏待你，虽说法律规定了二倍工资，但这钱你拿得心安理得吗？"

赵刚话音刚落，王晓珍就立即反驳："公司违法还有理了，我不在乎钱，但必须让公司接受教训。而且公司这是污蔑，虽然我的工作职责包括员工档案管理，但公司没有与我签订劳动合同，我怎么可能拿走？我在仲裁期间提交聘任通知书及《员工录用审批表》，是为了证明公司与我存在劳动关系，否则公司就要说根本没有我这个员工了。"王晓珍一副志在必得的样子，她一边说着，还一边向法庭列举了新的证据——一份《撤销通知》，能够证明公司确实未与其签订书面劳动合同。

刘法官从王晓珍手中接过这份证据，却发现文件抬头写的是《撤销通行》，内容为："因本公司员工人员构成比较复杂，一一签订书面劳动合同有实际困难，如果仅与你一人订立书面劳动合同，会给公司带来不必要的困扰，故撤销6月5日向你下发的《聘任通知》，月工资标准不变。若无异议，可在本公司继续工作；若持异议，请自行离职。"落款时间为2016年7月1日，并且加盖了公司的公章。

刘法官向王晓珍发问："可是这上面写的是《撤销通行》啊，这是怎么回事？"

王晓珍一听，连忙解释："标题打错啦，实际上是'撤销通知'。"

看到这样一份证据，赵刚一头雾水，坚决表示从来没有见过该证据，并认为王晓珍在办公室工作，平时能接触到公司的公章，这份证据一定是王晓珍自己伪造的。王晓珍也同样非常坚决，一口咬定这份通知上有公司的印章，这还能有假？

那么，对于这个案件，法官会如何审理呢？

法官解案 >>>

案件的第一个问题是，王晓珍提交的所谓《撤销通知》是否真实。

拿着王晓珍提交的这份证据，刘法官陷入了思索。按照日常生活经验，公司向员工发送聘任通知书是比较常见的，但发送《撤销通知》确实比较反常，而且这份文件连标题都打错了。公司曾主张王晓珍平时有机会接触公章，有可能是王晓珍事先在空白纸上盖好公章，之后再打印相关内容。所以，对《撤销通知》进行鉴定就是本案的关键所在，这份证据将直接决定案件的走向。

拿定主意后，依据公司的申请，法院委托鉴定中心对《撤销通知》上的印文与落款字迹形成的先后顺序进行鉴定。最终，鉴定意见为：检材上的公司印文与落款字迹形成的先后顺序为，先盖印文后打印字迹。也就是说，王晓珍提交的这份《撤销通知》，是先盖好公章后再打印出文字的。

很显然，这份证据是伪造的，所以法庭不能采信。

案件的第二个问题是，公司是否与王晓珍签订了书面劳动合同。

刘法官认为，根据"谁主张，谁举证"的原则，公司主张王晓珍离职时带走了劳动合同，应由公司举证，但公司对此并未提供证据。虽然王晓珍负责员工档案管理，并且手上确实有部分公司文件，但不能据此认定公司与王晓珍签订过书面劳动合同。

案件的第三个问题是，公司是否应支付王晓珍未签订书面劳动合同的二倍工资差额。

刘法官认为，根据《中华人民共和国劳动合同法》第八十二条第一款规定："用人单位自用工之日起超过一个月不满一年未与劳动者订立书面劳动合同的，应当向劳动者每月支付二倍的工资。"

其中，"二倍工资"的性质不是劳动者的劳动所得，而是对用人单位不与劳动者订立书面劳动合同的一种惩罚。"二倍工资"的立法目的在于督促用人单位与劳动者及时签订书面劳动合同，明确双方之间的权利义务，而非诱导劳动者从中牟利。

结合王晓珍持有的《员工录用审批表》分析，该表已基本实现了书面劳动合同的功能。表中明确约定了王晓珍的工作部门、工作地点、聘用期限、试用期、工资待遇等，并附有公司法人的签字，该审批表内容已经具备劳动合同的要件，既能够明确双方的劳动关系，又固定了双方的权利义务，实现了书面劳动合同的功能，所以公司不必支付王晓珍未签订劳动合同的二倍工资差额。

最终，王晓珍的请求没有得到法院支持。而且因为伪造证据，王晓珍被法院严重警告，成了法院系统内重点关注的对象，也被很多公司的人事部门当作典型案例学习。

事后，王晓珍追悔莫及，又到很多公司去应聘，真心想找一份工作。可因为这个案子闹得人尽皆知，没有一家公司愿意再录用她，最后她只好灰溜溜地离开了这座城市。

赵刚在拿到法院判决书的那一刻，也是感慨良多。看来，签订劳动合同不仅是为了保护劳动者，同时也是为了保护用人单位。只有依法完善自身的用工制度，而不是总想着钻法律的空子，才不会给别有用心的人以可乘之机。

法官点评

王晓珍作为名牌大学的毕业生，聪明能干、年轻靓丽，本可以靠自身的努力实现自我价值，却因为心中的贪念，妄图通过"职场碰瓷"的方式获利，最终毁了自己的大好前程，这也是聪明反被"聪明"误！

任莉华

　　毕业于中国政法大学，现为北京市第三中级人民法院法官。自1997年9月开始从事少年法庭工作，长期从事涉未成年人民事、刑事案件审理工作。在20余年的工作生涯中，荣立三等功五次；多次年度考核被评为优秀，并荣获"廉政信用评价优秀个人"称号。2000年，曾代表全国法院系统在人民大会堂做了题为"托起明天的太阳"的主题发言，宣传少年审判事业的进步。2014年11月被评为"全国法院少年法庭工作先进个人"。

逃不掉的罪恶

主讲人：北京市第三中级人民法院　任莉华

一天午后，在北方某乡村的一处院落前，一个男人鬼鬼祟祟地朝里张望着。看到有过路的人，他就赶紧转过头，等人家走了，他就继续朝院子里看。好几次，他想伸手推门，但又作罢。就这样犹犹豫豫地过了大半晌，终于，有个老人从屋里走了出来。两人四目相对，男人的眼泪忽然扑簌簌地滚落下来，随即双膝一软，跪在老人面前。

这个男人是谁？他和老人是什么关系？他为什么突然给老人下跪？这一切，还要从一起盗窃案说起。

这个男人名叫张昆。18年前的一天，年仅20岁的张昆正在街上闲逛时，碰到了儿时的伙伴王山。两个人从小就认识，小学、中学都是在同一个学校上的，后来因为王山家搬到了很远的城南边，他们才失去了联系。这次相逢，哥俩一见如故，当天晚上就在一个小酒馆里喝得酩酊大醉。

酒足饭饱之后，俩人还相约着过几天再见面，张昆说："咱们哥俩这么长时间才见面，吃这一顿哪够啊！我家里还存着一些好酒，等过两天咱们再出去喝一顿！"王山以前就知道，张昆从小在家就是说一不二的主儿，父母很宠他。一想到跟着张昆可以白吃白喝，王山便连忙答应下来。

此后，俩人便经常厮混在一起，成了歌厅、网吧的常客。为了方便晚上出来玩，他们干脆都从家里搬了出来，一起合租了房子。

由于张昆时常带着王山和自己的一些酒肉朋友聚会，日子久了，也开始有些入不敷出。尤其是两人租了房子以后，开销太大，张昆渐渐连房租都付不起了。在几次被房东催租之后，张昆和王山开始琢磨干点什么，以解燃眉之急。但无奈，外面招工的不是有学历要求，就是有技术要求。对于只有初中文凭又没有什么技能的他们来说，想找个挣钱多、出力少的活儿，根本不可能。

　　这天，王山过来找张昆，说有条路子能帮助他们摆脱困境，唯一的要求就是胆子要够大。张昆一听，拍着胸脯说："要说别的我做不到，要胆量是绝对有的。只要能挣到钱，能解决现在的困难，干啥都行。"

　　王山见张昆急着挣钱，就道出了事情的原委。

　　原来，王山曾经在当地的一家钢材厂干过一段时间，前一阵他遇到了以前的工友赵正，他们曾经搭帮干过活，关系不错。现在赵正已经当上了厂里的保安队队长。闲聊中，王山得知，赵正他们最近的安保任务比较重，因为厂里新进了一批特制钢材，这可比普通的钢材值钱多了。王山因此动了歪心思，他想拉着张昆偷点钢材去卖，并且承诺有钱大家赚，这钢材卖出去之后，两人对半分赃。

　　王山还说，当初自己就是因为手头缺钱，才偷厂里的钢材边角料去卖，结果被厂里开除了。

　　说到这儿，王山气不打一处来："那么大个厂，我们弄点边角料，挣个零花钱，还能调动干活的积极性，怎么就不行了？大会小会上都说要以厂为家，我真把厂当家了，他们又不干了。也怪我倒霉，以前就有人干过，人家就没被抓着。这不，我新交的女朋友小惠，也不是个省油的灯，成天要项链、耳环，还说再不给她买，就跟我分手！"

　　说到自己的事，王山有一肚子抱怨。他顿了顿，又对张昆说："要想干这件事，除了胆子大，更需要机智，要懂得随机应变。算了，我就是跟你说说，这事你做不了，没有挣这钱的命。"

张昆听他这么说，着急地问："什么？你看我不行吗？"

"行不行不是靠说的，得看真本事，到时候你临阵退缩了咋办？"此时，张昆眼前又浮现出跟父母要钱时，他们无奈又失望的眼神，想到家中确实没什么值钱的东西了，他把心一横，拍着胸脯说道："这世上就没我怕的，不就是偷东西吗？不信咱们就干这一票。"

王山见张昆如此表态，便将已盘算好的事情和盘托出。俩人决定，以看望好朋友的名义去找赵正，顺道和厂里的保安队喝几杯酒，然后见机行事。

王山和张昆商量着，光靠喝酒，那几个保安未必会醉倒，为了万无一失，他们决定再去找点安眠药加到下酒菜里面。虽然以前也偷过东西，但毕竟这次情况不同，王山心里确实有些害怕，所以他提醒张昆，必须得带上点"家伙"防身。张昆觉得王山说得很有道理，于是，他们又去准备了两把刀。天一擦黑，俩人便直奔赵正所在的钢材厂。

值班室里，众人见面，把酒言欢。赵正将三名值班的保安介绍给俩人，王山赶紧跟他们套近乎，随后指着张昆说："我和我兄弟好久都不见赵正了，这不，听说他在厂里当了队长，我俩就带着酒菜来给他庆贺庆贺。今天兄弟们都在，带来的酒菜咱们一起吃，赵正的兄弟就是我们的兄弟，以后大家都是好哥们儿，有事多帮衬！"王山和张昆不停地敬酒，哄着、劝着，让大家多吃多喝，就这样，在药物和酒精的作用下，不一会儿，几名保安相继趴在了饭桌上。

王山和张昆看着进入梦乡的几名保安，终于舒了一口气。王山说："你还别说，这药劲儿挺大！"张昆也说："得亏咱俩事先在家里吃了点东西垫肚子，要真和这几个酒鬼喝起来，轮不到他们趴下，咱俩就先醉倒了！"王山看看四下无人，说道："看样子，这批钢材应该在后院，我对这儿熟，一会儿你紧跟着我，咱们把钢材拉出去就行，没人能看到！"张昆连连答应："没问题，不过咱们做完得赶紧走，这几个人指不定什么时候就醒了，要真让他们看见就坏事儿了。"

俩人离开值班室没多远，张昆对王山说："我觉得咱们应该把值班室的门从外面给锁上，这样就算有人醒了，一时半会儿也出不来。"

王山一听，觉得有道理，便同张昆一起返回值班室。没想到，就在张昆准备锁门时，忽然听到值班室里好像有动静。张昆赶紧转身拉住王山，低声说道："完了，好像有人醒了！"王山吓了一跳，两人赶紧猫腰躲在了门口。只见一名保安扶着墙站着，身体还有些摇晃，说道："谁？谁在那儿？是王哥和张哥吗……"说着，就要去喊醒其他人。

眼瞅着要被发现了，张昆小声说道："他看到我们了，要不这事就算了吧。"王山狠狠地瞪了他一眼，说道："你当初是怎么说的，咱们再找机会可就难了。撑死胆大的，饿死胆小的，而且他已经发现我们了，谁挡咱们的财路谁就别想活，先把他控制住再说。"

说时迟那时快，只见王山掏出了怀里的刀，借着酒劲，冲进了屋里。保安见王山拿着刀，赶紧喊人，并与王山缠斗在一起。打斗之中，王山将那名保安按倒在地，随后掏出尖刀扎向了对方。此时的张昆也吓蒙了，他顾不上许多，也从怀里掏出刀，朝着已经倒地的保安身上砍去。

这时，旁边又有人迷迷糊糊地醒了，王山和张昆哪里还顾得上偷钢材，迅速逃离了钢材厂。回到出租屋，两人惊魂未定。他们商量好今后不再联系，随后匆忙收拾行李，各奔东西：张昆选择南下逃亡，而王山则逃回了老家。

案发后，王山在自己的老家被警方抓获。落网后，王山如实供述自己和张昆如何预谋盗窃、如何着手准备等。法院最终以抢劫罪，判处王山死刑，缓期两年执行。而张昆则一直在逃，此后的18年里音信全无。

那么，张昆到底逃到了哪里？既然他都已经逃了 18 年，如今为什么又选择回来呢？

原来，事发之后，张昆害怕得不得了，他不敢回家，就像没头苍蝇似的，四处逃窜。他有时搭个黑车，连去哪里都不知道。没钱了就打短工，没地方住就睡路边、地下通道，风吹雨淋，酷暑严寒，张昆每天都在惊恐中度过。每次一听到警车的声音，张昆就马上藏起来，生怕被人发现。

由于不敢用身份证，张昆从来不能正经地找个工作，这些年里，他去过很多地方，但都待不久。因为害怕，这么多年他从来不敢关灯睡觉，闭上眼睛，脑子里就是案发那晚发生的事情，每次惊醒后都彻夜难眠。为了减轻折磨，他拼命干活、拼命喝酒，但是都没有用。他悔呀，悔不该跟着王山去偷窃；他恨呀，恨自己不走正路，将大好年华浪费在了逃亡路上。除了悔恨，他还越来越思念家乡的父母，曾多次试图和父母联系，却又怕连累世上唯一的亲人。终于，在逃亡 16 年后的一个新年，看着窗外合家团圆的热闹喜庆场景，他哭了。有家不能回、东躲西藏的日子，他再也忍受不了了。他暗暗做了决定，先回家看看自己的父母，然后就去自首。

可要想回去，也不是那么简单的事。他不能坐车，不能在见父母之前暴露自己。因此，他选择了走路，足足走了两年多。

这天，张昆终于站在了家门口，也就是开头的那一幕。开门的正是张昆的父亲，如今的张父已消瘦憔悴，满脸皱纹，身体佝偻。门口这个衣衫褴褛、胡子拉碴的人"扑通"一下跪在了他面前。他揉了揉自己的眼睛：这是……张昆？真的是自己的儿子张昆！

虽然已经过了十几年，但是自己的儿子他还是能认得出来。张父赶忙将张昆拉入院里，老泪纵横地问道："儿子，这么多年，你到底去哪儿了啊?！"

坐在院子里，张昆感觉到周围的一切熟悉而又陌生，眼前这个两鬓斑白的老人，哪里是当年那个意气风发的父亲啊！过了好长一段时间，张昆竟连一句话都说不出来。终于他开口问父亲："爸，我妈呢？这十几年我就想见见你和我妈，见到你们还好，我就去自首，也算是了了心愿……"话未说完，张昆扭头便看到墙上挂着母亲的遗像，他泣不成声。

张父告诉张昆，18 年前，在知道儿子张昆犯案后，张母的身体就垮掉了，住院没多长时间就去世了。家里出了这种事，张父也不愿再和亲友联系，便一人独居在这间老房子里，为的就是在有生之年等儿子张昆回来。张昆听完，早已痛不欲生，母亲的去世就是因为自己啊！张昆抱着父亲痛哭了一场，然后在父亲的陪同下，前往当地派出所投案自首了。

因为事实清楚，很快检察机关便以抢劫罪指控张昆，并向法院提起公诉。与此同时，被害人的近亲属也向法院提起附带民事诉讼。

因为本案的被害人遇害时年仅 17 周岁，因此，案件由未成年人案件审判庭的李法官承办。李法官翻阅卷宗后沉思，张昆逃跑了 18 年，如今能主动投案，也算是对被害人的一种告慰了。不过案发时，被告人张昆刚成年不久，怎么就走上歧途了呢？就被害人的民事赔偿问题，张昆家属又是什么态度呢？

于是，李法官拨通了张父的电话，约他到法院谈一谈。来到法院，张父话未出口，就已经泪流满面。从其断断续续的讲述中，李法官还了解到了案件背后的一些情节。

原来，作为家中的独子，父母一直对张昆过分溺爱。张昆小的时候身体弱，父母怕他在幼儿园里受欺负，就设计了一个"靶子游戏"，并告诉张昆："儿子，如果别人招惹你，你就要打他，而且要打要害部位，打得别人不敢还手，这样才没有人敢欺负你！"

就这样，上学后的张昆沾染上了爱挑事的坏习惯，屡屡和同学打架，对老师的训斥张昆不以为然，左耳进右耳出。有一次，一个同学和张昆发生了口角，放学后被张昆堵在学校门口打得鼻青脸肿。第二天，这个学生的家长到学校来讨说法，但老师对张昆也无可奈何，只能打电话叫家长，而此时的张父张母认为张昆还小，也是一味地袒护："小孩子的事，就让小孩子自己解决！谁挨打证明谁没本事……"这番话让老师瞠目结舌。

由于四处惹是生非，不好好学习的张昆成绩垫底。为了提高张昆的学习成绩，张昆父母又是找补习班，又是买辅导资料，没少花钱。父母还以物质奖励来激励张昆，没想到张昆拉着父亲来到一家知名的户外用品商店，指明要展示柜里的一辆自行车，并表明只有先买下来自己才会认真学习。张父看到那标签上昂贵的价格吃了一惊，想反悔，张昆就在店里撒泼打滚，引来众人围观。张父失了脸面，怒火中烧，一巴掌打在了张昆的脸上。张昆从小到大基本没怎么挨过打，更别提打脸了。在惊愕和愤怒中，张昆冲出了商店。从此，张昆的学习成绩更是一落千丈，他经常瞒着家里逃课，后来干脆再也不进学校的大门了。

渐渐地，张昆和当地的一些闲杂人员混在了一起，四处游荡、惹是生非。张昆父母后悔不已，却没有办法。他们管不了，也不敢管，因为张昆已经不是小孩子了，他们害怕张昆再做什么过激的事。本以为儿子在外面吃了亏后，肯定会回心转意。结果没想到，张昆竟然去偷东西，并且还杀了人。

了解了张昆的经历后，李法官感慨家长的教育确实很重要。但张昆作案时已经是个成年人了，根本责任还在自己。

随后，李法官将被害人家属提交的附带民事诉状递给张昆的父亲，面对对方的民事赔偿要求，张父表示，多少钱也换不回人家孩子的命，自己一定会尽力赔偿对方的经济损失，希望法院能就民事部分为双方当事人做调解工作。

最终，在李法官的主持下，双方在庭前就民事部分达成了调解协议，被害人亲属表示撤回民事起诉，并表示谅解。

很快，案件开庭审理。在法庭上，张昆认可检察院对他犯"抢劫罪"的指控，如实供述了全部犯罪事实。

不过，张昆本来是怀着盗窃目的前往钢厂的，难道其行为不是由盗窃转化的抢劫吗？检察机关为什么认为本案与盗窃无关，而是具有抢劫罪的加重情节呢？另外，与已经判处死刑并缓期执行的王山相比，张昆应该如何量刑呢？

法官解案 >>>

《中华人民共和国刑法》第二百六十三条，对抢劫罪作出了明确规定：以暴力、胁迫或者其他方法抢劫公私财物的，处三年以上十年以下有期徒刑，并处罚金；有下列情形之一的，处十年以上有期徒刑、无期徒刑或者死刑，并处罚金或者没收财产：（一）入户抢劫的；（二）在公共交通工具上抢劫的；（三）抢劫银行或者其他金融机构的；（四）多次抢劫或者抢劫数额巨大的；（五）抢劫致人重伤、死亡的；（六）冒充军警人员抢劫的；（七）持枪抢劫的；（八）抢劫军用物资或者抢险、救灾、救济物资的。以上八项即属于加重情形。

根据上述定义和规定，再结合本案事实来看，被告人张昆是以非法占有公私财物的目的（企图将钢材厂的钢材占为己有），使用下迷药这种手段（暴力、胁迫以外的其他方式，通常是对被害人以用酒灌醉或者药物麻醉等方法，使被害人丧失反抗能力，无法反抗），使看管钢材的保安人员陷入昏迷状态，他的这一行为，符合抢劫罪的构成要件。

而且根据《中华人民共和国刑法》第二百六十九条中的规定，犯盗窃、诈骗、抢夺罪，为窝藏赃物、抗拒抓捕或者毁灭罪证而当场使用暴力或者以暴力相威胁的，依照本法第二百六十三条的规定（即抢劫罪）定罪处罚。

逃不掉的罪恶

从中可以看出，法律并没有规定由盗窃转抢劫的主观恶性轻，应从轻判处。

在庭审快结束时，李法官问张昆："现在是最后陈述阶段，你还有什么要说的？"张昆低头回答道："这么多年，我没有一天不在后悔，是我的行为让被害人的父母痛不欲生，我认识到了错误，愿意承担所有的法律责任。"

庭审后，合议庭对此案进行了评议，一致认为，本案定性为抢劫罪是确定无疑的。至于量刑，合议庭认为，张昆的行为符合抢劫罪中的第五种情形，应属于加重处罚的情节，量刑应在十年以上有期徒刑，直至死刑。另外，被害人是未成年人，也是予以从重处罚考虑的情节之一。但同时，张昆也具有从轻处罚的情节：投案自首，民事部分调解解决，获得了被害人家属的谅解。

综合以上情节，法院对张昆依法作出判决，以其犯有抢劫罪，判处其无期徒刑，剥夺政治权利终身，并处没收个人全部财产。

就这样，在逃亡18年后，张昆终于受到了应有的惩罚。法官宣判后，张昆也长舒一口气，他结束了自己内心的"漫漫长夜"，终于不用再提心吊胆了。可另一边，被害人的父母却永远失去了自己的孩子，一辈子活在痛苦之中。

法官点评

案件已经审结了，但留给我们深深的思索。犯案时张昆还很年轻，他本来有大把的机会，未来有无限的可能，却因为自己好逸恶劳、不辨是非，轻而易举地接受了王山的拉拢，最终滑向了犯罪的深渊。通过深入剖析，张昆年幼时，父母畸形的爱和管教方式不仅对他毫无益处，还在一定程度上促使他过早地步入社会，沾染恶习，这也给我们敲响了警钟。

李 霞

　　1978年10月出生，中共党员，现任河北省秦皇岛经济技术开发区人民法院书记官处副主任、新闻发言人。荣立个人二等功一次、个人三等功两次。2000—2010年，兼职秦皇岛电视台新闻节目主持人。近年来，主持国家、省、市级大型文艺演出一百多场，并多次担任外事办英文主持。2010年，参加中央电视台《星光大道》栏目的节目录制，获周亚军。2015年，获全国法院系统新闻发言人电视大赛优秀奖，河北省法院系统演讲比赛一等奖，全国法院系统演讲比赛三等奖。2016—2019年借调至最高人民法院新闻传媒总社工作，并先后参与《执行法官》《阳光法庭》《特别追踪》《马锡五》等影视剧的拍摄。

特殊的结婚证

主讲人：河北省秦皇岛经济技术开发区人民法院　李　霞

5月的一天，民政局大厅里，突然传来一阵哭声。只见一个30多岁的女人蹲在墙角，一边哭泣一边自言自语："这婚为啥就离不了啊！"女人身旁站着一个与她年龄相仿的男人。男人一脸冷漠，并未理会号啕大哭的女人。

很快，工作人员上前询问情况。女人止住哭声，说："都已经来了三次了，可你们还是不给我们办离婚，到底该怎么办啊……"

是什么原因让这个女人离不了婚呢？

原来，女人名叫刘丽芸。15年前，22岁的刘丽芸经人介绍，认识了比自己大一岁的许磊。介绍人说，许磊是个苦命的孩子，从小就没了父母，是姨妈和姨父把他养大的。虽然没读几年书，可许磊脑袋瓜灵活，在镇上开了间理发店，平时还做点小生意，是个靠谱的男人。

在介绍人的撮合下，刘丽芸开始跟许磊试着交往。接触中刘丽芸发现，许磊的确如介绍人所说的精明能干，对自己也很细心体贴。相处两个月后，许磊就把刘丽芸带到了自己的姨妈和姨父面前。

见到刘丽芸后，姨妈热情地拉着刘丽芸的手唠起了家常，还对许磊说："大鹏啊，你可真是好福气，能遇到小芸这么好的姑娘。"

"大鹏？"刘丽芸疑惑地看着许磊，"你不是叫许磊吗？"

"哦，那个，我小名叫大鹏。"许磊有些尴尬地笑了笑。

从姨妈家出来，刘丽芸隐约感到许磊有些不对劲，可又说不上是怎么回事。刘丽芸注意到，说话的时候，许磊一直躲避自己的眼睛。接下来的日子，两人同居住到了一起，刘丽芸开始有意观察许磊的言行。没想到，刘丽芸还真的发现了一件奇怪的事情，那就是许磊经常说梦话，而且总是会在睡梦中惊醒。

有一天深夜，熟睡的许磊大声喊道："不是我，不是我……"刘丽芸被许磊吵醒，睁开眼的时候，发现许磊正满头大汗地呆坐在床上。刘丽芸赶忙问道："许磊，你这是怎么了？"

惊魂未定的许磊目光呆滞地说道："哦，没什么，做噩梦了。"

像这样在噩梦中惊醒的情况，许磊每隔一段时间就会出现一次。俗话说，日有所思，夜有所梦。刘丽芸不明白，为什么许磊总会做噩梦，难道他真的有什么事瞒着自己吗？可除此之外，许磊也没什么异常。一番观察下来，刘丽芸并没有新的发现。

刘丽芸心想，也许是自己太敏感了，两个人相处，最重要的就是彼此信任。所以从那以后，刘丽芸再没对许磊起过疑心。

一转眼，两人已经恋爱一年了。刘丽芸满心欢喜地等着许磊跟自己提亲，可许磊却迟迟没有结婚的意向。

终于有一天，刘丽芸坐不住了，她把许磊叫到跟前，问道："许磊，你觉得我对你咋样？"许磊说："挺好的呀。"

"那你想不想娶我做媳妇？"

"当然想啊，我做梦都想跟你结婚。"

"那你为啥不跟我家提亲？"

"我……我这不是还没挣到钱吗，等我有了钱，盖了新房，到时候风风光光地把你娶进门。"

"你没钱,我不嫌弃你,只要你不骗我、对我好就行。"

听到刘丽芸这么说,许磊感动得眼泪汪汪,发誓说一定会用尽全力对刘丽芸好。很快,许磊便给刘丽芸带来了惊喜。

一天晚上7点多,刘丽芸下班回到家中,见许磊已摆好了酒菜,坐在桌边等着刘丽芸回家。桌上的一块红布下,似乎盖着什么东西。刘丽芸迟疑地走上前去,问道:"这是啥?"

"你掀开看看。"许磊笑道。

刘丽芸轻轻地揭开了那块红布,下面整齐地摆放着户口本、身份证,还有村民委员会给许磊出具的婚姻状况证明。没等刘丽芸回过神儿来,许磊已经走到刘丽芸身边,从身后掏出了一枚精美的戒指,深情地对刘丽芸说:"小芸,不用怀疑,我对你的感情都是真的。今天,我把你想要的都带来了,只要你愿意,明天一早咱们就去民政局登记结婚。"

一番诚恳的表白,让刘丽芸激动地倒在了许磊的怀中。

领证之后,两人的感情更加甜蜜,他们想选个吉利的日子,风风光光地办一场婚礼。刘丽芸对未来也是满怀憧憬,她想就这样跟许磊一直幸福地生活下去。可这幸福的日子没有持续多久,就被一场意外打破了。

一天深夜,门外响起了急促的敲门声。刘丽芸把门打开一看,只见几名全副武装的警察出现在了她的面前。他们走进屋内,给许磊戴上了冰冷的手铐。

刘丽芸被眼前的这一幕吓傻了。当她听到警察问许磊是不是叫谢鹏时,刘丽芸坚信是警察抓错人了,忙说道:"警察同志,我爱人名叫许磊,不叫谢鹏,你们这是搞错了啊。"

"抓没抓错,你让他自己说。"此时的许磊没有任何抗拒,只是耷拉着脑袋,一言不发。

"许磊,你说话啊,你告诉警察,他们抓错人了,你快说啊。"刘丽芸急得哭出了声，可任凭刘丽芸怎么推操，许磊就是不作声，只剩下眼泪在眼眶中打转。

就在警察准备将许磊带出家门的那一刻，他回过头"扑通"一声跪倒在地，对刘丽芸说："小芸，我……我对不起你。"

丈夫被警察带走后，刘丽芸呆坐在屋里，许久都缓不过神儿来，她一遍又一遍地掐着自己，对自己说："快醒醒，快醒醒，这不是真的，这不是真的。"可残酷的现实就摆在眼前，她清楚地记得警察对她说的话："谢鹏，涉嫌故意杀人。"

刘丽芸无论如何也接受不了这件事，她不相信与自己同床共枕的人，竟然是杀人逃犯。而此刻，她似乎明白了，为什么丈夫总是在睡梦中惊醒，原来他一直都在欺骗自己。很快，刘丽芸便得知了丈夫这些年隐瞒的真相。

丈夫许磊的真名叫谢鹏，让谢鹏悔不当初的事情，发生在他跟刘丽芸相识的两年前。

谢鹏的父母在他还小的时候，就相继得病去世，这些年他一直跟着叔父生活。因为成绩不好，谢鹏早早辍了学，在社会上游荡。有一年，21岁的谢鹏因琐事与人发生口角，情急之下他用刀将人捅伤，然后就逃离了现场。不幸的是，被害人因伤势过重、失血过多，不治身亡。案发后，年纪轻轻的谢鹏吓坏了，他不敢去投案自首，便潜逃到了相隔千里之外的姨妈家。

自从父母去世后，谢鹏和姨妈家基本上断了联系。所以一见到谢鹏，姨父姨妈便非常怜爱这个孩子，让他留下来一起生活。

谢鹏隐瞒了自己犯案的事情，他对姨妈说，自己在老家做生意赔了钱，所以想换个地方闯荡，等混出个模样后再回去。

谢鹏的姨父和姨妈都是老实本分的农村人，家里只有一个傻儿子，名字就叫"许磊"。听姨父说，许磊小时候不慎从房顶摔落下来，导致大脑受损，才变成现在这个样子。尽管已经20多岁了，可许磊的智力水平只相当于七八岁的孩子。而且，许磊多半时间都待在屋子里，基本上不怎么出门，村里大多数人甚至都不知道他的存在。

刚到姨妈家的谢鹏，表现得特别能干，地里的农活被他一个人全包了，不嫌脏不嫌累。姨父和姨妈都觉得，这是老天爷眷顾他们家，把谢鹏送到了他们身边，如果自己的儿子许磊能像谢鹏这样正常该多好啊。

谢鹏不仅勤劳肯干，还特别会说话。一天，他跟姨父和姨妈说："我哥的情况，我都看在眼里了。反正我爸妈都不在了，如果你们二老不嫌弃，从今往后我就是你们的亲儿子。以后，我给你们养老送终。"

"那敢情好，那敢情好。"听谢鹏这么一说，老两口非常感动，笑中带泪，乐得合不拢嘴。

为了隐瞒自己的身份，同时也为了打消村里人的疑虑，谢鹏让姨父和姨妈跟村里人说，自己是他们收养的义子，名字就叫"大鹏"。

就这样，谢鹏隐瞒了自己是杀人逃犯的身份，在姨妈家安顿了下来。

开始的一段时间，谢鹏根本不敢出门，毕竟自己是命案在身的逃犯，为了躲避抓捕，谢鹏尽量不出村子。可总在家里躲着也不是办法。半年后，见风声并没有那么紧，谢鹏便在镇上开了家理发店，对外则自称"许磊"。后来，他认识了刘丽芸。这个温柔贤惠的女孩儿，让谢鹏动了真情。可为了不暴露自己的真实身份，谢鹏只能先用"许磊"的名字和刘丽芸交往。

面对女朋友刘丽芸结婚的请求，谢鹏没理由拒绝，但心里又七上八下的。自己这身份，怎么可能跟刘丽芸结婚呢？最后走投无路的谢鹏想到了一个"办法"：自己不是一直对外自称"许磊"吗？那索性一不做，二不休，将"许磊"的身份用到底。

这一天，谢鹏几经周折找人伪造了一张身份证。这张身份证，除了照片是谢鹏本人外，其他信息都是许磊的。做好身份证后，谢鹏又偷拿了姨妈放在抽屉里的户口本。凭着户口本和身份证，他又到村里开具了一份单身证明。就这样，谢鹏用伪造的"许磊"的身份，与刘丽芸领取了"结婚证"。

法网恢恢，疏而不漏。这些年，警方一直没有停止对谢鹏杀人案的调查和追踪。在查到谢鹏的行踪后，他们第一时间赶往当地，对其实施了抓捕。

谢鹏被抓后，刘丽芸想尽办法要求与谢鹏见面。可谢鹏犯的是故意杀人罪，是重刑犯，自从谢鹏被警察带走后，两人就再没见过面。就这样等啊、盼啊，刘丽芸最终等来的是谢鹏被判处死刑的消息。

尽管有所准备，可当这一天真正到来的时候，刘丽芸还是一下子瘫坐在了地上，两行热泪顺着眼角无声地流下。

谢鹏曾在狱中给刘丽芸写过一封信，在信中，他这样说道："小芸，这时你应该已经知道了我是谁，也知道了事情的真相。我不知道该怎样跟你解释，我很后悔有过去那样一段经历。如果能让时间倒流，能让命运改变，我愿永远和你在一起，永不分离。请原谅我……"

事后，每次读到这封信，刘丽芸都会痛哭流涕。她说，尽管谢鹏隐瞒了真相，但她不怪他，因为他们彼此相爱。可谢鹏杀了人、犯了法，就要为自己的行为付出代价。

谢鹏被执行死刑后，刘丽芸用了几年的时间才逐渐从伤痛的阴影中走了出来。生活还要继续，后来，刘丽芸在朋友和家人的撮合下，与一个名叫丁城的男人确立了恋爱关系，并生下了他们的孩子。

对于之前的经历，刘丽芸一五一十地向丁城做了交代。但因为刘丽芸与谢鹏之间的婚姻关系没有解除，所以她一直无法与现任丈夫登记结婚，孩子也上不了户口，更是无法入学。这让刘丽芸整夜睡不好觉。

刘丽芸认为，只有与谢鹏离婚，自己才能光明正大地跟丁城结婚。而事实上，刘丽芸也曾多次来到民政局，要求跟"许磊"也就是谢鹏离婚，但是都没有成功。

第一次，当她说明来意后，民政局的工作人员态度坚决地说道："结婚和离婚都是两个人的事情，你听说过一个人来民政局办离婚的吗？"是啊，一个人跑到民政局，这婚肯定离不成。可是，跟自己登记结婚的谢鹏已经被执行死刑了，那是不是把真正的许磊找来就行了呢？

几天后，刘丽芸带着真许磊，来到了民政局，同样要求跟许磊协议离婚。当两人把离婚协议递到工作人员面前的时候，却再次被告知，这婚还是离不了。工作人员说："你自己看看照片，当初跟你结婚的许磊，跟眼前的许磊是同一个人吗？"

这时刘丽芸急了，说："同志，这是真的许磊，跟我结婚那个是……是假的……"

工作人员显然不懂刘丽芸在说什么，回答道："我们不管哪个是真，哪个是假，既然你要跟结婚证上的许磊离婚，那就得让他本人来。"

刘丽芸顿时哑口无言，因为她一时也不知道该怎么跟工作人员解释。想到自己至今还无法跟丁城成为合法夫妻，孩子也因此上不了学，刘丽芸觉得，这一切都是她的错。感觉走投无路的她，蹲在民政局大厅"呜呜"地哭了起来，这也就有了开头的那一幕。

平复情绪后，刘丽芸才一五一十地把这件事情跟大家说了出来。

听完刘丽芸的叙述，大家都觉得这件事的确比较特殊。这时，有人提议："你丈夫谢鹏虽然死了，可这许磊活着啊，你可以用许磊的名义起诉，把这张结婚证撤销。"

"对啊，这是个好主意！结婚证上虽然不是许磊的照片，可身份证号是许磊的，法院应该会解决吧。"大家的建议让刘丽芸看到了希望，她擦去眼角的泪水，连声道谢。

就这样，以许磊为原告，民政局为被告，刘丽芸为第三人的撤销婚姻登记一案，分到了主办行政案件的陈法官手里。

了解全部案情后，陈法官认为，由于谢鹏的冒名行为才导致了后续一系列问题的出现。本案虽然是以许磊的名义起诉的，但比许磊更想解决问题的是刘丽芸。

法庭上，原告许磊及代理人认为去民政局申请结婚登记的，根本就不是法庭上的原告许磊，是案外人谢鹏冒用了许磊的身份，骗取了结婚证，照片和手印也都不是许磊的。他们认为是民政局的工作失误，导致真正的许磊"被结婚"，所以，请求法院依法撤销这张错误的结婚证。

对此，被告民政局答辩说，许磊与刘丽芸在结婚登记时，向民政局出具了户口本、身份证及村民委员会提供的婚姻状况证明等材料。在相关材料齐备的情况下，民政局给俩人颁发了结婚证。他们尽到了审查义务，也是依照法律规定给俩人办理的结婚证。为此，被告民政局一方向法庭提交了一组证据材料。在这份证据材料里，有"许磊"和刘丽芸的身份信息、俩人的照片及捺过手印的结婚登记申请书。

这时，陈法官向刘丽芸确认："当年跟你登记结婚的人，是原告席上的许磊吗？"刘丽芸看了看许磊，说道："不是他，跟我结婚的那个人，真名叫谢鹏，已经死了。"

由于谢鹏的谎言和欺骗，导致了这一纸婚约的存在，而由此带来的麻烦也给案件的审理增加了难度。看来，眼下需要对真假许磊的身份进行确认。休庭后，陈法官与同事一起前往当年侦办谢鹏故意杀人案的公安机关了解情况。

因为一张特殊的"结婚证"，这份尘封多年的刑事卷宗再次被打开。

根据公安机关调取的材料，谢鹏当年确实因故意杀人潜逃而被通缉。卷宗里，谢鹏的照片与结婚证上"许磊"的照片一模一样。

为了进一步核实，法官又来到了谢鹏被判处死刑的中级人民法院了解情况。

在翻阅卷宗的时候，陈法官看到了谢鹏的一份供述材料，这是一份谢鹏的笔录，他在笔录中说："我叫谢鹏，'许磊'是我的化名，我的妻子名叫刘丽芸。"同时，陈法官注意到，谢鹏在被执行死刑前的照片，与其冒用"许磊"身份证的照片及结婚证上的照片，都证明谢鹏就是与刘丽芸结婚的"许磊"。

经过调查，案情已水落石出。可这个案子该怎么判呢？

再次翻阅卷宗时，陈法官注意到，本案原告许磊的诉讼请求是"撤销民政局2000年12月21日作出的结婚登记证"。但根据我国法律规定，公民、法人或者其他组织向人民法院提起行政诉讼的，应当在知道或者应当知道行政机关作出行政行为之日起的六个月内提出。

而本案中，"结婚登记"这个行政行为发生在十多年前，如果根据《中华人民共和国行政诉讼法》的相关规定，这个案子早已超过了起诉期限。

如果依据相关法律规定，法院以超过诉讼时效为由直接驳回原告的诉讼请求，那真正的问题还是得不到解决。不但真正的许磊"被结婚"，刘丽芸的孩子上不了户口，而且最关键的是，刘丽芸在没有与"许磊"解除婚姻关系的情况下，又与他人同居生子，其行为还有可能构成重婚罪，这自然是大家都不愿看到的。

这时，陈法官想到了一个办法，那就是从"确认行政行为无效"的角度入手来解决这个问题。

法官解案 >>>

陈法官认为，婚姻登记确认的是婚姻关系和家庭关系，申请结婚登记的人应当也必须要提交本人真实的身份信息。冒用他人的身份信息不仅有违社会伦理，也会产生严重的法律后果。本案中谢鹏的行为，显然违反了相关法律规定，违背了婚姻登记时的"诚实、信用"原则。那么，这段婚姻关系应当被认定为无效。

而民政局这边，由于当时的客观条件限制，工作人员没能及时发现谢鹏冒用他人身份信息的情况，他们按规定办事，作出结婚登记的行为看上去没有过错。但由于当初谢鹏提交的并不是他本人的身份信息，这才导致民政局作出的结婚登记行为明显不符合法律规定。

陈法官认为，将民政局的登记行为认定为无效，无疑会从源头上帮助许磊和刘丽芸解决根本问题。

对于这种情况，我国法律也有明确的规定：

根据《最高人民法院关于适用〈中华人民共和国行政诉讼法〉的解释》第九十四条第一款的规定，公民、法人或者其他组织起诉请求撤销行政行为，人民法院经审查认为行政行为无效的，应当作出确认无效的判决。

综合全案，最后，陈法官作出了"确认被告民政局对'许磊'、刘丽芸作出的结婚登记行为无效"的判决。

民政局没有审查出谢鹏使用了伪造的身份信息，难道不应该承担相应责任吗？

其实，婚姻登记部门对申请人提交的相关材料的确负有审查义务，但这种义务一般多为"形式审查"，也就是审查双方证件是否齐全，填写表格是否规范、签字、印章是否缺少等。而对于申请人提交的证件真伪以及由此产生的法律后果，要由当事人自己来承担。

拿到判决书后的刘丽芸激动不已，一场错误了近20年的婚姻关系终于被确认无效，刘丽芸也因此恢复了单身。

一个月后，她与现任丈夫丁城再次走进民政局。这一次，她领到的是一张合法、有效的结婚证。很快，刘丽芸也为孩子上了户口。看到儿子背起小书包、蹦蹦跳跳跑进校园的画面，刘丽芸长舒了一口气。

法官点评

综观全案，谢鹏害人性命，之后却选择了逃避与欺骗，他冒用他人身份，妄图过上妻儿两全的幸福生活，结果被千里追逃，接受审判。他的行为，不仅是对死者家属的沉重打击，而且也伤害了身边爱他的人。一步错，步步错。他不断编织的谎言，给刘丽芸和无辜的许磊带来了无尽烦恼。而刘丽芸几经周折，领到了这张"特殊的结婚证"，也让我们体会到了法律的力量与温度。

没有血缘的抚养权

主讲人：河北省秦皇岛经济技术开发区人民法院　李　霞

【案例一】

3月的一天，几名身穿法院工作人员制服的人来到小军家，向小军的奶奶孙凤霞送达了一份法院的传票。传票上，"原告"一栏中"许燕"这两个字分外扎眼。再一看案由是"抚养权纠纷"，孙老太一下子明白了许燕的用意，表情凝重。

法官走后，孙老太把小军叫到了跟前，对他说："小军啊，你妈妈……回来了，她把我给告了，看来，这次你要跟你妈走了……"

"奶奶，我哪儿也不去。我早就没妈了，我要跟你一起生活。"

听到小军这么一说，孙老太一把将他搂在怀里，眼泪扑簌簌地掉了下来。

14岁的小军是个苦命的孩子。在他4岁那年，父母因感情不和离婚了。母亲只带了自己的几件衣物便匆匆离开了这个家。从此，小军便与父亲相依为命。由于父亲常年在外务工，小军的饮食起居多半由爷爷、奶奶照顾。在小军心中，爷爷、奶奶就是这个世界上对自己最好的人。

但一个更大的不幸发生在7年前。

这一天，小军的父亲开车带小军出去玩儿，不想路上遇到一辆逆行的大货车，眼看就要与大货车相撞，危急时刻，小军父亲猛地向右转了一圈方向盘，只听"砰"的一声，车子的左前方与大货车撞在了一起，小军的父亲顿时倒在了血泊之中。

幸运的是，坐在副驾驶的小军几乎毫发无损。看见身旁血肉模糊的父亲，7 岁的小军吓坏了，他呆坐在车里，除了大哭什么也做不了。

小军怎么也想不到，这场车祸让他永远失去了爸爸。这次事故后，小军及爷爷、奶奶共获得了 36 万元的赔偿金。父亲的离去，在小军心里留下了极大的创伤。不上学的时候，他常常把自己关在房间，一待就是一整天。这让从小带他长大的爷爷、奶奶特别心疼。

都说时间可以抚平一切创伤。一转眼，5 年的时间过去了，小军渐渐适应了失去父爱、母爱的日子，性格也逐渐开朗起来。然而，就在这年 9 月的一天，又一个噩耗降临到小军身上。

这天一大早，小军的爷爷出去钓鱼，临走前，爷爷对小军说："小军啊，你正是长身体的时候，今天爷爷给你钓几条大鱼，晚上咱们好好吃一顿。"

傍晚时分，小军的奶奶开始准备做晚饭，可等了老半天，还是不见老伴儿回家，她打了几遍电话都是无人接听。过了一会儿，小军奶奶的电话响了，来电显示是"老伴儿"。奶奶急忙接起电话说道："这都几点了，怎么还不回家吃饭啊？"

可电话那头传来的是一个陌生的声音："请问您是机主的家属吗？机主出车祸了，您赶快过来一趟吧！""什么？"奶奶心头一紧，手机"啪"的一声摔到了地上。

过了一会儿，奶奶赶到了事发现场。

原来，小军的爷爷钓完鱼，在过马路的时候，被一辆右转的小轿车撞倒在地，尽管车主第一时间将小军的爷爷送到了医院，可爷爷还是没能抢救过来。

爷爷去世后，原本冷清的家里就剩下小军与奶奶相依为命。可这看似平静的生活又被一场官司给打乱了。

原告许燕，正是小军的妈妈。

其实，早在小军父亲刚去世的那几年，许燕就曾回来过。当时她说自己这些年非常想念儿子，既然孩子的父亲已经不在了，那么孩子就应该由她来抚养。但是，她的这一请求被小军的爷爷回绝了。爷爷说，只要他还活着，小军就必须跟他们一起生活。

之后许燕又来过几次，但小军的爷爷态度强硬，坚决不同意变更抚养权。从那以后，许燕就再也没来过。

孙老太没想到，老伴儿才走了没多久，许燕就又来要孩子了，而且还把自己告上了法庭。

在孙老太看来，许燕起诉自己并不是为了要回孩子的抚养权那么简单，她一定是冲着那几十万元的赔偿金来的。

虽然小军执意要跟自己一起生活，但许燕是小军的亲生母亲，孙老太认为自己胜诉的概率很小。所以接连几个晚上，她都翻来覆去地睡不着。可事已至此，她也只能硬着头皮去应诉了。

案件的主办人是黄法官，翻阅卷宗后，黄法官认为这起案件事实比较简单。

小军的父亲已经死亡，这种情况下，把抚养权判给孩子母亲的可能性是比较大的。但确定抚养权需要考虑以下几方面因素：首先是监护人的监护能力；其次是监护人的身体健康状况、经济条件，以及与被监护人在生活上的紧密程度等。这些也将是该案的审理重点。

法庭上，原告许燕的诉求很简单，她认为自己是小军的生母，理应成为小军的监护人。

而孙老太却反驳说:"你虽然是孩子的生母,可离婚后你来看过小军几次?你知道小军现在多高、多重吗?你知道他最爱吃什么吗?"

"我怎么没去过,是老头子不让我进门啊。"面对孙老太的质问,许燕也不示弱。

"我知道你安的什么心,你还不是惦记着小军他爸那36万元的死亡赔偿金吗?"

"你胡说!我……"赔偿金这个敏感的字眼,竟一下子让许燕哑口无言。

孙老太继续说,许燕跟小军的父亲离婚后,原本约定每年4800元的抚养费由许燕负担,可至今为止,许燕没出过一分钱。所以,她认为,许燕争夺抚养权就是为了那份死亡赔偿金。

就在这时,许燕突然提高了嗓门儿说道:"法官,我认为老太太没有资格抚养小军,因为,她根本就不是小军的亲奶奶,她跟小军没有血缘关系。而且,几年前她还跟小军的爷爷离了婚,这孩子总不能跟着外人一起生活吧。"

听许燕这么一说,孙老太一下子显得特别慌张,只见她握紧了拳头,身子也有些发抖。

原来,孙老太的确不是小军的亲奶奶,她是小军父亲的继母。

十多年前,孙老太与小军的爷爷结合,领取了结婚证。但是,刚过了两年多,俩人就协议离婚了。而对于为何要离婚,孙老太解释说,当时是自己老家的儿子要分房,为了多争取房屋补偿面积,才离婚把户口迁回老家,打算等分了房子后,再办理复婚手续。

可谁能想到,就在孙老太准备跟小军的爷爷复婚时,小军的爷爷却突遭车祸,撒手人寰。

如果事实真如许燕所说,孙老太并非小军的亲奶奶,那么,孙老太胜诉的概率会非常小。

此时的孙老太已经脸色发白，豆大的汗珠顺着她的额头淌了下来。黄法官见状安慰道："老人家，您别急，再好好想想，还有什么材料要向法庭出示吗？"

只见孙老太犹豫着从兜里掏出了两份材料，说："法官，我承认，我跟小军的确没有血缘关系，而且为了分房的事还和他爷爷离婚了。可我有证据证明，许燕也没有资格抚养小军！"

孙老太拿出的是两份行政处罚决定书的复印件，内容是"许燕于2012年8月因吸食毒品被公安机关处以行政拘留十日。2014年6月，又因吸食毒品被公安机关处以行政拘留十五日及在社区戒毒三年"。

许燕竟是一个有着多年吸毒史的瘾君子！

当黄法官宣读完这两份证据的内容，原告席上的许燕羞愧地低下了头。

孙老太说："有句话叫'伤人不伤脸，揭人不揭短'，我本不想在法庭上说这些事，但我是真心替小军着想。现在，许燕还在戒毒期间，而且她没有固定工作，平时又喜欢赌博，我真怕孩子跟她在一起会学坏。我虽然不是孩子的亲奶奶，可对他比亲奶奶还亲。这些年，小军的吃喝拉撒、洗洗涮涮都是我打理的。我不图小军对我有回报，只是想着，只要他管我叫'奶奶'，我就得管他。"说完，孙老太激动地掉下了眼泪。

了解完相关情况之后，黄法官宣布休庭。

虽然这是一起简单的抚养权纠纷，可由谁来做监护人，直接关系到小军接下来的人生命运。为了进一步了解小军的生活环境及孙老太的抚养能力，休庭后，黄法官跟同事一起先后走访了小军所在的社区及小军的外祖父母，他们都认为小军比较适合跟奶奶一起生活。

更重要的是，黄法官还征询了当事人小军的意见。小军说，奶奶是他唯一的亲人。在被问到是否愿意跟妈妈一起生活时，小军的脑袋摇得像拨浪鼓一样。他说，妈妈从小就撇下他、不管他，自己就是个没妈的孩子。很显然，"母亲""妈妈"这些世界上最温暖的词汇，在小军的心中，已经变成了一段不愿提起的过去。

回到法院后，黄法官立即组织合议庭成员对这个案件展开了讨论。

法官解案 >>>

这里就涉及一个法律知识点——未成年人的监护人。

根据《中华人民共和国民法通则》第十六条的规定：未成年人的父母是未成年人的监护人。注：未成年人的父母已经死亡或者没有监护能力的，由下列人员中有监护能力的人担任监护人：（一）祖父母、外祖父母；（二）兄、姐；（三）关系密切的其他亲属、朋友愿意承担监护责任，经未成年人的父、母的所在单位或者未成年人住所地的居民委员会、村民委员会同意的。

对担任监护人有争议的，由未成年人的父、母的所在单位或者未成年人住所地的居民委员会、村民委员会在近亲属中指定。对指定不服提起诉讼的，由人民法院裁决。

······

这里需要特别说明的是，本案发生在 2021 年以前，也就是《中华人民共和国民法典》颁布实施前。自 2021 年 1 月 1 日起，《中华人民共和国民法通则》废止。《中华人民共和国民法典》第二十七条对未成年人的监护人同样作了明确的规定。

本案中的许燕虽然是小军的生母，但她长期沾染毒品，有各种不良的生活习惯，而且没有固定工作，没有经济来源，根本不具备抚养小军的能力。而孙老太虽然不是小军的亲奶奶，可她对小军视如己出，已经与小军形成了密切的亲属关系。小军在孙老太身边生活更有利于他的成长。

所以，综合本案的特殊情况，本着对未成年人成长有利的原则，最后，法庭依法驳回了原告许燕的诉讼请求。小军如愿以偿地生活在了奶奶身边。

【案例二】

一天，法院正在审理一起撤销监护人资格案。这起案件的特殊之处在于，案件的原告是"儿童临时看护中心"，而被告则是一个戴着手铐、穿着囚服的男子。

男子名叫宋昊，看上去只有 30 多岁。庭审中的宋昊一直低着头，身体不时地微微颤抖。

就在原告宣读完起诉状的时候，宋昊突然激动地哭了起来，眼泪噼里啪啦地往下掉。让所有人都没有想到的是，他突然抬起双手，"啪啪"地抽打自己，嘴里不停地说道："我不是人，我该死，我根本不配做乐乐的父亲……"

宋昊究竟做了什么，会让他如此悔恨？事情还得从宋昊和女朋友姚美欣的相识说起。

几年前，28 岁的宋昊与姚美欣在网吧相识。两人的共同爱好就是打游戏，一来二去，纷纷坠入爱河，确立了恋爱关系。没过多久，两人便同居了。

几个月后，宋昊跟姚美欣一起回老家，看望姚美欣的父母。姚美欣父母都是老实巴交的农民，对宋昊是一百个满意，催促着两人尽快结婚。姚美欣以为，宋昊的父母也会同意这门婚事。谁知宋昊的母亲一听说姚美欣家是农村的，坚决不同意两人的婚事。几次争吵无果之后，宋昊母亲表示，如果宋昊非要跟姚美欣在一起，就与他断绝母子关系。

一边是自己心爱的女人，一边是要跟自己断绝关系的母亲，此时的宋昊犯了难，该如何是好呢？

在姚美欣看来，虽然宋昊母亲不同意两人的婚事，可只要宋昊对自己一如当初，婆婆的思想工作可以慢慢做。可姚美欣没想到，当她下定决心，满心欢喜地准备和男友一起面对的时候，等来的却是宋昊的绝情。

这一天，姚美欣早早地回到了两人的出租屋，一进门，就见宋昊一个人呆坐在沙发上，茶几上、地上堆满了啤酒瓶，烟灰缸里满是烟头。见姚美欣回来了，宋昊坐直了身子，拉她坐在自己身边。

宋昊说："美欣啊，我对不住你，我们全家都对不住你。我妈不同意咱俩的事儿，成天跟我要死要活，我是真难啊，我们……"

宋昊的软弱和绝情，让姚美欣觉得自己爱错了人。带着伤心和失望，姚美欣离开了出租屋，自此便没了音讯。那宋昊为什么会对母亲如此"言听计从"呢？

原来，宋昊是个标准的"啃老族"，整天游手好闲，没有固定工作，最大的爱好就是泡网吧。之前他也四处打工，可不是嫌脏，就是嫌累。因为表现不好，宋昊几次被单位劝退，这些年的生活来源全是父母的资助。

当母亲表态不同意宋昊跟姚美欣的婚事时，刚开始，他还试着跟母亲理论，可一听说母亲要收回他的信用卡，让他彻底丧失经济来源的时候，宋昊选择了听妈妈的话，跟姚美欣分手。

宋昊和他的母亲都认为，这段感情应该就此结束了。可没想到，就在一个月后，事情出现了反转。

这一天，宋昊接到姚美欣的电话，电话中的姚美欣要求跟宋昊见一面。

两人约在了一家咖啡厅。落座后，姚美欣直接把一张B超检查报告摆在了宋昊的面前。上面清楚地写着："早孕48天。"

宋昊吃惊地望着姚美欣，说道："这是啥意思？"

"你不认识字？上面不是写得很清楚吗，我怀孕了，孩子是你们宋家的，你说咋办吧！"

宋昊眉头紧皱，把 B 超检查报告拿在手上，看了又看。

姚美欣说："当初你妈不同意咱俩的婚事，可现在孩子都有了，她总不能不认孙子吧。我想好了，我是不会打掉这个孩子的，无论如何都要把孩子生下来。"

见姚美欣态度坚决，宋昊竟有些感动，说道："美欣，你想到哪去了，我现在当爹了，咱干吗要把孩子打掉啊，我这就回家跟我妈说说，这次，她一定会同意的。"

宋昊原以为，母亲会看在姚美欣怀了宋家骨肉的份儿上，答应他们的婚事。可没想到，宋昊母亲的态度依旧那么坚决，还把宋昊赶出了家门。

无奈之下，宋昊只好先把有孕在身的姚美欣接回了出租屋。几个月后，姚美欣顺利生下了一个男孩儿，取名乐乐。

乐乐的到来，给宋昊和姚美欣带来了不少的欢乐。可是，好景不长，由于生乐乐前姚美欣辞掉了工作，而宋昊也没有固定的收入，两人的日子过得越来越窘迫。他俩苦点倒还好说，可养孩子需要钱，时间一长，两人的矛盾越来越多。最后一次激烈的争吵后，姚美欣竟然撇下乐乐，第二次离开了出租屋。而她这一走，就再也没回来。

姚美欣走后，身无分文的宋昊把孩子带到了母亲身边。原以为见到孙子后，老人会不计前嫌。可母亲看了看孩子，对宋昊说："这些年，你游手好闲，连一份正经的工作都没有，现在不明不白地带个孩子回来，我们这脸还要不要了？现在孩子他妈都跑了，你让我们以后怎么办？你自己去想办法！"

母亲的一番话，让宋昊羞愧难当。今天的局面都是他自己一手造成的，可孩子一天天在长大，连奶粉都买不起的宋昊该怎么办呢？

几天后，宋昊竟然做出了一个让人意想不到的举动。

这天晚上，他带着出生仅四个月的乐乐，来到了一个居民区，四处打量一番后，他将乐乐遗弃在小区的一个花坛边。

很快，小区居民便发现了啼哭的乐乐，第一时间选择了报警。由于乐乐身上没有任何可以证明身份的信息，警察只好暂时将孩子送到附近的一家医院。

不久后，警方终于确定了乐乐的身份，并与宋昊取得联系。面对警方的讯问，宋昊表现得很着急，一开始他说自己是不小心把孩子弄丢的，但谎言很快被警方识破。最终，宋昊承认，是自己遗弃了乐乐。

宋昊的行为，已经构成了遗弃罪，警方马上对宋昊采取了强制措施。很快，案件起诉到法院。宋昊因遗弃罪被法院判处一年有期徒刑。而在这期间，乐乐一直寄养在当地的儿童临时看护中心。

虽然乐乐在看护中心生活得很安稳，但儿童临时看护中心只能对孩子起到临时的看护义务。想要孩子健康成长，必须找到监护人，也就是孩子的父母。

眼下，乐乐的父亲宋昊因触犯法律正在服刑，让他行使抚养权是不可能了，只有尽快找到乐乐的母亲姚美欣。可姚美欣就像人间蒸发一样，毫无音讯。难道要乐乐永远在儿童临时看护中心生活吗？

这时有人提出，可以由姚美欣户籍地的儿童福利院作为乐乐的监护人。但想要变更孩子的监护人，必须要经过法定的诉讼程序。于是，儿童临时看护中心以要求撤销监护人资格为由，将宋昊、姚美欣告上了法庭。

这起特殊的案件，分到了有着多年审判经验的徐法官手中。

在无法联系到姚美欣的情况下，徐法官依法向姚美欣公告送达了相关法律文书，并以缺席审判的方式对案件进行了审理。

儿童临时看护中心认为，此前，宋昊遗弃乐乐的行为已经严重侵害了乐乐的身心健康。而乐乐的母亲姚美欣又始终联系不上，在此情况下，请求法院依法撤销二人的监护人资格，并指定儿童福利院作为乐乐的监护人。

法庭上的宋昊，还试图以自己不懂法为由，对自己的遗弃行为进行开脱。殊不知，他的行为不仅给年幼的乐乐造成了身心伤害，也亵渎了"父亲"这个神圣的称谓。当听到儿童临时看护中心要求撤销他和姚美欣的监护人资格时，宋昊懊悔地低着头，一句话也说不出来。

庭审结束后，儿童看护中心的工作人员把乐乐的照片递到了宋昊手中。

看到儿子照片的一刹那，宋昊流下了激动与忏悔的泪水。他向儿童临时看护中心的工作人员深鞠一躬，说道："我真的错了，我保证，出狱后一定做一个称职的爸爸。"

所有人的努力，都是为了襁褓中的乐乐能够健康快乐地成长。那么，法院会支持儿童临时看护中心的诉讼请求吗？

法官解案 >>>

这里涉及一个法律知识点——撤销监护人资格的法定情形。

根据《中华人民共和国民法总则》第三十六条的规定：监护人有下列情形之一的，人民法院根据有关个人或者组织的申请，撤销其监护人资格，安排必要的临时监护措施，并按照最有利于被监护人的原则依法指定监护人：（一）实施严重损害被监护人身心健康行为的；（二）怠于履行监护职责，或者无法履行监护职责并且拒绝将监护职责部分或者全部委托给他人，导致被监护人处于危困状态的；（三）实施严重侵害被监护人合法权益的其他行为的。

没有血缘的抚养权

本条规定的有关个人和组织包括：其他依法具有监护资格的人，居民委员会、村民委员会、学校、医疗机构、妇女联合会、残疾人联合会、未成年人保护组织、依法设立的老年人组织、民政部门等。

......

特别提示：本案发生在 2021 年以前。自 2021 年 1 月 1 日起，《中华人民共和国民法总则》废止，同时颁布实施的《中华人民共和国民法典》第三十六条撤销监护人资格的法定情形与《中华人民共和国民法总则》相关内容相同。

很显然，在乐乐父亲服刑、母亲失联的情况下，将监护人资格指定给儿童福利院，无疑会充分保障乐乐的各项权益，也更有利于乐乐的健康成长。

最终，法院依法撤销了宋昊与姚美欣的监护人资格，指定儿童福利院为乐乐的监护人。

年幼的乐乐，现阶段只能生活在福利院里。这虽然不是最圆满的结局，但值得庆幸的是，这一切都发生在乐乐还没有记忆的年龄，我们也希望他可以在福利院获得更多的关爱和欢乐。

法官点评

回看上述两个案例，主人公小军与乐乐的遭遇让人同情。"爸爸"和"妈妈"本是这个世界上最美的称呼，但两个孩子的抚养权最终都属于比他们的父母更有"资格"的人。生育是一项权利，它自由且无价，而养育却是一项义务，它不仅义不容辞，更是责无旁贷。正所谓："生而不养，无恩有罪。"但愿每一个孩子都能被温柔以待。

吕晓霞

1983年11月出生，中共党员。2008年入职内蒙古自治区化德县人民法院，历任研究室主任、审判委员会委员、朝阳法庭庭长。2021年调入内蒙古自治区乌兰察布市中级人民法院工作，现任研究室副主任、一级法官。曾多次获得"先进个人""优秀共产党员""优秀通讯员"等荣誉称号，荣获全国法院系统论坛征文优秀奖两次，全区法院"办案标兵"，全区法院"五个一百"优秀庭审奖，荣立个人三等功两次，在各类报刊发表文章60余篇。

除夕夜的蹲守

主讲人：内蒙古自治区乌兰察布市中级人民法院　吕晓霞

除夕这天，大街小巷张灯结彩，家家户户其乐融融。就是在这样一个万家团圆的日子，某县法院执行局的薛法官却带领着几名法警，正在街道深处一户人家的门外蹲守。从早上8点到晚上7点，他们已经蹲守10多个小时了。此时，室外的气温降到了零下20℃，天空中还不时飘着雪花。

突然，一辆出租车出现在大家的视线内，从车上下来一个人，法警们精神一振，迅速冲上去，将其团团围住。这就是让大家苦苦蹲守了一天的人——刘立国。

刘立国到底是什么人，能让法警大过年的蹲守在他家门外？这件事还得从头说起。

刘立国相貌堂堂，身材高大魁梧，家住在离市工业园区较近的一个村落。随着工业园区的快速发展，就业机会越来越多，村里很多年轻人都到工业园区里去务工或做生意。刘立国也成了其中的一员。他不到20岁就出门打工，经过多年的打拼，开了一家小型的装修公司，也算站稳了脚跟。这一年，身为家中独子的刘立国28岁了，在当地，他已经过了谈婚论嫁的年纪，但是刘立国对自己的终身大事一点也不着急。父母为儿子的婚姻大事愁得整夜睡不着觉。于是，他们请媒人多方打听，自作主张给儿子选中了邻村的姑娘李月芬。

刘立国是个孝子，没办法，他只好在父母的逼迫和陪同下，与李月芬见了面。然而，刘立国对李月芬并没有什么好感，态度非常冷淡。李月芬虽然家境一般，但她在城里读过几年书，对村里的那些愣头青总是提不起兴趣，多次相亲都没有中意的，一直拖成了村里的大龄"剩女"。这一次，一见到刘立国，李月芬就被他高大的身材迷住了，加上之前听媒人说，刘立国在工业园区当老板，她更加觉得这个优秀的男人，就是她理想中的白马王子，对刘立国一见倾心。刘立国的父母见李月芬长得眉清目秀，言谈举止也算大方得体，打心眼儿里喜欢这个姑娘。

但是看儿子刘立国不冷不热的态度，父母也没办法，只能不时地追在儿子身后，不断地夸奖李月芬，让儿子多跟这个姑娘相处，最好赶紧把她娶回家。可是刘立国却对父母说，自己的公司还不成规模，离他的目标还很远，所以不想这么快成家，让父母不必为他的婚事操心。

儿子婉言拒绝，这让老两口想不通：结婚又不会阻碍工作，再说了，事业什么时候都能发展，可李月芬这么好的姑娘错过了就没有了。于是，老两口加大劝说力度，只要儿子回家，便在他耳边絮叨这件事。但是父母越是催促，刘立国就越是反感，后来他就干脆不回家了。二老一看这怎么成，于是他们赶忙跑到刘立国的公司去给他做思想工作。可是，无论父母如何苦口婆心地劝说，刘立国就是不松口。

时间就这样过去了大半年。这一天，老两口又来到儿子的公司，还没等他们开口，刘立国就先急眼了："又来了？还让不让我工作了！三天两头地逼着我结婚，烦不烦？"一进门就碰了一鼻子灰的刘父，顿时气不打一处来，指着儿子的鼻子骂了起来："你说的这叫什么话？我们为你好也有错了？眼看快30岁的人了，没家没口的算怎么回事？"

刘立国的母亲也开始数落儿子："我早就问过媒人了，人家李月芬还等着你呢，你说说人家多好的姑娘，又有文化，哪儿配不上你了？你眼睛长天上去了？"

"对，我就是没看上她，怎么了？"刘立国生平第一次跟母亲顶嘴。

"你说啥，你没看上？那你说你看上谁了？你还想打光棍啊！"刘母越说越激动，嘴唇不由得颤抖了起来。

"我谁也没看上，我就是不想结婚，不行啊？我打光棍也不用你们管！"刘立国的嗓门儿越来越大，与父母你一言我一语地争吵了起来。

"你这个……"刘立国母亲的话还没说完，人便突然昏倒在了地上。

这可把刘立国吓坏了，急忙拨打了"120"。救护车灯光闪烁，车内刘立国的母亲平躺在担架上一动不动、昏迷不醒，刘立国惊恐地呼喊着："妈，您醒醒啊，我错了，您别吓我，我都听您的还不行吗，您可千万不能有事啊！"

刘立国平时还是很孝顺的，这么多年也没让父母太过操心。可唯独在结婚这件事上，他却和父母杠上了。刘立国是家里的独苗儿，因为这件事，一家人的矛盾越发不可调和。

到了医院，刘立国的母亲迅速被送进了急救室，刘立国和父亲焦急地守在门外。望着急救室门上闪烁的红灯，刘立国愧疚不已：今天自己这是怎么了，跟父母顶嘴，还说出那么重的话。想到这儿，他狠狠地抽了自己两个耳光，转而向父亲道歉："爸，对不起，都怨我，把我妈气成这样，我……"说着又扬起手臂要往自己脸上抽，刘立国的父亲拉住儿子说："行了，你知道错就行了，你妈这辈子不容易，她这回要是有个三长两短……""爸，您别说了……"刘立国哭着拉住父亲，那一刻，他第一次意识到父母都老了。

时间一分一秒地过去，急救室门上的灯终于变绿了，父子俩冲上前去问情况，医生说："老人没什么大事儿，就是血压突然升高导致的晕倒，可能是受了什么刺激。老人虽然苏醒了，但仍然很虚弱，你们家属注意，可千万别再让她情绪激动了。"接着，刘立国的母亲被推了出来，她看着儿子，嘴唇动了动，没说出话来，刘立国赶忙上前握住了母亲的手："妈，我知道，您放心，我都听您的，您好好地保重身体。"

就这样，伺候母亲痊愈后，刘立国与李月芬经过短暂的相处，便在父母的操持下结婚了。然而，都说"强扭的瓜不甜"，这样的例子比比皆是。婚后刘立国对妻子的感情很是平淡，回到家就是吃饭、睡觉、打游戏，夫妻之间的交流屈指可数。日子久了，刘立国便以业务繁忙为借口，经常夜不归宿。李月芬深知这段感情来之不易，她总是想着自己的一片真情必定能打动丈夫的心。于是，即便刘立国对她不理不睬，甚至经常让她独守空房，她也没有太在意，坚信时间可以改变一切，丈夫迟早会明白她的心意。

刘立国的父母却是看在眼里，急在心上。这刘家可是三代单传啊！儿子好不容易结婚了，却成天不着家，这还怎么给老刘家延续香火啊？于是，老两口便隔三岔五给儿子吹耳边风，今天说他的表哥生儿子了，明天说隔壁邻居家添孙子了，总之话里话外地点拨刘立国：要经常回家，赶紧为刘家传宗接代。

刘立国没办法，想起上次母亲生病的场景，他就后背直冒冷汗。他生怕母亲的身体再有什么闪失，便乖乖地听话，每天按时回家。果然不久后，李月芬怀孕了。这下可把刘立国的父母高兴坏了，老两口对儿媳妇关爱有加，比对亲闺女还要亲。

怀胎十月，终于到了生产的这一天。没想到，李月芬难产，受了很多罪才生下了女儿朵朵。本来添了孙女的刘立国父母应该高兴才是，但是他们一心想让儿媳妇生个儿子，所以有些失望。但是他们转念一想，好歹儿媳妇也生了孩子，反正现在政策好，过几年再生个二胎，一定能给他们生个大胖孙子。老两口相互安慰着，就又打起了精神。

然而，一周后李月芬出院时医生的一番话，给了刘立国父母当头一棒。

医生说，李月芬因为难产对身体造成了很大的损伤，以后不能再生孩子了，否则会有生命危险。这不是晴天霹雳吗！原本刘立国父母还想着让儿媳妇再给他们生个孙子，这下可彻底断了他们的念想。

回到家后，刘立国的父母一言不发，情绪极其低落。他们对待儿媳妇也不再像之前那么呵护备至了。刘立国见父母像丢了魂儿似的，心里难受极了。思前想后，自从认识了李月芬，家里就乱套了。为了她，自己先是被父母逼婚，后是母亲病倒，现在她又被医院判定不能再生育。刘立国越想心里越不是滋味，越想越觉得是李月芬搅得他全家不得安宁。

于是，刘立国开始迁怒于妻子李月芬，不但对坐月子的妻子不闻不问，而且对刚出生的女儿也不管不顾。后来，刘立国索性搬到公司住，把妻女扔给岳父母，自己躲清静去了。受到这样的冷遇，李月芬经常暗自落泪，但她也知道刘家是三代单传，她不能生儿子，公婆和丈夫自然不高兴。但她依然心存幻想，期望有一天，刘立国想开后就回来了，三口人还是一个完整的家。

然而，让李月芬想不到的是，刘立国不回家是另有原因的。

原来，刘立国开公司之前，在城里打工的时候谈过一个女朋友，他很喜欢那个女孩儿，但是对方却看不起他这个穷小子，两人很快就分手了。但是，刘立国对前女友始终念念不忘，立志要出人头地，让前女友对他刮目相看，好回心转意回到他的身边。这也是他为什么不肯结婚的主要原因。

但是天不遂人愿，在父母的逼迫下，刘立国与李月芬结婚了。后来，就在刘立国搬到公司居住期间，一次偶然的机会，他竟然邂逅了前女友。说来也巧，前女友还真如他婚前所愿，对他现在的事业状况很满意，两人便旧情复燃，偷偷走到了一起。

而李月芬这边，随着女儿朵朵一天天长大，她更加渴望家庭的温暖，丈夫经常不回家，那她只能主动出击。这一天，她抱着女儿忽然出现在丈夫的公司，这让刘立国大吃一惊："你来干吗？"听到丈夫的冷言冷语，李月芬的火气立刻涌了上来："我来干吗？我来让你看看你的女儿，你这个当爹的都忘了孩子长啥样儿了吧！"由于她说话声音太大，公司里的员工纷纷围了过来，这让刘立国很没面子，他连拉带扯地把妻子拽到了自己的办公室，劈头盖脸地就是一顿骂，女儿朵朵吓得大哭起来。

回到家后，李月芬越想越生气，越想越觉得不对劲，丈夫再不喜欢她，也不能对自己的亲生女儿这么无情无义啊，除非他有了别的心思。这么一想，她自己都吓了一跳。不，不可能！她安慰自己。但俗话说，怕什么，就来什么。李月芬越是想着丈夫没出轨，风言风语就越是往她耳朵里钻。李月芬忍无可忍，又跑到丈夫的公司质问，结果当场抓了个现行。她一推开刘立国办公室的门，就看见他的腿上坐着一个女人，李月芬疯了似的冲过去就打，那女人迅速躲到了刘立国身后，而此时李月芬的手臂已被刘立国死死抓住，李月芬抬脚就踢，又被刘立国挡了下来。

李月芬伤透了心，回家之后，成天以泪洗面，她意识到出轨的丈夫是不可能回头了，即便是亲生骨肉朵朵也留不住他的心，最终她向法院提出了离婚诉讼，并要求分割夫妻共同财产。

法庭上，刘立国表示同意离婚，并按月支付女儿的抚养费。但在分割财产问题上，他说结婚这几年公司经营不善，没有盈利，因此根本就没有夫妻共同财产。法官仔细调查，发现在两人婚姻关系存续期间，刘家拆迁了两套平房，其中有一套是刘立国夫妇结婚后共同出钱购买的，拆迁款理应是夫妻共同财产。法院判决两人离婚，婚生女朵朵随李月芬生活，刘立国每月支付800元抚养费，夫妻共同财产每人一半，刘立国给付李月芬拆迁款 20 万元。但是，在判决生效后，刘立国并没有主动履行，无奈之下，李月芬向法院申请了强制执行。

承办案件的薛法官发现，被执行人刘立国名下并没有财产，多方联系刘立国，也不见他的踪影，就连他的父母也说不知道儿子的下落。看来，这刘立国是有意躲了起来。

这给执行工作带来了很大的困难。而李月芬跟刘立国闹离婚后，身心俱疲，本来就没有生活来源的她，整日为女儿的奶粉钱发愁，生活过得十分艰难。

薛法官对李月芬的遭遇非常同情，他跑派出所、走村民委员会、访刘立国的朋友、同事，四处打听刘立国的下落。终于，快到春节的时候，薛法官得到消息，刘立国大年三十会回家陪父母过年。

于是，便有了开头薛法官带领法警在刘家门外苦苦蹲守的那一幕。因为不知道刘立国几点回家，大家只好从早到晚一直守着。终于在天黑之后等到了刘立国。

刘立国当然知道法警的来意，便主动央求薛法官说："法官，我也不想躲起来啊，太受罪了。您看这大年三十的，能不能先让我陪父母吃完年夜饭，再拿钱给李月芬啊？我父母年纪大了，受不了刺激，我跟他们说好了回来过年，这都到家门口了，您看……"

见刘立国态度诚恳，又考虑到除夕夜是举国欢庆的团圆日子，执法也不能不近人情，而且万一在这个时间惊动了屋里的刘家父母，指不定会出什么事呢。于是薛法官就同意了刘立国的请求，并告诉他吃完饭就找个理由出来，然后便放他进了家门。

为了不打扰他们一家人团聚，薛法官和法警就在大门外等候。

时间一分一秒地过去，薛法官看了看手表，零点的钟声就要敲响了，有的人家已经堆起了旺火，但是刘立国仍然没有出来。刘家屋里亮着灯，却听不到任何动静，看起来似乎并不热闹。

薛法官隐隐感觉事情不妙，于是他马上拨打了刘立国父母的电话，却无人接听。这时，震耳欲聋的鞭炮声响彻夜空，薛法官等人连声敲打刘家大门，要求他们赶紧开门。

过了好一会儿，门开了，薛法官带领法警冲进刘家，遗憾的是，屋里屋外都没有刘立国的踪迹。刘立国的父母支支吾吾地说："法官，我儿子说他真的没钱。本来说好吃完年夜饭，他就出去借钱的，但是他又怕借不到钱，怕大过年的被你们抓起来，这才从屋后翻墙走的。"

原来，刘立国在家家户户放鞭炮的时候就逃跑了。

刘立国这一跑，就再也没露面。通过这次经历，薛法官对刘立国有了更深入的了解，虽然刘立国利用谎言逃脱了，但薛法官断定，刘立国肯定有钱，具备履行能力。因为按照常理，实在没有钱的被执行人到这种地步，是不会逃跑的。所以，此后薛法官通过多种渠道收集刘立国的信息，终于有一天，有人反馈说刘立国在外省做生意。薛法官和法警火速驱车赶到外省，并在当地警方的配合下，找到了刘立国的暂住地，将其控制带回并司法拘留。

在拘留所里，刘立国仍说自己没钱，尤其是当薛法官提到他的前妻李月芬时，刘立国更是激动。薛法官觉得，刘立国的心里很明显对之前的婚姻还耿耿于怀，这个问题能否解决才是关键。

通过之前李月芬及其朋友的叙述，薛法官得知刘立国是个孝子，对父母的话言听计从。因此，薛法官决定从他的父母入手，便再次来到了刘家。

听说儿子刘立国被法院抓回来了，老两口着实吃了一惊。

薛法官首先向老两口说明，现在刘立国逃避执行的行为很严重，如果仍然拒不执行法院判决，他可能将触犯刑法中的"拒不执行判决、裁定罪"，是要坐牢的。

根据《中华人民共和国刑法》第三百一十三条的规定，对人民法院的判决、裁定有能力执行而拒不执行，情节严重的，处三年以下有期徒刑、拘役或者罚金；情节特别严重的，处三年以上七年以下有期徒刑，并处罚金。

一听说儿子有可能坐牢，老两口坐不住了，他们连忙问法官该怎么办。

薛法官说："二老想想，朵朵可是你们的亲孙女啊，你们也知道，李月芬没工作，当妈的没钱了，这孩子能好过吗？孩子现在连奶粉都吃不起了，你们当爷爷奶奶的忍心吗？你们自己说说，这钱不该给吗？再说了，刘立国为啥要跑啊？他是真的没钱吗？"

薛法官继续说道："据我们了解，他很可能把财产转移了，所以我们才把他列为失信被执行人并且拘留他，刚才我也提到了，如果他不给这笔钱，就很有可能要被判刑。这件事要是传出去也不好听，以后谁还跟你们的儿子做生意、打交道？"

听了法官的话，刘立国的父母内疚不已，后悔当初逼着儿子结婚。现在俩人离婚了不说，照这样下去，别说抱孙子了，就连唯一的孙女都可能见不着了。考虑再三，他们决定去说服儿子，实在不行就替子偿债。

一听说父母要拿出养老的钱替自己偿债、履行判决，刘立国顿时脸涨得通红，羞愧地低头不语。见此情景，薛法官从手机里翻出了李月芬带朵朵来法院时拍下的照片，照片里女儿露出童真的笑容，那张脸像极了自己，孩子身上的衣服紧绷着，明显小了许多。刘立国的眼眶不由得湿润了。即便他和李月芬没感情，甚至觉得是李月芬的出现才毁了他的生活，但是女儿朵朵毕竟是自己亲生的啊！

刘立国回想起这段日子，为了不给李月芬钱，自己东躲西藏、无依无靠，还上了失信被执行人黑名单；公司也因此不能贷款，后来因资金周转不灵而倒闭了；相好的女人不愿跟着他四处奔波，也离他而去。落魄到这个地步，他悔不当初，又怎么忍心再让父母用养老钱替他还债，于是刘立国低着头，说出了他把拆迁款以借贷的名义转移给他人的事实。

最终，刘立国把20万元拆迁款和欠孩子的抚养费都交给了李月芬，履行了法院的生效判决，并依法得以释放。

执行案件终结了，但是薛法官的心却始终被李月芬母女俩牵动着。一年后经联络回访得知，李月芬已经找到了工作，生活有了保障。刘立国和他父母也因心存愧疚，经常看望母女二人，还按时送去抚养费和一些生活必需品。现在母女俩的生活还算过得安稳。

法官点评

回顾这起案件，刘立国的所作所为令人不齿。无论如何，父母的逼婚和婚姻的平淡，都不是他出轨、抛家弃子的理由。作为成年人，他理应承担起对家庭和为人父的责任，而不是妄图隐匿财产、欺骗法官，逃避执行。

夏茂林

　　1983年2月出生，毕业于内蒙古大学法律专业。现任内蒙古自治区乌兰察布市卓资县人民法院副院长。在工作期间，于2015年、2019年被内蒙古自治区乌兰察布市中级人民法院授予个人三等功；2020年12月，被内蒙古自治区高级人民法院评为全区法院"办案标兵"。

烫手的山羊

主讲人：内蒙古自治区乌兰察布市卓资县人民法院　夏茂林

2017 年 1 月的一天，眼看着就要过年了，屋外的雪花一直在飘落，安宁祥和的小山村里一片雪白，可李梅看着院子里的一大群山羊，急得像热锅上的蚂蚁，她皱着眉头边叹气边嘀咕：草料也吃完了，又有小羊羔要出生了，这都一个多月了，王平也不来找山羊，我也没法儿往回送啊，这什么时候才是个头……说着说着，李梅委屈地哭了起来。

按理说，家里有成群的山羊，还有小羊羔不断出生，这是好事啊，以后都能换成钱，李梅在愁什么呢？难道这些山羊不是她家的？她刚提到的王平又是谁呢？

原来，这一大群山羊就是王平家的，可为什么是李梅家在花钱出力养山羊呢？事情还得从头说起。一年前的一天，早就计划着添置一些家电和家具的李梅，拿着银行卡去取钱，这笔钱她可是攒了半年多了。李梅把银行卡递给银行的工作人员，心里还在计划着该怎么花钱的时候，银行工作人员把卡递给她说，你的银行账户被法院冻结了！

李梅一听蒙了，银行卡怎么会被法院冻结呢，是不是搞错了。其实，当工作人员再次查询的时候，李梅已经想起来了，就在前不久，她还真是摊上官司了，而且和前面提到的王平有关，只是当时她没有当回事。李梅边拿手机边骂道："这个王平，真不是个东西。"

王平原本是李梅的好朋友。一年前，王平从城市回乡创业搞养殖业和种植业，生意做得不错，也赚了不少钱，在当地也是小有名气。一天，王平找到了李梅，说想要扩大经营，急需用钱，可自己因为征信出了问题，在银行办不了贷款，因为李梅有稳定工作，就想借用李梅的名字向银行申请贷款10万元，并承诺一个月后就会还。

李梅一听立马拒绝了，她知道，要是王平还不了贷款，银行就得找自己，这事可不能做。王平看着李梅说："我生意做得挺好的，只是最近资金周转不开，以咱俩的关系，我还能骗你不成？过几天我把存货卖了就立马还你钱。"李梅一想，这点钱对王平来说不算什么，况且他是第一次找自己帮忙，驳了这情面也不太合适。看着李梅在犹豫，王平满脸真诚地说："你放心，我真是遇到了难处才向你开口的，用不了几天我的钱就回来了，一回来就立马还你。"听到王平这么说，李梅也就答应替他向银行贷款。

很快，还款日期到了，可是烦恼也随之而来：王平没有还钱，银行直接找李梅催收贷款。李梅便去问王平，为什么不给银行还钱，王平拍着胸口向李梅保证，这笔钱他很快就还。但银行还是不停地向李梅催收贷款，李梅也频繁地找王平。没想到一个月后，李梅就接到了法院的传票——银行起诉了李梅。

李梅这才开始慌了，她把法院的文书交给王平，王平竟然说："你别管了，我去和法官联系，直接把钱还了就行。"但李梅不知道，王平压根儿就没去法院，更别提还钱了。很快，银行向法院申请强制执行，法院对李梅采取了执行措施，这也就有了李梅银行卡被冻结的事情发生。

李梅觉得太冤枉了，自己好心给别人帮忙，却摊上了官司。钱又不是她用的，凭什么让她还啊！法官告诉李梅，这是典型的借名贷款，即实际贷款人因为个人原因不能通过银行审批手续取得贷款，借用他人的名义申请贷款的行为，就像本案中王平借用李梅的名义向银行贷款一样。但是从法律上来说，合同要坚持的是相对性，也就是说，一般情况下，谁向你借钱，你就要向谁去主张权利。本案中，向银行贷款的人是李梅，并不是王平，银行当然要和李梅催收贷款了。

最后，迫于法院执行的压力，李梅只好先用自己的钱还了这笔贷款。

回头再看王平，不仅没有向李梅表示歉意，反而每天生活得有滋有味。李梅平白无故替王平还了10万元的贷款，越想越生气，与丈夫反复合计着如何要回这笔钱。两人同时想到，王平有一个养殖场，里面有好多山羊，干脆把山羊拉回来让王平着急，这样他自然就能还钱了。

商量好之后，李梅找了几个朋友，一帮人趁着王平家的羊倌放羊回来的时候，冲过去就把一群山羊抢了过来。

把山羊赶回家后，李梅心里总算踏实了，心里的气也散了一半。但让李梅没想到的是，十多天过去了，王平压根儿就没来找她要山羊，这让李梅陷入了尴尬的局面，她觉得自己真是骑虎难下了。

这就回到了故事开头的一幕。

眼下正值冬天，又连着下了两场雪，羊群不能外出，李梅家里不搞养殖，也就不可能储备草料。李梅一共赶回了140只山羊，这可是140张嘴呀，总不能让它们饿死吧！实在没办法了，李梅只好自己购买饲料来喂山羊，看着这群山羊吃饲料的样子，李梅心里可是在滴血啊：不到20天，买饲料就花了2000多元。李梅和丈夫每天灰头土脸地伺候着羊群，院子里更是满地羊粪。

这还不是最糟糕的，更要命的是，冬天正是山羊繁殖下崽的时期，好多大山羊开始生产小羊羔，而且大多都是在晚上生产，天气又太冷，刚生下的小羊羔得及时抱回家里，于是李梅和丈夫轮流看守羊群，生怕这些山羊出问题死了，那可真是说不清楚了。他们手忙脚乱地接生了一只小羊羔后，终于受不了了，一合计，干脆雇用了一个羊倌专门照看羊群，也省得自己起早贪黑了。

就这样一个多月过去了，光是买饲料就花了好几千元，更别提雇人的工资和自己一家人投入的时间、精力了。每天听着院子里的羊叫声，李梅是饭也吃不下，觉也睡不着。本来自己是有理的一方，怎么现在好像反过来了似的，再这么下去，别说家里的积蓄被山羊吃光了，李梅觉得自己的身体也快要扛不住了。这烫手的山羊，怎么才能"抛"出去呢？

正在这个时候，李梅的丈夫想出了一个主意：咱们可以去法院告王平，让王平还钱，等钱还了，他还能不要这山羊吗？李梅想，对呀，先不说钱能不能要回来，这山羊总得送回去，万一死上几只，自己可真是有理也说不清了，起诉王平，说不定这事就解决了。

于是，李梅一纸诉状，将王平告到了法院，要求王平偿还自己支出的10万元钱。

案件承办人张法官一接到案子，李梅就跑了过来，急急忙忙说："法官，我要申请财产保全。"张法官便问李梅："你要保全什么，冻结银行账户还是查封房产？"李梅赶紧说："都不是，我要求扣押被告王平的140只山羊。"听到李梅这么说，张法官愣了一下，一般申请财产保全，大多是针对银行账户或者房产车辆，扣押山羊还真是少见，而且保全这么多山羊对申请人的风险也很大。张法官想了想告诉李梅："因为山羊是活物，要考虑到死亡的因素，如果发生意外，你是要承担赔偿责任的，你要不要变更一下，申请冻结王平的银行账户？"李梅赶紧说："不行不行，我只要求扣押山羊，而且得由我来控制这些山羊。"

看着李梅如此坚决，张法官又说："要不这样，不要转移山羊，我们向被告王平送达手续，责令其不能变卖，这样既能规避风险，也能防止王平把山羊卖了，你觉得怎么样？"可是李梅一听，心想这怎么行，自己之所以申请保全，就是要把扣押山羊这件事通过法院做到名正言顺。这样，自己养山羊的费用就能让王平承担了，等王平把钱还了，自然也该着急要山羊了。最关键的是，这样做，就算山羊死了、丢了，自己也有理由推脱了。

张法官不停地给李梅做思想工作，但李梅还是执意要求张法官按照她的意见做。张法官此时觉得，李梅的言语和神情有些不合常理，按理说，自己讲得很清楚了，而且这个道理人们都会理解，为什么李梅却一直纠缠着非要扣押山羊呢？看来问题就出在这些山羊身上，于是张法官问李梅："你为什么只要求扣押山羊，冻结了对方的账户不是更方便吗？"李梅心里七上八下，支支吾吾地不知道该怎么回答，直到张法官告诉她："如果这个案子你输了或者中途山羊死了、病了，你可是要给对方赔偿的。"李梅意识到，自己的如意算盘是打不了了。

见李梅有些欲言又止的样子，张法官更加肯定了心里的怀疑，在一番引导下，李梅向张法官说出了之前王平借钱、自己扣押山羊的整个过程。张法官听了很是诧异，他告诉李梅，当自己的权益遭受了侵害，一定要通过合法的途径来维护。对于李梅来说，如果发现王平有财产但拒不还债，完全可以先向法院申请财产保全，防止对方变卖，然后再起诉。现在李梅直接扣押对方的财物显然是违法的，这么做，无异于给自己带来相当大的隐患。其实，李梅自己心里清楚，她已经尝到了苦果，早就后悔了。

李梅起诉王平的案子刚接到手，第二天，张法官又收到了一个案子，拿到诉状一看，原告是老王，而被告却是李梅，再往下看，张法官明白了，老王就是王平的父亲。昨天他还和李梅说，你把别人的山羊扣押了，人家没起诉你就不错了。没想到，今天就收到了诉状。

老王起诉称，虽然儿子王平欠李梅钱是事实，但是她把山羊抢走就不对了，这些山羊是老王自己的，并不是王平的！他要求李梅归还自己大山羊 180 只、小羊羔 20 只。

看到这个案子，张法官也在想，李梅把山羊扣押了一个多月，王平不仅没有来要山羊，他的父亲还起诉了李梅。李梅的麻烦是越来越大了。

接到诉状之后，李梅气愤到了极点，没想到王平欠钱不还不说，还倒打一耙。更可气的是，自己明明只赶走了王平家的 140 只山羊，而对方却要求她归还 200 只山羊，这分明就是在讹人呀！反过来再看王平，其实，当王平听说自家的山羊被李梅抢走了，便急匆匆地要去李梅家要回来，可转念一想：自己欠李梅的钱没还，就这么去李梅家，不但要不回山羊，还得还钱，而且免不了还要挨顿骂。算了，既然你敢抢走山羊，那我也不要了，你就养着去吧。就这样，一直到李梅起诉王平的时候，王平也告诉父亲："去法院起诉李梅，让她知道抢山羊的后果！"

张法官在接到案子后，进行了初步了解，虽然这是两个案子，但实质上还是由于王平和李梅之间的纠纷引起的，两个案子是关联的，不能分开处理。而且，眼看着就要过年了，李梅这边每天都会因为照看羊群产生费用，拖的时间越长，双方的矛盾就会越难解决，案子也会更加不好办，必须要快速审理，快速结案。

首先要解决的问题是，把扣押的山羊给退回去。只要把山羊退回去，李梅的损失也就止住了，老王的诉讼也就了结。于是，张法官组织双方进行调解，他对老王说："李梅私自扣押山羊的确不对，可归根结底还是因为你儿子王平欠钱引起的，你这么折腾下去，对王平的影响也不好。"老王嘟囔道："这和我儿子有什么关系，山羊是我的，要钱找王平去，凭什么扣押我的山羊！"老王的声音有些低沉，明显比刚进门时的情绪缓和了许多，张法官又说："那你再想想，自己到底有多少只山羊，如果多要了，回头村子里的人该怎么看你呀？"

老王瞪大眼睛，盯着张法官没有说话，不一会儿，他忽然说："那这样吧，我把山羊赶回去算了。"

当天下午，张法官带着老王赶往李梅家，路上老王接了一个电话。到了李梅家后，刚打开大门，老王却指着羊群大声吵吵："不对不对，这不是我的山羊，我的山羊比这肥多了！你看看这一个个瘦成什么样了，我可不要。"没等大家说话，老王转身就走了。

一上午的调解就这么作废了，张法官觉得这可能跟老王接的那个电话有关系，从老王接电话的神情来看，应该是儿子王平打来的。

为了提高调解效率，张法官特意邀请了村民委员会的主任和几位村民，让他们帮忙一起到老王家做调解工作。老王看着这些人神情有些不自然，说话也结结巴巴的。张法官问老王："上次说得好好的，怎么反悔了呢？那些山羊不是你家的还能是谁家的，山羊后背上的图案你不认识吗？有什么想法说出来，大家低头不见抬头见的，这么僵持下去有什么意义呢？"

大家你一言我一语地劝说老王，老王沉默了很久才抬起头，同意赶回自己的山羊，并且表示这次自己不会反悔了。

但让人万万没想到的是，一帮人再次来到李梅家，老王数了数山羊的数量，抬头问李梅："你赶走山羊的时候，已经有20多只大山羊怀了小羊羔，这段时间，怎么也该生产20只小羊羔了吧。小羊羔呢？都还给我！"李梅一听不干了，说："这些山羊到我家之后只生产了9只小羊羔，你这明显就是在敲诈！"老王接着说："这可不行，我可以把山羊赶回去，但是小羊羔不见了，李梅你得赔钱！"

为此，两家人又开始吵了起来，这次的调解再一次失败了。

张法官明白，老王压根儿就没有调解的诚意。马上就到春节了，再耗下去，双方的矛盾只会越来越大！虽然两次调解没有解决问题，但是张法官也意识到了本案的症结所在，以及很多解决问题的关键信息。于是，张法官决定开庭审理此案。

法官解案 >>>

在庭审中，老王坚持说山羊是自己的，而且大小共200只山羊。此外，他还要求李梅赔偿山羊被饿瘦了的损失费20000元。而李梅却认为，王平借钱时就说要搞养殖业，老王年纪大了，而且也没有足够的经济实力，不可能自己办养殖场养这么多山羊，这些山羊实际上就是王平的，所以老王没有权利要求她还山羊。大山羊总共140只，后来生产小羊羔9只，这才是实情。

双方争议的第一个焦点：这些山羊到底是谁的？

李梅一直说山羊是王平的，可她只是推测，并没有证据证明。但老王却有两个证人，其中一个人就是帮老王放羊的羊倌宋大爷。宋大爷称，山羊的确是老王的，他也是老王雇用的，工资由老王支付，平时他根本就没见过王平来管理和照料山羊。而另一个证人是李大爷，李大爷证实，一年前老王向他买过100只山羊，当时只有老王领着羊倌来买山羊，王平并没有参与。

这些山羊到底是老王的还是王平的呢？

其实在这里，体现的是举证责任问题。一般情况下，在民事法律关系中，讲究的是"谁主张，谁举证"，也就是说，你要提供证据来证明自己的主张。反驳对方证据最有效的方式是提供足够的证据。

《中华人民共和国民事诉讼法》第六十七条规定："当事人对自己提出的主张，有责任提供证据。"同时，《最高人民法院关于适用〈中华人民共和国民事诉讼法〉的解释》第九十条规定："当事人对自己提出的诉讼请求所依据的事实或者反驳对方诉讼请求所依据的事实，应当提供证据加以证明，但法律另有规定的除外。在作出判决前，当事人未能提供证据或者证据不足以证明其事实主张的，由负有举证证明责任的当事人承担不利的后果。"

具体到本案中，老王举出证据证明山羊是自己的，李梅反驳说山羊不是老王的，那么，按照上述规定，李梅有责任提供证据证实山羊不是老王的而是他儿子王平的，如果没有证据证实，李梅就要承担败诉的风险。

张法官也在思考，最近他接触了好多村民，也打听到王平近几年只是在搞种植业，并没有养过山羊，村民们都说山羊是老王的。即使说王平真的是用李梅的钱来开养殖场，也只能证明养殖场里的房屋和设备是王平的，从法律上说，养殖场里的山羊和谁购置的养殖场基础设备之间并没有直接关系。所以，最终法庭采信了老王的证据，认定这些山羊是属于老王的。

双方争议的第二个焦点：山羊的数量。

老王称李梅赶走他的大山羊180只，后来新生产小羊羔20只，一共200只。针对老王的诉讼，李梅也提供了证人，其中三个证人都是当时和李梅一同去老王家赶山羊的村民，他们证实，赶山羊的时候特意清点了下数量，确定大山羊是140只，而且三个人陈述的赶山羊事实基本吻合。此外，还有一个证人是李梅雇用的羊倌，羊倌证实赶回山羊之后，大山羊一共生产了9只小羊羔。

看着李梅提供的证人，老王也再没有说话，更没有提出相反证据。很显然，李梅陈述的山羊的数量是正确的。最终法庭也采纳了李梅提供的证据，认定大山羊的数量是140只，小羊羔的数量是9只。当然，关于老王提出的山羊变瘦了的损失，更是没有证据证实，法庭也没有采信。

最终，法院判决，由被告李梅返还给原告老王大山羊140只及相应的孳息，也就是小羊羔9只。

判决书生效的当天，在张法官的见证下，双方履行了判决：老王赶回了自己的山羊，李梅也终于松了口气，这烫手的山羊，终于送回去了。

另一个案件，也就是李梅起诉王平要求归还欠款的案件，法院判决王平偿还李梅 10 万元。但因为王平依然抵赖，声称自己"一分钱没有"。为此，法院还对其进行了司法拘留十日的决定，并把他列入了失信被执行人名单，王平的头像很快就上了法院对外公布的大屏幕。没过几天，王平就受不了了，亲戚朋友们在他背后指指点点，自己的生意也受到了直接影响。最终，王平只好乖乖地把钱送去了法院。

法官点评

两个案子都了结了，李梅也拿到了属于自己的钱，可其中的教训却让她刻骨铭心。用自己的身份为王平贷款，已经埋下了一个巨大的隐患。而当她归还了银行贷款后，本来是有理的一方，却偏偏采取了极端的方式，直接抢了人家的山羊，最后导致无法收手，差点就栽在这些山羊身上，真是得不偿失！而王平失去了诚实守信的立身之本，给自己贴上了"老赖"的标签，注定要为此付出代价。

邵晓媛

　　中共党员，2011年入职内蒙古自治区乌兰察布市兴和县人民法院，先后在民事二庭、立案庭、执行局、审管办、刑事审判庭工作，历任书记员、助理审判员、审判员、员额法官、审管办主任，现任兴和县人民法院刑事审判庭庭长。连续7年被评为兴和县人民法院优秀个人，2019年荣立内蒙古自治区法院系统个人三等功，2020年荣获全区法院"办案标兵"称号。

一场大火两家愁

主讲人：内蒙古自治区乌兰察布市兴和县人民法院　邵晓媛

9月的一天，在一片冒着青烟的废墟旁，两个40多岁的中年男人正翻滚着扭打在一起。其中一个人的鼻子被打破了，满脸的鲜血不时落在地上；另一个人的脸上也挂彩了，还被扯掉了好多头发。围观的村民一边拉架一边劝说："不要打了，不要打了，再打出人命了……"

那么，到底是什么深仇大恨，让这两个加起来快100岁的男人打了起来？这还要从前一天晚上的一场大火说起。

那天，村民委员会的老张值班，他顶着大风在巡夜的时候突然发现，王二奎家的方向冒出了熊熊大火，火势借助风势四处乱蹿，肆无忌惮地吞噬着周边的一切。老张立刻敲响了手中的铜锣，边跑边喊："救火啦，救火啦，王二奎家着火啦！"不一会儿，大部分村民从家中拿着水桶，冲向着火的地方帮忙灭火，也有村民拨打了火警电话。幸好着火点位于村子边上，消防车很快就赶到了现场，不多时就将大火扑灭了。因为救火及时，所以没有人员受伤，但是财产损失可不小。大火不仅烧毁了王二奎家的厢房、仓房各一间，而且烧毁了堆放在墙边的牛草料，就连隔壁的院子也遭受了很大的损失。

隔壁的院子，是瓜子收购商张大明租住的院子。张大明是小有名气的瓜子商人，因为当地盛产瓜子，每到秋收季节，他就在附近几个村子收购老乡手里的瓜子，既解决了村民丰收后瓜子的销路问题，也可以为自己赚取一定的利润，两全其美。为了便于统一运输销售，他将收来的瓜子暂时堆放在自己租住地的仓房中。今年他已经收了数百袋、上万斤的瓜子，没想到被一把大火烧得干干净净，颗粒无存。

心情沉重的王二奎和张大明，面对失火后的残砖断瓦，各自沉默，欲哭无泪。

王二奎是村里的养牛能手，被烧的草料正好是牛几个月的口粮。他想："我的牛以后可怎么办啊！"而张大明看着昔日装满瓜子的仓房变成了一片废墟，瓜子全部被烧成了焦炭，他的心就像被撕碎了一样疼。

那么，造成这一切的罪魁祸首是谁呢？张大明看到不远处垂头丧气的王二奎，对，是他，火就是从他家开始烧起来的，肯定是王二奎家的原因，一定是他放在院子里的牛草料引起的火灾，你王二奎要赔偿我的损失。

想到这里，他立刻跑到王二奎面前，冲着王二奎喊道："王二奎，你说现在怎么办，我的瓜子都被你的这些破草烧光了，你要赔偿我，你一定要赔偿我！"王二奎抬起头，看向跑过来冲着他大喊大叫的张大明，眼神迷茫，过了几秒他才回过神儿，明白了张大明话里的意思。他指着张大明的鼻子说："你胡说八道、血口喷人，是你家的瓜子着火了，烧了我家的房子和牛草料，你现在让我赔偿，你真是被猪油蒙了心，痴心妄想，现在是你要赔偿我家的损失！"

张大明听见王二奎这样回答，情绪就更加激动了，大喊道："就是你家先着火的，烧了我家的瓜子，乡亲们都能做证，你还有没有良心？枉我好心让你家的牛草料放在我的院子里。现在出事了，你倒是反咬一口，你要是不赔偿我的损失，我和你没完！"

两人就这样大吵了起来，他们越说越激动，互不相让，最后竟动起手

一场大火两家愁

来。围观的村民很快就将两人分开，制止了冲突。

冲突过后，两人被村民拉到了村民委员会，由村支书主持进行调解。但是张大明和王二奎都认为是对方的过错引起的火灾，从而造成了自己的损失。两人在村民委员会也是越说火气越大，眼看着就要再次动手，村支书见此情景，只能大声呵斥道："你们都不要喊了，这是村民委员会，不是你们家！既然你们互相不服气，咱们马上报警。"

报警后，警方查明，起火的原因是天气干燥，而张大明院子里牛草料堆放的方式不合理，牛草料自燃引起了火灾。于是张大明拿着警方的结论，去找王二奎理论，要求他赔偿损失。但王二奎不仅不赔偿，还说起火的事和张大明有直接关系，这又是为什么呢？

王二奎说，牛草料的自燃，虽然是因为堆放方式不对引起的，但却是按照张大明的要求堆放的，因此责任在张大明，不在他。

听到这些，张大明很是生气，认为王二奎就是在推卸责任，不想赔偿。于是，张大明一纸诉状，将王二奎告到了法院，要求王二奎赔偿自己全部的经济损失。

李法官接到案子后，详细地审阅了案卷，并与双方进行沟通，这才对案情有了初步的了解。

原来张大明的房子是租的，房东叫大刘。王二奎和大刘是从小一起长大的邻居，曾经在翻建院墙的时候，大刘家的院墙占了王二奎院子一部分地，但王二奎没有在意，所以大刘很感谢王二奎，两家的关系一直非常不错，因此当王二奎家的牛草料堆放不下的时候，就将部分牛草料堆放在大刘家的院子里，大刘也没有反对。后来，大刘搬家去了城里生活，老家的院子就空了下来。直到张大明看中了大刘家的院子大、仓房大，可以作为瓜子的库房，这才租下了大刘家的房子和院子。所以，张大明成了王二奎的新邻居。

张大明租下房子后，由于堆放的牛草料实在影响进出，就给大刘打电话，要求将牛草料挪一挪，大刘也没有和张大明说明牛草料是王二奎家的，只是在私底下告诉王二奎，要他把牛草料整理好，不要影响张大明储存瓜子。所以，当王二奎整理草料时，张大明还以为王二奎是热心帮忙的邻居，就让他把牛草料堆在仓房两边，只要不影响他进出就行。

后来，张大明才知道牛草料是王二奎的，但房东大刘主动减免了部分房租，所以张大明也就没再说什么。结果，恰恰就是张大明院里的这些草料自燃，引发了这场火灾。

了解清楚情况后，李法官通知双方开庭进行案件审理。在庭审中，张大明依据警方的调查结果，提出王二奎应该赔偿其全部经济损失，而王二奎则说，毕竟牛草料是在张大明租住的院子里存放的，他平时疏于监管，也应该为此负一定的责任，而且这次火灾他也有不小的损失。

李法官了解了双方的诉求，认为本次案件中，双方都有一定的责任，而且都承受了不小的损失，调解解决是对当事双方最有利的结果，否则两人都认为对方的责任大，心存怨愤，不利于问题的解决。在李法官的努力下，张大明和王二奎达成了调解协议，按责任比例，王二奎向张大明赔偿瓜子的损失 20000 元。

可让人没有想到的是，这案子刚调解完没几天，就又出事了。

原来，法院调解完当天，王二奎回到家里后，和媳妇说了案件的结果。媳妇一听就不乐意了，指着王二奎的鼻子说："你这个没用的东西，让别人打得鼻青脸肿，你倒赔偿起别人的损失来了。咱家的房子和草料被烧了，还没人赔偿呢，你要是敢给别人掏钱，我就不和你过了。"王二奎也气鼓鼓地说："法院都说和了，我都捺手印了，你还想咋办？"王二奎媳妇听了，跳脚喊道："家里的钱是重新盖房用的，要是没有了，我今天就回娘家！"

王二奎媳妇越说越气，顺手就把一个茶壶砸在地上，摔了个粉碎。没想到溅起的玻璃碴子把她的手划破了，瞬间鲜血就流了出来。王二奎看见媳妇满手的鲜血，心里一下子慌了，冲向抽屉拿出纱布，给媳妇包扎伤口。同时他又气又心疼地说道："房子已经烧了，你可不能再有个好歹啊，我都听你的，都听你的，咱们不赔偿了。"

而另一边，张大明还是很高兴的，想着自己的损失可以得到一部分赔偿，今年剩下的几个月，自己再辛苦点，还可以争取把火灾的损失降到最小。可是左等右等，王二奎就是不来赔钱。而且这一段时间，王二奎一直在家重新翻盖自己的仓房，都快封顶了。

张大明终于忍不住了，心想：这都多长时间了，你王二奎还不赔钱，想要赖可不行，我要讨一个说法。拿定主意后，张大明就冲到王二奎家门前，大喊道："王二奎你给我出来，你为什么不赔钱，你是不是想赖账？"

张大明的大嗓门，引来了不少村民围观，大家都在你一言我一语地议论着。王二奎顿时怒火中烧，心想：你张大明一个外乡人，竟然敢堵着我的门和我要钱，以后我在村里人面前还怎么抬头啊。他大声说道："张大明，你的损失我不管，我的房子和草料也被烧了，谁赔偿我了？你不要在我家门口胡喊，小心我对你不客气。"

眼看着又要起冲突，围观的村民赶紧将两人连拉带拽地劝回了家。

回到家里，张大明越想越气，在院子里烦躁地走来走去，心想：你王二奎在法院答应得好好的，现在竟然跟我来这套？好，既然法官的话你都敢不听，那就别怪我不客气了，我一定让你乖乖地把钱送上门来不可！

张大明一拍脑门，对！王二奎不是村里的养牛能手吗，他养的牛个个膘肥体壮，要是自己牵走两头，逼王二奎赔钱，他还能不着急吗？退一步说，就算王二奎还是不赔钱，自己就把两头牛卖了，差不多也能补偿自己的损失了。

于是，张大明开始计划如何把王二奎的牛顺利牵走。经过几天的观察，张大明摸清了王二奎家草场的具体位置和放牛的时间。

这天，王二奎家雇用的牛倌在放牛时，竟然躺在太阳底下睡着了。张大明趁着空当，把两头牛牵走悄悄藏了起来。

事后，张大明打电话给王二奎说："你家的牛我牵走了两头，你赔我的钱，我就给你送回去。要是你不赔钱的话，就再也见不到牛了。"

王二奎此时正在为牛不见了而着急上火，听到是张大明牵走了牛，顿时火冒三丈，在电话里对张大明说："张大明，你乖乖地把牛给我还回来，要是我的牛有个三长两短，我不会让你好过的。"

王二奎的回答让张大明气得挂断了电话，他下定决心：你王二奎不赔钱，我就不还你的牛。

第二天，张大明正美滋滋地盘算着如何把牛卖了补偿自己的损失。突然，传来了"砰砰"的砸门声，有人喊着："张大明你给我出来，你还我的牛！"这是王二奎，他居然还敢上门要牛，张大明气冲冲地来到大门前，正要开门时，他透过门缝儿发现王二奎带了好几个人。见此情景，张大明有些害怕了，心想：他们人多，要是开门了我肯定要吃亏，不行，我得赶紧跑。于是，张大明转身来到后院，翻墙跑了出去。

自此，张大明就躲到了隔壁村，又找了一个住处。同时，他担心牛被王二奎找到，就把牛藏到了村外一个偏僻山坡上的窑洞里。这个窑洞废弃了好多年，平时没有人会经过这里，不容易被人发现。可没想到，牛是藏好了，但也给张大明带来了无尽的烦恼。

牛被牵回来了，总得有人喂啊，否则如果王二奎拖着不赔钱，这牛被饿瘦了、生病了，那就真是有理说不清了！开始的几天，张大明是硬着头皮自己去喂牛。为了防止牛被别人发现，他每天天不亮，就把饲料和水用车运到离废窑洞不远的山坡下，自己肩挑手拿地把饲料和水再送到窑洞里。几趟下来张大明累得满头大汗，气喘吁吁，坐在地上不愿意起来。

张大明从来没有养过牲畜，在养殖方面是一窍不通，连牛一天要吃几次饲料、喝几次水、每次多少量都不清楚。而且他在喂牛的时候，踩了一鞋底的牛粪，走到哪儿都是臭气熏天。几天下来，牛已经明显掉膘了，毛色灰暗。

张大明心想：这样不行啊，又脏又累的，我也不会养牛，要是牛生病了，可就不值钱了。而且我还有自己的买卖呢，不能把时间都耗在这里啊。我还是得尽快再多收些瓜子，以弥补火灾造成的损失。

没办法，他只好和邻村一户养牛的人家说好了，每天早上，他先把牛牵到养殖户的家里，由养殖户帮他喂一天，晚上他再把牛牵回去。结果没过两天，牛的状态果然就渐渐好了起来。

天有不测风云，张大明本以为再过些日子，牛就可以恢复原来膘肥体壮的样子，正美滋滋地琢磨着去牛市多卖些钱，可是接下来发生的事又给他当头一棒。

一天傍晚，下着蒙蒙细雨，三三两两下工的村民都匆匆往家赶。张大明这时候也刚从养殖户家里把牛牵出来，他嘴里哼着小曲，一手拿着手电筒，一手牵着牛往家里走。可是就在离家还有两个胡同口的时候，没想到张大明脚底下打滑，一个趔趄摔在地上，手里的绳子飞了出去。巧合的是，这飞出去的绳子竟然抽到了牛眼睛上，牛受惊了，向前窜了出去，一下子将旁边赶路的村民王强撞到了路边的排水沟里，紧接着就听见王强的惨叫声："啊呀，疼死我了。"张大明见此情景，也吓坏了，他不顾满身的泥水爬了起来，跑到王强的身边，焦急地问："怎么样了，伤哪儿了，严重不？"

万幸的是，路边的排水沟不深，王强没有生命危险，但是扭伤的脚已经肿起了大包，看起来很严重。张大明赶紧将王强送到了医院。在医院拍片检查后，才发现王强的脚骨裂了，这可不是敷些药就能治好的，需要一笔不小的治疗费用。

张大明这下可慌了神，拿着王强的缴费通知单，一屁股坐到了地上。本以为卖牛的钱马上就能补偿火灾的损失了，可是现在不但拿不回钱，还要再出一大笔医疗费。张大明想，这可怎么办啊，都怪这两头倒霉的牛。

"但牛是王二奎的，又不是我的，是他的牛撞伤了人，应该找他要医疗费，和我有什么关系？"这么一想，张大明心里舒服多了。张大明就告诉王强的家属，牛是王二奎的，让他们找王二奎去要医疗费。

王强的家属听到张大明的说法可不干了："这是什么逻辑？我们可不管牛是谁的，是你牵着牛撞伤了人，你就要给我们治伤。你要是不管，我们就去法院告你。"张大明说："我都不知道上哪儿说理去！你们爱去哪儿告就去哪儿告，我不怕。"说完就气呼呼地走了。

王强的家属很快就把张大明告到了法院，要求张大明支付全部医疗费、营养费和误工费。与此同时，王二奎也听说了自己家的牛撞伤了人的事，心里直犯嘀咕："万一张大明把自己家的牛卖了，用来做王强的医药费，我可怎么办呢？对，我也去法院告他。"于是王二奎也来到法院起诉，要求张大明归还自己的两头牛。

两件案子很快交到了小镇法庭李法官的手中。李法官仔细看了案件的诉状，心里有些疑惑。前段时间张大明的案子是他亲自办的，张大明明明是收瓜子的，没听说过他养牛啊，养牛的不是王二奎吗？难道是因为当时的赔偿问题二人又闹上了？于是李法官把张大明传唤到了法院。

果然，还真被李法官猜对了，张大明把经过一五一十地告诉了李法官。张大明觉得很是委屈和不平，明明是王二奎不赔钱，自己才牵走了他的牛，以此逼他尽快赔钱。自己不会养牛，怕牛出问题，还给牛找了养殖户，没想到牵牛回家的时候，又不小心撞伤了王强。从头到尾自己都只是想要回属于自己的合理赔偿，可是每次都是自己遭受了损失，真是太不幸了。

李法官听明白了前因后果，对张大明说："王二奎不赔偿你，你可以来法院申请执行呀，你怎么能私自去牵人家的牛呢？这下牛撞了人，王强起诉你也是合理合法的。"张大明连连摇头，直言后悔，真是欲哭无泪。

因为事实清楚，李法官很快对案件进行了开庭审理。

那么，本来有理的张大明，怎么就成了这两场官司的被告了呢？

法官解案 >>>

这里涉及"无权占有和动物伤人谁担责"的问题，关于这两个问题，我国法律是有明确规定的。

《中华人民共和国民法典》第二百三十五条规定："无权占有不动产或者动产的，权利人可以请求返还原物。"本案中，张大明私自牵走王二奎的牛，并将其藏匿，就属于无权占有，所以王二奎有权要求张大明返还。

而《中华人民共和国民法典》第一千二百四十五条规定，饲养的动物造成他人损害的，动物饲养人或者管理人应当承担侵权责任；但是，能够证明损害是因被侵权人故意或者重大过失造成的，可以不承担或者减轻责任。

同时，《中华人民共和国民法典》第一千二百五十条规定，因第三人的过错致使动物造成他人损害的，被侵权人可以向动物饲养人或者管理人请求赔偿，也可以向第三人请求赔偿。动物饲养人或者管理人赔偿后，有权向第三人追偿。

也就是说，王二奎的牛被张大明牵走以后，张大明就成了牛事实上的管理人，如果由于张大明管理不当，使牛撞了人，所造成的损害应该由张大明承担民事赔偿责任。

法庭上，经过李法官的耐心解释，张大明再次表示悔不当初："我没想到会产生这样的后果。自己本来是受害者，本来可以依靠法院执行解决问题，但因为不懂法，所以违法私自牵牛。现在不仅要乖乖把牛送还回去，还要给王强赔医药费，真是得不偿失啊！"

看着另一边沾沾自喜的王二奎，李法官当庭表示："说到底还是因为你没有赔偿张大明的损失，否则不会生出这么多事端。公安机关的调查结果很清楚，法院也判决了，如果执意不赔偿，那么张大明可以申请法院执行。到了执行阶段，严重的会被拘留，甚至还可能蹲监狱。你觉得为了这点事，值得吗？"

王二奎听到以后，害怕了，他有些委屈地辩解道："法官啊，不是我不赔偿，我想着两家'抬头不见低头见'，赔偿就赔偿吧，是我老婆不让我赔偿。我没想到后果这么严重。这次牛还我了，我回家一定说服老婆，马上赔钱。"

最终，李法官对两起案件进行了宣判：一是判决张大明归还王二奎的两头牛；二是判决张大明赔偿村民王强被牛撞伤所造成的所有经济损失16000元。

判决生效后，张大明主动把牛还给了王二奎。同时，在李法官的督促下，王二奎也很快将当初火灾的赔偿款送到了张大明的手中。

法官点评

案件了结了，其中的教训却令人深思。一场大火，让张大明和王二奎两家都损失惨重，但事后王二奎无视法院判决，拒绝赔偿，理亏在先；而本是受害者的张大明，却用偷牛来发泄怒气，这种无知和莽撞，反而让他官司缠身。大家都说"远亲不如近邻"，如果生活中真的遇上什么事，可能一个好邻居就可以解决燃眉之急。希望经过这件事，他们两家能有更多的体会。

郭志强

　　1985 年 6 月出生，研究生学历，一级法官，现任内蒙古自治区乌兰察布市四子王旗人民法院党组成员、副院长。自参加工作以来，长期扎根在边疆少数民族地区基层法院办案一线，以对党、对人民的赤诚忠心，对神圣的审判事业的无比热爱，忠诚担当，在平凡的岗位上做出了积极贡献。先后被授予"扫黑除恶先进个人""优秀共产党员""担当作为好干警"等荣誉称号，荣立个人三等功两次。

还我的"陪嫁羊"

主讲人：内蒙古自治区乌兰察布市四子王旗人民法院　郭志强

农历五月十三这天，是草原上祭敖包的日子。牧民张树仁一家身着节日盛装，齐聚在苏木的敖包前，敬上全羊、奶食、鲜果和美酒，祈求草原风调雨顺，家人平安，牛羊兴旺！这里的苏木是当地特有的称呼，也就是咱们常说的"乡镇"。

祭敖包仪式一直进行到了中午，心情不错的张树仁打算回家，突然看到远处自家雇用的羊倌老包手里拿着赶羊鞭，急匆匆跑过来。张树仁预感不对劲，赶忙迎上去问："老包，出啥事了？"羊倌老包气喘吁吁地回答："可了不得了，合作社的羊又被人抢了！"

要说张树仁合作社里的羊被抢，可不是头一回了，就在一周前，一个叫孟伟的人带着六七个人强行赶走了张树仁合作社里的110只羊。

"又是孟伟？"张树仁赶忙追问。"不是，你看看他们立下的字据，说是来取回自家的羊，他们人多我也没办法呀。"羊倌老包为自己解释着。张树仁低头看着手里的字据，愤愤地说道："这一回我就是上法院也要讨个说法。"

半个月的时间，张树仁合作社里的羊接连被抢。这事很快就传开了，有人说张树仁一定是得罪了什么人，还有人说张家儿子在外面欠下了高利贷……说什么的都有。要弄清抢羊这件事，还得从张家那桩没有办成的婚事说起。

张树仁只有一个儿子，叫张大伟，在外地上学毕业后便回到了草原，同父亲一起经营牧场。转眼间，张大伟已经到了适婚的年龄，可他是个有些内向不善言谈的人，相对闭塞的牧区生活，更加限制了张大伟谈恋爱这件事，张树仁也开始为儿子的婚姻大事着急，到处托人为儿子介绍对象。

很快有人就打听到了李春根家。李春根是和张树仁同住在一个苏木的牧民，但草原上牧民居住得比较分散，两家并不相识。李春根有一个女儿李娜和一个儿子李刚。李娜大学毕业后，在外地工作了几年，后来也回到了草原；李刚一直在外上学。

李娜身材婀娜，面容精致秀丽，特别是她在大城市已经生活多年，平日里的衣着打扮、言谈举止都显得那么特别，不同于草原牧区的一般女孩子。在草原上，如此出众的李娜自然会引起人们的注意。

得知李娜还没有对象，张树仁便托媒人牵线搭桥，而儿子张大伟对李娜也是一见钟情，一向沉默寡言的他也开始变得非常主动，常常给李娜送一些小礼物或到李春根家主动帮忙干活。

李春根对张大伟也很满意，认为这个年轻人虽然话不多，却成熟稳重，加上张家的条件也比较好，值得将女儿托付。但是，女儿李娜对张大伟的态度却始终是不温不火。

很快，张树仁领着张大伟到李春根家正式提亲，还说要给两个孩子举办订婚宴。李娜对父母说，自己和张大伟相处的时间太短了，都不了解彼此。可李春根认为女儿的年龄太大了，得抓紧时间结婚。就这样，李春根自作主张同意了订婚的事，李娜也没再坚持。

接着，由张家操持，为张大伟和李娜举办了一场很隆重的订婚仪式。酒席一开始，张树仁就拿出了提前预备好的红包，当着李春根及众亲戚的面说："这是66000元，六六大顺，今天我交给李娜，作为结婚的彩礼钱。"这 66000 元的彩礼，在当地牧区算得上是一个大数字，可见张家对这桩婚事非常满意。张树仁还说，为了孩子们结婚，他早已在镇上买好了婚房——高档小区的一套三居室。

订婚宴上，众人频频祝福两个年轻人，李春根对于张家的大方出手很是满意，仿佛也看到了女儿李娜未来的幸福生活。酒过三巡，李春根也当即表示，等到李娜和张大伟领证结婚后，娘家给孩子陪嫁 50 只羊。后来又说，干脆现在就把羊放到张树仁养羊的合作社里，让羊倌先照看着，等孩子结婚后算是女儿和女婿在合作社里的股份了。

酒席间，两家人又谈到了选择婚期的事。这时，李春根提出来，自己还有一个未成家的小儿子，女儿李娜结婚的日子一定要由自家来选定，千万不能犯了忌讳，影响小儿子成家立业。兴奋的张树仁当即表态说："行！只要是为了双方孩子好，结婚日期你们来选。"

亲友们也都拍手叫好，现场气氛好不热闹。

订婚后，李春根很快兑现承诺，在自家羊群里挑了 50 只羊放到张树仁养羊的合作社里。接着，他便赶紧花钱请风水先生，来选定女儿结婚的日期。李春根确实有点迷信，他几乎把全家人的生辰八字都提供了，生怕出什么岔子。最终经过全方位衡量，婚期定为来年的农历正月十五。

可没想到，张树仁得知李家选定的婚期是正月十五后，十分不解，心里非常不高兴："这婚期也太近了吧，好多东西都来不及准备。再说，按照当地习俗，结婚之日要选带有三、六、九这样吉利的数字，在正月十五结婚，真是没听说过。而且那时候亲友们都忙着过节，有多少人能来参加婚礼呢？"

张树仁越想越担心，孩子的婚事可马虎不得啊！于是，他赶紧打电话给李春根，表示婚期选得有些不妥，委婉地要求重新选，自己出钱都行。但李春根在电话里一反常态，态度非常坚决，说日期已经选定了，绝对不可以再更改，自己已经通知了亲友们。

就这样你一言我一语，两个人在电话里发生了争执，张树仁埋怨李春根自作主张，李春根责怪张树仁不近人情。最后，李春根在电话里撂下一句话："想娶我家姑娘，只能按照我们的日期。"说罢便挂掉了电话。

张树仁真没想到，未来的亲家如此不讲道理。好在看着李娜这孩子还不错，为了儿子的幸福也只好作罢，可他心里依旧不痛快。由于婚期离得太近了，结婚用的新房要赶紧装修，张树仁忙里忙外地张罗着。

这天，张树仁和一位装修工聊天时得知，这位装修工和李春根是一个地方的老乡，彼此认识。精明的张树仁没有说自己和李春根即将结为亲家的事，反而留了个心眼，想打探一下李春根一家在当地的为人。他也想知道，李春根为什么突然态度反常，这么急着要把女儿嫁出去。

这位装修工对李春根一家的评价倒是非常不错，夸赞李春根一家很本分，两个孩子还都考上了大学。只是他又顺嘴说了一句："就是可惜老李家姑娘受的那番磨难了。"张树仁一愣，赶忙问："他家姑娘咋了？"

装修工说："一次我在城里给别人装修，遇上李春根，晚上我们一起喝酒，老李喝多了，才讲了他女儿李娜的事。"紧接着，装修工的一番话，让张树仁惊出了一身冷汗。

原来，李娜在外地上学期间，有过一段感情经历，男友是李娜大学时的同班同学，家在南方。大学毕业后，李娜为了这份感情放弃了很多机会，毅然选择留在这个男孩子身边，尽管在外打拼的生活很不容易，可李娜觉得很知足，男友是个很会制造浪漫的人，平常的小感动让单纯的李娜觉得很温暖。两个人很快在一起同居了。可时间久了，男方父母开始极力反对他们在一起，多次催促俩人断绝关系，想让儿子回到他们身边工作。当初，男友为了能够和李娜在一起，与家人闹得很僵。

但是，李娜的一次意外怀孕打破了二人原本平静甜蜜的生活。医院告知李娜是宫外孕，情况非常危险，需要马上手术，而且要求家属签字和垫付手术费用。两个年轻人手足无措，李娜只好打电话通知了父亲李春根。李春根马上赶到城里，他看着受苦的女儿，心里很不是滋味。手术后医生告诉他，李娜以后再怀孕的概率很小。

生活和工作中的不如意，让李娜的男友开始怀疑自己当初的选择。他觉得，眼前的生活不会给李娜带来幸福，身处异乡的这几年，他既辜负了老家的父母，也没让李娜过上好日子。终于有一天，男友哭着和李娜提出了分手。

这段刻骨铭心的感情就这样结束了。李娜因为这件事在精神上受了很大的刺激，她辞掉了工作，成天闷闷不乐、心不在焉，患上了轻度抑郁症。李春根一家为女儿也是操碎了心，四处看病求医。在医院住院接受了近半年的治疗后，李娜的精神状态好多了，决定开始面对新的生活。可李春根再也不能让女儿一个人生活在城里了。李娜也明白只有父母给予她的，才是最无私的爱。就这样，李娜听从父母的安排，回到了草原牧区的家里。

因为女儿的这些遭遇，李春根在孩子的婚姻大事上非常小心，否则，凭着李娜的各项条件，李春根肯定不用发愁。

听到装修工的话，张树仁靠着墙，半天没缓过神儿来，觉得自己嘴唇发干，胸口像是被压上了一块石头。对于张家来说，李娜的这段经历算得上是一个晴天霹雳。不要说李娜的感情经历，就是她的病史，也是张树仁不可能接受的。

张树仁匆匆赶回牧区的家里，将事情一说，家里人都慌了神，年轻的张大伟更是无法相信，自己的未婚妻李娜，竟一直隐瞒着过去，而自己的付出完全是一厢情愿。他很懊恼，一时也没了主意，全家人都等着张树仁拿主意。于是当天夜里，张树仁便赶到李春根家，当场质问，要求马上退婚。

此时的李春根，木木地坐在椅子上，一言不发。他本来想永远隐瞒女儿的这段经历，赶紧找个女婿，没想到还是出事了。张树仁喋喋不休，李春根突然起身大喊道："退婚就退婚。你给我出去！"显然，李春根被张树仁激怒了。

因为退婚的事，两家人前后发生了数次争吵。其间，一向谨遵父命的张大伟，向李娜提出分手，要求解除婚约。李娜对于张大伟的表态，倒也没有太大反应，精神状态也没有像李春根担心的那样。或许此时的李娜对待感情已经有了自我调整、自我防御的能力。或者说，李娜根本没有真心喜欢过张大伟。总之，张大伟与李娜的这纸婚约，彻底撕毁了。

冷静过后，两家人终于能够心平气和地商量退婚的事。张树仁要求李春根返还订婚时的 66000 元彩礼钱。李春根也提出，张树仁要返还自己的 50 只陪嫁羊。

李春根很痛快地退还了彩礼钱，张树仁也同意把 50 只羊还给李春根。可是意想不到的事发生了，等二人到了合作社发现，合作社的羊圈里一片狼藉，50 只陪嫁羊也不翼而飞了。

这时，羊倌老包赶了过来，向他们说了合作社里发生的事情。几个月前，为了让合作社能够扩大经营，张树仁向一个叫孟伟的人借了 30 万元的高利贷，还约定了月利率为两分钱。但是，由于近来羊的市场价格一直走低，张树仁又被儿子的婚事弄得焦头烂额，根本无心打理合作社的事情，造成了合作社的资金一时周转困难。

高利贷到期后，张树仁也没心思处理这件事，一直没给孟伟一个明确的答复。可孟伟自己也是债务缠身，他借给张树仁的钱还是向别人借的，本想赚点利息，但现在张树仁还不了，债主天天上门找他要账。

孟伟左思右想，决定再也不等张树仁的还款承诺了，于是一不做，二不休，就在张树仁和李春根商量如何退婚的时候，自己带着六七个人，开着拉羊的卡车来到合作社，强行从羊倌那里赶走了110只羊用来抵债，还给羊倌写下了字据，注明这110只羊的市场价格抵了合作社多少债务。而拉走的羊群里，恰恰包含李春根给女儿当作陪嫁的50只羊。

就这样，原本当作陪嫁的羊被抢了，这是张树仁始料未及的，他真的不知道该怎么办了。

这么一来，李春根可不干了，逼着张树仁给自己一个交代。面对李春根的步步紧逼和怀疑，张树仁也生气了："冤有头债有主，50只羊是被别人抢走的，想要羊找别人去。"

之后，张树仁也没有报警，他觉得毕竟是自己欠人家的钱，用羊抵债也未尝不可，而且孟伟写下的字据也能说明问题。但是，李春根却气坏了，自己女儿的婚事没有办成不说，彩礼钱也退给了张树仁，可给女儿陪嫁的羊却不知道找谁要。张树仁说的孟伟是个外地人，自己压根儿不认识，真是赔了夫人又折兵！

之后的几天，李春根数次找到张树仁，但两家始终谈不妥退羊的事情。眼看着要羊无望了，情急之下，李春根也做了一个大胆的决定。

这天夜里，李春根悄悄跑到张树仁合作社的羊圈前，细细数了数，发现羊圈里还有七八十只羊。李春根心想："抢羊的事，别人能做，凭什么自己不能做？"所以，在农历五月十三这天，李春根和他找来的人，开着车来到了张树仁的合作社。他们叫醒羊倌老包，向其说明了来意，模仿之前孟伟的抢羊经历，李春根也将提前预备好的字据交给羊倌老包，字据上写着："因张树仁合作社欠款，导致自己遭受损失，故用张树仁合作社的羊，来抵自己的羊。"

随后，李春根不顾羊倌老包的阻拦，赶走了合作社里的50只羊。这才有了故事开头的一幕。

合作社的羊两次被抢，羊圈里也没剩几只羊了，张树仁再也坐不住了，在与合伙人商量后，他以合作社为原告，一纸诉状将李春根诉至法院，要求李春根返还原告50只羊。

法院以返还原物纠纷为案由予以立案。

承办案件的李法官接手案件后，发现原告、被告之间的积怨远不止抢羊这件事。但如果抢羊的事情处理不好，两家人的矛盾会更加激化。所以，李法官在这个案子的事实认定方面下了很大功夫。

那么，李春根的行为，究竟是属于要回了自家的陪嫁羊，还是抢走了张树仁合作社的羊呢？这是处理案子的关键所在。

李春根承诺用50只羊作为女儿的陪嫁，属于法律上的附条件赠与合同。也就是说，如果两家解除婚约，赠与行为就没有生效。所以，现在这50只陪嫁羊，还是归李家所有。

庭审中，一听法官的解释，作为被告的李春根气愤地说道："对啊，我可不是抢羊，而是要回自己的陪嫁羊。这50只羊虽然不是原本的陪嫁羊，但还不是怪张树仁欠了别人的债务，害我丢了羊，所以张树仁就应该赔偿。"

"我也不愿意陪嫁的羊被抢走，但你不能直接抢走我合作社里的其他羊啊！"张树仁反驳道。

随后李春根又说："羊作为牲畜，是完全可以代替的。而且张树仁合作社里的这50只羊的品相，远比不上自己的陪嫁羊，这么一算，我也遭受了损失啊！"

法庭上，双方你一言我一语，各执一词。

通过原告、被告开庭时的陈述与答辩，李法官认为，双方对抢羊的事实过程都是认可的，只是认识和看法产生了分歧。

那么，如何认定被抢的"陪嫁羊"的性质呢？两家的羊能否相互代替呢？

这里需要明确两个法律概念：种类物、特定物。

在一般人眼里，或许很难区分两群羊的区别，但李法官认为，依据牧区的生产生活经验，羊对于牧民来说，是完全具有辨识度的，自家的羊，主人都能认得。所以，性质应当属于法律意义上的特定物。

我国现行法律明确区分了种类物与特定物的法律意义。种类物是指不具有独立特征，可以相互代替，并可以用品种、规格、度量衡加以计算的物。如一般商店中的商品等。特定物是指具有独立特征，不能相互代替，可以与其他物相区别的物。

也就是说，虽然这50只陪嫁羊还是归李家所有，但是张树仁合作社的羊，是不能够代替李家陪嫁羊的。所以，李春根抢羊，实际是通过侵权的方式，用合作社的羊代替了陪嫁羊，应当承担相应的过错责任。

最终，法院依法判决，支持了原告的诉讼请求，李春根将50只羊返还给了合作社。

拿到判决书后，李春根和张树仁都听明白了李法官对案件的分析，气氛缓和了很多。

李春根说，自己只是想挽回损失，不懂得法律，抢羊实属无奈之举。听了李春根的话，张树仁虽然赢了官司，可心里仍不是滋味，他站起身对李春根说："老李，做不了亲家，咱们还要打交道，乡里乡亲的，这也不是什么光彩的事，就让它过去吧。这段时间，咱们都被这些事折腾得够呛。"李春根也觉着，两家如此对立下去，又能解决什么问题呢？还是应该通过法律途径来解决这些问题。

那么，李春根家被别人抢走50只羊的损失，该怎么挽回呢？对此李法官也给出了释明，李春根同样可以向侵权人孟伟主张权利。因为我国物权法（现已废止）第三十四条规定："无权占有不动产或者动产的，权利人可以请求返还原物。"作为受害者的李春根，应向孟伟主张返还原物。

《中华人民共和国民法典》第二百三十五条对上述条文作了延续性规定。

很快，李春根将实际侵权人孟伟起诉至法院，要求其返还陪嫁羊。经过法院审理，李春根赢得了官司，并通过申请法院强制执行，要回了原本的陪嫁羊。而孟伟也以民间借贷纠纷为由起诉张树仁，追回了借款。

法官点评

就此，张家和李家的事情总算解决了，尽管两家人没有结成亲家，但在经历了这么多事情以后，张树仁和李春根都明白了一个道理：子女的婚姻大事需要坦诚，更需要尊重子女意愿，否则很容易埋下祸根，害人伤己。因为退婚和抢羊的事情闹得沸沸扬扬，孩子们的婚姻大事又一次被搁置下来，也许这才是他们最不想看到的。

郝晓燕

　　内蒙古自治区乌兰察布市商都县人民法院一级法官、行政（综合）审判庭庭长、审判委员会委员、乌兰察布市第五届人民代表大会代表、乌兰察布市作家协会会员。曾于2021年、2022年连续两年获商都县"标杆清风干部"荣誉称号，乌兰察布市政法系统"先进个人"荣誉称号；2020—2023年连续三年获内蒙古自治区高级人民法院全区法院"办案标兵"荣誉称号；2021年获乌兰察布市两级法院"'蒙马奔腾'审判之星"荣誉称号；2022年被内蒙古自治区高级人民法院授予全区法院"担当作为好干警"荣誉称号。

丈夫的初恋来了

主讲人：内蒙古自治区乌兰察布市商都县人民法院　郝晓燕

2015年6月的一个夜晚，北方某县人民医院的上空乌云密布、雷电交加，不一会儿就下起了倾盆大雨。医院的儿科主任张大国，此时在产房门口已经整整徘徊了四个多小时，他望着窗外的大雨心急如焚，期盼着产房内的妻子孙梦，能顺利把孩子生下来。不一会儿，产房的门打开了，只见护士的怀里抱着一个正在啼哭的婴儿，她开心地对张大国说："张主任，母子平安！"张大国赶忙从护士手中接过自己的宝贝儿子，仔细端详着。

"好你个不要脸的张大国，生了个扫把星，你在哪儿不能生？偏偏要在我的眼皮子底下生……"张大国一听到这个熟悉得不能再熟悉的声音，头皮就开始发麻，他慌忙把孩子递给护士，转身朝这个女人走去，一把抓住了她，并压低声音说道："李梅，我们已经离婚了，你总是这样有意思吗？"李梅使劲挣脱张大国的手，用恶狠狠的眼光盯着他，冷笑着说道："意思？我觉得有意思极了，我就是要这样折磨你。"

张大国的脸涨得通红，双眼闪烁出一股无法遏制的怒火，他将李梅连拖带拽地拉到走廊的角落里，用那双有力的大手，紧紧地捏着李梅瘦弱的肩膀："李梅，我警告你，你再无理取闹，我就对你不客气了！"张大国恶狠狠地甩下这么一句话，还没等李梅回过神儿，便扬长而去。李梅在张大国的身后指着他，气急败坏地吼叫："张大国，我要让女儿来和你讨债！

我要让你永远都不得安生！"

　　那么，李梅和张大国到底是什么关系？这又是一场什么样的纠葛呢？话还得从李梅和张大国的相识说起。

　　原来，李梅是张大国的前妻，两人还是同事，他们同在县城里的医院上班。张大国大学毕业后被分配到县医院工作，一直勤勤恳恳、兢兢业业，没几年，就凭借自己精湛的医术被提拔为医院的儿科主任。当时追求张大国的女同事特别多，但他自从和初恋女友孙梦分手后，就再也不愿意接受其他女孩子的追求。李梅是中专毕业后到县医院工作的一位药剂师，当时在整个医院，只有李梅还能和张大国说得上话，也只有李梅能够真正走进张大国的内心。

　　张大国经常和李梅倾诉他失恋的痛苦，李梅总是耐心地听着，看上去似乎并不在乎他和孙梦的过去。在李梅的帮助下，张大国很快就从失恋的阴影里走了出来，张大国觉得，李梅性格开朗、温柔体贴，这或许和自己内向的性格是一种互补，所以逐渐对李梅产生了爱意。而李梅对张大国其实早就心生仰慕，在她心里，张大国是一位年轻有为的精英，果敢而有魄力。所以在闲暇之时，她总是给忙碌的张大国端茶、递水、送饭。

　　经过一段时间的相处，两人很快就步入了婚姻的殿堂。婚后，夫妻俩恩爱、甜蜜地生活着，不久，李梅就怀孕了。这对于新婚的小夫妻来说，简直是喜上加喜。可是某天，一则所谓的"好消息"，打破了这看似幸福的生活。

　　这天，张大国下班后，开心地回到家里，急切地告诉李梅："李梅，单位派我去外地学习一段时间，这对我将来的事业发展是个绝好的机会，太好了！"李梅看着激动和兴奋的张大国，心里却隐隐有些不快："你前女友孙梦不就在那个地方吗？"张大国疑惑地说："这跟她有什么关系？我们都多久没联系了，你别乱想。"

虽然李梅嘴上没多说什么，可是在她的脑海里，开始不停地上演着张大国和孙梦曾经的一幕幕。张大国和孙梦从小青梅竹马，两人又考入同一所大学，做了多年的校园恋人，他们并不是因为感情出现问题才分手，而是因为双方都不能忍受长期的两地生活，才不得不选择分手。孙梦长相好看，文采也出众，光芒四射，这一点是中专毕业、相貌平平的李梅无法企及的。想当初，她也不是不在意张大国的过去，只是不愿给自己添堵罢了。后来听说孙梦结婚了，她想，只要"孙梦"这个名字不出现在她的生活里就行了。可如今，这件事就摆在面前，她还是不放心，觉得要防微杜渐。

于是，李梅决定去找领导谈谈，但是又不能让丈夫张大国知道。不巧的是，这天，正当她在医院领导办公室哭诉时，碰到了来请示工作的张大国。

领导为了缓解尴尬，说："张大夫，你看，虽然这个机会难得，但是现在李梅怀孕了，你看你能不能走？实在不行就不要勉强，两口子回家商量商量，决定好了再来找我。"张大国看了一眼李梅，马上说道："领导，不用商量了，李梅的工作我来做，这次学习我是一定要去的。"

就这样，李梅很尴尬地离开了领导办公室。这件事之后，张大国觉得李梅小题大做、无事生非，李梅的擅自做主让他很没面子，他开始对李梅心存不满，态度冷淡。最后，李梅还是没有说服张大国留下，张大国义无反顾地去了外地学习。

怀孕的李梅，在见不到张大国的日子里，表现得特别敏感。张大国偶尔没有接到她的电话，或是不及时回信息，就会让李梅无限制地联想、猜忌，甚至在电话里大吵大闹，任凭张大国怎么解释也无济于事。李梅总是怀疑张大国和孙梦在一起，她要求张大国时时刻刻汇报行踪，这些行为让张大国难以忍受、疲惫不堪。但因为李梅怀有身孕，张大国一直忍受着李梅的各种任性。虽然他在学习期间真的跟孙梦没有任何联系，但李梅时不时地提起孙梦，确实会让张大国不由自主地想起那些美好的曾经。就这样，张大国一直坚持到了学习班顺利结业。

回家后的张大国，想尝试着与李梅缓和一下僵持了很久的关系，但是一切努力似乎都无济于事，李梅就像中了邪一样，越来越疑神疑鬼。"大国，今天怎么心情这么好？是因为学习期间和孙梦见了面吗？""大国，今天情绪怎么低落了？是因为最近没去找孙梦，想念她了吗？"李梅总是这样阴阳怪气、换着法儿地逼问张大国，张大国有好多次都想发火，可是看着李梅慢慢大起来的肚子和笨拙的身形，就忍了下来。他想，这还是我曾经喜欢的李梅吗？婚前的李梅信誓旦旦地保证，说不在意我和孙梦的过去，如今这是怎么了？

好多次深夜，李梅都趁张大国熟睡后，偷偷翻看他的手机，想从中寻找一些丈夫和孙梦保持联系的蛛丝马迹。李梅认定张大国心里有鬼，看着身边这个熟悉得不能再熟悉的张大国，她突然觉得好陌生：为了一次学习培训，为了能和孙梦在同一座城市，你竟然放弃怀孕的我，你的心里还有没有"妻子"这两个字？

时间过得很快，李梅生下了女儿张小娜。可女儿的出生，也没有缓解这对夫妻之间的矛盾。

张大国本来就对李梅有厌烦的情绪，趁着女儿出生，他以工作繁忙，在家不能好好休息为由，经常住在医院宿舍不回家。李梅在生完孩子后，也没有回单位上班，而是将全部精力投入家庭，注意力更是集中在张大国身上。她常常去单位找张大国，借口给张大国送饭而监视他，还在同事间打听张大国的行踪，双方经常将家庭矛盾升级为同事之间的战争。更过分的是，他们经常闹到领导办公室，对医院的影响特别不好。

就这样，张大国和李梅吵吵闹闹地过了好几年，女儿张小娜也上幼儿园了。

这一天，张大国在幼儿园门口等待女儿放学时，有人塞给他一张关于口才训练班的宣传单。这个口才训练班，他曾经听别的家长介绍过，是市里做得比较好的一家，他还正想着哪天带女儿去试听一下，如果效果确实好，就给女儿报名。他想，既然今天看到了宣传单，那就过去瞧瞧。

第二天，张大国带着女儿从家里驱车一个多小时来到市里，好不容易才找到这个口才班，突然，他看到一个熟悉的身影，张大国恍惚了，定睛一看："孙……孙梦?"眼前这个身材高挑、着装不俗的女子缓缓转过身，轻声说道："大国? 怎么会是你?"张大国虽然知道两人所在的城市相距不远，但自从孙梦结婚后，他就再也没有和孙梦有过任何联系。这时的偶遇，难道是老天故意在跟他开玩笑吗?

张大国掩饰不住自己激动的内心，他看到孙梦，感觉自己简直就像是在做梦。但是，从孙梦的眼神里，张大国也看出了忧郁，于是就主动和她聊了起来。

原来，自从和张大国分手后，孙梦一直都没找到合适的对象，好不容易找到一个还算合适的人，可没过几年安稳日子，对方不幸出车祸去世了。现在的孙梦是一位单亲妈妈，孙梦的这些经历，让张大国有些意外，但又不知如何安慰。这时，孙梦莞尔一笑，同时优雅地伸出右手，对张大国说："张小娜家长，我作为这个口才教育学校的校长，欢迎您的到来!"

回家后的张大国，心神不宁，他觉得此时的孙梦依然甜美、善解人意。再看看家中的妻子李梅，怎么就不能像孙梦一样多多体谅、包容他呢? 另外，李梅一直在意他们的过去，如果她得知孙梦的出现会怎样? 张大国很纠结，要不要和孙梦继续联系? 但转念一想，李梅无休止地闹，完全不顾及自己的颜面，自己为什么要一直迁就她呢? 况且事实也不是妻子李梅所想的那样，如果就此不再和孙梦联系，反而会很奇怪。

几天之后，张大国还是带女儿去了孙梦的口才训练班，报名缴费。自从张大国也向孙梦袒露了他这几年不如意的婚姻生活后，孙梦渐渐觉得，经过岁月的磨砺，张大国变得更加有男人味儿了。

自从和孙梦有了联系后，张大国的心情简直好极了，对李梅的态度也慢慢好转起来，这反而让敏感的李梅更加警觉。

这一天，张大国又带着女儿去上口才训练班。李梅一路跟踪，她看到张大国将女儿带到口才训练班后，又带了个女人出来，她一回忆很快就确认，这个女人就是孙梦！李梅顿时气得浑身颤抖，她强忍着泪水，一路尾随张大国和孙梦，不知不觉就到了孙梦的住处。

李梅怒火中烧，冲上前去"砰砰"地砸门。"李梅，怎么是你？你听我解释，我和孙梦什么都没有……"张大国看到出现在孙梦家门口的李梅，赶紧解释。李梅不由分说，上前就对孙梦一顿臭骂："好你个不要脸的东西，我就知道你们有事儿，今天我非把你撕碎不可！"

这时，张大国一把将李梅抱住，李梅依然挥舞着胳膊挣扎。再看孙梦，高高盘起的头发散落在了肩上，精致的妆容也花了，合身的套装被李梅揪得不成样子。张大国冲李梅吼道："你闹够了没有？"一边说一边将李梅拉回车里，然后疾驰回家。

在车上，李梅对张大国又撕又扯，任凭张大国如何解释她也听不进去。她终于明白，在张大国的心里，活泼可爱的女儿和自己深深的爱，终究抵不过他的初恋。现在，张大国和孙梦之间到底有没有见不得人的事不重要了，起码张大国心里已经没有了自己的位置。这一次，她恨，恨张大国一直以来对孙梦保留着情感，恨自己爱张大国爱到失去了自我。李梅觉得，自己和张大国的婚姻已走到了尽头。

终于，李梅第一次向法院起诉，要求和张大国离婚，经法院调解，双方自愿离婚，女儿张小娜由李梅抚养，张大国每月给付 800 元抚养费，直至张小娜 18 周岁止。

离婚后的李梅，独自一人带着女儿张小娜生活，她迷茫、焦虑、寂寞，太多糟糕的情绪反复发作，让她异常憔悴。而经历离婚风波后，张大国和孙梦也长时间没联系。张大国很苦恼，自己真的没做什么，为什么李梅就是不相信自己呢？他想了很久，最后决定，既然已经这样了，肯定是不能再回到过去那种生活了。反正孙梦也恢复了单身，那就和她重新开始吧！张大国决定再次追求孙梦。

当李梅从同事口中得知张大国要结婚了，对象竟然是孙梦时，她控制不住自己，一气之下冲进张大国的办公室，当着众多患者的面打了张大国，并扬言只要张大国敢结婚，他们就同归于尽。此后，李梅更是在张大国和孙梦的婚礼上，带着女儿张小娜大闹一场，让张大国颜面扫地。

李梅三番五次地折腾，没有奏效。所以她以女儿张小娜监护人的身份，再次将张大国起诉到法院，要求张大国增加孩子的抚养费。出于对李梅和孩子的愧疚，张大国也同意将抚养费从每月 800 元增加到 1400 元。

女儿张小娜的抚养费是增加了，可李梅对张大国的恨并没有减少。在此后的好几年里，张大国每次想探望女儿时，李梅总是恶语相向。平时在单位见面，她也对张大国冷嘲热讽。张大国觉得，他对李梅的那点夫妻情分已经消耗殆尽，自己当初的做法可能确实不妥，伤害到了敏感的李梅，但是他如今已经和孙梦结婚，重新开始了，李梅也应该适可而止。

此后很多年，李梅不想再见到张大国，她主动辞职离开了医院。因为李梅依然拒绝张大国与女儿见面，所以两人基本上断了联系。如今孙梦怀孕，为张大国生下了一个大胖小子，这件事又被李梅知道了，她竟然跑到产房折腾，要死要活地威胁。

产房风波之后，李梅内心多年的积怨、委屈再一次涌上心头：自己作为一个年过四十、年老色衰的女人，这么多年一直独自带着女儿生活，太多的艰辛张大国根本不能体会。凭什么他张大国就能过得舒坦？李梅决定要继续报复张大国!

在李梅看来,自从女儿张小娜满18周岁之后,张大国就再也没有给过一分钱的抚养费。女儿是在读大学生,仍然需要家长来承担生活和学习的费用,作为父亲,张大国就得给钱。所以,李梅在做了女儿张小娜的思想工作后,以张小娜代理人的身份,第三次将张大国推向了被告席,要求法院依法判决张大国一次性支付女儿张小娜的抚养费6万元。

很快,案件就分到了张法官的手中。在多方了解案情之后,张法官为两人多年的感情纠葛唏嘘不已。开庭时,张小娜没有到庭,委托她的母亲李梅代理,现场气氛十分紧张。

那么,张小娜的诉讼请求,能够得到法院的支持吗?已经成年的张小娜,还能向自己的父亲要抚养费吗?

法官解案 >>>

这里涉及一个法律知识点:不能独立生活的子女。

根据我国《最高人民法院关于适用〈中华人民共和国婚姻法〉若干问题的解释(一)》第二十条,婚姻法第二十一条规定的"不能独立生活的子女",是指尚在校接受高中及其以下学历教育,或者丧失或未完全丧失劳动能力等非因主观原因而无法维持正常生活的成年子女。(2021年1月1日起施行的《最高人民法院关于适用〈中华人民共和国民法典〉婚姻家庭编的解释(一)》第四十一条规定,尚在校接受高中及其以下学历教育,或者丧失、部分丧失劳动能力等非因主观原因而无法维持正常生活的成年子女,可以认定为民法典第一千零六十七条规定的"不能独立生活的成年子女"。)

张法官认为,根据我国法律规定,父母有抚养未成年或不能独立生活子女的义务。但是本案中,张小娜已年满18周岁,系成年人,具有完全民事行为能力，身体状况良好，况且目前接受的是国家高等教育，无论从生理角度还是心理角度讲，已具备了独立生活的能力和条件，不属于"不能独立生活的子女"的情形。

虽然在现实生活中，绝大部分已成年的子女，在大学学习期间，都还是由父母来供养，但是父母的这种付出只是道德上的义务，并非法定的义务，不具有法律强制性，因此本案被告张大国，没有义务继续承担张小娜的抚养费。

张小娜索要抚养费的诉求，在法律上是不能得到支持的。这一点，张法官当场就作出了说明。但同时，张法官也发现，李梅以女儿的名义要抚养费是假，通过诉讼发泄多年的夫妻恩怨是真。即便法院驳回了张小娜的诉求，李梅很可能还会找其他的理由继续报复前夫张大国，甚至还会来法院起诉。

虽然庭审中张小娜没有到场，但经过张法官了解，多年来，张大国对女儿张小娜一直心存亏欠，他想要一次弥补父爱的机会，可是碍于李梅的阻拦，一直无法实现。而李梅在独自带孩子期间，一直在给女儿灌输自己对张大国的愤怒。

在张法官看来，张小娜可能才是解开张大国和李梅心结的关键。庭后，张大国向张法官透露，自己多年来为女儿张小娜攒了12万元，想亲手交给张小娜。于是，张法官带着书记员和张大国一同前往学校，找到了张小娜。

面对父亲张大国，张小娜表情冷漠、态度冷淡："你怎么来了？有话快说，我还要上课。"张大国张了张嘴，说不出话，看着眼前的张小娜，他红了眼眶，从衣兜里拿出了存折，对张小娜说："这个你拿着，就当是爸对你的补偿……"没想到张小娜一愣，头也不回地说道："补偿？父爱还能补偿？可笑，你拿回去补偿我妈吧，只要她原谅你，我就原谅你！"

说完，张小娜就将这本存折放到了张法官手里，随后便消失在了张大国依依不舍的视线里。

张法官和张大国返回法院后，通知了李梅，和李梅说了他们去找张小娜的过程，并拿出了那个12万元的存折，里面是这么多年来，张大国一笔一笔的存款，开户名就是张小娜。李梅刚开始保持沉默，对这么多年来张大国给她内心带来的折磨无法释然。过了好一会儿，她才说道："算了，我实在没有精力跟你再耗着了，就这样吧。这钱，我会帮你给孩子的。"

最终，法院依法驳回了原告张小娜的诉讼请求。就这样，李梅和张大国多年的情感纠葛终于落下帷幕。

法官点评

我们不得不进一步思考，李梅对张大国无休止的怨恨和纠缠，换来的是自己的伤痕累累，她的猜疑和执拗，葬送了自己的幸福。张大国虽然在刚开始遇到初恋女友时，并没有什么过分的举动，但他面对敏感、多疑的妻子，没有试图缓和矛盾，反而选择与初恋重修旧好，激化了矛盾，雪上加霜。相信在多年后，他再次见到已形同陌路的女儿时，应该能明白，这种伤害是多少个存折都无法弥补的。

郑　佳

　　1989年10月出生，中共党员，毕业于大连海事大学法律专业，研究生学历。现就职于内蒙古自治区乌兰察布市凉城县人民法院。2018年获乌兰察布市法院系统"法官解案"主讲人选拔赛"特等奖"；2017—2019年获凉城县人民法院"先进个人""优秀工作者"等荣誉称号；2020年荣立最高人民法院三等功；2021年获乌兰察布市政法系统"先进个人"荣誉称号。

四次离婚一场空

主讲人：内蒙古自治区乌兰察布市凉城县人民法院　郑　佳

一个阳光明媚的上午，李法官刚走进办公室，一阵尖锐的呼救声打破了法院的宁静。李法官从办公室的窗户探出头一瞧，一个挺着大肚子的女人正躺在楼梯尽头，分外刺眼。李法官迅速跑出去查看情况。

原来，躺在那里的正是李法官所负责案件的当事人——张丽。身怀六甲的她刚刚走出接待室，就从楼梯上摔了下来，此刻脸色蜡黄，额头上出现了细碎的汗珠，断断续续地发出一阵呻吟。这一幕吓得李法官心里一颤，生怕张丽肚子里的孩子出事。这是张丽的第三个孩子，而她已经第三次向法院起诉离婚了。

十多年前，张丽经朋友介绍，认识了现在的丈夫王大伟。张丽在农村长大，没读过什么书，也没有正式工作，但她很聪明，说话做事也干脆利落，长相更不用说，眉清目秀、惹人喜爱。王大伟靠在外地做木工活挣点钱，一直以来都很听母亲的话，是个典型的"乖乖男"。正是张丽年轻、朝气蓬勃的样子，让王大伟对她很有感觉，于是两人很快便确定了恋爱关系。

经过一段时间的相处，两人觉得彼此都不错，也见了家长。王大伟的父母对张丽非常满意，一心想着尽快抱孙子，于是要求他俩赶快结婚。不久，两人就办理了结婚登记手续，并举行了婚礼仪式。用现在的话说，这是典型的"闪婚"。

结婚之初，两人的生活很甜蜜。张丽在家张罗着种点菜，收入虽不多，但足够自家食用，丈夫王大伟则在周边的城市打工挣钱，夫妻俩的小日子过得还可以。

然而，自打结婚以后，王大伟的母亲就开始絮叨了。母亲告诉王大伟："儿啊，你要知道，你是一家之主，家里的财政大权只有掌握在你自己手里，在这个家你才有发言权！你挣的钱不要随便给媳妇花，钱花在哪儿，你自己心里要有数。"王大伟可是出了名的听母亲话，这下好了，母亲的话在王大伟的心里生根发芽。之后，王大伟每次外出打工，临走前就只给妻子留二三百元钱，并嘱咐张丽说："你也没什么需要花钱的地方，平时你就去妈那里吃饭，咱家钱也不多，你自己盘算着花吧，我很快就回来了。"可王大伟往往一走就是好几个月，其间也从来不会问问妻子缺什么，钱够不够花。可见，张丽的日子过得分外拮据。

尽管生活不尽如人意，但张丽也慢慢觉得该要个孩子了，这样自己也不会那么孤独。况且结婚不久后，婆婆就开始催促他们要孩子。于是一年后，夫妻俩生育了第一个孩子，也就是他们的大女儿。尽管公公婆婆一心想要个大胖孙子，但想着国家放开二胎政策，村里许多人又都养育着好几个孩子，以后还有机会，所以他们对儿媳妇张丽的态度还算不错，一边帮忙照顾张丽和大孙女，一边和张丽说："丽丽啊，等你身体好了，你俩一定要再生个儿子，这样才算完美。"

按照父母的意愿，张丽又生了第二个孩子。本以为第二个孩子可能是个男孩，可还是个女孩。二女儿的出生，给这个家庭带来的不再是欢乐，而是无尽的烦恼。王大伟父母一心期待的"儿女成双"终成泡影，他们心里压抑的不满情绪一下子喷涌而出，婆婆开始给张丽甩脸色，不再照顾张丽分娩后的起居，也不再关心这个小孙女的生活。

张丽一边要接送大女儿上幼儿园，一边还要照顾二女儿，碰到两个孩子都生病时，更是手忙脚乱、心力交瘁。王大伟每次打工回来，看到家里乱糟糟的，很不高兴，直接就去父母家吃饭了。在饭桌上老两口还不时地抱怨张丽，说她不会过日子，不懂得心疼丈夫。天长日久，夫妻俩的矛盾和隔阂便产生了。曾经美好的爱情，在柴米油盐酱醋茶面前，开始有了变化。

之后的生活里，公公婆婆一直对两个孙女不闻不问。这两个孩子平时最喜欢吃西红柿鸡蛋面，有一次王大伟外出打工不在家，给张丽和孩子留的钱也所剩无几，张丽便让二女儿去爷爷奶奶家里拿了几枚鸡蛋回来。谁能想到，二女儿被爷爷奶奶当成小偷，挨了一顿打，吓得她哭着直往家里跑。

王大伟作为父亲，也未能尽到一个父亲应尽的职责，两个女儿逐渐和他变得生疏了。有一次，二女儿生病住院，需要一大笔治疗费，张丽便和王大伟商量，看能去哪里筹点钱给孩子看病。可王大伟竟从兜里拿出1000元塞给张丽说："我去哪儿弄钱啊？你是孩子的母亲，剩下的钱，你自己想办法！"张丽站在医院门口，听着自己的丈夫竟说出这种混账话，气得直打哆嗦。她气愤地说道："王大伟，孩子是我们俩的，不是我自己一个人的，平时你不管我们母女就算了，现在孩子病了，你竟说出这种话，太没良心了！"王大伟一听更生气了，推搡了张丽一把："你爱要不要！"说完转身就走了。

就这样，张丽一个人在病床前照顾生病的女儿，她在心里问自己，这些年我过的是一个女人应该过的日子吗？面对这样的家庭关系，张丽感到不满甚至愤恨。她再也忍不住了，女儿出院后，张丽便去了法院，起诉要求离婚。后来王大伟来法院求情，经过法院调解，俩人又和好了，这是张丽第一次向法院起诉离婚。

张丽本以为，为了两个孩子她可以继续忍耐，希望和好之后王大伟会有所改变。然而，因为钱的事情，夫妻俩仍继续吵闹，王大伟甚至还会出手打张丽。

这种情况愈演愈烈，张丽很绝望，她不想再忍耐了。一年后，张丽又来到法院，第二次递交了起诉离婚的诉状。

王大伟知道，这肯定跟自己打张丽的事情有关，于是他向张丽出具了一份保证书，保证再也不会像以前一样打骂她了，而且这次王大伟还拉上自己的父母苦苦哀求张丽。张丽心里很纠结，她想，自己都有两个女儿了，她真的不想让女儿失去一个完整的家；至于丈夫王大伟，也许还是改变不了，但他对自己怎么样已经不重要了；钱的事，她只能自力更生了。最终，张丽申请了撤诉。

回到故事开头的一幕，这已经是张丽第三次来法院了。此时的张丽再次怀有身孕，她本该受到家人的悉心照顾，却再次来到法院，还不小心从楼梯上摔了下来。所幸大夫说她肚子里的孩子并无大碍。张丽为什么再一次来法院呢？

原来，自从上次撤诉之后，王大伟的父母就又动员他们夫妻俩再生一个儿子。王大伟被父母天天念叨着，也产生了生儿子的想法，回到家中张口闭口就是生儿子。张丽听后不同意，先不说再生个孩子开销有多大，就看王家人现在的态度，如果生的是个女儿，那自己还不得被逼死？两人经常因为生儿子这件事吵架，可说归说，最后张丽还是怀孕了。怀孕的女人本来就比较敏感和脆弱，因为争吵和打闹，张丽就和王大伟分居了。这不，怀孕的张丽来到法院，向李法官诉说了内心的苦闷。也许她心里存有些许不痛快，所以在下楼的时候才不小心摔了下去。

第一次起诉离婚，法院调解结案；第二次起诉离婚，张丽主动撤诉；第三次起诉离婚，在李法官调解无果之后，法院依法进行了开庭审理。考虑到张丽正怀有身孕，而王家明确表示不同意离婚，且张丽并未提供证据证明她与王大伟之间存在法定离婚的情形之一，李法官最终判决，双方不准离婚。

判决后没过多久，张丽和王大伟的第三个孩子便出生了。值得高兴的是，这次张丽终于生了个男孩，小名叫阳阳，王大伟和他的父母高兴得不得了，这么多年来的心愿总算是实现了，公公婆婆这次对张丽的态度也发生了大转变，三天两头地跑过来看他们的孙子。

这一家子儿女全了，公婆的孙子梦也实现了，应该能好好过日子了吧！可是没想到，张丽却第四次走进了法院的大门，这究竟是怎么一回事？

原来，婆婆虽然对这个孙子很是喜爱，但慢慢地，她觉得自己的孙子和儿子王大伟的样貌似乎有些不一样，就私下悄悄地问儿子："你没觉得这个孩子和你长得不太一样吗？你平时在外面打工，确定没什么问题吧？"

面对母亲的询问，王大伟心里一颤，怒气冲冲地回到家，拉着张丽就质问："张丽，你给我老实说，这个孩子到底是谁的？我不在的那些日子，你是不是和别的男人有来往？"张丽一听这话，非常生气，甩开王大伟的手："王大伟，你说什么呢！孩子不是你的能是谁的？你不愿意管孩子就直说，不要这样污蔑别人！"

王大伟依然不依不饶地追问，张丽一生气就收拾行李，抱着儿子、领着女儿回娘家去了。回到娘家后，张丽越想越气，决定通过诉讼彻底结束她与王大伟的婚姻。

原本王大伟对儿子阳阳的身份也只是半信半疑，他并不想离婚，毕竟这孩子是他父母一直想要的孙子，而且阳阳的出生，给王大伟一家带来了不少欢乐。可就在孩子是不是王大伟亲生的问题上，夫妻俩再三发生争执，王大伟一气之下，提出要进行亲子鉴定。张丽一听这话，气愤地说道："鉴定就鉴定，孩子是你的，我怕什么?!"

案子再次分到了审理家庭类案件的李法官手里，李法官按照双方的意愿，向鉴定部门递交了申请材料。可一个月后，当李法官拿到鉴定结果时，大吃一惊。

正如王大伟所怀疑的那样，阳阳还真的不是他的亲生儿子。难道张丽一直有所隐瞒？可看上去不像啊，而且是张丽主动来起诉的，要求做鉴定时张丽的态度也很坚决。这到底是怎么回事呢？为了避免双方产生更大的冲突，也为了避免发生流血事件，李法官决定分时段找两人单独进行沟通和劝解。

拿到结果的张丽也吓得愣住了，直呼"不可能"。她坚定地认为这个孩子就是她和王大伟的，怎么也没想到是这个结果。一时间张丽有点恍惚，如果孩子不是王大伟的，会是谁的？张丽脑海里回想着这两年发生过的一幕幕，忽然，她想到了一个人——乔文兵。

过了很久，张丽才平静下来。她说，自己和王大伟一次又一次因为钱的事情发生争吵，她觉得自己不能再这么下去了，于是就向亲戚朋友借了些钱，买了一辆面包车，靠着接送小孩子上下学维持生计，每个月虽然辛苦一些，但够自己和孩子的开销。靠着自己的能力挣到了钱，张丽感觉生活轻松了很多。同时为了多挣钱，她偶尔也会去接一些拉货的活儿，在跑车的过程中，她认识了同样是跑车司机的大龄单身男人——乔文兵。一来二去，乔文兵了解了张丽的家庭情况，便经常关心和帮助张丽。一段时间之后，张丽也看得出乔文兵的心意，但她想得很清楚，自己只是想多赚点钱，所以一直与乔文兵保持着适当的距离，只把乔文兵当作一个聊得来的朋友，而此后乔文兵也没再说过什么。

在这段时间，张丽和王大伟的关系并没有因为张丽开始赚钱而有些许改变，两个人还是吵闹不停，这让张丽非常苦恼。内心的不痛快总要找人倾诉、发泄，但她能想到的人，也就只剩下乔文兵了。

一次，和丈夫吵完架后，张丽决定约乔文兵喝酒，消解苦闷。谈及自己家事的苦恼，张丽越说越难受。很快，张丽和乔文兵都喝醉了，后面发生的事，她也记不清了。等张丽酒醒过来，看到两人都是衣衫不整的样子，她才赶紧叫醒还在一边昏睡的乔文兵。张丽感到非常尴尬，也很后悔，她觉得最对不起的就是自己的孩子。乔文兵见张丽手足无措的样子，试图安慰张丽，可张丽却捂着脸夺门而去。

自那之后，张丽删除了乔文兵的联系方式，在生意上也刻意躲着乔文兵，她再也没有和乔文兵联系过。可张丽怎么也没有想到，她与乔文兵之间的"一夜情"，会导致今天的结果。当着李法官的面，张丽抱头痛哭，她悔不当初，本来王家人就看不上她、怀疑她，现在可怎么办呢？

而王大伟这边，从李法官手里拿到鉴定结果的那一刻，气得话都说不出来，他紧握着拳头，想发火，但又压抑着。他怎么也想不到，妻子竟然背着自己做了这样的事情，还闹到法院，丢尽了人！想到父母对这个孩子那么好，王大伟此刻都不知该如何向年迈的父母交代，他怎么也不忍心让父母再承受这样的打击。

王大伟神情凝重，咬牙切齿地对李法官表示："我要让张丽付出代价，我要让她什么都拿不走！离婚可以，但她想要抚养权，我不同意！她想要财产，我也不同意！她还必须给我 10 万元精神损失费！"

那么，面对王大伟提出的要求，张丽能接受吗？另外，他要求得到 10 万元精神损失费，法院能支持吗？

法官解案 >>>

李法官分析认为，按照我国法律的相关规定，张丽婚内生育别人的孩子，确实属于过错方。王大伟虽然对张丽不关心、不照顾，但不存在法律上规定的过错情节，因此他作为无过错方，要求张丽进行损害赔偿是合理的。

这就涉及一个法律知识点——无过错方离婚时的损害赔偿请求权。

根据《中华人民共和国民法典》第一千零九十一条的规定，有下列情形之一，导致离婚的，无过错方有权请求损害赔偿：（一）重婚；（二）与他人同居；（三）实施家庭暴力；（四）虐待、遗弃家庭成员；（五）有其他重大过错。

而本案中，张丽的行为就属于法条当中规定的第二种情形。因此，王大伟的该项请求，法院应当支持，但具体的赔偿金数额，应当符合当地居民的收入及消费水平，才更具合理性。

如此一来，目前两个人的矛盾问题就剩下孩子的抚养权、抚养费和财产了。

通过约谈，李法官了解到，王大伟虽然因为阳阳非亲生而对张丽有怨言，但他对大女儿的态度还是比较积极的。

王大伟的父母也希望能留一个孙女在身边，所以王大伟表示大女儿的抚养权不能放弃。而另一边，张丽不愿意放弃大女儿的抚养权，她不愿意让两个女儿分开，又考虑到王家重男轻女，担心日后对女儿不好，所以一再坚持争取抚养权。

李法官分析认为，大女儿抚养权的归属是双方分歧的焦点。只要双方能在这个问题上达成一致意见，一切就能迎刃而解。可当下王大伟和张丽的这种情况，要达成一致意见谈何容易！甚至如果不能真正解决问题，简单一判了之，还可能会产生第五次、第六次的离婚诉讼。

为此，李法官分别与二人进行了多次约谈，试着解开他们的心结。

其实，在正常的离婚诉讼中，夫妻俩生育两个孩子，考虑到孩子成长等各方面因素，在离婚时各得一子也是比较正常的。但是，如果孩子已经年满 10 周岁，法院就应当征求孩子本人的意见。

经了解，张丽的大女儿叫王小花，已经 14 岁了。在李法官表达意愿之后，王小花带着妹妹主动来到法院，和李法官进行了沟通，她们二人坚定地表示，自己一定要跟母亲生活。王小花甚至跑到法院领导的办公室，用自己的生命相威胁。

知道大女儿的态度后，王大伟内心也发生了一些变化。王大伟想，即便把大女儿判给了自己，万一她真的因此做一些出格的事情怎么办？如果大女儿真的不愿意和自己一起生活，以后一家人的日子都不会开心，孩子也不会快乐。于是王大伟最终决定，放弃大女儿的抚养权。

王大伟放弃了大女儿的抚养权，这让张丽有些意外。于是她也放弃了要求王大伟支付抚养费的诉讼请求。

关于抚养费，虽然我国民法典第一千零八十五条规定："离婚后，子女由一方直接抚养的，另一方应当负担部分或者全部抚养费。负担费用的多少和期限的长短，由双方协议；协议不成的，由人民法院判决。"但张丽自愿放弃该部分的请求，没有违反法律的禁止性规定，最终予以准许。

同时李法官也向双方解释说明，关于子女生活费和教育费的协议或判决，不妨碍子女在必要时，向父母任何一方提出超出协议或判决原定数额的合理要求。也就是说，即便现在判决了，如果将来因为教育及生活等其他原因，王小花和妹妹还是可以以自己的名义向父母提出支付抚养费的请求。

综合案件事实和双方意愿，法院最终判决，支持张丽的离婚请求，将婚后购买的面包车判给张丽，用于张丽维持生计。同时，根据当地居民生活消费水平，判决张丽支付王大伟精神损害赔偿金 15000 元。

至此，一场长达四年的离婚风波结束了，相信这对王大伟和张丽来说，都是一种解脱。

法官点评

这场婚姻悲剧，也许在张丽嫁到王家时，就已经埋下了种子。公公婆婆重男轻女，而王大伟也没有担起为人夫、为人父的责任，如今落得妻离子散一场空。当然，张丽的"一夜情"即使是冲动和无意识的，也依然要付出沉重代价！离婚后她要独自抚养三个孩子，为生计辛苦奔波，艰难可想而知。尤其是对小儿子阳阳的未来，但愿张丽已经做好了准备。婚姻是一生的课程，需要夫妻俩共同经营，用心、用爱呵护自己的家庭！

张昱冉

　　内蒙古自治区包头市石拐区人民法院综合审判庭副庭长。2014年入职后，历任法官助理、审判员、综合审判庭副庭长。曾多次获得"先进个人""双百之星"等荣誉称号，多次在各类辩论赛、演讲比赛中获得一等奖，所撰论文获得包头市法学峰会一等奖；撰写的文章多次在《人民法院报》等报刊发表。

少年囧途

主讲人：内蒙古自治区包头市石拐区人民法院　张昱舟

一天上午，交警王皓在巡逻的时候，突然发现有个人正在川流不息的高速公路上漫无目的地行走，非常危险。这让王皓十分纳闷，他上前查看后发现，这人竟然是个十五六岁的少年。

"你知不知道在高速公路上行走很危险，这么多车，出事了怎么办？"王皓一边观察着这个男孩，一边询问："为什么只有你自己在这里走啊，你的父母呢？""我……我现在正准备回家呢。"看着男孩吞吞吐吐、欲言又止，无论怎么问都不肯提起父母，王皓觉得不对劲。他通过进一步询问才发现，这个孩子在前一天晚上经历了"惊险一夜"。

男孩叫范醒，今年16岁。他出生在一个普通家庭，父亲范大强和母亲王桂花都没有固定工作，靠着打零工赚钱养家。范醒的父母每天忙于生计，对于范醒的成长不太上心。可就算是这样，他们仍然和大多数父母一样，"望子成龙、望女成凤"。每当范醒的成绩不好，或是范醒做错了事时，脾气暴躁的范大强就会挥舞拳头，教训这个不争气的儿子。

这次也不例外。前一天，范醒下了晚自习走在回家的路上，摸着书包里分数不及格的试卷，烦躁地叹了一口气。回到家里，范醒看着忙碌的父母，不知道要怎么开口。想了想，他悄悄对母亲说："妈妈，过几天老师让您去学校一趟。""干吗，你又做错了什么，老师为什么要叫家长？"看着儿子的表情，王桂花就觉得没什么好事。

"因为我这几次考试的成绩都不太好，老师想和您谈谈。"范醒皱着眉头，低声说道。另一边，范大强一听就火了，说道："老子辛辛苦苦地供你吃、供你穿，为什么你就是学不好，你有没有认真学？"眼看着父亲生了气，范醒沉默不语。

看到儿子不吭声，范大强理所当然地认为，儿子没有把精力用在读书上，想到自己辛辛苦苦地赚钱供儿子读书，儿子却如此不上进，愤怒的范大强举起拳头，向范醒挥去，一边打还一边骂道："我让你不争气，我让你不好好学习！"母亲王桂花看到儿子挨打了，心疼得直掉眼泪，可想到范大强也是为了儿子好，只好在旁边劝说道："快跟你爸道歉，说你错了。你这孩子怎么这么不懂事，不好好读书，以后想像我们一样挣辛苦钱吗？让你读书还不都是为了你好啊！"

听到父母的一声声质问，范醒内心十分委屈，在他看来，父母是讲不通道理的"老顽固"，从来不会关心自己的想法，只会发号施令。尤其是父亲，一旦自己让他面子受损，或者是和他的意见相左，他就只会拳脚相加。于是，范醒夺门而出，离开了家。

听到范醒这样说，王皓大概明白了事情的原委，于是说道："原来你这是离家出走啊，年纪不大脾气还挺冲嘛！可是你怎么走到高速公路上来了？""我家住在临县，我是……跑出来的，我想回去，可……可钱包丢了，没钱回去。"

听到王皓的问话，范醒眼神游移，说话磕磕巴巴的。看着范醒稚嫩的脸庞，王皓心想，到底是个未成年的孩子啊，做事太莽撞。既然问清楚了，还是把他送回去吧。他都离家出走一夜了，总不能继续乱跑吧，真要出点事，一个家庭就这样毁了。

而另一边，范醒的父亲范大强和母亲王桂花，犹如热锅上的蚂蚁，急得团团转。"都怪你，你就不能好好说话吗，干吗老是动手！现在孩子跑了，要是出事了，我和你没完！"找不见孩子，王桂花心急如焚，不禁埋怨起了丈夫。"能出什么事？我看这个小兔崽子就是欠收拾，有本事他就别回来！"虽然嘴上这么说，但其实范大强心里也隐隐后悔了，只是他一向爱面子，嘴硬不肯承认罢了。

两人找了好多地方，打电话问遍了亲朋好友，也不见范醒的影子。不能再等下去了，就在两人决定报警时，门铃响了。王桂花打开门一看，失踪了一天的儿子正红着眼睛看着自己，旁边还站着一个穿警服的人。

终于看见了儿子，王桂花哽咽地说道："你跑到哪儿去了？我和你爸都快急死了！"还没等范醒开口，一旁的王皓赶紧上前表明身份，并再次确认了对方的确是范醒的父母。王皓说道："别再让孩子乱跑了，我发现他的时候，他正准备沿着高速公路走回家呢。这多危险啊！真要出事了可怎么办？"

"你这个臭小子，我让你跑，还敢离家出走，看我不打断你的腿！"看到儿子平安无事，范大强习惯性地举起拳头。王桂花和王皓急忙上前挡住范大强。"你就知道打我，你打死我吧！"范醒控制不住情绪，大哭了起来。

或许是见到父母后放下了戒心，又或许是自己不想再隐瞒了，只见范醒擦掉眼泪，讲出了昨夜不可思议的惊险经历，那真可谓是"少年囧途"啊。

时间倒回范醒离开家的那个晚上，失魂落魄、鼻青脸肿的范醒，在小区里没有目标地游荡，16 岁的他，委屈得直掉眼泪。就在这时，范醒在小区里看见了一辆没关车窗的小货车。他走上前去才发现，车钥匙被粗心的车主遗忘在了方向盘上。情绪激愤的范醒，产生了一个大胆的念头：开着这辆车离开吧，走得越远越好。离开这个让他厌烦的家，他要摆脱父母，他要自由地生活！

范醒很喜欢车，每当看着父母对自己成绩失望的眼神，听着父母的大声责骂，他都想大喊一声："我不读了，我想去学开车！"可每每吐露"不想读书，想去学开车"的念头时，范醒就会被暴怒的父亲狠狠打一顿。父子俩因为这件事，已经爆发了好几次冲突。

范醒从刚开始的据理力争，变成了沉默以对。无论他怎么向父母表达希望去学习开车的意愿，父母都不会认真考虑，只会一味地责骂他，让他提高成绩，考个好学校。因为在范大强和王桂花的观念里，孩子好好读书才能光宗耀祖，也才对得起夫妻俩多年的付出。

当烦躁的范醒看见货车方向盘上的钥匙时，头脑发热，只想开车离开。说来也奇怪，可能兴趣是最好的老师，范醒之前从没正式学过开车，只是向别人讨教过开车的方法。可即便这样，他竟然也能磕磕绊绊地开车上路。于是，范醒的"少年囧途"就这样开始了。因为驾驶技术不熟练，范醒不敢在车多的时候上路，他将车停在路边，等到夜深了，路上的车辆减少后，才开着车，朝临县驶去。

对于要去哪里，范醒没有清晰的概念，他只想开着车到处走走，摆脱这个让他压抑的家。至于家里的父母找不到自己会不会担心，车主丢了货车会不会着急，愤怒中的范醒全然没有考虑。

就这样，在天蒙蒙亮的时候，范醒来到了临县。折腾了好几个小时后，他感觉到有些疲惫，准备停下车来休息一会儿。就在他准备熄火时，发现仪表盘上的油箱灯亮了。身无分文的范醒发愁了，自己冲动之下离开家，身上根本没有钱。

不能给车加油，也没钱吃饭休息，自己能撑多久呢？难道就这样回家吗？那岂不是向父亲认输？这次离家出走了一夜，回去还不得被打死啊！不行，不能就这样回去。范醒想着，该怎么办呢？这时范醒的目光，不由自主地飘向了货车后车厢内成堆的酒水和饮料。

范醒发现，原来这辆货车的后车厢内，摆放着成箱的酒水和饮料。看到这些货物，范醒眼睛一亮，产生了一个大胆的念头：卖了这些酒水和饮料不就有钱了吗。

说干就干，想出卖货这个办法后，范醒就将车停在街边，开始摸索着卖起了货。16 岁的范醒，有着少年的羞涩和内向，由于没有进货卖货的经验，范醒不知道酒水、饮料的具体价位，也不知道该如何吸引路人来买货。他只能木讷地站在街边，充满渴望地看向行人。终于，有个老大爷注意到了这个表情奇怪的男孩，上前来询问："小伙子，你这是在干吗？卖东西吗？"看到有人询问，范醒大喜过望，立刻说道："对，对，是卖酒和饮料。您要看看吗？便宜卖。""什么价啊？""您看着给。""啥？还能我看着给？"老大爷觉得挺有意思。

初出茅庐的范醒，立刻不自在起来。不说价格不合适，说得太少，会不会被别人发现货物来路不正？范醒开始觉得浑身发热，急得直冒汗。突然，他灵机一动说道："大爷，您看看要买哪些，我按您平时买这些东西一半的价格卖给您。""这么便宜，不会过期了吧？"老大爷看了看日期，都出厂不久，难道是假货？

看着老大爷怀疑的眼神，范醒立刻说道："大爷，是这样的，货是我叔叔的，他现在生病住院了，我着急卖了货去给他治病呢。您要不信，我打开一瓶您尝尝看，肯定和您平时买的一样。"

听到范醒这样说，老大爷打消了怀疑，觉得自己还真是捡到了便宜，高兴地买了不少东西离开了。范醒长出一口气，总算卖出去了。有了第一次成功的经验，范醒越来越熟练，只要有人来询问，随便出个价钱，范醒都一口答应下来。

很快，一车货物就被卖光了，范醒看着手里的钱，竟然感觉有点心酸。赚钱真不容易啊，想着父母平时的抱怨，范醒忽然有点能理解父母的心情了。

拿着卖货的钱，饿坏了的范醒终于吃上饭了，他也给车加满了油。吃饱了的范醒，渐渐冷静了下来。已经过去了一整夜，他开始思考，接下来该去哪儿，自己又该怎么办呢？车要加油，自己要吃饭，卖货的钱总会用完，到时又该怎么办呢？没有身份证，别说打工，连住宿都是个问题，自己总不能一直住在货车里吧。

理智回归后的范醒，面对一连串的问题，产生了恐惧。爸爸妈妈发现自己一宿未归，会担心自己吧，要是再找不见自己，他们会不会报警呢？车的主人丢了货车，又会不会报警呢？范醒越想越害怕，他想回家了，他后悔了。

清醒了的范醒决定回去，也许车主还没有发现呢。范醒一边这样想着，一边又歪歪扭扭地开着车，向家的方向驶去。

天越来越亮，路上的车辆越来越多，范醒折腾了一夜，着实又困又累。一不小心，随着"砰"的一声，他的车就撞上了路边停着的一辆轿车。看到又闯祸了，范醒的大脑"嗡嗡"直响，当他看到被撞的车辆里没有人时，才舒了一口气。紧接着，他想都没想，就打开车门逃跑了。

离开车祸现场后，范醒不知所措。本想着把车还回去，可偏偏又出了车祸，现在连车也没了，该拿什么还给车主呢？想想自己离家出走时的激情澎湃，有车有货有热情，对比现在，范醒觉得自己像是在做梦，可这梦就是不醒。眼下回家是当务之急，他想了想，决定走回家。毕竟他还记得来时的路。

范醒一边走，一边想见到父母后要怎么说。此时他已经很疲惫，对身边"嗖嗖"驶过的汽车也没什么感觉了。不知不觉间，他走到了高速路段，就这样碰到了正在巡逻的交警王皓，也就有了故事开头的那一幕。

听着交警的问话，范醒当时又惊又怕，既不敢说自己是偷开车辆来的临县，也不敢说自己刚刚才撞了路边的轿车。直到回家见到父母，他实在憋不住了，这才说了实话。

听了范醒的讲述，正准备教训儿子的范大强愣住了。拦着范大强的王桂花和交警王皓，也惊呆了。王皓马上意识到，这可不是简单的离家出走，中间还有偷开车辆、变卖他人货物的问题。更严重的是，车辆现在还在事故发生地，处于无人看管的状态，如果丢了，范醒盗窃的问题就更严重了。

王皓立刻把事情的严重性告诉了范大强和王桂花。范大强缓过神来后吓坏了，虽说现在孩子回来了，可弄丢了人家的车、卖了人家的货，这是犯法啊。王桂花更是放声大哭，一边拍打范醒，一边说道："你这作死的娃，这可怎么办？你是要我的命啊！"相反，这边说了实话的范醒反而感到一阵轻松，任凭母亲拉扯拍打，不再开口。

"这事也怨我，去自首吧，我和你妈陪你去。"意识到事情的严重性，冷静下来的范大强头一次反思，也许自己对范醒的拳头教育没有那么正确。

范醒在父母的陪同下来到公安局，民警了解情况后，立即根据线索联系了货车的主人。货车的主人在发现货车不见之后，已经报警了。而另一边，被范醒剐蹭车辆的车主，也报了警。

在交警的帮助下，货车被找了回来。看到货车被找回来了，范大强与王桂花悬着的心才终于落下。两口子在民警的帮助下，主动赔偿了两位车主的损失，并且真诚地向车主道歉，讲明了事情的原因，车主也原谅了范醒。

那么，事情到此是不是就结束了呢？毕竟这只是一个花季少年的一时冲动。其实不然，货车的确是被找了回来，可范醒偷偷开走车辆，并卖掉车内货物的行为是真实发生的，不会因为范醒父母赔了钱、车主原谅了范醒，就不存在违法犯罪行为了。

就这样，范醒因涉嫌盗窃罪，被检察机关提起了公诉。这个案件，最终由法院的王法官承办。

法官解案 >>>

王法官看着面前的案卷，了解案情的经过后，不禁为年幼的范醒感到惋惜。同时王法官也认为，摆在面前的案件事实比较清楚，这个花季少年的确触犯了法律，但范醒的情况又具有特殊性，他偷车的动机及由此造成的后果，都和一般的盗窃行为不太一样。

那么，范醒将面临怎样的处罚呢？

这就涉及一个法律知识点——盗窃罪的定罪量刑。

根据《中华人民共和国刑法》第二百六十四条的规定，盗窃公私财物，数额较大的，或者多次盗窃、入户盗窃、携带凶器盗窃、扒窃的，处三年以下有期徒刑、拘役或者管制，并处或者单处罚金；数额巨大或者有其他严重情节的，处三年以上十年以下有期徒刑，并处罚金；数额特别巨大或者有其他特别严重情节的，处十年以上有期徒刑或者无期徒刑，并处罚金或者没收财产。

可见，盗窃罪根据金额的不同，量刑的标准也不一样。王法官回溯整个案件，其实，从范醒偷偷开走车辆的时候，盗窃罪就已经成事实了。范醒盗窃的不仅是车上的酒水，还包括一辆货车。要知道，光是货车内的货物价值就高达4000多元，再加上货车的价格，这个金额已经远超盗窃罪刑事案件的立案金额标准，属于盗窃数额巨大，范醒有可能被判处三年以上刑期。如果是这样，那这个孩子的人生也就因为一时负气和冲动全毁了。

但是在这个案子中，王法官认为，被盗的车辆已经找回了，货车作为工具，其本身价值不应计入盗窃金额，这在我国相关法律中也有明确规定。

根据《最高人民法院、最高人民检察院关于办理盗窃刑事案件适用法律若干问题的解释》第十条第三款的规定，为实施其他犯罪，偷开机动车作为犯罪工具使用后非法占有车辆，或者将车辆遗弃导致丢失的，以盗窃罪和其他犯罪数罪并罚；将车辆送回未造成丢失的，按照其所实施的其他犯罪从重处罚。

王法官综合考虑本案的案情，即被盗车辆已经找回，范醒是未成年人，并且被害人车主也出具了谅解书。按照相关法律，应当依法予以从轻或减轻处罚。

最终，法院判决范醒犯盗窃罪，判处有期徒刑七个月，缓刑一年，并处罚金1000元。

宣判的那天，范醒和他的父母都流下了悔恨的泪水。一时冲动，差点造成了无法挽回的损失。

宣判结束后，范大强看着流眼泪的儿子，破天荒地没有再动拳头，也没有大声责骂，只是红着眼眶对范醒说："小兔崽子，你不是想学车吗，我让你学，这回你要是还学不好，看我不扒了你的皮！"范醒听了，心里像打翻了五味瓶，不知道该不该高兴。这次父亲终于肯听听自己的心声了，可这代价未免也太大了。

法官点评

现实生活中，像范醒这样的未成年人偷开机动车的案例，时有发生，有些案件的结果甚至更为严重。究其原因，很大一部分是家庭教育造成的。都说"父母是孩子的第一任老师，家庭是孩子的第一所学校"，有些父母"唯成绩论"，根本不关心孩子的内心想法，一味地打压，拿学习成绩衡量孩子的一切。就像案件中的范大强夫妇，他们不仅不关心儿子范醒的想法，还经常拳脚相加，这在一定程度上促使范醒铤而走险，走上了犯罪道路。当他们意识到自己的教育方式有问题时，悲剧已经发生了。这次范醒"少年囧途"的经历，一定给他们上了一堂终生难忘的课！

高阿韬

　　蒙古族，中共党员，2010年毕业于中国政法大学，并于同年入职内蒙古自治区包头市中级人民法院，先后在审判监督庭、立案一庭担任员额法官。现任包头市中级人民法院立案一庭副庭长，一级法官。2013—2014年连续两年荣获包头市先进个人；2013—2023年先后六次荣获包头市中级人民法院个人嘉奖，两次荣获"优秀共产党员"称号；2020年荣立个人三等功一次；因在办理特赦案件过程中表现突出，2020年受到最高人民法院通报表扬一次，2021年被评为包头市中级人民法院"办案标兵"。

前男友的圈套

主讲人：内蒙古自治区包头市中级人民法院　高阿韬

2018 年的国庆节，北方某市的一个小区里正在举行"开盘大促销活动"。为了积攒人气，烘托喜庆气氛，开发商特意将售楼部精心装饰了一番。因为价格确实有大幅优惠，很多人从四面八方赶来。一上午，售楼部里人头攒动，大家都争先恐后地咨询、预订房屋，一派热闹景象。

突然，一个年轻的女人怒气冲冲地从会计室里走出来，边走边冲着人群大声叫喊："别买了，别买了，大家别买这里的房子了，小心和我一样被骗了。"经她这么一闹，售楼部里的空气似乎都凝固了，大家面面相觑，想知道究竟发生了什么事情。

女人身后还跟着一个销售人员，他气喘吁吁地说道："张小姐，您别激动，我又没说现在解除合同，只是提醒您。再说了，您的贷款申请没有通过，原因在您这里，跟我们可没关系啊。"

"怎么没关系？当初我交首付款时，你拍着胸脯向我保证，说你们手续齐全，办理房贷没有一点问题。现在银行不给贷款，你又说是因为我有不良征信记录，我们小两口本本分分地过日子，怎么会有不良征信记录？还不是你们店大欺客，想欺压我们普通百姓？"女人越说嗓门越大，围观的人也越来越多。

这个大吵大闹的女人叫张小雅，三年前她和丈夫刘勇结婚，但因为家

135

里条件一般，买不起新房，所以一直和父母住在一起。今年，在双方父母的资助下，小两口终于凑足了房子的首付款，于是在这个小区预订了一套精装房。

本来国庆节这天，张小雅一家是高高兴兴地来办理房贷手续的。可没想到，销售人员却对她说："您的贷款申请，银行没有通过。"还没等张小雅追问原因，销售人员赶忙解释道："我也没想到，您这里竟然有不良征信记录，所以银行拒绝放贷。张小姐，您今天也看到了，咱们小区的房子很畅销，贷款要是办不下来，您就赶紧凑钱把尾款交齐了吧，否则，按照合同约定，我们可是有权和您解除购房合同的。"

一听这话，张小雅就乱了方寸，急得在售楼部里闹了起来。

事情的前因后果弄明白之后，大家就七嘴八舌地出主意，都劝张小雅赶紧去银行看看是怎么回事。于是，在销售人员的陪同下，张小雅一家火速赶往银行。

银行的工作人员得知几人的来意之后，又根据张小雅提供的身份证信息进行了详细的查询。结果显示，张小雅两年前确实办理过一张大额信用卡，而且这张信用卡被激活了，10万元的额度已被全部刷空，后续没有还过一分钱，现在已经严重逾期，于是张小雅就有了不良征信记录。

天上突然掉下10万元的信用卡账单，彻底把张小雅夫妇砸晕了。张小雅哭天抢地直呼自己是冤枉的，她的丈夫刘勇本来就是个笨嘴拙舌的人，只能一个劲儿地说："你们再查查，你们再查查，肯定是弄错了。"

银行的工作人员见状，善意地提醒张小雅："张小姐，您放心吧，我们是不会弄错的，这信用卡一旦逾期，就会影响您日后的各项贷款业务。我建议您还是赶紧把钱还上吧，否则，银行还有权追究您的刑事责任呢。"

听完这些，张小雅当时就被吓得晕倒在地上。这一天经历了太多事情，从大喜到大悲，早已超出了张小雅夫妇的心理承受范围。看着瘫倒在地的张小雅，刘勇也不知该如何是好，只能先扶着张小雅回家，等她情绪稳定，理出个头绪之后，再另做打算。

回去之后，在亲友的照顾之下，张小雅终于苏醒过来。这天晚上，张小雅彻夜难眠，她急切地想知道这究竟是怎么回事。第二天一早，张小雅就独自一人来到银行，申请调取涉及这张信用卡的全部材料。张小雅拿到材料之后竟发现，无论是信用卡申领表，还是厚厚的催收记录单，上面都赫然显示着一个熟悉的电话号码。而这个电话号码成了压垮张小雅的最后一根稻草，她当场情绪崩溃，失声痛哭起来。

直到暮色降临，张小雅才失魂落魄地回到家里。看着披头散发、满脸泪痕的妻子，刘勇着实吓了一跳，他急切地问道："你这一天都干什么去了？哪儿都找不到你，快急死我了，到底发生什么事儿了？"

看着丈夫关切的眼神，张小雅趴在他的肩头放声大哭，边哭边对刘勇说："对不起，我不该骗你，那张信用卡是李宏斌办的，我们去报案吧。"看到妻子哭得如此伤心，刘勇也不忍心继续追问，就陪着张小雅来到当地的派出所。

在派出所里，张小雅逐渐平复了心情，并将自己被骗的经历向民警一一道来。

据张小雅陈述，李宏斌曾经是她的同事，在单位里是出了名的慷慨大方、帅气幽默，所以人缘特别好，朋友也很多。两年前，张小雅离职在家，无所事事。而此时李宏斌正好辞职去创业，因为二人曾经是同事关系，李宏斌就多次邀请张小雅入股合伙，还开出了特别优厚的条件。经过考察，张小雅也觉得李宏斌所投资的项目很有发展前景，于是就瞒着丈夫刘勇，私下与李宏斌签订了一份合作协议，而且还将 5 万元的投资款转给了李宏斌。可是，自从钱转走之后，李宏斌就开始找各种理由躲着不见张小雅，也没有按照合同约定把回收的货款给张小雅。几个月之后，当张小雅决定收回投资款时，才发现李宏斌竟然已经把她的手机号码拉入黑名单。不仅如此，李宏斌还如同人间蒸发了一样，谁都找不到他。

投资被骗的事情，张小雅本想一直瞒着刘勇。谁知这次贷款买房出现了问题，张小雅从银行调取资料时才发现，这张信用卡上竟然留着李宏斌的电话，当时张小雅就确定，这张信用卡肯定是李宏斌捣的鬼。信用卡逾期之后，银行所有的催收信息都发到了李宏斌的手机上，所以张小雅一直不知道自己名下竟然还有张信用卡。

如今李宏斌下落不明，这10万元的债务莫名其妙地落在自己头上，而且，如果还不上这笔钱，银行还有可能追究刑事责任。张小雅觉得，无论如何也不能继续隐瞒了，只能选择向公安机关报案。

随后，张小雅将当时与李宏斌签订的合作协议，以及从银行调取的全部材料都提交给办案民警。办案民警掌握了以上证据之后，随即展开侦查。没过多久，警方就在异地将李宏斌逮捕归案。

面对民警的讯问，李宏斌只好如实供述了自己犯罪的全部过程。让办案民警没想到的是，据李宏斌交代，他和张小雅可不仅仅是同事关系，曾经还是一对山盟海誓、花前月下的恋人。

李宏斌交代，他是在单亲家庭长大的，从小就养成了大手大脚、超前消费的习惯。尽管李宏斌的家庭经济实力非常一般，但是为了能够获得张小雅的芳心，维持自己帅气多金的"人设"，在和张小雅谈恋爱的那段时间，李宏斌几乎倾其所有，不仅将工资全部花光，还欠了不少外债。最后为了维持两人同居期间的开销，李宏斌还申请了多张信用卡，过起了"拆东墙补西墙""以卡养卡"的生活。

当两人到了谈婚论嫁的阶段，李宏斌才不得不向张小雅坦白了自己窘迫的经济状况，因为李宏斌确实没有经济能力与张小雅结婚，所以在父母强烈的反对之下，张小雅最终与李宏斌分手。

分手之后，李宏斌本以为张小雅再也不会与自己有任何交集。谁知一年后，在一次朋友聚会上，两人竟然意外相遇，觥筹交错之间，李宏斌发现张小雅心事重重，似乎有难言之隐。酒席散场的时候，李宏斌就主动提出要送张小雅回家。

在回家的路上，张小雅借着酒劲，向李宏斌诉说自己婚后生活的不幸。李宏斌这时才知道，两人分手后，张小雅就在家人的安排下与刘勇结婚了。但在张小雅的眼里，丈夫刘勇虽然老实本分，却笨手笨脚，不讨人喜欢，闺蜜们在一起聚会的时候，还时不时地把刘勇作为调侃的对象，让张小雅十分尴尬。于是，张小雅仗着刘勇好欺负，时不时故意找刘勇的麻烦，经常因为一些鸡毛蒜皮的小事和刘勇闹得不可开交。

听着张小雅絮絮叨叨地讲她和刘勇的婚后琐事，李宏斌气不打一处来，不过也就在此时，李宏斌下定决心实施自己那个"金蝉脱壳"的计划。

原来，在两人分手之后，李宏斌债务缠身的境况并没有得到任何改善。为了偿还欠款，他私下倒腾了几次小买卖，可都赔得血本无归，不仅原来的欠款没有还清，反倒又欠下一些外债。如今新债旧债累积在一起，李宏斌感觉度日如年。每当债主追讨欠债的时候，他都觉得这些钱不应该由自己独自承担，这些欠款和张小雅也有很大关系。可是，毕竟张小雅是当初自己苦苦追求过的女孩，刚开始李宏斌还不忍心拖累张小雅，如今得知张小雅已经和别人结婚，自己彻底没有希望了，李宏斌心里就越来越不平衡。于是他下定决心，要让张小雅和自己共同分担债务，而现在正是一个好时机。

想到这里，李宏斌就故意对张小雅说："小雅，以后生活中有什么伤心难过的事情，你只管找我就行。虽然我们分手了，但是只要你有需要，我肯定随叫随到！别的帮不了你，替你解解闷儿总没问题！"

就这样，只要张小雅在生活中遇到困难、委屈，总会约李宏斌出来。一来二去，两人就开始频繁见面。每次见面，李宏斌总会给张小雅准备一些小礼物、制造一些小惊喜。当两人的关系逐渐拉近之后，李宏斌就把自己筹谋已久的"创业计划"告诉了张小雅。

李宏斌对张小雅说："我有个好兄弟可以低价弄到原厂冷风机，我这里又有许多客户资源，销路不是问题，前景可观、利润丰厚，我们两个合作怎么样？"

张小雅刚开始也不怎么感兴趣，就敷衍地说："我结婚后就没有工作了，因为家里这点钱的事情，没少和刘勇吵架。我现在手头就只有5万元，能干什么？"

张小雅这么一说，正中李宏斌下怀，他趁机说道："既然你这么说，我觉得你更应该找点事情做了。5万元虽然不多，但也够我们的启动资金了。我负责对外销售，你负责回收货款，半年之内，我保证你能收回本金。至于利润，我们一人一半。不过，小雅，虽然我信任你，但是我不能完全信任你的丈夫刘勇，万一哪天被他知道可就麻烦了。你还是得和我签个合作协议，白纸黑字的，将来我和你分利润的时候，也有个依据。"

李宏斌特别了解张小雅，所以以退为进，想吊足张小雅的胃口。果然，张小雅的表现和李宏斌预期的一样，很快就给李宏斌转来5万元投资款。

可实际上，李宏斌哪有什么创业计划。他拿到钱之后，先去解决了一部分棘手的债务，但是这些钱还远远不够。尝到了甜头的李宏斌，接下来又以产品需要升级换代为由，要求张小雅继续追加投资，他对张小雅说："我都替你想好了，你不用真拿钱，用身份证办张信用卡就行，套用银行的钱作为资金，这不是一举两得？只要挣钱后再还上就行了，我身边的朋友都是这样做的。"

刚开始，张小雅非常配合李宏斌，还拿着身份证和李宏斌到不同的银行去申请信用卡。可是因为银行既要审查张小雅的工作情况，又要核查张小雅的资产状况，而张小雅并不符合办理大额信用卡的条件，最终都没有申请成功。被多次拒绝的张小雅，垂头丧气地对李宏斌说："既然银行不给我办信用卡，我也就没办法追加投资了，你自己想办法吧！"

　　可是李宏斌并不甘心，他以客户要给张小雅付货款为由，把张小雅的身份证骗到手。然后又辗转找到一个叫王雨的人，伪造相关的材料，并重新找到一家银行的信用卡代办点，申请了一张大额信用卡。为了后期能够直接控制信用卡的使用，李宏斌在信用卡申领表上留下了自己的电话号码和邮寄地址。就这样，在王雨等人的协助之下，李宏斌通过了银行的信用卡审批程序，成功地拿到了用张小雅身份证办理的大额信用卡。拿到这张信用卡之后，李宏斌立刻就把信用卡刷空，套取了10万元现金。

　　对于李宏斌来说，这几乎是他最后的疯狂了，因为他所欠的外债实在太多，根本没有能力偿还，各种银行、网贷平台的催债电话接连不断地提醒李宏斌，他已经将个人所有信用卡都刷"爆"了。

　　李宏斌为了逃避债务，也为了躲避张小雅的纠缠，就把包括张小雅在内的所有债主的手机号全部拉黑，然后偷偷溜到了外地。要不是张小雅发现被骗后报警，李宏斌还不知道在哪里东躲西藏呢。

　　到此为止，整个案件的基本情况就已经侦查完毕，公安机关将案件移送人民检察院，人民检察院审查后，以李宏斌涉嫌诈骗罪、信用卡诈骗罪，对该案提起公诉，并移送至法院。

法官解案 >>>

　　该案分到了王法官的手里，在开庭审理的过程中，李宏斌对于检察机关指控其犯诈骗罪的定罪部分和量刑建议，均予以认可。但是，对于检察机关指控其犯信用卡诈骗罪的定罪部分及量刑建议，他不服。李宏斌的辩护人提出，因为张小雅实际参与了信用卡的申领过程，所以李宏斌应当属于恶意透支型信用卡诈骗罪。在确定量刑的过程中，应当按照信用卡诈骗罪最新规定中的量刑标准，进行定罪量刑。

那辩护人的辩护理由是否成立呢？这就涉及一个法律关键词——恶意透支型信用卡诈骗罪。

按照我国刑法第一百九十六条之规定，信用卡诈骗罪共分为四种情形：

（一）使用伪造的信用卡，或者使用以虚假的身份证明骗领的信用卡的；

（二）使用作废的信用卡的；

（三）冒用他人信用卡的；

（四）恶意透支的。

恶意透支型信用卡诈骗罪属于信用卡诈骗罪的一种特殊情形，是指持卡人以非法占有为目的，超过规定限额或者规定期限透支，并且经发卡银行两次催收后超过3个月仍不归还的。

那么，李宏斌的辩护人为什么要特别强调李宏斌属于"恶意透支型信用卡诈骗罪"呢？因为这直接关系到李宏斌的量刑问题。

在司法实践中，恶意透支型信用卡诈骗罪的案件量，占全部金融诈骗犯罪案件的80%左右，而且量刑明显偏重，重刑率逐年上升，不仅消耗了大量司法资源，也不利于信用卡市场的健康发展。为此，根据宽严相济的刑事政策要求，以及认罪认罚从宽处理的精神，2018年11月28日，《最高人民法院、最高人民检察院关于修改〈关于办理妨害信用卡管理刑事案件具体应用法律若干问题的解释〉的决定》公布，该决定中的一个重要内容，就是将恶意透支型信用卡诈骗罪各档定罪量刑的数额标准，上调至原数额标准的 5 倍。

而根据我国刑法在适用法律过程中"从旧兼从轻"的原则，李宏斌一案正好可以适用最新的量刑标准。也就是说，如果李宏斌被认定为恶意透支型信用卡诈骗罪，那么，最终他的量刑幅度将大大降低。所以，李宏斌的辩护人才会提出这样的辩护意见。

但是，经过认真的审理，王法官认为，恶意透支型信用卡诈骗罪的主体必须是合法持卡人。在本案中，张小雅虽然一开始同意申领信用卡，但是后来已经明确表示放弃办理信用卡，李宏斌却虚构事实、隐瞒真相，违背张小雅的真实意愿，使用其身份证及虚假的工资证明、房产证明骗领信用卡，李宏斌并不是这张信用卡的合法持卡人。所以，对于李宏斌及其辩护人的辩护意见，法院不予采信。

最终法院判决，李宏斌构成诈骗罪、信用卡诈骗罪，判处有期徒刑六年零六个月；退赔张小雅经济损失 50000 元，退赔银行本金 98500 元。

此外，公安机关在侦查李宏斌一案的过程中，根据李宏斌的供述，对王雨等人也进行了立案侦查。经侦查发现，王雨等人长期帮助他人骗领信用卡，已经形成一条完整的地下产业链，为害一方。王雨作为主犯，因替多人伪造房产证，构成伪造国家印章罪，被判处有期徒刑一年零六个月，其他成员根据其各自所实施的行为，都受到了相应的处罚。

再说张小雅和刘勇，虽然信用卡的疑团解开了，银行也无权追究张小雅的民事责任，但因为在合同约定的期限内，张小雅夫妇没能凑够尾款，开发商按照合同约定解除了购房合同。不仅如此，张小雅作为违约方，还需要另外支付一笔违约金。心仪的房子虽然没能保住，可是厚道的刘勇并没有因此责怪妻子，反而耐心地安慰她别因为这些事情让这段婚姻再起新的波澜。

经历这些事情之后，张小雅才开始重新认识丈夫刘勇。此时的张小雅才明白，善良踏实的刘勇才是一生中最值得托付和信赖的人。她也决定在以后的日子里，要真心对待刘勇，用真情去弥合婚姻中曾经出现的裂痕。

法官点评

的确，爱情本应该是神圣美好、简单纯粹的，但是本案中的李宏斌却在和张小雅曾经的恋爱中，隐瞒和欺骗对方，甚至不惜靠借贷来苦苦支撑自己有钱人的形象。当这段感情破灭，欠债的窟窿越来越大时，他又通过骗领信用卡套取现金，最后越陷越深。直到警方找到他，真相被揭开的那天，他已经无法回头，只能自食恶果、身陷囹圄。

胡 洁

　　1987 年 2 月出生，毕业于中国政法大学法学专业，2012 年 6 月参加工作，现任内蒙古自治区包头市土默特右旗人民法院立案庭庭长，一级法官。2022 年荣获内蒙古自治区高级人民法院"蒙马奔腾"专项行动先进个人，同年荣获内蒙古自治区高级人民法院全区法院"办案标兵"荣誉称号。

还不回去的儿子

主讲人：内蒙古自治区包头市土默特右旗人民法院　胡　洁

2018 年夏天的一个早晨，北方某地的一座百货大楼刚开门，就有一名中年妇女抱着一个婴儿怒气冲冲地走进来。她环顾四周，然后开始大声叫骂："孙玲，你给我出来，自己的亲生儿子都不养，你还算是人吗？"

听见叫骂声，周围的顾客和售货员都好奇地凑上来瞧热闹，中年妇女见状，对围观群众说："大家都来评评理啊，孙玲是这儿的售货员，她是个大骗子，自己的孩子有病了不想养，骗我们来替她养！"说着，中年妇女哭了起来，围观群众也开始议论纷纷。

孙玲确实是这家百货公司的售货员，看到有人气势汹汹地找她，吓得赶紧躲到了货柜后面。可听到中年妇女越骂越难听，围观群众也越来越多，孙玲待不住了，她冲出来大声辩解："李爱玉，当初是你们自愿把孩子抱回去养的，现在发现有病了要给我送回来，谁知道这孩子的病跟你们有没有关系？咱俩到底谁不是人！"

李爱玉一看到孙玲，立马火冒三丈，她把婴儿往柜台上一放，冲过去就和孙玲厮打了起来，围观群众一看，赶紧报了警。为了避免矛盾升级，警察把她们和孩子都带回了派出所。

在派出所里，警察了解到，打人的中年妇女叫李爱玉，她丈夫叫张大成。他们两口子是县里有名的养殖大户，有个女儿叫小芳，今年已经 21 岁了。近几年，夫妻俩的生意越做越大，赚了不少钱。钱多了免不了招人嫉妒，亲戚朋友有时就会奚落张大成，说："你钱多有什么用，又没个儿子继承家业，以后等闺女一嫁人，你赚下的家产还不都让她带去婆家了。"

张大成也觉得没有儿子确实低人一等，可媳妇李爱玉已经快50岁了，早就错过了最佳生育年龄。既然生不出儿子，就只能抱养了，所以张大成思量再三后，跟媳妇提出了这个想法。

其实，李爱玉比张大成还想要个儿子。早在她嫁到张大成家的时候，公公婆婆就跟她说，张大成有三个姐姐，他是家里唯一的男丁，所以他们抱孙子的希望就全寄托在李爱玉身上了。可李爱玉只生了个女儿，公公婆婆对此耿耿于怀，话里话外总是责怪李爱玉，所以李爱玉这么多年来在公公婆婆面前有点抬不起头。

可是，当丈夫张大成提出抱养的想法后，李爱玉还是有点纠结。她心想，这抱回来的终究不是自己的骨肉啊，能和自己亲近吗？可就在这时，她又听到了一些关于丈夫的传言。邻居王姐跟她说，有一回她逛街碰到张大成了，旁边还跟着个年轻漂亮的女人。

李爱玉听完后不动声色，回家后就开始嘀咕：张大成在外面有情人了吗？不可能呀，两口子这些年感情一直不错。难道是因为抱儿子的事，让张大成有了别的心思？

李爱玉想起来，前两年家里养殖场扩建的时候，张大成觉得忙不过来，于是就招聘了一个女大学生当会计，顺便也能帮他打理一下养殖场的生意。这个女大学生虽然年轻，但是聪明能干，张大成也比较器重她，经常带着她出入一些生意场合。一来二去就有了一些传闻，说张大成包养了个年轻漂亮的女大学生当秘书。没过多久，这些风言风语就传到了李爱玉的耳朵里。

李爱玉本来没把这些闲言碎语当回事，可偏偏在张大成跟她提出抱养儿子的节骨眼上，有人提醒她说："现在张大成是大老板了，可别等到人家在外面和别人生儿子了你才着急。"

李爱玉心里很不痛快，也和张大成闹了几次，不过后来张大成都跟李爱玉解释清楚了。可是这个事也让李爱玉一改之前的犹豫态度，她跟张大成说，同意抱养儿子。可是，该怎么跟女儿小芳说这件事呢，夫妻俩犯了难。

其实，小芳从小也知道父母想要个男孩，爷爷奶奶也曾当着她的面说过，想让妈妈再给她生个弟弟。当时张大成夫妇还真考虑过生二胎，可女儿小芳反应激烈，不停地跟父母闹别扭，甚至还威胁他们说不再上学了，要离家出走。夫妻俩怕影响小芳的学业，所以只能作罢。但是现在不同了，女儿小芳已经长大了，大学毕业后又回到当地工作。张大成夫妇觉得闺女以前小，不懂事，现在应该不会像小时候那样抵触这件事情了。所以李爱玉决定，自己去和女儿说这件事。

可让李爱玉没想到的是，她刚刚说完，小芳就惊讶地瞪大了眼睛问她："妈，你和我爸这是咋了，你们想儿子想得魔怔了吧！你们都多大年纪了，还要弄个小儿子回来养，就不怕别人笑话吗？"这句话刺痛了李爱玉，她大声对女儿说："别人笑话？我这么多年没有儿子才让别人笑话呢！"小芳一听，委屈地哭了起来："对，都是我的错，谁让我是个女孩呢，我让你们丢人了！你们爱抱养就抱养，用不着跟我商量。"说完，小芳就跑出了房门。

李爱玉没能做通女儿的思想工作，于是又找来家里跟小芳亲近的亲戚，让他们轮番劝说小芳，希望她能理解父母。小芳看到这个架势，知道自己反对的意义不大，所以最后也就勉强答应了。

女儿这关总算是过了，张大成夫妇开始四处打听抱养的事。后来经人介绍，认识了怀孕6个月的孙玲，也就是前面提到的在百货公司当售货员的女人。

孙玲 36 岁，和丈夫吴江结婚 12 年了，俩人有个 10 岁的儿子。夫妻俩都是普通的务工人员，突如其来的小生命让孙玲既高兴又犯愁。要吧，她和丈夫吴江都没有稳定工作，收入也不高，现在的生活是能勉强维持，可要养两个孩子，确实有点紧张；不要吧，当妈的又于心不忍，毕竟是自己的骨肉啊。所以，孙玲和丈夫反复商量后，决定要是个女孩就留下来，如果又是个儿子，就打听看看有没有条件好的人家愿意收养。

正好这时求子心切的张大成夫妇找上门来，于是这两对夫妻达成一致意见：如果孙玲生下男婴，就送给张大成夫妇收养；如果生下女婴，就自己留下。

自从这事说定之后，李爱玉就对孙玲格外关心，嘘寒问暖不说，还时不时地拿着保养品去看望她。可随着临盆之日越来越近，看着自己逐渐隆起的肚子，孙玲慢慢开始舍不得了。她和丈夫吴江说："不管这个孩子是男是女，咱们都留下吧，别送养了，穷有穷的养法。"吴江拗不过媳妇，就问怎么跟张大成夫妇交代。孙玲说："交代什么啊，孩子在我肚子里，还没给他们呢！再说了，咱们又没要人家一分钱，有什么好交代的。不联系了，他们自然就知道怎么回事了。"

所以到了孕后期，孙玲刻意减少了与张大成夫妇的接触。有时候李爱玉提着保养品来看望她，孙玲也谎称不在家。到了临产前的几天，吴江和孙玲连张大成夫妇的电话都不接了。张大成夫妇也明白了，对方反悔了。虽然很是气愤，但也无可奈何。

白忙活了一场，张大成夫妇都有些灰心丧气。就在夫妻俩一筹莫展的时候，没想到事情又出现了转机。一天，李爱玉正在养殖场忙活，突然吴江打来一个电话，跟她说孩子昨天出生了，是个男孩，如果她愿意收养，现在就可以抱走。

挂了电话，李爱玉有点犯嘀咕，这两口子怎么又改变主意了呢？旁边的张大成一听说对方又愿意送养了，简直喜上眉梢，说："得赶紧把孩子接回来，省得夜长梦多。"

求子心切的张大成夫妇顾不得多想，乐呵呵地把孩子从医院抱回了家。第二天，这两家人就来到派出所，要给孩子办理户口。根据相关规定，工作人员给两对夫妇分别做了笔录，双方均表示送养自愿、收养自愿，不存在金钱交易，并当场签订了送养协议，还把孩子的名字从吴康康改为张小宝。

终于如愿以偿，张大成夫妇简直欢天喜地，对张小宝更是备加疼爱。小家伙不爱哭闹，还长得白白胖胖的，甚是可爱。但是，转眼5个月过去了，张大成夫妇却发现这孩子和其他婴儿有点不一样，看上去还和3个月的婴儿差不多大。人家孩子都会翻身了，张小宝却连头都抬不起来，逗他也不笑，喊他名字也没反应，大大的眼睛看起来有点呆滞。有亲戚提醒李爱玉，这孩子不会是病了吧？夫妻俩决定带孩子去医院检查一番。

不久，检查结果出来了，上面赫然写着：唐氏综合征，先天愚型。夫妻俩看到这个结果如五雷轰顶，他们怎么也没想到，这么可爱的大胖小子居然是"唐氏宝宝"，这可怎么办？

医生看到夫妻俩痛苦的样子，有点生气地责问："现在知道痛苦了？早干什么去了，这个病孕检的时候大概率都能查出来。你们做唐氏筛查的时候医生没跟你们说吗？"医生的这句话提醒了夫妻俩，原来这种病在孩子出生之前就能查出来，难怪吴江和孙玲又答应给孩子了，这不是故意坑人吗！

从医院回来，气愤的夫妻俩就拿着检查结果，抱着孩子直奔吴江、孙玲家。可吴江、孙玲却矢口否认已经知晓孩子患病的事情。一听说张大成夫妇是来还孩子的，就更不干了。

吴江对李爱玉、张大成说："收养都是双方自愿的，你们不能因为孩子有病了就反悔，这孩子改姓张，就是你们家的人，以后不要再找我们了。"说完，就把张大成夫妇和孩子关在了门外。

张大成夫妇不但没把孩子送回去，还惹了一肚子的气。可眼下他们也无可奈何，已经对孩子有感情的张大成夫妇只好暂时先把孩子抱回家。

回到家后，张大成、李爱玉看着在襁褓中酣睡的孩子，却再也体会不到半点幸福，剩下的只有无尽的烦恼。

俗话说，好事不出门，坏事传千里。不久，张大成夫妇抱回来个"傻儿子"的事情就在这个小县城传得沸沸扬扬，女儿小芳当时虽然看在母亲苦苦哀求的份儿上，勉强接受了这个抱来的弟弟，可父母执意要抱养儿子的行为已经让她伤透了心，现在又因为此事听到了同事们的议论，小芳一气之下辞了工作、换了电话，跟家里人断了联系，远赴外地打工去了。

李爱玉成天在家以泪洗面，本想抱个儿子延续香火，和女儿凑个"好"字，一家四口齐享天伦之乐，没想到却是这样的局面。可也不能就这样吃哑巴亏啊！李爱玉想，既然孙玲不让她进家门，那她就把孩子抱到孙玲的单位去，让大家都知道孙玲是个连自己亲生骨肉都能抛弃的狠心女人。所以，这天一大早，李爱玉就抱着孩子气呼呼地去了孙玲上班的地方，要把孩子还给她。

弄明白了事情的缘由后，警察又叫来了张大成和吴江，可在派出所里，这两对夫妇仍然吵吵嚷嚷、相互指责，都说孩子该归对方抚养，谁也不愿意把孩子抱回家。负责调解的派出所工作人员严厉批评了他们，并且提醒双方，如果他们谁都不要孩子，可能涉嫌遗弃，这是犯罪。听到这里，四个人才冷静下来。

最后，在派出所的调解下，双方决定到法院起诉，让法院判决孩子该归谁抚养。但是在法院的判决结果出来之前，由派出所联系民政局暂时代为照顾孩子，所产生的费用双方各出一半。就这样，可怜张小宝尚在襁褓中，就要面临没有亲人照顾的境地。

很快，张大成夫妇就到法院起诉了吴江和孙玲，要求法院确认他们收养张小宝的行为无效，判决张小宝归被告吴江、孙玲抚养，并要求被告赔偿他们7个月的抚养费用10000元。

案件分给了李法官，同为人母的李法官，很为张小宝的遭遇感到痛心。为了更全面地还原案件原貌，李法官多次找双方当事人谈话，走访双方的亲戚朋友，并前往张小宝出生的医院了解情况。

听取了医生的陈述，以及查阅了张小宝的出生病历后，李法官发现，病历中显示："出生后可见新生儿面容呈先天愚型，建议携新生儿就诊于上级医院进一步排畸检查……"这么明显的诊断内容，吴江、孙玲却坚称没有见过，如此不合常理的陈述让李法官认为，本案不能排除被告吴江、孙玲是明知孩子患有唐氏综合征，而故意将孩子送养给原告夫妻的，他们有存在主观恶意的可能。

那么，在本案中，张大成夫妇收养孩子的行为是否有效呢？这就涉及两个法律知识点："收养人的条件"与"无效收养"。

法官解案 >>>

根据当时适用的《中华人民共和国收养法》第六条之规定："收养人应当同时具备下列条件：（一）无子女；（二）有抚养教育被收养人的能力；（三）未患有在医学上认为不应当收养子女的疾病；（四）年满三十周岁。"

本案中的收养人张大成、李爱玉已经有了一个女儿，按照当时的法律规定是不符合收养条件的。但求子心切的张大成夫妇却在派出所工作人员核实情况时有所隐瞒，最后反而给自己带来了麻烦。也正是基于此，李法官认为原告收养孩子时系自愿行为，并在办理户口时存在过错，因此对于其要求被告给付抚养费的诉讼请求，不予支持。

同时，根据当时适用的《中华人民共和国收养法》第十五条第一款的规定：“收养应当向县级以上人民政府民政部门登记。收养关系自登记之日起成立。”以及第二十五条之规定：“违反《中华人民共和国民法通则》第五十五条和本法规定的收养行为，无法律效力。”

也就是说，虽然本案原告、被告私下达成了自愿送养协议，更改了孩子的姓名并落户，但因为一直未去民政局进行登记，所以双方的收养关系其实在法律上并未成立。

最终，法院判决张大成、李爱玉与吴江、孙玲之间的收养协议无效，孩子归亲生父母吴江、孙玲夫妇抚养，同时驳回原告其他的诉讼请求。

有一点需要注意，于2021年1月1日起实施的《中华人民共和国民法典》基本上沿用了收养法的相关内容。但在民法典第一千零九十八条关于收养人应当同时具备的条件中，第一项规定：收养人可以“无子女或者只有一名子女”，也就是将原来要求收养人“无子女”的条件进行了放宽，这也更符合现在的国情。

看到判决结果后，吴江和孙玲的情绪很低落，表示自己负担不起孩子的治疗费用。为了孩子以后的成长，也为了本案能够起到良好的社会效果，李法官决定从孩子的母亲孙玲身上入手，再和她谈谈。

在法院的调解室，还没等法官说话，孙玲就开始放声大哭。良久，她抬起头来说：“我不是不想接孩子回来，自从知道孩子生病，我这个当妈的心里就没舒服过。大家都怪我不做产检，可我是个乡下人，哪里懂这些呀。”

原来，吴江和孙玲没有多少文化，生第一个孩子的时候也没做过产检，孩子一样很健康，所以两人压根儿没把孕期检查当回事。判决下来后，他们把有病的儿子给他人送养的事在县里传开了，同事、邻居经常议论他们不负责任、心狠、生而不养。再加上李爱玉这么一闹，上个月百货公司已经通知她不用上班了。"这都是报应啊。"孙玲满脸泪水地跟李法官说。

李法官见机赶紧劝孙玲："知道后悔了就赶紧把孩子接回来，孩子是无辜的，好好照顾他，多少也能弥补你们的愧疚。"孙玲抹了把眼泪说道："我知道了，该承担责任的还是得承担，我们这就接孩子回家。"

在民政局工作人员的陪同下，吴江和孙玲来到福利院接孩子。一晃3个月过去了，躺在婴儿床里的张小宝却好像一点都没有长大，孙玲将他抱起来，他就乖乖地躺在妈妈怀里。站在旁边默不作声的吴江，心里也是五味杂陈。

而另一边，对于张大成夫妇来说，官司是赢了，可夫妻俩却一点都高兴不起来。在照顾孩子的这几个月里，他们已经和孩子有了感情。现在孩子送回去了，他们既心疼孩子，又为当初自己的行为感到悔恨。抱养风波改变了他们的生活，因为这段时间没有心情管理养殖场，他们亏损了十几万元。钱没了可以再赚，但想要修复被他们伤害的亲情，却不是那么容易。他们四处打听女儿小芳的下落，在得知女儿已经在南方找到工作后，夫妻俩决定一起去找女儿，向她道歉，希望求得她的谅解。

法官点评

这场抱养风波就此画上了句号，却引发了我们深思。在文明水平日益提升的当今社会，"重男轻女"的旧思想却仍然存在，张大成夫妇绞尽脑汁想要个儿子传宗接代，就是典型的例子。吴江夫妇明知儿子患病，还将他送养给别人，事后更是企图推脱责任。好在，最后他们认识到了自己的错误，愿意担负起为人父母应尽的责任，这也让孩子的人生有了些希望。

田丽珍

　　1984 年出生，毕业于南开大学法学院，研究生学历，现任内蒙古自治区包头市昆都仑区人民法院民二庭副庭长，一级法官。从事审判工作十多年，年均审理案件 300 余件。在《内蒙古审判》《中国公证》等期刊发表多篇调研文章。

被盗用的身份

主讲人：内蒙古自治区包头市昆都仑区人民法院　田丽珍

【案例一】

一天早晨，张志强刚来到办公室，同事小刘便凑到他跟前，笑嘻嘻地说："张哥，王主任打电话找你，肯定是提拔的事情定了。你快去，等你回来我可得好好宰你一顿啊。"

张志强一听，赶紧示意小刘打住："你可别瞎嚷嚷，这事还没定呢。"

小刘看着张志强说道："你放心，张哥，我不到外面去说。你都 35 岁了，再不进步可就真的没机会了。"

这话可没错，张志强从医学院毕业后，回老家的一家医院当临床大夫，一转眼参加工作也快 10 年了。虽然他医术不错，但总是少点上进心，这也和他家庭条件好、没有生活压力有关。可是最近几年，单位招录了很多年轻人，特别有冲劲儿，眼看着这些年轻人就要走到自己的前头，他这才动起了晋升的心思。所以这次单位竞聘，他积极主动争取，人力资源部的领导也专门找他谈过话，希望很大。但是，同科室的小陈也在竞争同一岗位，所以张志强不想声张。

他满心欢喜地到了人力资源部办公室。王主任先是招呼他坐下，停顿了一下才说道："小张，这次单位提拔干部，领导对你的表现十分肯定，民主推荐你也排在前列，可是……你名下的这家公司是怎么回事，为什么不如实申报？单位可一再强调不允许职工在外经营企业啊。"

张志强听得一头雾水，忙说道："公司？我没有公司啊？"

"哦？那你看看这个……"说着，王主任递给他一沓材料。

张志强接过来仔细看了一遍，惊得直接站了起来："主任，这肯定是搞错了！"

原来，王主任给他的是一份《企业信用信息公示报告》，上面记载着某市某商贸公司的法定代表人是张志强。

看着一脸惊讶的张志强，王主任摆手示意他坐下，严肃地说道："这是单位查出来的，已经核实过，法定代表人就是你。"接着又说道："这件事影响很大，你可以再想想，然后来找我。"

显然，王主任并不完全相信张志强的话。

张志强像被浇了一盆冷水，情绪非常失落。但是，他肯定自己没有开公司。回到办公室，他又拿起这份公示报告仔细翻看起来。这一看还真让他找到了熟人——老同学李青明的名字，赫然写在股东一栏里。"这公司跟他有什么关系？"张志强犯起了嘀咕。

以他和李青明的关系，直接打电话就能问个明白。可是，他转念一想，如果真是李青明搞鬼，无凭无据恐怕说不清楚。如果不是他干的，这一问可显得自己有小人之心了。

想到这儿，他放下手机，也冷静了下来。公司注册需要进行工商登记留档，如果能查看当时的登记资料，兴许就能真相大白。打定主意后，张志强便向王主任请假，然后直奔公司的注册地。

这个季节的天气冷热适中，让人感觉很是舒服。可是张志强却没有心情感受一路风光，他一到目的地便直奔市场监督管理局。然而，当他拿着自己的身份证想查询企业注册登记的所有材料时，却被告知查询不了。

张志强急火攻心，冲着工作人员大喊："我都是法定代表人了，怎么就不能查询？"

工作人员向他解释，按照规定，他可以从网上直接查询公司的基本信息，但是要想查询公司核准注册登记的原始档案资料，就要出示加盖公司公章的授权委托书或者介绍信，以及公司的营业执照。

张志强哪能提供这些，只能闷闷不乐地走出来。一番折腾后，已经接近中午，可他一肚子心事，连饭也不想吃了。无奈之下，他只好先联系李青明。

李青明是他大学的同窗好友，两人住一个宿舍，一起学习，一起打球，还经常在月底生活费不够时，抢一桶方便面吃，关系好得像亲兄弟一样。毕业后，二人各自回到家乡，虽然联系也少了，但兄弟感情一直没变。

李青明一听到张志强来了，埋怨了一句："你小子怎么不早说！"然后就立刻开车来接他去饭店。李青明高兴得不得了，非要让张志强到自己家里多住几天，完全没看出他心里有事。

张志强看着李青明兴高采烈的样子，跟上学时一样，根本没把他当外人，就坦然说出了自己的苦恼，问李青明知不知道那家公司的事情。

李青明听完先是一愣，然后喝了一口酒，有些不自然地笑道："嗨，我说你怎么突然来了，原来是为这件事。没错，股东是我，公司也是我注册的。当年我不是想挣点钱嘛，就把你也算上了。可后来没成功，公司也没有实际经营。你放心，绝对没麻烦，要是对你有影响，明天我就去把它注销了。"说完，他又给张志强倒了一杯酒。

张志强本来也不是个较真儿的人，听李青明这么一说，想着把公司注销了也就没事儿了，这心就放了下来，酒也喝得畅快了。他甚至没有亲自去办注销手续，而是委托李青明去办，自己就回了家。第三天，他就接到李青明的电话说公司已经注销了。

问题总算解决了，张志强心想，提拔的事情应该还没耽误，就赶紧去找王主任说明情况。哪知道，王主任直接告诉他，单位已经讨论决定把晋升的机会给小陈。看着失落的张志强，王主任不仅没有安慰他，还意味深长地说道："小张啊，你这公司注销了不等于没有注册经营，这件事没完呢。"

一听这话，张志强更是气恼，这怎么还没完了呢？可是冷静一想，他知道王主任说得没错。不过除了注销，还有什么办法能证明自己确实没有注册过这家公司？律师建议他通过向法院起诉，查清事实，证明是李青明用他的名字注册公司，这样才能把问题彻底解决。无奈之下，张志强便以李青明侵犯其姓名权为由，向法院提起诉讼，要求李青明在省级报纸上发表道歉声明。

然而，诉讼需要证据。只凭网上查询到的公司基本信息，根本证明不了自己的名字是被盗用的，这让张志强十分担心。

对此，承办案件的钱法官认为，工商注册登记资料属于查明案件事实必需的证据，且张志强因客观原因不能自行收集，所以法院可依职权向市场监督管理局进行调取，这也解决了张志强一直担心的问题。

很快，开庭的日子到了。昔日好友分坐在法庭两边，场面特别尴尬。李青明觉得，张志强竟然因为这点小事起诉他，简直是成心让他难堪。所以心中十分恼火，一直歪着头不看张志强。

在法庭上，钱法官向双方出示了公司注册登记的档案资料。张志强发现，授权李青明办理公司登记事宜的委托书和身份证复印件上，都有他的签名，而且跟他的笔迹几乎一样，他一时竟然也分辨不出真假。但是他坚持说，自己从未委托过李青明去注册公司。

听到这里，钱法官皱起眉头，照这个情况，可能需要对张志强的签名

被盗用的身份

进行笔迹鉴定。

如果鉴定结论证实是张志强自己签的，那么就代表他可能在撒谎。同时，如果启动笔迹鉴定的程序，不仅需要花费较高的鉴定费，还需要一两个月的时间。

听到这里，张志强急了，也顾不得自己是在法庭上，他冲着李青明吼道："这到底是咋回事，你说清楚！"

看着张志强着急的样子，又听到钱法官说要花鉴定费，李青明低声说道："不用鉴定，名字真的是你签的，但内容是我写的。"

原来，李青明毕业后进入保险公司工作，看着跑业务的同事能挣提成，工资比他高出许多，他眼红了，也开始向身边的亲戚朋友推销保险，其中包括张志强。张志强二话不说就同意了，他把身份证复印件及只签了名字的空白授权委托书寄给李青明，让他帮忙办理。因为最后是通过线上投保，所以这授权委托书也没有派上用场，一直在李青明那里留着。

因为李青明并不善于跟人打交道，所以推销保险也没有赚到钱。之后，他又想开一家商贸公司，做点买卖。但是他有正式工作，不想让单位知道这件事，于是就想找个人挂名做法定代表人，由自己当股东，实际控制经营。可是别人都不愿意做这件事。最后，李青明实在找不到人，就动了歪心思。他手里正好有张志强的授权委托书和身份证复印件，于是就利用这些材料注册登记了公司。

虽然他也觉得这样做不厚道，但是转念一想，将来公司挣了钱，他可以给张志强分红，让他不出力就能挣钱，张志强肯定也同意。退一步讲，就算将来出现问题，他一人承担，绝不连累张志强。

张志强听完后又生气又后悔，他早就把授权委托书的事情给忘了，更是从来没有想过，空白的授权委托书还能用来做这样的事情。

到此，案件事实已经查明，但这授权委托书和身份证复印件确实是张志强自愿给李青明的，李青明也没有伪造张志强的签名。那么，李青明是否侵犯了张志强的姓名权呢？这也就引出了本案的法律关键词——姓名权。

法官解案 >>>

根据民法通则第九十九条的规定，公民享有姓名权，有权决定、使用和依照规定改变自己的姓名，禁止他人干涉、盗用、假冒。

钱法官分析认为，张志强将签字的授权委托书和身份复印件给李青明，其真实意思是委托李青明办理保险事宜。李青明私自填写了其他内容，并以张志强的名义办理公司注册登记手续，违背了张志强的真实意思表示，属于盗用张志强的姓名的行为，已经构成侵权。

这里有必要提醒大家，本案发生在民法典实施之前，现在民法通则已经废止，而民法典第一千零一十四条同样也明确规定，任何组织或者个人不得以干涉、盗用、假冒等方式侵害他人的姓名权或者名称权。最终，法院作出判决，李青明在当地省级报纸上刊登向张志强道歉的声明。

【案例二】

一天上午，北方某村民委员会的院子里，突然传来哭声，不少村民都围了过来，只见一个老太太坐在台阶上，一边哭一边骂道："这是哪个不要脸的，可害死我了！取消了低保，我可怎么活啊。"

"这不是张老太吗？""咋哭成这样？""为啥要取消她的低保？"人们议论纷纷。

村民委员会的小王见状，赶紧扶起老太太，又对着旁边的一个年轻女人说道："巧玲姐，快把你妈扶起来，你俩别急，我已经给李明打电话了，他一会儿就到。"

老太太叫张金苹，旁边的年轻女人是她的女儿李巧玲。在女儿10多岁的时候，张老太的丈夫就去世了。张老太怕女儿受委屈，硬是没有再找老伴儿，靠着种地、打零工把女儿拉扯大。女儿虽然结了婚，但是也没有个正经工作，还要供养两个孩子，日子也过得紧巴巴的。张老太不忍心再给女儿增加负担，执意自己在农村生活。近些年她年纪也大了，干不了什么活儿，没有收入，日子过得很困难。好在国家有政策，村里根据她的情况，给她申请了低保，她开始领取低保补助，日子也好过了些。

原本，低保户每年都要进行年检，张老太的情况符合规定，一直没有出现过问题。哪能想到，今年负责年检的小王说，年检过程中查到张老太是一家公司的监事，属于公司高管，按照规定，她不能再享受低保待遇了。

"啥是监事?"张老太不明白，可是听到要取消低保户资格，她着急得大哭起来，这才出现了前面的那一幕。

听到小王说已经给李明打了电话，张老太才收起哭声。李明是村民小组的负责人，大学刚毕业不久，特别热心，对她很是照顾。很快，李明就赶来了，他仔细看了一遍小王手里的材料，这是一家装修公司的信息登记材料，其中高管一栏里就有张金苹的名字。

"这应当是搞错了!"李明非常了解张老太的情况，谁会让她当监事管理公司? 于是他对张老太说:"张姨，别着急，这不还没有取消你的低保资格吗，你看，这上面有公司的地址，咱们去找他。"

张老太一听，这才松了一口气。可到了目的地，他们在楼里找了一圈，根本就没有发现这家公司。人去楼空，登记材料上留的电话也是空号，但偏偏登记信息显示公司处于存续期间。

这可就难办了! 情急之下，李明拿出手机开始上网查询。真是没想到，像张老太这样的情况还不少。网上建议的方法也很多，其中大部分提到了去法院起诉。于是，在李明的帮助下，张老太作为原告向法院提起诉讼，理由就是这家装修公司侵犯了她的姓名权，她不仅要求对方公开道歉，还要求赔偿经济损失 5000 元。

审理这个案件的是于法官，按照程序，于法官首先要向被告送达起诉状及相关材料，可是根据被告公司在网上公示的注册地和电话号码，根本联系不到这家公司的法定代表人陈经理。

看着着急上火天天往法院跑的张老太和李巧玲，于法官想到，张老太这种情况，很可能是泄露了自己的身份信息造成的，比如扫二维码或者登记信息领取礼品之类的行为，都有可能泄露个人信息。

听于法官这么一说，李巧玲说话了："我可经常这样做啊。"说到跟装修有关的，李巧玲还真想到一件事。

去年春节前，李巧玲受雇去一个小区里给人家擦玻璃，走到小区门外的时候，有一家装修公司的工作人员在发传单、送礼品，李巧玲二话不说，就把自己和家人的姓名、电话登记了个遍，领了好几套礼品。然后，她又听工作人员说，可以把身份证复印件拿过来进行登记，这样就能成为公司的劳务人员，以后可以叫她过来给客户擦玻璃，现在登记还能再多领一套礼品。

李巧玲一听，这不错呀，既能领礼品，又多了个干活的机会。第二天，为了多领礼品，她把自己和母亲的身份证复印件都交给了对方。

于法官根据李巧玲提供的信息，找到这家装修公司的老板，对方正是被告公司的法定代表人陈经理。面对法院调取的公司注册登记的材料，陈经理承认了他冒用张老太姓名的事情。

原来，陈经理为了扩大业务，想再注册一家装修公司，按照规定要设立至少一名监事，负责监察公司的财务情况。陈经理觉得这也就是做做样子，真要找人，还得增加公司的开销。于是他动了歪心思，想找个人挂名。当他看到张老太的身份证复印件时，想着像张老太这样的老年人肯定不会发现这件事，就利用张老太的名字办理了公司的注册登记手续。后来，因为生意不好，这家公司也关门了。

张老太一听，气不打一处来，指着陈经理的鼻子骂道："你还假冒我签字，你就应该被警察抓起来！"

陈经理听张老太这么一说，也慌了，赶紧说道："老太太，你说话别太难听，我又没犯罪，凭啥抓我？"

那么，陈经理到底应该承担什么样的责任呢？这就涉及本案的法律知识点——民事侵权行为与刑事犯罪行为。

我国刑法规定了侵犯公民个人信息罪，其中规定窃取或者以其他方法非法获取公民个人信息，情节严重的，构成犯罪。

在本案中，于法官分析认为，陈经理并未实施上述犯罪行为，他擅自使用张老太的名字和身份证复印件办理公司注册登记手续，属于冒用张老太姓名的行为，而其并未从事犯罪活动，不构成犯罪，但构成民事侵权。其行为侵犯张老太的姓名权，同时给张老太的生活造成不良影响，产生交通费、律师咨询费等实际损失，故酌情考虑支持陈经理赔偿张老太的损失3000元。

最终法院判决，被告公司立即停止使用张金苹的姓名作为公司监事，同时在报纸上刊登道歉声明，并赔偿对方损失3000元。

张老太凭着胜诉的判决，保住了低保资格，她为此狠狠教育了自己的女儿，在路边扫二维码领礼物，以为占了便宜，实则吃了大亏。张经理虽然没有涉及刑事犯罪，但他必须到市场监督管理局对其公司的监事进行变更登记，同时他本人的信息被录入虚假登记责任人数据库，其经营的装修公司也被列入严重违法失信企业名单，以后的生意怕是难做了。

法官点评

我们回头看看这两起案件，张志强、李巧玲都轻易将自己或者家人的身份证复印件等隐私信息材料交给他人，埋下隐患，让李青明、陈经理这样投机取巧的人钻了空子，也让自己遇到了一系列麻烦。生活中这样的案例不在少数，法官也在此提醒大家，千万不要忽视任何一个泄露个人信息和隐私的细节，如果摊上麻烦，一定要寻求法律帮助，及时止损。

王　芳

　　1984年7月出生，研究生学历，毕业于内蒙古大学法律硕士专业。2010年进入法院系统工作，先后任职于内蒙古自治区乌拉特中旗人民法院、内蒙古自治区包头市九原区人民法院，现任内蒙古自治区包头市九原区人民法院金融审判庭副庭长、审判员。参加工作以来，多次被评为市级、自治区级办案标兵、优秀共产党员，撰写的案例入选内蒙古自治区高级人民法院"五个一百"优秀案例。

求子路上的陷阱

主讲人：内蒙古自治区包头市九原区人民法院　王　芳

2018 年冬天，北方的某个城市，天气格外寒冷，凛冽的寒风卷着鹅毛大雪，把整座城市染成了白色。在中心医院的试管婴儿胚胎储存中心，上万枚胚胎被冷冻在这里，这些被冰封的"小生命"都在静静地等待着父母唤醒它们。而储存中心的办公室里，一对夫妻却表情凝重，丈夫蹲在地上，闷着头说："这胚胎我们不要了。"一旁的妻子听完大声斥责道："这可是我们两个人的孩子，我为了做试管婴儿，吃了这么多苦，你说不要就不要？""不要，说什么也不要！"丈夫坚定地说。

要说这试管婴儿的胚胎，可是夫妻二人花费了不少金钱和精力才取得的，丈夫怎么就要放弃了呢？这还要从他们结婚的时候说起。

这对夫妻是陈忠和韩梅，他们是大学同学，毕业后就结婚了。婚后夫妻俩的生活稳定而甜蜜，小两口经过几年的奋斗买了新房，生活渐渐步入正轨。于是，他们开始计划给家里添丁进口。

不过，转眼一年过去了，韩梅却一直没有怀孕。韩梅心里很着急，就说服陈忠和自己一起去医院检查一下，检查的结果是韩梅和陈忠的身体都有一些问题，两个人能自然受孕的概率很小。拿到检查结果的韩梅非常失落，但丈夫陈忠安慰她说："这概率小并不代表没有可能，咱们一起努力，没准儿奇迹就出现了呢。"韩梅觉得陈忠说得有道理。之后的两年，韩梅和陈忠跑了大大小小很多医院，也吃了不少有利于怀孕的"偏方"，但夫妻俩期待的奇迹却一直没有出现。

陈忠生长在一个十分传统的家庭，他是家中独子，每每被亲戚问起生孩子的事情，陈忠都觉得抬不起头来。几经考虑，韩梅和陈忠决定，通过做试管婴儿的方式受孕。在这个过程中，韩梅吃了不少苦头，身上有大大小小上百个针眼。但韩梅觉得这些牺牲和拥有一个孩子相比，都是微不足道的。

两个人一共培养了七枚试管婴儿胚胎，但令人遗憾的是，经过两次胚胎移植手术，四枚胚胎都没有成活，这让夫妻二人非常难过。韩梅没有气馁，她对丈夫陈忠说："没事，还有三枚胚胎呢，我们再试一次，一定会成功的。"但这时的陈忠却沉默了。

按照医院的要求，手术前需要夫妻二人共同在提取胚胎同意书上签字，而这时，丈夫陈忠却拒绝了，并声称要放弃剩下的三枚胚胎。

一心求子的丈夫突然选择放弃试管婴儿胚胎，这样反常的行为让韩梅非常不解和气愤。回到家中，她要陈忠给她一个解释，陈忠却递给她一份材料，这让她的心顿时凉了半截，原来这是一份离婚协议书。

陈忠说："这几年因为要孩子的事情，我已经是焦头烂额了，两次试管婴儿胚胎移植手术的失败，让我觉得根本看不到希望，我不想再要孩子了，我们还是离婚吧。"韩梅被陈忠的话彻底激怒了，她哭着说："手术失败让我也很痛苦，但我们不是还有机会吗？你说你不想要孩子了，好，我可以暂时不做手术，但为什么一定要离婚呢？"

听到这里，陈忠并没有正面回答韩梅的问题，只是淡淡地说了一句："还是离了吧。"说完就离开了家。

韩梅一直觉得，他和陈忠除了孩子的问题，一直过得很幸福，夫妻关系也很和睦，陈忠突然要离婚，肯定另有原因。韩梅一直等待着丈夫回心转意，但等来的却是法院的传票。陈忠向法院起诉，要求离婚。

法官收到案件后，仔细了解了他们二人的婚姻现状，也了解到他们试管婴儿的胚胎还冷冻在胚胎储存中心，针对这个情况，法官在庭前做了耐心细致的调解工作。但经过几次调解，陈忠离婚的态度始终很坚决，调解工作以失败告终。不仅如此，之后的几天里，陈忠经常给承办这个案件的法官打来电话，催促法官尽快开庭，陈忠对法官说："我一定要在两个月内拿到判决离婚的文书，否则……否则就来不及了。"

到底是什么原因让陈忠离婚的态度如此坚决，又是什么原因让他必须要在两个月内离婚呢？在法官的一再询问下，陈忠终于说出了实话。

原来，一年前，陈忠在给汽车做保养时，认识了一个在4S店工作的销售人员——李玲。这是个20多岁的女孩，独自一人在城里打工。两人因为是同乡，就留下了彼此的联系方式。之后，他们经常通过微信聊天，陈忠因为试管婴儿手术的屡次失败，经常和李玲诉说心中的郁闷，李玲也总是耐心地安慰他。

一天，李玲给陈忠发了个信息，说自己被4S店开除了，心情不好，想找他聊聊。陈忠毫不犹豫地答应了。这次见面，让二人的关系有了进一步发展。此后，他们经常见面互诉衷肠。李玲在城里打工不顺利，看到陈忠有一定的经济基础，就想和陈忠在一起，这样也能有个依靠；陈忠看到李玲身材苗条、面容姣好又善解人意，也动了心。一来二去，他们就发展成了情人关系。

相处了一段时间后，李玲已经不满足于仅仅做陈忠的情人了，她一再要求陈忠和韩梅离婚，然后再和自己结婚。一天，李玲拿着化验单告诉陈忠："我怀孕了。"这个消息对求子屡次受挫的陈忠来说真是个突如其来的"惊喜"，他没想到自己的求子梦就这么成真了。但李玲接下来的话，又让陈忠陷入了两难的选择。李玲说："现在我怀孕了，可我不能没名没分地就给你生孩子。如果你不答应离婚，我就立刻去医院打掉这个孩子。"

一面是怀孕的李玲，一面是和自己相守多年，为家庭付出了很多的结发妻子，舍弃谁，陈忠都不忍心。经过激烈的思想斗争，陈忠最终还是选择放弃和韩梅的婚姻，保全李玲肚子里的孩子。

在法院陈忠说出这些话后，长舒了一口气。原来，陈忠不是不想要孩子，恰恰相反，他是太想要个孩子了，所以出轨后和别人有了孩子。而得知真相的韩梅，对丈夫陈忠失望至极。法庭上，韩梅同意离婚，但要求分割二人婚后的共同财产：房产一套及存款 20 万元。而陈忠却说，二人婚后多次做试管婴儿手术，花了不少钱，根本没有什么积蓄。

法院在韩梅的申请下，调取了陈忠的银行流水，这才发现，陈忠银行卡里本来有 20 万元，但在起诉前的几天，他将钱款全部转给了自己的母亲。

法院经审理认为，陈忠隐匿、转移夫妻的共同财产，且婚内出轨，属于过错方。在做试管婴儿手术的过程中，韩梅也受到了很大的伤害，应视为婚姻中贡献较大的一方。最终法院判决二人离婚，房产归韩梅所有，20 万元存款分给韩梅一半。

这场离婚官司是告一段落了，但韩梅和陈忠共同培养的冷冻胚胎还一直储存在胚胎储存中心，无人问津。因为试管婴儿的胚胎储存要求很高，需要定期交纳保存费用，而韩梅和陈忠离婚后，已经一年多没有按时交费了，工作人员与他们取得了联系，并把二人一起叫到了胚胎储存中心。

韩梅这时对陈忠已经心灰意冷，她坚定地说："我决定放弃胚胎，需要办什么手续，我配合你们办理。"而这时，陈忠的态度却再次让人出乎意料："我不同意放弃胚胎，欠下的费用由我补交，以后的费用，我也会按时交纳。"

韩梅差点怀疑自己听错了。陈忠之前不是主动提出要放弃胚胎吗？怎么这会儿又变卦了？

这要从二人离婚之后说起。

韩梅和陈忠的离婚案件生效已经一年了，可陈忠始终没有把法院判决的钱款给韩梅。陈忠不顾往日夫妻情分，离婚时隐匿财产，连法院判给自己的财产都赖着不给，这让韩梅越想越气，于是，韩梅向法院申请了强制执行。

徐法官接到案子后，首先对陈忠的财产进行了调查，发现陈忠名下已经没有任何财产。徐法官将陈忠传唤到法院进行讯问，当问及陈忠离婚前转移给其母亲的存款去向的时候，陈忠告诉徐法官，他把钱给了李玲，而他和李玲也没有结婚。

原来，一年前，陈忠和韩梅离婚后，就开始张罗和李玲的婚礼。结婚登记的前一天，陈忠给同事们发喜糖，有位女同事调侃道："陈忠，恭喜你，你这可是双喜临门啊，媳妇、孩子双丰收，听说新嫂子可年轻了，才20多岁。"陈忠不好意思地摆摆手，微笑着继续给大家发喜糖。正在这个时候，一个男人气冲冲地闯进单位，大声喊道："谁是陈忠？"

单位里瞬间安静了下来，刚刚喜庆热闹的气氛戛然而止，陈忠疑惑地小声说了一句："我是陈忠，你是谁啊……"话还没说完，只见这男人不由分说直接挥拳将陈忠打倒在地，陈忠手里的喜糖散落一地，男人顺手把喜糖踩在脚下，用力踩了又踩，然后愤怒地拉起陈忠向外面走去。

陈忠被拽得踉踉跄跄，边走边气愤地问："你到底是谁啊？我又不认识你，你为啥要打我？"然而，这个男人接下来说的话，让陈忠如同掉进了万丈深渊："我是谁？我是李玲的老公！"

这个男人名叫于虎，是李玲的同乡，李玲18岁时，在双方父母的撮合下，和于虎订婚了，并于次年摆了酒席。因为李玲当时还差几个月才到法定婚龄，二人就没有登记结婚。"婚"后，李玲给于虎生了一个儿子。

于虎以种地为生，收入不多。儿子的出生，让他们原本就拮据的生活雪上加霜。李玲看到自己的朋友们在城里都过上了好生活，就想着也去城里打工。

一天，李玲早早就做好了饭菜，她把公婆也叫来了。饭桌上，李玲提出了自己的想法，本以为自己的提议会得到大家的赞同，没想到，丈夫于虎第一个反对："城里的钱哪里那么好赚，我可不愿意荒废了辛辛苦苦种的庄稼。"婆婆也接着说："娃儿还这么小，正是需要娘的时候，你们这一走，娃儿多可怜呀。"

自己的想法没有得到大家的支持，李玲很是懊恼，之后几天，她和于虎因为这件事情吵了好几次架，最后竟大打出手。李玲一气之下，扔下襁褓里的儿子，独自离开老家，来到了城里打工。

李玲经朋友介绍，来到一家 4S 店做起了销售。然而，城里的生活远比李玲想的艰难，有时候，李玲几个月也没有卖出去一辆车，赚的钱连房租都付不起。后来，李玲认识了来给汽车做保养的陈忠。李玲觉得陈忠有房有车，也有一定的经济基础，而自己和于虎并没有登记结婚，应该重新选择婚姻，于是李玲就隐瞒了自己的过去，开始与陈忠交往。

在此期间，于虎知道了李玲在城里的住处，他找到了李玲，说服李玲和自己回去。他对李玲说："你看，城里的日子也不好过吧，当初劝你的时候你不听，这下该看明白了吧，咱们庄稼人，还是好好种地过日子吧。你走了这么久，就不想咱们的娃儿？跟我回去吧，咱们把结婚登记手续办了，踏踏实实过日子。"

李玲不敢告诉于虎陈忠的存在，就骗于虎说自己把这个季度的奖金拿了再回去。于虎回到老家后，左等右等也等不到李玲。他再次来找李玲，却看到李玲住的出租房大门上贴着"喜"字。李玲迫不得已说出实情，并告知于虎自己已经怀孕了，但究竟谁才是孩子的父亲，李玲一时间也不能确定。

之后，气急败坏的于虎就来到陈忠单位大闹，也让陈忠知道了真相。

得知了真相的陈忠开始怀疑李玲肚子里的孩子是不是自己的，于是，他怒气冲冲地来到李玲的住所，逼问孩子到底是谁的，李玲一边哭泣一边说："可能……可能是你的。""可能？"这种事情怎么能说"可能"！陈忠差点没气晕过去。

过了一会儿，陈忠冷静了下来，他对李玲说："这样吧，孩子出生后，我们去做亲子鉴定，如果孩子是我的，咱们再谈结婚的事情。"说完，陈忠便摔门离开。几个月后，孩子出生了，是个男孩。陈忠在心里默默祈祷，希望这个孩子是自己的。然而，亲子鉴定的结果却让他失望至极——孩子是于虎的。陈忠的求子梦再次破碎了。

听了陈忠的讲述，徐法官还是有些不解。当初陈忠和韩梅离婚时，法院判决两人存款一人一半，如果陈忠现在想和韩梅复婚，为什么还一直拖着不给钱呢？这不是更得罪了韩梅吗？

原来，当时李玲提出，给陈忠生孩子还有一个条件，那就是陈忠需要给她买套房子，而且房子要登记在她一个人名下。因为李玲觉得，陈忠能为了自己放弃和韩梅的婚姻，也就能再为了别人放弃和自己的婚姻。为了有个保障，李玲坚持这个要求。求子心切的陈忠只好答应，并将这 20 万元给了李玲，让她买了套小面积的二手房。

自从事情败露后，李玲就和于虎回到了老家并登记结婚。而当陈忠想要回房子卖掉变现时，李玲却百般推脱，不愿意将房子过户还给陈忠。所以法院判决后，陈忠才一直拖着没有给前妻韩梅钱，因为他根本就没什么钱。

徐法官了解到陈忠没有履行义务的真实原因后，并没有直接冻结陈忠的工资账户，而是决定先找到执行案件的关键人物——李玲。因为陈忠的钱已经用来给李玲买了房，只有解开李玲的心结，问题才能彻底解决。在陈忠的带领下，徐法官驱车来到李玲现在的住所。

和陈忠分开后，李玲的生活过得并不怎么好。丈夫于虎心存芥蒂，对李玲也大不如前，还经常不回家。李玲独自在家照顾两个年幼的孩子，20多岁的她看起来比实际年龄大了许多。徐法官对她说明了自己的身份和来意后，李玲低着头说："我知道你们是想让我还房子，但我和陈忠在一起那么长时间，他总得给我一些补偿吧。"

徐法官耐心地对李玲说："你的想法我能理解，这套房子虽然登记在你的名下，但毕竟是陈忠用他和韩梅的婚内财产给你买的，陈忠没有权利一个人处置。如果你们不能协商解决，他将来起诉要房，你可能还是得还，你好好考虑一下。"

这时，等在车里的陈忠也走了进来。四目相对，往日的种种美好画面浮现在脑海，李玲最后对陈忠说："我骗了你，对不起！为了我，你的家也散了，我知道这房子我没资格住。"说完，她转身进屋拿出了房产证："你把房子卖了吧，我配合办过户手续。"

一个月后，陈忠顺利地把房产卖出去了。在执行局里，他把执行款亲手递给了韩梅。

这里涉及一个法院执行工作的新理念：善意文明执行。

通常，一提起法院的强制执行，大家脑海里浮现的要么是查封、扣押、冻结等强制措施，要么是当事人被列入失信被执行人名单。其实，在2019年，最高人民法院发布《关于在执行工作中进一步强化善意文明执行理念的意见》，该意见提出的"善意文明执行"是指法院在执行工作中，通过灵活运用执行措施，在依法保障胜诉当事人合法权益的基础上，尽可能地减小执行措施对被执行人生产、生活的影响，以达到维护法律尊严和保障民生的有机统一。

在上述案例中，徐法官结合案件的具体情况，没有直接采取强制措施，而是秉持"善意文明执行"的工作理念，谨慎地采取执行措施，首先找到被执行人不能履行义务的症结所在，然后耐心地对案件关键人物李玲明理释法，最后将案件圆满解决。这起执行案件的办理既有力度，又有温度。

这天，韩梅拿到了案款，准备离开执行局时，陈忠却一把拉住了她，他对韩梅说："我知道我错了，但还是想求你给我一次机会……"可还没等陈忠说完，韩梅就打断了他。韩梅冷冷地说，自己已经在半年前再婚了，而且目前已经怀孕一个多月了，说完就转身离开了。

又是一个寒风凛冽的早上，陈忠和韩梅一起来到了胚胎储存中心。最终，他们各自怀着复杂的心情，共同在放弃胚胎的同意书上签了字。

法官点评

生活不易，夫妻之间本应并肩面对人生中的风风雨雨。本案中，韩梅为生育子女屡屡受挫，可以说付出了很大牺牲，但丈夫陈忠却薄情寡义，在此期间发生婚外情，最后不但没有实现自己的求子梦，反而鸡飞蛋打、巢毁卵破。陈忠没有做到人如其名，他为自己对婚姻的不忠诚付出了代价。而李玲面对生活的不如意，抛家弃子，企图通过给别人生个孩子来换取更好的生活条件，最终也只能是自作聪明、自尝苦果。

杜　君

　　1963年出生，中共党员，1997年从部队转业到辽宁省阜新市海州区人民法院，从事民事、刑事审判工作，先后担任助理审判员、研究室主任、审判委员会委员、未成年人审判庭庭长（刑事审判团队负责人）、四级高级法官。1999年荣获市委、市政府优秀干警；2000年、2002年、2006年、2008年先后四次荣立个人三等功；2008年被评为阜新市首届法院系统优秀法官；2009年、2020年分别获辽宁省档案工作突出贡献奖、阜新市法治宣传突出贡献奖；2018年、2021年荣立辽宁省法院个人二等功各一次；2022年荣获最高人民法院院授予的"全国优秀法官"荣誉称号。

食品变"毒品"

主讲人：辽宁省阜新市海州区人民法院　杜　君

【案例一】

一天上午九点，辽宁省某地人民法院刑事审判庭正要审理一起故意伤害案，被告人名叫刘钢，被害人王萍作为刑事附带民事诉讼原告人，参加庭审。可奇怪的是，法官刚刚步入法庭，就看见被害人王萍起身，她要求法庭不公开审理此案。

王萍的这个请求，让主审本案的张法官很疑惑。依照法律规定，人民法院审理第一审案件，应当公开进行。但是有关国家秘密或者个人隐私的案件，不公开审理。可眼前这个案件，属于普通的故意伤害案件，被害人为什么提出不公开审理呢？是因为她不懂法律规定，还是另有隐情？

合议庭进行了简单的合议，为稳妥起见，考虑当事人有诉求，可能涉及个人隐私，就同意了王萍不公开审理的要求。随后，法警按规定将旁听席上刘钢和王萍的家人请出了法庭。

就在这时，被害人王萍又突然跑到了被告席，她拉住刘钢的手，激动地失声痛哭。值庭的法警立即上前制止了王萍的行为，法庭得以正式开庭审判。

被害人王萍和被告人刘钢到底是什么关系？庭审中，被告人刘钢对公诉机关起诉书所指控的故意伤害罪没有异议，认罪认罚。可轮到被害人王萍发言时，她的一席话解答了之前的种种疑问。

原来，王萍与刘钢是恋人关系。两人都是从外地来打工的，文化程度不高。2019年底，两人通过网络聊天软件相识。王萍30岁出头，刚刚离异；刘钢40多岁，因为多种原因一直未娶。通过聊天，他们互相产生了好感，成了无话不说的好友。随着交往的深入，他们也都知道了对方是单身。特别是刘钢，内心对王萍非常中意，每天都通过手机对王萍嘘寒问暖，还时常给她发个红包，王萍对此也非常感动。

一个多月后的一天，王萍想和刘钢约会，便特意提前准备了几瓶国外的"洋酒"，然后联系刘钢，问他有没有时间。真是巧了，这天刚好是刘钢的生日，他也正想着要和王萍见面，一起过生日。如果见面时气氛融洽，他还打算借机向王萍表白，为此，刘钢也做了精心准备。就这样，两人一拍即合，约好下午到刘钢家一起吃饭。刘钢满心欢喜，马上出门采购各种食材，张罗饭菜。

中午刚过，王萍就出发了，她打扮时尚，带着准备好的4瓶"洋酒"来到刘钢家。虽然两人实际上是第一次见面，可俨然像老朋友一样，互相并不陌生，交流时也并不拘谨。王萍很自然地称刘钢为"钢哥"，而刘钢则称王萍为"萍萍"。王萍看到刘钢的第一眼，就打心眼儿里喜欢他。刘钢个头很高，有着宽厚的身板，浓眉大眼，还能做一手好菜，王萍看在眼里，喜在心中，乐在脸上，觉得自己找到了心中的"白马王子"。

饭菜做好了，两人打开王萍带来的"洋酒"，入席开喝，你一杯我一杯，从下午一直喝到晚上。他们边喝边聊，情投意合，很快就确立了恋爱关系。饭桌上，王萍一口一个"钢哥"，叫得刘钢心里比蜜都甜，他也亲昵地喊着"萍萍"。

两人越喝越高兴，到后来，王萍带来的"洋酒"快喝完了，大部分都是刘钢喝的。王萍见状说："不喝了，没菜了。"刘钢马上起身说："萍萍，今天是哥的生日，难得高兴，喝完这4瓶洋酒，你再陪哥喝两瓶啤酒。你先歇会儿，我去拍个黄瓜。"刘钢一边说，一边直奔厨房。

不一会儿，刘钢晃晃悠悠地从厨房出来，一手端了盘拍黄瓜，一手拿着拍黄瓜的菜刀，说道："来来来，萍萍，菜来了，再喝两杯。"王萍坚持说不喝了，觉得自己头晕想吐。可刘钢不乐意了："刚说完我过生日，你就不喝了，啥意思？"

刘钢明显是喝多了，手里拿着菜刀开始比画，嘴里嘟囔着要喝酒。奇怪的是，刘钢突然像发疯了一样，乱喊乱叫，不像是喝了酒之后一般的反应。王萍也喝了不少酒，她看到眼前这个晃晃悠悠拿着菜刀胡乱比画的刘钢，心中不悦，回应道："小样儿，拿刀吓唬谁啊？"

说着说着，两人竟然撕扯起来，而刘钢此时的反应更加异常、疯狂。撕扯中，刘钢持刀将王萍砍伤，鲜血顺着王萍的脸颊和手臂流了下来。

鲜血一流，刘钢和王萍都清醒了许多，尤其是刘钢，像是突然梦醒了一样。他吓得赶紧把菜刀扔在地上，拨打了"120"急救电话和"110"报警电话。

很快，公安人员赶到现场，可当警察询问两人情况时，他们却都说不清楚，且语无伦次、举止异常。王萍被送往医院救治，事后经司法鉴定，王萍的伤构成重伤二级。

刘钢被采取了强制措施，可当公安人员问他为什么要拿刀砍人时，刘钢却记忆模糊，反反复复说不清楚。这就奇怪了，两个热恋中的情侣喝酒、聊天、过生日，怎么会突然挥刀伤人呢？不过随着侦查的深入，公安机关很快就发现了问题的端倪。

公安人员在现场发现了两人喝完的"洋酒"空瓶，这酒引起了他们的注意。经过检验，公安人员发现这"洋酒"竟是"三无"产品，不仅如此，酒中还含有"致幻剂"的成分。

致幻剂，是影响人的中枢神经系统的一类精神药品，一次性大量服用会出现急性精神错乱、冲动性行为、急性精神疾病等中毒症状。少量饮用含有致幻剂的酒水，会让人兴奋；如果过量饮用，就会意识模糊，甚至出现幻觉、错觉等，严重的还会导致伤害他人或自残自杀的行为。

那么问题来了，这"洋酒"是王萍带来的，怎么会含有致幻剂的成分呢？

原来，案发前不久，王萍无意间在微信中添加了一个叫"微商大 V"的好友，这个人告诉她，自己手头有通过内部关系搞到的"特供高端洋酒"，产品包装大气，价格实惠，每人限购一箱，一箱 4 瓶，机不可失。王萍看到对方发来的产品照片，包装上全是外语，而且确实很精美，价格便宜。她觉得这一定是好东西，于是飞速下单买了一箱，然后在与刘钢约会这天，特意带过来喝。可她万万没有想到，这所谓的高端"洋酒"，差点成了夺命酒。

案件事实清楚了，尽管王萍受到了刘钢的伤害，但她并不怪刘钢，内心反而很愧疚，她依然深爱着这个每天陪伴自己的男人。所以在刘钢被刑事拘留后，王萍日思夜想，之后她又是跑到公安机关求情，又是跑到检察院要求撤诉。

后来，王萍听说案件移交到了法院，便赶紧提起附带民事诉讼。实际上，她要求赔偿是假，在庭审中见见久别的恋人、继续向法官为刘钢求情才是真。因为王萍与刘钢的恋情，双方亲属之前并不知情，所以才出现了故事开头的一幕——王萍要求不公开审理此案。

主审本案的张法官根据查明的事实和刑法规定，同时还考虑到双方当事人的特殊关系，以及被告人刘钢的犯罪起因、事后报警施救、被害人谅解等情节，最后以被告人刘钢犯故意伤害罪，判处其有期徒刑三年，缓刑三年。

法院宣判后，王萍不干了，她对判决特别不理解。她说："我是受害人，我撤诉了，不要赔偿了，为什么非要判刘钢的罪呢？"

法官解案 >>>

王萍所提出的问题引出了本案的法律知识点——刑事案件撤销或不被追究刑事责任的情形。

依照《中华人民共和国刑事诉讼法》第十六条的规定，有下列情形之一的，不追究刑事责任，已经追究的，应当撤销案件，或者不起诉，或者终止审理，或者宣告无罪：

（一）情节显著轻微、危害不大，不认为是犯罪的；

（二）犯罪已过追诉时效期限的；

（三）经特赦令免除刑罚的；

（四）依照刑法告诉才处理的犯罪，没有告诉或者撤回告诉的；

（五）犯罪嫌疑人、被告人死亡的；

（六）其他法律规定免予追究刑事责任的。

张法官认为，本案中刘钢故意伤害他人身体，造成王萍重伤的法律后果，显然不符合以上任何一种情形。另外，根据《中华人民共和国刑事诉讼法》第三条的规定，对刑事案件的侦查、拘留、执行逮捕、预审，由公安机关负责。检察、批准逮捕、检察机关直接受理的案件的侦查、提起公诉，由人民检察院负责。审判由人民法院负责。除法律特别规定的以外，其他任何机关、团体和个人都无权行使这些权力。

本案中，刘钢故意伤害他人身体的行为，已经构成故意伤害罪，依法只能由公安机关侦查预审，人民检察院公诉，人民法院审判。王萍的撤诉，只是对其伤害后果民事赔偿经济损失的撤诉。王萍的谅解，只是人民法院对被告人定罪量刑情节的酌定考虑因素。所以，尽管受害人王萍为刘

食品变「毒品」

钢求情、请求撤诉，但是不能改变被告人刘钢触犯刑法、应当受到刑事处罚的后果。

法院判决之后，警方根据王萍陈述购买"洋酒"的来龙去脉，经过摸排查找、技术研判，很快便将贩卖假酒的张某抓捕归案，制作假"洋酒"的作坊也被连窝端。张某等人也因制造假酒销售触犯刑法，受到法律制裁。

本案中，王萍非常后悔，因为几瓶"洋酒"害了自己，也害了恋人。本是出于一片真情，想着"洋酒献郎君，越喝爱越深"，结果却是"洋酒变毒酒，差点搭上命"。究其始作俑者，是那个制假售假的"微商"，这样的无良商家，实在是害人不浅。其实，不论是酒类还是其他食品，都有着非常严格的生产标准。即便不存在造假的情况，商家也要严格按照科学配方和说明添加配料辅料，否则，就可能让美味佳肴变成有毒食品。

【案例二】

在东北有一种家喻户晓的主食叫"大饼子"。大饼子就是用玉米面做的一种粗粮食品。如今生活条件好了，粗粮成了人们日常生活中餐桌上的香饽饽。但就是这样一种普通、常见的食品，却依然存在着食用后中毒的风险，甚至有人因此触犯刑法，受到法律制裁。这是怎么回事呢？

40岁的马洪梅，多年前从南方老家随丈夫来到东北落户打拼，丈夫老刘在煤矿上班，马洪梅负责操持家务，偶尔也帮助别人做点零活。夫妻俩有一对双胞胎儿女，学习成绩优异。这两年，随着双胞胎儿女双双考上重点高中，家中开支陡然增大。

马洪梅勤奋要强，她觉得靠丈夫一个人挣钱养家恐怕不行，家里入不敷出，日子过得太紧巴。于是，她决定搞一辆面食售货车，卖油条、馒头、大饼子。

说干就干，马洪梅开始热火朝天地忙活起来。可是刚开业没几天，她就因为没有办理健康证、营业执照等手续，接到了市场监管人员下发的停业整顿通知。

马洪梅犯了愁，她一边埋怨自己不懂法，一边赶紧补办手续，好在办手续并不烦琐，几天就搞定了。马洪梅迫不及待地继续开业。可接下来，让马洪梅闹心的事又来了：自己卖的东西明明是起早贪黑精心制作的，货真价实，可怎么就是卖不出去呢？与此形成鲜明对比的是隔壁不远处张姐的摊子，她家的面食品种和自己差不多，却天天供不应求。

马洪梅压根儿没想到会发生这种情况，她一开始什么都做、什么都卖，到最后只卖大饼子一种面食。虽然她每天做得不多，可还是卖不出去，最后剩下的只能免费送人，这样一来，不仅不挣钱，反而是亏本买卖，怎么办呢？

东西卖不完，马洪梅就用它们与其他商户交换商品，时间长了，她就和市场里的人混熟了。有一天，一位卖调料大姐的一句话，让马洪梅恍然大悟。

大姐告诉马洪梅，面食里得添加"香甜泡打粉"，会有特殊效果。说完就用几包"香甜泡打粉"和马洪梅换了几个大饼子。

马洪梅没什么文化，"香甜泡打粉"外包装上的字，她也认不得几个，但她非常高兴，回来再制作面食的时候，她就加了一些"香甜泡打粉"。这一试不要紧，情况果然不同，炸出来的油条和烙出来的大饼子，又大又嫩又鲜亮。慢慢地，越来越多的人来买她做的面食。马洪梅心里乐开了花，心想，终于找到致富门路了。可是，屋漏偏逢连夜雨，马洪梅的好日子还没过一个月，就又出事了！

一天，市场管理人员联合监督执法的一行人，来到了她的摊前，当场收缴了她所有的设备、手续和未售出的食品，马洪梅也被传唤到公安机关接受调查。现场引来不少人围观，大家议论纷纷，一个卖面食的妇女犯了什么罪呢？

原来，市场监督执法人员会不定期对市场内的各种食品以及购买方式进行抽样调查。几天前，他们购买了马洪梅的面食回去检验。检验结果显示，马洪梅制作的食品有毒，重金属铝超标800多倍。马洪梅听说她制作的大饼子有毒，大喊冤枉，说一定是有人陷害她！

难道真的有人在马洪梅做的面食里下毒了吗？

马洪梅一头雾水，她都不清楚什么是重金属。最后经过办案人员提醒，马洪梅才明白，原来把重金属铝掺进大饼子的人，就是她自己！

办案人员告诉马洪梅，她制作的大饼子，掺进了国家明令禁止在蒸制食品中添加的复合膨松剂——香甜泡打粉，这就是造成大饼子中铝残留量超标的罪魁祸首。这种食品吃久了，会慢性中毒。时间长了，还可能会导致不孕不育、损伤大脑、肾脏中毒等。

我国法律对食品添加剂的使用有着严格的规定，食品添加剂的使用范围不同，最终效果、作用及益害结果也截然不同。马洪梅不仅没认识到"香甜泡打粉"的危害和使用方法，而且急功近利，在制作食品时多添加了一些，以致重金属铝超标800多倍。

法官解案 >>>

事实查清后，马洪梅以犯生产、销售有毒、有害食品罪被提起公诉。案件由法院刑庭的王法官主审。

法庭上，马洪梅说："我是真不知道这个有毒啊，卖调料的大姐告诉我说别人都掺这个，我也没文化，要知道有毒，说啥也不会这么做。"

王法官认为，长期食用掺进"香甜泡打粉"、重金属严重超标的大饼子，会对人的身体器官造成损害。被告人马洪梅的文化水平不高，不存在制作有毒、有害食品的故意，特别是庭审中，马洪梅真诚悔罪、认罪认罚，考虑到她制作销售有毒食品的时间不长，没有造成严重社会危害的后果，犯罪情节较轻等情况，判决被告人马洪梅犯生产、销售有毒、有害食品罪，判处其有期徒刑十个月，缓刑一年，并处罚金，同时宣告了禁止令。

这里就引出了本案的法律知识点——禁止令。

在我国刑法中，禁止令分为管制执行期间的禁止令和缓刑考验期间的禁止令。禁止令是一种对犯罪分子兼具刑罚性和非刑罚性的综合性处置制度。

依照《最高人民法院、最高人民检察院关于办理危害食品安全刑事案件适用法律若干问题的解释》第二十二条的规定：对实施本解释规定之犯罪的犯罪分子，应当依照刑法规定的条件，严格适用缓刑、免予刑事处罚。对于依法适用缓刑的，可以根据犯罪情况，同时宣告禁止令。

《中华人民共和国刑法》第七十二条第二款规定：宣告缓刑，可以根据犯罪情况，同时禁止犯罪分子在缓刑考验期限内从事特定活动，进入特定区域、场所，接触特定的人。

马洪梅非常后悔，她被判处了缓刑，同时被宣布了禁止令，她的致富梦也随之破灭。

判决后，王法官考虑到马洪梅的家庭情况，及时与当地妇联、街道办取得联系，为马洪梅安排了公益岗位工作，帮助其解决家庭生活困难，这也体现了法律的温度。

靠双手勤劳致富是好事，但是像马洪梅这样不懂法、急功近利，错误地使用食品添加剂制作食品，使美味食品变成有害食品是非常危险的行为，是违法犯罪行为。好在马洪梅制作食品的时间较短，没有造成严重后

食品变「毒品」

果，否则，她还要承担更加严重的处罚。

法官点评

回看这两个案例，一个是不良商家知法犯法，为了牟取暴利，不顾他人生命，制作有害食品；一个是因为无知贪图小利，错误地掺进了不该用的食品添加剂，造成食品有毒。他们都因违法犯罪而受到了应有的惩罚。民以食为天，食品安全直接关乎人们的健康，不法商贩贪图私利铤而走险，害人害己。这类违法犯罪行为，往往查处难、取证难、侦办难、打击犯罪源头难，所以国家加大了查办、打击力度。希望广大消费者擦亮眼睛，对"三无"产品、假冒伪劣商品坚决说"不"，发现线索要及时报警维权；也希望所有的生产经营者都能把人民群众的生命健康放在心上。

诸佳英

　　江苏省无锡市中级人民法院立案二庭法官，法律硕士、公共管理硕士。在电视媒体工作多年，曾任无锡电视台生活频道总监。在无锡市中级人民法院宣传处工作10年，任宣传处处长，曾兼任无锡市中级人民法院新闻发言人，江苏省法官学院兼职讲师。多篇新闻稿件在《人民日报》《光明日报》《法治日报》《人民法院报》等国家级媒体刊发，多次获评"江苏法制好新闻"奖。转任审判岗位后，主审民商事案件，多篇案例在全国法院系统案例分析评选中获奖。2015年在全国法院新闻发言人电视大赛中获优秀奖。先后获评"无锡市优秀共产党员""无锡市最美法治人物"。

"受伤"的坟墓

主讲人：江苏省无锡市中级人民法院　诸佳英

【案例一】

2021年1月，在南方的一个法庭内，一场庭审正在进行。原告席上的两位男女正愤愤不平地指责被告，表情痛苦地说："你把这件事情一直隐瞒这么多年，让我们全家对着空墓穴祭拜，你的良心和道德哪里去了？你得赔偿我们的精神损失！"而坐在对面的被告，却是一脸不甘，觉得自己也是受害者。那么，这个"空墓穴"到底是怎么回事呢？

坐在原告席上的两位，是谢祺和他的妹妹。2022年底的一天，正在上班的谢祺突然接到了父亲的电话。电话里，父亲焦急地告诉他："儿子啊，不好了！你母亲的骨灰丢了！"谢祺刚开始还怀疑自己听错了，说："爸，这怎么可能，母亲的骨灰不是在公墓吗？前几天我还和妹妹商量，想在春节前去祭拜母亲，怎么可能突然丢了骨灰呢？"父亲急得有点语无伦次："哎呀，电话里说不清楚，你赶紧回来！"搁下电话，谢祺心情复杂而沉重，只好立即请假往家赶。

对母亲，谢祺有着深深的眷恋。谢祺14岁那年，母亲不幸患了肾功能衰竭，虽经全力抢救，但终究还是离他们而去。母亲去世时才35岁。小小年纪便失去了母亲，这份哀思让谢祺兄妹刻骨铭心。此后，父亲一个人将他们兄妹俩拉扯大。

每年去母亲坟前祭拜扫墓，是家里非常隆重的一件事。当地有在清明节、春节前祭拜扫墓的习俗，每到这些重要的时间节点，兄妹俩都会来到母亲坟前，他们把高兴的事、烦心的事一并跟母亲说说，好像母亲不曾离去，始终在他们身边以另外一种方式关爱着他们。

一晃近 20 年过去了，谢祺和妹妹相继长大成人，生活条件也有了改善。他们生活的社区建起了新的公墓，看着邻居们陆续将亲人的坟墓迁入崭新的公墓，谢祺也动心了，就找来父亲和妹妹一起商量："我看新建的公墓不错，离咱家也不远，要不咱们也给母亲买一块新的墓地，把母亲的坟墓迁过来？"谢祺的提议得到了家人的一致响应。做出决定后，一家人专门去公墓现场察看，为母亲选好墓址，兄妹俩共同出资 4200 元为母亲买下了一块墓地。

很快，兄妹俩一起张罗着举行了迁坟仪式，他们将母亲的骨灰迁移到新的公墓。虽然花了些钱，但公墓环境不错，有专人管理，离他们的住处又近，逢年过节祭拜方便了很多，一家人都感到很满意。能为去世多年的母亲做点事情，兄妹二人心里既高兴又踏实。

2019 年底，因为地方建设用地规划的需要，这片公墓即将搬迁到其他地方去。就在谢祺接到父亲电话的前几天，他还听父亲提起，说各家都已接到了墓地搬迁通知，需要做相关准备。可在这个节骨眼上，母亲的骨灰怎么就丢了呢？

看到匆匆赶回来的谢祺，70 多岁的老父亲一把抓住他，满脸焦虑，却不知从何说起。谢祺赶忙扶着父亲坐下，让他不要着急，慢慢道来。

原来，在接到墓地搬迁的通知后，谢祺的父亲就去找公墓管理员范大中，想问问他，自己妻子墓地所在的片区大概什么时候搬迁。结果范大中一见到谢祺的父亲，就把他拉到一边，说有要紧事。谢祺的父亲心想，这神神秘秘的，会是什么事呢？结果范大中告诉他，他妻子的骨灰丢了！而且几年前就已经丢了，是让盗墓贼偷走的。

谢祺的父亲一听，当场就急了，说："瞎扯，真要是丢了骨灰，这么大的事儿，怎么会没听你提起过呢？"范大中支支吾吾，说怕被人追责，一直瞒着没敢讲。

听完父亲的陈述，谢祺的心一下子揪了起来。父亲拉着谢祺的手，急得眼泪都掉下来了："你妈年轻时就去世了，都没享过福，要是连她的骨灰都没能保住，我怎么对得起她啊！"谢祺既着急母亲骨灰的下落，又担心父亲的身体，他赶紧安慰父亲说："您别急，我们再去找范大中问问，先把事情弄清楚。"

妹妹闻讯赶来，也是不敢相信，一家人再次找到范大中，质问真相。面对愤怒的谢家人，范大中知道躲不过，说出了事情的原委。

6年前的一天，范大中突然接到一个陌生的电话，对方声称他们拿走了公墓里的一罐骨灰，想要取回，需要交3万元赎金，不然，他们就把骨灰丢失的事情告诉墓主家属。竟然有人偷了骨灰！范大中不敢相信，赶忙去墓地查看，发现果然有一处墓碑倒在地上，墓穴上的水泥板已被强行撬开，墓穴内空空如也，里面的骨灰不翼而飞了。公墓周围的围墙不高，小偷肯定是晚上翻墙进入的。他再一看墓碑上的内容，被盗的正是谢祺母亲的骨灰！

范大中慌了，他心中一阵纠结，真要交钱赎回骨灰吗？不行，坚决不能给！小偷这次得逞了，一定会有下次。可是如果不给钱，赎不回骨灰，小偷真的告诉墓主家属怎么办？要不还是报警吧，让警察来抓小偷。可是，他又转念一想，墓地没有监控，小偷一定正盯着自己呢。报警后，如果小偷"狗急跳墙"，直接把骨灰扔了，也死无对证啊。

想到这儿，范大中心一横，反正骨灰是小偷偷的，是小偷的责任，与自己关系不大，多一事不如少一事吧。他觉得，小偷应该也不敢告诉家属，只要自己不说，谁又会知道墓地里的骨灰被偷了呢？再说了，家属祭拜亲人也不可能打开墓穴去看。

范大中犹豫着，最终还是没有选择报警。他决定修缮好被损坏的墓穴，隐瞒真相。于是他趁人不备时，赶紧把水泥板盖上，把倒下的墓碑重新摆正，用水泥完整砌好。墓地基本恢复了原样，从外观上根本看不出骨灰不在里面。

骨灰失窃后，范大中也很紧张，心虚的他偷偷关注了谢家人扫墓的状况。而谢家人显然没有意识到墓穴有什么异样，像往常一样虔诚地跪拜、祭扫。

看到谢家人没有任何怀疑，范大中便放心了，决定继续隐瞒。这一瞒，竟然就是 6 年。

这次墓地规划调整，范大中眼看骨灰被盗的事情再也瞒不住了，才向谢祺的父亲说出实情。

谢祺兄妹仍是不愿相信，他们押着范大中来到母亲的墓地前，砸开厚厚的水泥盖板，墓穴里果然空空如也。见此情景，谢祺兄妹的眼泪瞬间就流下来了。

母亲的骨灰对于他们而言，是何等珍贵的东西，可竟然被偷了。不仅如此，墓地管理方还一直瞒着他们，导致 6 年来他们全家虔诚祭拜的竟然是一座空墓穴！这种被伤害和被欺骗的感觉，外人无法体会。

愤怒的谢家人一方面选择报警，希望警方能追回失窃了 6 年之久的母亲的骨灰；另一方面坚决要向墓地管理方"讨个说法"。但可想而知，因案发时间久远，当时也没留下什么材料，盗窃案最终未能侦破。

于是，谢家人坚决要求墓地管理方对骨灰失窃和家人遭受的精神伤害承担经济赔偿责任。而墓地管理员范大中一直都在逃避责任，最后也只愿意给几千元的赔偿。他还声称："爱要不要，不要就拉倒！"

在多次协商无果的情况下，谢祺兄妹将墓地管理员范大中以及墓地所属的社区一并告到法院，要求被告共同赔偿他们精神损害抚慰金10万元。

就这样，这个离奇的案件来到了刘法官的案头。

墓地失窃，丢失的不是珍贵的器物，而是死者的骨灰；骨灰被盗，墓地管理方没有及时告诉家属，而是恶意隐瞒真相；家属对着空墓祭拜，不是一两次，而是长达6年。即便刘法官有着丰富的办案经验，可这么离奇的案情，他也没遇到过。

法官解案 >>>

谁该对这个事件负责？又该承担怎样的法律责任？刘法官展开了法庭调查。

庭审中，两位被告都认为自己不应该承担责任。范大中认为，案涉墓地由社区建造，自己只是帮着做些打扫卫生的工作，社区才是墓地的经营管理者。况且，是小偷偷走了骨灰盒，要追究也应该追究小偷的责任，自己不是侵权人，不应该承担责任。社区则认为，虽然案涉公墓是由社区建造的，但早已将公墓交由范大中承包经营，应由范大中承担责任。

综合双方提交的证据、法庭到社区所做的调查，刘法官查明，原来，社区把公墓建好以后，就与范大中签订了承包协议，社区退出了公墓的经营管理。谢家人于2011年从范大中手中购买了墓地，向范大中支付购买款4200元，每年30元的墓地看护管理费也是由范大中收取，后来费用涨到每年50元，未曾间断。而且案涉墓地搬迁，所有拆迁补偿都由范大中享有。综合以上事实，能够认定范大中才是公墓的经营管理者，社区无须承担责任。

那么，范大中应当承担什么法律后果呢？这里涉及一个法律知识点——具有人格象征意义的特定纪念物品。

《最高人民法院关于确定民事侵权精神损害赔偿责任若干问题的解释》第四条规定："具有人格象征意义的特定纪念物品，因侵权行为而永久性灭失或者毁损，物品所有人以侵权为由，向人民法院起诉请求赔偿精神损害的，人民法院应当依法予以受理。"

本案中丢失的骨灰，属于具有人格象征意义的特定纪念物品吗？

刘法官解释，特定纪念物品首先是一种具有一定精神价值的有形实体物，承载了当事人巨大的情感，有十分重要的纪念价值，有无形的精神利益；其次，最关键的一点是，这种物品一旦损害或遗失，无法挽回，也不可替代。本案中，谢祺母亲去世时，他和妹妹尚未成年，母亲的骨灰是他们祭拜母亲的特殊载体，具有寄托哀思、情感抚慰的精神价值。母亲的骨灰遗失，已不可能挽回，这一残酷的事实使他们失去了祭拜母亲的特定物，造成了不可逆转的精神损害。所以，谢祺母亲的骨灰，应认定为法律上的"具有人格象征意义的特定纪念物品"。

谢祺母亲的骨灰被盗，作为公墓管理者的范大中显然没有尽到妥善保管义务，难辞其咎。而且范大中在骨灰失窃后，刻意隐瞒真相，导致未能及时追回骨灰，已构成该骨灰永久性灭失的事实，谢祺兄妹作为母亲骨灰的所有人，有权向人民法院起诉。

审理过程中，刘法官根据侵权人的主观因素、侵权后果、持续的时间，以及本地的经济发展水平等因素，综合考量后，判决范大中侵权事实成立，应赔偿谢祺兄妹精神损害抚慰金2万元，社区不承担责任。一审判决后，范大中主动履行了赔偿款。

【案例二】

在江南某个村庄，人们正在为即将到来的春节而忙碌，大扫除、备年

「受伤」的坟墓

货、买春联……可就在这时，一个消息让村子炸开了锅。

乡亲们七嘴八舌地议论着："听说了吗，李川家的祖坟被水淹了！""怎么可能？祖坟可是不能轻易动的，这里面有讲究的，你可别乱说！""这种事儿哪能瞎说，有人经过那边田地，亲眼看到的！""哟，谁这么缺德，得告诉李川，赶紧让他回来啊……"

很快，在外地打工的李川得到消息，立马启程往回赶。一路上，李川满面愁容，到了村里，他直奔自家的田头。虽然已经有心理准备，但当他来到父亲的坟地旁，眼前的景象还是让他崩溃了。原来，埋葬父亲的那块旱地已经与旁边的水稻田打通，连成一片。父亲墓地周围的一圈田埂已被人挖开，一些泥块凌乱地堆放在父亲的坟基上，淹在水里的墓地一片狼藉。

李川看了心痛不已。父亲已经去世20多年了，自己常年在外，也没得罪人，到底是谁动了父亲的坟墓？难道是叔叔？李川不禁想到。

20多年前，李川的父亲因病去世。按照当时农村的习俗，李川选择了村里的一块田地下葬。当时，该田地正由李川的叔叔种植农作物，李川便与叔叔商量，希望将自家另外一块田地跟叔叔这块田地置换耕种，叔叔二话没说就答应了。下葬时，李川特意在紧挨着坟地周边的一圈增加了田埂，这样好与其他区域隔开。后来，李川到外地工作，这块田地实际上还是由他叔叔家耕种。难道是叔叔对这块田地做了调整？可如果是这样，叔叔一定会提前跟自己打招呼的。

不是叔叔的话，又会是谁呢？焦虑不安的李川在田头徘徊着，突然，一个名字浮现在他的脑海——韩波。

原来，韩波也是本地村民，之前一直在外地打工，现在回乡务农了，在紧挨李川家坟地的田地上种植水稻。去年回家过春节时，叔叔跟李川抱怨，说韩波向村里主张，李川父亲坟墓所在的那块田地，是他家的农村承包田，他要收回自己耕种。为此，李川的叔叔还跟韩波引发了激烈的争执，双方都称自己才是这块田地的承包经营者。因此事涉及历史遗留问题，村民委员会的协调一时也未能平息双方的纷争。

难道是韩波偷偷做了手脚？想到这儿，李川再也按捺不住，不行，一定要讨个说法！气愤的李川随即报了警，声称"有人动了我家的祖坟"！随后，警车呼啸而来，村民们也都陆续来到了田间地头。

李川的叔叔闻讯赶来，连连说和自己没关系，他也怀疑是韩波干的。随即，警察传唤了韩波，面对李川愤怒的质问和民警的现场询问，韩波没有否认，承认这一切就是他干的，但他坚持认为："这是我家的承包经营地，我有权决定怎么处理。既然你们不肯主动还给我，那我只能自己动手了。"

没想到真是韩波，看着韩波在警察面前理直气壮的样子，李川气愤不已。"即便土地经营权是你家的，你也不能一声招呼都不打，就淹了我家祖坟啊！"李川一边说着，一边就要和韩波动手，但被一旁的警察和村民拦了下来。

韩波则坚决不认账，认为在这块田地上种什么是他的权利，李川父亲的坟地被淹，不关他的事，他只是将土堆到了坟基上，并没有把坟墓怎么样，更没有侵权。

事情陷入了僵局，李川决定通过法律途径追究韩波的责任。就这样，李川到法院起诉，要求韩波立即停止侵权，赔礼道歉，恢复其父亲坟地的原状，并赔偿其精神损害抚慰金等 15800 元。

法官解案 >>>

案件由董法官主审。董法官就是本地人，对当地的习俗非常了解。他深知，当地老百姓对坟地很重视，涉及此类纠纷，都不是小事，要慎重办理。

庭审中，双方对坟地目前的状况事实没有争议，董法官予以确认。双方的争议焦点在于，韩波的行为在法律上是否构成侵权。如果构成，侵害的又是什么权利。

李川坚持认为，虽然父亲已经去世多年，但父亲的坟墓在他心中，就是父亲的象征，况且祖坟是不能随意乱动的，否则就是对先人的不尊重。现在韩波的行为，明显破坏了父亲坟墓的环境，侵害了父亲作为死者的人格权。

韩波则认为，李川父亲的坟墓本就不该葬在他家的田地上。案涉坟墓被水淹、被堆土不算破坏环境，不存在侵权一说，他更不可能赔偿对方精神损害抚慰金。

那么，李川的诉讼请求是否有法律依据呢？这里涉及一个法律知识点——死者人格利益保护。

《中华人民共和国民法典》第九百九十四条规定，死者的姓名、肖像、名誉、荣誉、隐私、遗体等受到侵害的，其配偶、子女、父母有权依法请求行为人承担民事责任；死者没有配偶、子女且父母已经死亡的，其他近亲属有权依法请求行为人承担民事责任。

董法官认为，根据传统风俗，自然人死亡后，对其遗体或骨灰以坟墓的形式进行安葬，以便近亲属的纪念或者精神寄托，坟墓也是死者外在表征的一种形式，属于人格权的一种延伸，其承载的权利同样应该受到保护。

本案中，即便是韩波对李川父亲坟墓所在的田地享有相关的土地权益，其行为也不能任性。他在没有跟李川家人进行任何沟通的情况下，瞒着他们偷偷将田地打通、把坟地周围的田埂铲除，使李川父亲的坟墓淹在水中，坟基被堆上了泥块，坟墓的完整性和外观遭到了显著破坏，他的这一行为违背了法律规定的公序良俗，侵害了李川父亲作为死者的人格利益，构成法律上的侵权行为。李川作为近亲属，要求韩波承担相应侵权责任的诉讼请求，具有事实和法律依据，应当予以支持。

最终，董法官综合全案实际情况，作出一审判决，责令韩波停止对墓地的侵害，恢复原状，以书面形式向李川赔礼道歉，并酌定赔偿精神损害抚慰金1000元。

判决后，韩波提出上诉，二审维持原判。

法官点评

第一个案例中的范大中因为墓地管理不善，导致谢祺母亲的骨灰被盗，这已给死者家属带来不可逆转的精神损害，并且他还恶意隐瞒，让不知情的谢家人在长达6年的时间内对着空墓祭拜，其行为更显恶劣。要知道，实话也许会令人受伤，但也胜过谎言和欺骗。第二个案例中的韩波，其破坏墓地环境的行为不仅违法，也缺乏对亡者最基本的尊重和敬畏。法院的判决，最终体现了法律对人格权的保护和对老百姓精神家园的守护。

黄联宜

浙江省杭州市萧山区人民法院执行实施三科科长。1993 年进入法院工作，有深厚的理论功底和丰富的实务经验，业务能力突出。曾获浙江省第三届"最美执行干警"、最高人民法院全国十佳"最强执行干警"，荣立个人三等功三次。曾办理全国首例禁止变更法定代表人案；主导全国首例不动产网络司法拍卖；首创流通股票异地扣划变现执行；在《人民法院报》《浙江审判》《浙江法治报》等报刊发表多篇研究文章。

离婚还我十字绣

主讲人：浙江省杭州市萧山区人民法院　黄联宜

2016 年 12 月的一天，南方某市法院的高法官接手了两件奇怪的执行案件。说"奇怪"，是因为一对夫妻离婚后为了分财产，先后来法院申请强制执行。而女方要求前夫返还的，竟然是一幅并不值钱的十字绣。但是，当男方拿来十字绣后，女方又拒绝接受。这到底是怎么回事，难道这幅十字绣有什么特殊之处吗？经过多方调查，高法官才大概了解了情况。

这位女当事人叫张小娜，她前夫叫陈大牛。2014 年 5 月，27 岁的陈大牛和 25 岁的张小娜经人介绍认识，当时双方都没什么特别的感觉，也就没怎么联系。时间一晃就到了 2015 年春节。陈大牛忽然发现，自己的堂哥、堂弟都已经结婚生子了。春节走亲戚时，七大姑八大姨也都询问他，什么时候可以吃喜糖啊。于是，春节过后，陈大牛又主动联系了张小娜。而张小娜也一直没找到意中人，所以，当陈大牛主动联系自己时，张小娜没有拒绝。这一次，两人的恋爱进展很快。一个月后，双方父母就见了面。因为两家相距不远，生活习惯相近，所以互相颇有好感。恋爱两个月后，两人就举办了婚礼。结婚时，张小娜将自己精心绣了一整年的一幅十字绣，作为陪嫁带到了陈家，并且挂在了家里客厅最显眼的位置，希望两人的生活能像十字绣上的内容一样，和和美美，幸福一辈子。

婚后的生活虽然平平淡淡，但也算是和谐美满。可好景不长，小两口的生活潜藏着不稳定因素。陈大牛是做苗木生意的，为了多赚点钱，每天天不亮就出门去送苗木，晚上十一二点才回家。而张小娜是个朝九晚五的上班族，为了多挣钱，又做了一份兼职，累了一天后回到家的她，只想早点休息。一般等陈大牛回家时，张小娜已经睡着了。而年轻的陈大牛想过夫妻生活，就会把张小娜叫醒。偶尔一次两次还可以，可一段时间下来，张小娜哪里受得了，就索性拒绝了陈大牛的要求。

婚后两个月，就因为这个问题，陈大牛还带着妻子跑到岳父家去理论。张小娜的父母觉得女婿的行为太唐突，就要打电话把亲家公和亲家母叫过来。谁能想到，陈大牛这个人既好面子又很孝顺，一听说岳父要叫父母来，他立马拿起水果刀抵在自己脖子上，威胁岳父。这一举动，可把张小娜一家吓得愣住了。丈母娘急中生智，拉着陈大牛的手劝道："大牛啊，你可不能这样，咱们都是老实本分的人家，你动不动就拿刀子，传出去了多难听，你以后还怎么在这里做生意啊！你为这个家做的努力，我们也都看到了，现在你和小娜有点摩擦，也是正常的，我和你爸也是这么过来的。回去后你们俩好好沟通，肯定会好的。"这时张小娜也反应过来了，为了不让父母担心，她立马对陈大牛说："老公，你不要这样啊，凡事都需要沟通，我们先回家好不好？"看着妻子和丈母娘都这么说了，陈大牛也放下了刀，答应先回家沟通再说。

回家后，想起陈大牛在娘家的举动，张小娜仍是心有余悸，觉得陈大牛的脾气怎么那么古怪，结婚前可没见他这样啊。因此，她对陈大牛开始有了提防之心，不再告诉陈大牛自己的收入，也不过问陈大牛的生意情况。两人平时说话，也是动不动就拌嘴，气氛总是很尴尬。他们的夫妻生活不但没有改善，还产生了更大的隔阂。

一天清晨，张小娜正在吃早饭，陈大牛就问妻子："昨天我回来得早，你怎么那么早就睡了？"张小娜没好气地回了句："我每天打两份工，挣钱很累的，当然就睡了。"说到了钱，陈大牛就对张小娜说，他做生意资金周转困难，需要用钱，让张小娜拿些钱出来。张小娜对他说："我哪有什么钱，钱都已经借给别人了。"见妻子的态度这么差，被逼急的陈大牛马上就来了暴脾气，说话也不客气起来。他又问妻子："钱借给哪个东西了？"张小娜听到丈夫的这种语气，也不高兴了："这是我的钱，你有什么资格管！"说罢，起身就往外走，准备开车出门。陈大牛心想，我们是一家人，自己家里的钱怎么就不能过问了呢？况且，自己做生意这么辛苦，起早贪黑的，现在遇到了困难，妻子不帮忙也就算了，还这么冷漠。陈大牛越想越气，立马追了出去，见妻子要开车，他随手拿起院子里的木棍，上去就砸张小娜的汽车。张小娜一边上前阻拦，一边哭喊着："这是我爸妈用省下来的钱给我买的陪嫁汽车，你钱多了没地方花啊，砸汽车干吗？"而此时的陈大牛已气红了双眼，不但不听劝，反而一巴掌将张小娜打倒在地。这时候，门口走过两个收废品的人，见院子里的人正在打架，想进门劝架。陈大牛直接把他们推出门外，并呵斥道："你们出去，关你们什么事！"随后便反锁了大门。转过身后，他对张小娜一顿拳打脚踢，嘴里还振振有词："让你上班去，让你上班去，没钱你还上什么班？"

张小娜见老公像发了疯似的，连忙逃到二楼的房间，反锁房门。陈大牛拼命敲门，要求妻子开门。张小娜害怕极了，可刚才手机落在一楼了。于是她立刻拿出电脑，通过 QQ 聊天软件向朋友求救，让朋友给自己的父母打电话。门外，陈大牛还在喊："张小娜，你给我开门，你给我滚出来！"并不停地用脚踢门。张小娜真怕陈大牛把门踢破了，便忍着痛，用尽全力将房间内的一张桌子推过去，死死地抵住房门。

张小娜的父母一听女儿出事了，立刻丢下手里的活儿，赶了过去。到了陈家，见陈大牛坐在客厅，张小娜的母亲就追问女儿在哪儿。还没等陈大牛开口，三人就听到了张小娜在二楼的叫喊声。看到救兵的张小娜，立刻开了门。当看到站在门口的母亲时，张小娜一下子扑到母亲怀里，把所有的恐惧、委屈、愤怒，都一股脑儿地发泄出来，号啕大哭。张小娜的母亲看到女儿满脸的瘀青，和女儿一起抱头痛哭。张小娜的父亲不善言辞，可心里也明白了八九分，看到女儿这个样子，他非常气愤，于是拿起了电话报警。

警察上门了解事情的经过后，马上严肃地批评了陈大牛。此时的陈大牛也冷静下来，认识到了事态的严重性，他立即把父母和舅舅们都叫来做调解工作。陈大牛说，自己起早贪黑地工作，都是为了这个家。今天，确实是因为做生意遇到了困难，他才发了脾气。现在他已经认识到了错误，还当场写下保证书，承诺再也不打老婆了，并提出马上去修车，以及陪张小娜去医院。

虽然陈大牛写了保证书，但张小娜也不想让他陪自己去医院。当天由父母陪着就诊后，张小娜便回娘家了。她心想，再也不要和陈大牛生活在一起了。

陈大牛本以为妻子回娘家住几天，气消了自然就回来了，可没想到却等来了妻子的一纸诉状。

2015年10月，张小娜向法院诉请离婚。庭审中，陈大牛不同意离婚，认为夫妻吵架是难免的，两人还有感情基础，自己也已经做了检讨、认了错，而且一定会悔改。考虑到两人结婚时日较短，又因生活琐事才发生口角，所以法院驳回了张小娜的离婚请求。

这次诉讼后，陈大牛只好把夫妻不和的原因告诉了父母，父母知道后也有点生气，觉得儿子虽然娶了媳妇，但和光棍差不多，就没催陈大牛去接张小娜回家。陈大牛也是人生中第一次做被告，心里很不舒服，就没有马上去接张小娜。而张小娜在娘家住的这段时间，细想了自己和陈大牛的这段婚姻，觉得他们没办法过一辈子。就这样，双方的关系一下子跌到了冰点。

过了一段时间，陈大牛渐渐地消气了，觉得一个人过日子也没有滋味，还是决定把张小娜接回家。他怕张小娜还没有消气，又叫上了和张小娜关系不错的表姐一起去。张小娜的父母看到陈大牛，虽然心里有气，但碍于有外人在，也没多说什么。而张小娜却是一口回绝，表示自己再也不想回陈家了。后来，陈大牛又来了三次，但都碰了一鼻子灰。

2016 年 8 月，张小娜再次向法院提起诉讼，要求离婚。而陈大牛经过近一年的考虑，觉得张小娜确实是铁了心要跟自己离婚，两个人不可能再在一起生活了，所以这次他也不再坚持。

在法官的主持下，双方自愿调解离婚。对于财产分割，双方也没有过多纠缠。张小娜的陪嫁汽车是婚前财产，仍归张小娜所有。陈大牛父母送给张小娜的一枚钻戒、一条金项链，张小娜同意返还给陈大牛。张小娜表示，自己不会在经济上占陈大牛一点便宜，陪嫁电器等财产，都是陈大牛婚前购买的彩礼，所以她全部放弃。但是，张小娜特意提出，当初自己陪嫁的一幅十字绣必须返还，陈大牛也表示同意。就这样，双方签署了调解书。

离婚后，双方之间的纠缠也该了断了。陈大牛想快点开始新的生活，于是调解书出具后没多久，陈大牛就到张小娜家，要求对方返还钻戒和金项链。可没想到的是，张小娜却提出，陈大牛必须先归还十字绣，她再归还钻戒和项链。两人为此相持不下，于是，陈大牛向法院申请强制执行，要求张小娜返还钻戒和项链。张小娜也不甘示弱，向法院申请强制执行，要求陈大牛返还十字绣。

就这样，法院受理案件后，将两起执行案件都分配给高法官办理。在了解基本案情后，高法官很纳闷，离婚时两人不是说好了吗，怎么因为一幅十字绣闹得这么僵啊？

因为这两起案件交付的财物不多，高法官觉得如果自己做个中间人，应该很快就能够解决问题。于是高法官同时通知陈大牛和张小娜，携带须交付的物品来法院。陈大牛接受张小娜交付的钻戒和项链时很顺利，双方都予以确认。但当陈大牛拿出十字绣时，张小娜一反常态，说十字绣有破损，她不要，要求陈大牛交付新的十字绣。

陈大牛急了，说："十字绣是作为嫁妆拿过来的，一直挂在客厅。一年多了，有褪色、边角上有裂缝都是正常的。"还说："我又不会绣十字绣，怎么赔新的？"张小娜则不依不饶，坚持要新的十字绣，要么就让陈大牛赔偿。陈大牛坚决认为，他并没有故意损坏十字绣，不同意赔偿。看着双方争执不下，而且又翻起了陈年往事，高法官就让他们各自回家，等冷静后再说。

两起看似简单的执行案件，却因为一幅十字绣而没有进展。高法官总觉得哪里不对劲，可一时也想不出问题出在哪里，该怎么解决呢？

法官解案 >>>

因为现在法院办理执行案件是团队化协作模式，一般会到团队会议上讨论疑难案件，所以高法官在会上汇报了案情的经过，还让团队成员看了十字绣的照片，认为十字绣属于正常损耗，他想不通张小娜为什么会不要，认为张小娜有无理取闹的成分，应该依法处理。

我国法律对此也有明确规定，根据《最高人民法院关于适用〈中华人民共和国民事诉讼法〉的解释》第四百九十四条（2022年4月调整为第四百九十二条）规定："执行标的物为特定物的，应当执行原物。原物确已毁损或者灭失的，经双方当事人同意，可以折价赔偿。双方当事人对折价赔偿不能协商一致的，人民法院应当终结执行程序。申请执行人可以另行起诉。"

也就是说，假如张小娜认为十字绣有破损，双方又协商不成，她可以另案起诉，要求赔偿。

"但这样，又有可能会引发另一起诉讼案件，不利于问题的彻底解决。"高法官也谈了自己的顾虑。没想到高法官一说完，团队成员里一位姓陈的女法官笑了，她对高法官说："你呀，不懂女人。"

紧接着，陈法官分析道："在这起案件中，不能否认张小娜有无理取闹的地方，但对于这种行为要理解，甚至要有一定的包容。虽然是张小娜提出离婚的，但张小娜还是弱势方。调解书生效了，但张小娜心里其实还是没有放下，她不服气。所以说本案的焦点，是要解开张小娜的心结。"

最后团队会议决定，由陈法官协助高法官办理此案，先到两家实地勘察，了解情况。

在村干部的陪同下，陈法官和高法官首先到了陈大牛的家。一行人发现，平日里客厅的门敞开，可以照进阳光，墙上挂十字绣的印迹都还在。情况也确实如陈大牛所说，十字绣风吹日晒的，免不了会有毁损。陈大牛的父母都说："小娜这孩子确实不错，但就是和大牛合不来。现在他们俩也离婚了，你们多做做小娜的工作，把事情彻底了结。双方都还年轻，赶紧再各自成家吧。"

到了张家，张小娜的母亲满肚子委屈，说张小娜是独生女，从小到大都没挨过打，没想到被陈大牛打成了这个样子。张小娜的母亲恳求法官们帮女儿解开心结。

过了两天，两位法官约张小娜及其父母来法院谈谈。陈法官拉着张小娜的手说："小娜，今天把你叫来，主要是想听听你心里的委屈，看看有没有什么可以帮你的。"

张小娜沉默了好一会儿，才缓缓地开口："我对陈大牛不能说没感情，当初谈恋爱的时候，也是觉得他对我不错，我才愿意嫁给他的。他也挺积极的，为了这个家努力挣钱。可是结婚后，我才发现他脾气暴躁，不分青红皂白就直接打我。那天他向我要钱，我说了气话，他就这样打我。我觉得不可能和他过一辈子，所以才决定离婚。"说着张小娜又抽泣起来。

从张小娜的叙述中，两位法官才得知十字绣背后的故事。原来张小娜在大学期间交了人生中第一个男朋友，两人决定毕业后一起留在同一个城市打拼奋斗。可恋爱三年后，因为家里人不同意，两人只能分手。张小娜伤心了很久，对爱情有点心灰意冷，把全部精力都投入工作。后来，单位的一位男同事对她很关照，在工作上经常帮忙，时不时地跑过来献殷勤。张小娜渐渐动了心，两人走到了一起。可是好景不长，男友像变了一个人似的，总说张小娜粗心、不够细致。于是，她攒钱到商场买了当时店里最大号的一幅十字绣，决定一针一线绣好后送给恋人。就在双方见过父母后，张小娜却发现自己的男友和一位新来的女同事眉来眼去，还在男友手机里发现了两人的暧昧短信。几次争吵之后，张小娜决定分手。

此后很长一段时间，张小娜一直单身。每当她回到家里，看到那幅刚绣了一点的十字绣后，就很不甘心，想着为什么幸福总是和自己擦肩而过。所以她决定把它绣完，以后找一个老实本分的人结婚，然后把这幅十字绣挂在自家客厅，希望自己的婚姻能够永远幸福美满。可以说，在张小娜心里，这幅十字绣承载着她对未来幸福生活的所有憧憬。

后来经人介绍，张小娜和陈大牛相识并结为夫妻。经历了两段感情的挫折，张小娜对婚后生活倍加珍惜。无奈事与愿违，最终她还是和陈大牛离婚了。所以，张小娜每次想到那幅已经破损的十字绣就很难过，特别是当她得知陈大牛刚离婚就已经在相亲了，更是气不打一处来。于是，她才想到用十字绣故意刁难陈大牛。

看着张小娜慢慢地把话说开了，陈法官对张小娜说："其实大牛的父母对你的评价很高，认为你懂事，是个好媳妇，但就是和大牛不合适。"听到陈大牛的父母对自己的评价这么高，张小娜低下了头，眼睛有些湿润。陈法官又告诉她："其实你们两个都是好人，只是两个好人不一定能组成一个好家庭。既然你们都已经离婚了，那就要放下。每个女人都有追求幸福的权利，爱情是不分年龄的，只要你有信心，你将来的生活一定是美满的！"

见张小娜已经被陈法官说动心了，高法官告诉张小娜："如果你坚持要陈大牛赔偿，按照法律规定，你还要再打一场官司。"张小娜心想，居然还要打官司，自己已经筋疲力尽了，本来只是想出出气，没想到这么麻烦，这可不是她的本意。

陈法官看了眼张小娜的父母，又对张小娜说："可怜天下父母心啊，你难道就没发现你的父母有多担心？孩子最大的孝顺，不是给父母多少钱，而是让他们安心。"

说到父母，张小娜的眼眶有些湿润，说自己最对不起的就是他们，为了自己的事情，父母没少担心。

张小娜最终想通了，说道："这幅十字绣对我来讲，是无法用金钱来衡量的。我知道陈大牛永远也赔不了一幅一模一样的十字绣，与其在这个问题上浪费时间，还不如洒脱一些，彻底告别过去，开始自己的新生活。"于是，张小娜接受了这幅残缺的十字绣。这件执行案件也终于圆满结案。

法官点评

交付一幅十字绣，本是一起简单的执行案件。但两位法官没有机械执法，而是通过挖掘十字绣背后的故事，最终解开了张小娜的心结，这是强制执行的温情所在。从中我们也应该看到，陈大牛和张小娜婚前没有深入了解对方，草率结婚；婚后陈大牛简单、鲁莽地处理家庭琐事，甚至实施家暴，最终导致这段婚姻的破裂。都说感情是婚姻的基础，但感情不在了也不意味着生活的末日来临，怕的是放不下过去，怕的是看不到未来。

鲍彦彤

　　1994年10月出生，研究生学历。2017年参加工作，现任浙江省台州市椒江区人民法院法官助理，先后就职于执行局、刑庭等部门。曾获2018年浙江法院"执行故事会"比赛一等奖，2019年浙江省政法系统"永不落幕"微党课比赛"十佳微党课"奖，2020年度台州市优秀共青团员荣誉称号等。

兄弟帮我追女友

主讲人：浙江省台州市椒江区人民法院　鲍彦彤

农历正月初五，是春节传统习俗中"喜迎财神"、万事大吉的一天。这一天，也是梁斌去女友孟丹家提亲的日子。按理说，在这样喜庆的日子里，准女婿上门提亲，是件大喜事，可是，当梁斌提着大包小包的彩礼走向孟丹家时，看热闹的邻居们却都流露出怪异的眼神，还时不时地小声嘟囔着什么。

这还得从几个月前说起。梁斌30多岁了，却一直没找到合适的对象。有个名叫萧贝贝的姑娘，暗恋梁斌很久了，但梁斌对她始终不冷不热。一心想要娶个漂亮媳妇的梁斌始终坚信，只要不放弃寻找，总能遇见自己的真爱。

一天傍晚，梁斌在村子里散步，碰见了邻居童明飞，只见他身旁还站着一位姑娘，长得十分水灵。经童明飞介绍，这个姑娘是他的远房表妹。

一番寒暄过后，梁斌往家里走去。这一路上，梁斌的内心久久不能平静，心想：这几年，我也和不少女孩相过亲，但还是头一回遇见这么有眼缘的姑娘。与其被介绍，倒不如自己主动出击。于是，梁斌通过微信向童明飞询问了他表妹的姓名、是否单身等情况，并表达了想要认识对方的想法。

过了好一会儿，童明飞才回复，说表妹名叫孟丹，现在还是单身，暂时没有找对象的想法。听到这样的回答，梁斌心里"咯噔"一下，以为是对方看不上自己，多少有点失落。

可是，几天后，童明飞竟然主动联系梁斌，说孟丹愿意和梁斌交个朋友。这下，梁斌既兴奋又紧张，他向童明飞取经："阿飞啊，你结过婚，算是过来人。你给我出出主意，追女孩有啥诀窍没有？"童明飞笑着说："一句话，别心疼钱。只要你诚心又大方，像孟丹这样的小姑娘最好哄了。这样吧，以后你约她的时候，叫上我，我帮你追！"

果然，只要有童明飞在场，孟丹基本上会答应梁斌的约会。而梁斌为了表示大方，三人吃喝玩乐的开支，他全包了。渐渐地，孟丹与梁斌越走越近。经过相处，梁斌惊喜地发现，孟丹不光长得好看，性格也很温柔，简直就是他心中的女神。一切似乎都在往他期待的方向发展。

一个月后，在童明飞的撮合下，孟丹和梁斌确定了男女朋友关系。可自那以后，孟丹却开始变得有些奇怪，她开始找各种理由问梁斌"借"钱。要么说车贷到期了手头紧，要么说家里建房子需要钱，要么说不小心开车撞了老人需要赔偿等，前前后后要了好几万元……而更奇怪的是，虽然孟丹在微信上跟梁斌聊得火热，可每当梁斌提出要单独见面时，她总是百般推辞。

梁斌怎么也想不明白，于是他把心事告诉了童明飞和萧贝贝。

萧贝贝告诉梁斌："阿斌，我是女人，我太了解女人的心思了。这孟丹对你避而不见又忽冷忽热，不是明摆着不喜欢你吗，再说了，才认识没多久就问你借钱，肯定是图你的钱，你千万要多留个心眼儿！"

可童明飞却不以为然："梁斌，你信不过孟丹，难道还信不过我吗？最近她真是摊上事儿了。上回她开车撞倒了人，我就在车里，我可以做证呀！这孟丹从小就内向，面冷心热，虽然她不明说，但我看得出来，她在最难的时候求助你，是真的把你当作自己人了，你可千万别误会了她的一片真心啊!"

听完二人的意见,梁斌心里也有了一杆秤。他掂量着,萧贝贝喜欢自己多年,对自己跟孟丹在一起自然是有醋意的,她的话不足为信;可童明飞不一样,他是自己的好兄弟,知根知底的,又帮过自己那么多忙,他说的准没错,自己实在不该怀疑孟丹的为人。就这样,梁斌也不再多想。

可是没过多久,又发生了一件事,再次让梁斌百思不得其解。

一天傍晚,孟丹告诉梁斌自己要到省城出差,之后便没了消息。隔天,童明飞向梁斌发来孟丹卧病在床的照片,说:"孟丹昨晚在省城出了车祸,现在躺在医院。"

什么?孟丹出车祸了?梁斌赶紧拨通了女朋友的电话。电话那头是童明飞接的,梁斌急着问道:"丹丹现在咋样了,怎么会出车祸呢?现在她住哪家医院啊?"

童明飞说:"你先别急,医生说她就是轻微脑震荡,住院观察几天就没事儿了。"不一会儿,电话里传出孟丹虚弱的声音:"喂,阿斌,是我,我没事儿。你别担心,我妈和阿飞都在。你上班请假不方便,就甭过来了。"说完,孟丹以自己要休息为由,匆匆挂了电话。

听到孟丹说没事,梁斌悬着的心总算是放下了一半,可他实在不能理解:自己好歹也是孟丹的男朋友,她都住院了,怎么也不让自己去看看呢?

一个星期后,孟丹出院了,可她再次拒绝了梁斌的探望。这下梁斌的情绪跌入了谷底,他向童明飞诉苦道:"阿飞,丹丹究竟是怎么了?生病了也不让我看望,现在我们连面也见不着,而且她最近又问我借钱了。你老实告诉我,她该不会是出什么事了吧?"

童明飞安慰道:"兄弟,你可别想太多了,孟丹就是怕你担心,怕你操劳才不让你来探望的。你是不知道啊,住院那几天,她每天都跟她妈妈念叨你对她的好，还说嫁人就得找你这样的。我看，你也老大不小了，像孟丹这么好的姑娘，过了这个村，就没这个店了，你赶紧上门提亲吧。把她娶回家，还愁见不着面吗？"

"可是……就算我乐意，那丹丹能答应吗？"说到结婚，梁斌显得有点不自信。

"你就放一百个心吧，我家表妹，我还不清楚吗！"童明飞拍着胸脯保证道。

就这样，为了尽快追求心中的"女神"，梁斌向孟丹求婚了。果然，就像童明飞说的，孟丹对结婚的事情答应得十分爽快。这下，梁斌高兴坏了，在童明飞的提议下，他按照当地的风俗，赶紧筹备了10万元现金、两根金条、10多条高档香烟等贵重物品，准备向孟家提亲。

听到梁斌要和孟丹订婚，萧贝贝坐不住了。她赶忙找到梁斌，极力劝道："阿斌啊，你仔细想想，这孟丹平日里除了找你借钱，做过啥对你好的事情啊？结婚不是儿戏，你可千万不要一时冲动！"梁斌听后，眉头一皱，心里很不高兴，但也懒得再跟萧贝贝解释，丢下一句"不关你的事"，扭头就走了。

梁斌特意挑了正月初五这个黄道吉日，拉上媒人童明飞一起到孟家提亲，也就是故事开头的那一幕。

提亲这日，梁斌心里真是七上八下的。除了孟丹家门口那些眼神怪异的邻居，就连孟丹的家人也令他十分郁闷。孟丹的父亲已经去世，家中只有母亲一人，当梁斌走进孟家时，孟丹的母亲显得十分拘谨，面对聘礼也显得有些不知所措，全靠童明飞在她耳边悄声说了好一阵子，她才肯收下。孟丹见梁斌闷闷不乐，便表现得十分热情，还说想尽快和梁斌领证。见到孟丹难得主动，梁斌也不再胡思乱想。

一周后，梁斌与孟丹领了结婚证。就在梁斌以为苦尽甘来，终于抱得美人归的时候，一个电话让他的美梦化为泡影。

原来，这通电话是医院打来的，工作人员告诉梁斌，几个月前，他的妻子孟丹在市立医院生下了一名女婴，按照当时登记的信息，孩子的父亲并不是梁斌，而是一个叫"童明飞"的男子。工作人员担心登记错了，所以特意打电话来核实情况。

听到这里，梁斌被惊出了一身冷汗，他忽然明白了些什么。难道之前孟丹住院，不是因为车祸，而是为了生孩子？而她骗自己在外地，还不让自己探望，难道就是为了掩盖真相？为了亲眼证实，梁斌立马赶往孟丹家一探究竟。

一路上，梁斌回忆起相识这几个月来，孟丹的确是有些发福，原以为在冬天衣服穿得厚，显胖并不稀奇，可他根本没想到，孟丹竟然怀着孩子跟自己相亲。但转念一想，不可能啊，童明飞是有家室的，他又怎么会跟自己的表妹有孩子呢？会不会是医院搞错了？

此时的梁斌心存侥幸，他多么希望这一切都只是个误会。可当孟丹抱着孩子打开家门的一刹那，梁斌还是感到一阵头晕目眩："说，这孩子是谁的？你跟童明飞到底是什么关系？"

面对梁斌的到来，孟丹也傻了眼，她知道，这一切终究是瞒不住了……

孟丹告诉梁斌，自己并不是童明飞的表妹，而她跟梁斌相亲，完全都是童明飞的主意。这孩子确实是自己跟童明飞生的，就连她也是被童明飞给骗了。

梁斌虽然没有完全明白是怎么回事，但可以肯定的是，他被骗了。为此，他气得牙根发痒，表示马上要跟孟丹离婚，并要孟丹把之前所有的借款跟聘礼全都还回来，否则就要报警。

一听到梁斌要报警，孟丹顿时泪如雨下，她哭着说，之前的借款已经被她和童明飞花完了，自从跟梁斌订婚后，聘礼也全都被童明飞拿走了，现在就连她也找不到童明飞。

"是啊，还有童明飞这家伙！"想到这里，梁斌立马拨通了童明飞的电话，一听事情败露，童明飞当即挂了电话，当梁斌再打过去的时候，已是无法接通。

为了找童明飞当面对质，梁斌先后去了童明飞乡下的老家和城里的新家。可童明飞的父母却说童明飞已经很久没回过家，他们年纪大了，也管不了儿子做的那些荒唐事。而童明飞的妻子在得知事情的来龙去脉后，除了和梁斌一样气愤，同样也联系不上童明飞，更没法帮他还债。

梁斌越想越窝火，他先是拉着孟丹办理了离婚手续，之后便向公安机关报了案。无奈之下，孟丹投案自首，交代了实情。很快，在公安机关的传唤下，童明飞终于到案。随着民警的一次次讯问，事情的真相开始浮出水面。

原来，童明飞和孟丹根本不是表兄妹。早些年，童明飞因为盗窃被判过刑，出狱后，一直找不到合适工作，干脆整天沉迷赌博，为此经常和妻子吵架，两人结婚多年都没有怀上孩子。几年前，童明飞瞒着妻子，和单身女子孟丹发生了婚外情，还隔三岔五和孟丹同居。后来，孟丹的父亲去世，童明飞还以女婿的名义为孟父操办了丧礼，使得孟丹一家和周边邻居都把童明飞当作孟丹的丈夫。这也就是邻居们看到梁斌来孟家提亲会那么诧异的原因。

孟丹和童明飞相处了半年之后，发现童明飞是有老婆的，刚想提分手，却发现自己怀孕了。而童明飞虽然只是把孟丹当作婚外情的对象，但他和妻子多年未孕，这孩子可是他一直期盼的。于是，他心想，无论如何都得让孟丹把孩子生下来。

为了稳住孟丹的心，童明飞骗她说，自己很快就会离婚，甚至还把她带回了乡下老家。也就是在那天，梁斌与孟丹相遇了。原本，童明飞谎称孟丹是他表妹，是为了掩盖自己出轨的事情，可没想到，梁斌竟然对孟丹一见钟情，还缠着自己要孟丹的联系方式。

起初，童明飞不想搭理梁斌，想随便找个理由搪塞他。可刚好那阵子他打牌输得厉害，欠了一屁股债。这让他想到，梁斌这人忠厚老实又好糊弄，家里又不差钱，既然他对孟丹有意思，不如将计就计，让孟丹假装跟他谈恋爱，这样一来，不仅能混吃混喝，还能帮自己骗点钱来花花。

童明飞把想法和孟丹一说，孟丹大骂童明飞是浑蛋，竟想出这种馊主意，简直没拿自己当回事。童明飞却解释道："丹丹，你也知道我现在的情况，再不搞点钱把债还上，今后，只怕你和孩子要跟着我一起吃苦啊！"

听到童明飞说是为了孩子考虑，孟丹沉默了，心想，现在童明飞对自己好不好还是其次，今后孩子的问题才是最关键的。可眼下自己除了相信童明飞，也没有更好的办法……见孟丹松了口，童明飞赶紧安慰说："丹丹啊，你放心，你只要跟他做做表面功夫就行，其他事都包在我身上！"

于是，童明飞新申请了一个微信账号，以孟丹的名义跟梁斌聊天、借钱。而孟丹虽然知道自己的肚子不怎么明显，但也总怕露馅儿，就找了各种借口拒绝和梁斌约会，而且就算是要见面，也得拉着童明飞一起去。这也难怪梁斌会觉得孟丹忽冷忽热，原来和他聊天、见面的，根本就是两个人！

后来，孟丹怀胎七月意外早产，好不容易和童明飞瞒天过海生下了孩子，她心想，反正童明飞的债也还得差不多了，带着孩子骗人更容易出问题，于是让童明飞见好就收。可童明飞却觉得，都到这一步了，怎么说也得赚一笔大的，他要让孟丹跟梁斌先结婚再离婚，从中赚彩礼钱。

"什么？你让我嫁给梁斌？"听完童明飞的想法，孟丹的心凉透了，说什么也不答应。早有准备的童明飞，对孟丹撒谎说，他和妻子已经谈好了，正在办理离婚手续。赚这笔钱，是为了和孟丹结婚买房用的。他拉着孟丹的手，一遍又一遍地承诺，将来一定会对她好，给她和孩子一个美好的未来。看着童明飞信誓旦旦的样子，孟丹再一次头脑发热，答应和梁斌结婚。于是，订婚当日，童明飞和孟丹合起伙来骗了孟丹的母亲，说梁斌是他俩的朋友，春节到了，过来送点见面礼。起初孟母虽然有些怀疑，但也并没有仔细看送来的是什么，便含糊地收下了。后来，她发现礼品十分贵重，让童明飞送回去时，童明飞却偷偷把金条、香烟都卖了，还拿了所有的钱去赌博，挥霍一空后便不见了踪影。而这一切，都是孟丹万万没有想到的。

侦查完毕后，检察机关经过审查，以童明飞、孟丹犯诈骗罪、重婚罪向人民法院提起公诉，案件最终分配到了陶法官手中。

法院开庭时，公诉人出示了被告人供述、证人证言、辨认照片、微信聊天记录，以及新生儿住院证明等一系列证据，用以证明童明飞和孟丹诈骗、重婚的犯罪事实。

面对庭审，童明飞极力狡辩，还把责任都推给孟丹。可孟丹不一样，她的认罪态度很好，只是她担心家里的母亲和孩子没人照料，所以恳求法院能判她缓刑，让她有机会留在家里照顾家人。

孟丹想要被判缓刑，能得到法院的支持吗？这里涉及一个法律知识点——数罪并罚。

法官解案 >>>

根据我国刑法第六十九条的规定："判决宣告以前一人犯数罪的，除判处死刑和无期徒刑的以外，应当在总和刑期以下、数刑中最高刑期以上，酌情决定执行的刑期……"

本案中，被告人童明飞和孟丹共同犯了诈骗罪、重婚罪。就诈骗罪而

兄弟帮我追女友

言，二人诈骗的金额高达 20 余万元，属于数额巨大，法定刑期在三年以上十年以下有期徒刑；就重婚罪而言，法定刑期在二年以下有期徒刑或拘役。因此，两罪并罚，二人的法定刑期应当在三年以上十二年以下的有期徒刑之间。换句话说，数罪并罚后，孟丹至少应当被判处三年以上有期徒刑。

得知自己可能缓刑无望后，孟丹依旧表示，无论如何，她都想对梁斌说声抱歉，希望梁斌能原谅她。

庭审至此，陶法官考虑到，为了实现刑法罪责刑相一致的原则，在共同犯罪中，对同案犯应当结合各自犯罪情节来决定量刑。

本案中，虽然孟丹在共同犯罪中的作用十分关键，不能当作从犯减轻处罚，但孟丹的犯罪情节和悔罪态度并不像童明飞那样恶劣。若能促成她与被害人梁斌的和解，或许能帮助她争取更多的从轻情节。

于是，陶法官宣布休庭。在此期间，孟丹向法庭提交了一份忏悔书，希望得到梁斌的谅解。

看到孟丹言辞恳切的忏悔书，想到她作为单身母亲的不易，梁斌沉默了一会儿，表示这件事的始作俑者确实是童明飞，而孟丹只不过是被利用了。现如今，只要童明飞受到了惩治，他也愿意接受孟丹的道歉。

就这样，双方签订了和解协议，梁斌不要求孟丹对赔偿承担连带责任。

经过庭审，法院当庭判处被告人童明飞与孟丹犯诈骗罪、重婚罪。被告人童明飞因有前科劣迹，数罪并罚后，决定执行有期徒刑六年三个月，罚金 8 万元，并退赔赃款 210938 元；被告人孟丹，因有自首和被害人谅解等从轻处罚情节，数罪并罚后，决定执行有期徒刑三年三个月，罚金 4 万元。

随着法槌落下的声响，梁斌与孟丹这场荒唐的婚恋也随之告一段落。

其实案发后，梁斌在痛恨童明飞的同时也想明白了，自己不仅被骗了感情和钱，还伤害了一直默默喜欢他、关心他、提醒他的萧贝贝。他很后悔，上门请求萧贝贝的原谅，还主动示好，对萧贝贝展开了追求。在此，我们也希望，他们两位有情人能终成眷属！

法官点评

兄弟有难，当为其两肋插刀。可本案中的童明飞非但不帮兄弟，反而利用自己的爱人坑骗兄弟的钱财，最终落得银铛入狱的下场；孟丹痴心错付无情汉，明知被人利用，反而错上加错，同样也难逃法律制裁；至于梁斌，急于追求所谓的"女神"，却因此迷了心智，人财两空，但好在他最终能醒悟，一切都还不算太晚。

崔志勇

　　1978年8月出生，中共党员，研究生学历，浙江省宁波市鄞州区人民法院执行局副局长、员额法官。长期扎根执行一线，年复一年行走在城市乡间、穿梭在风里雨里；在兑现当事人合法权益、维护社会公平正义的"最后一公里"上，在"切实解决执行难"的新征程上，始终将老百姓的权益"执"于心间，带着老百姓的期许"行"在途中，用执着与坚毅赢得了组织的信任、同事的好评和群众的认可。近年来多次被评为办案能手，荣立个人三等功两次、个人二等功一次。

一笔特殊的执行款

主讲人：浙江省宁波市鄞州区人民法院　崔志勇

2017年国庆长假刚过，人们似乎还沉浸在节日的气氛中，法院诉讼服务中心不像往常那样喧闹。这天一大早，一个女人便急匆匆来到缴费窗口，掏出银行卡递给工作人员说："您好，我来交执行款。"工作人员接过银行卡后问："您是哪个案件的被执行人？"女人苦笑着说："不，我可是申请执行人啊。"

一听她是申请执行人，工作人员感到很疑惑，到这里来领钱的申请执行人很多，但是来交钱的还是头一回见。这到底是怎么回事呢？这个女人不是应该等着被执行人给她钱吗？

女人名叫李丹，几年前的一个秋天，她听一位做房产中介业务的朋友提起，有个房主正在挂牌出售一套房子，地段还不错，周边有规划好的地铁，还有一所重点中学正在建，升值潜力很大。因为这是拆迁安置小区，跟同地段的其他小区相比，价格本身也不高；而这位房主又急于出售房子，要价比市场价格低了两三万元。回到家后，李丹越想越觉得这是个投资的好机会。第二天一大早，她便打电话给这位中介朋友，要求尽快安排时间看房。

到了地方，李丹见到了房主何刚和他的母亲赵兰，二人热情地将她迎进了门。进门后，李丹看到客厅的沙发上坐着一位大爷，她刚想打招呼，可大爷却被赵兰推搡进了房间。看房心切的她以为这是何刚家的客人，也就没有在意。房子的格局是三室两厅，没怎么装修过，显得有些简陋。李丹还发现，其中一间卧室的床上还躺着一位年迈的老太太。李丹疑惑地问："这位是?"赵兰笑眯眯地说："这是我婆婆，常年瘫在床上，脑子也有些糊涂，你不用理她。走，我再带你看看其他房间。"说完，便急忙拉着李丹走开了。

赵兰一边陪李丹看房，一边说："我这房子的地段不用多说，今后不管是你自己住还是转手，肯定不会亏的。说实话，如果不是急着用钱，我也不舍得卖。这样，我看你也是个爽快人，如果你真心想要的话，价格咱们还可以商量。"

一个是真心想买，一个是急于出手。很快，双方便谈好价格。签合同、付定金、过户、贷款，一切手续办理得非常顺畅。办好手续后，何刚便把钥匙交给了李丹，但是希望给他一个星期的时间搬家，李丹一口答应了。

到了商定好的交房日期，李丹兴冲冲地来收房了。可打开房门后的情形却让她目瞪口呆，何刚母子已经搬走了，但是之前见过的那位大爷和卧床的老太太却依然住在这里，丝毫没有要搬离的迹象。见状，李丹连忙问："大爷，您跟何刚到底是什么关系啊，您怎么还在这儿呢?"可令人奇怪的是，大爷没说话，只是用两只手在比画，李丹看了半天也没看明白。而这位大爷见李丹不明白自己的意思，也生气了，索性将她推出了门。

这位大爷到底是谁? 他和何刚究竟是什么关系呢?

李丹本想找何刚问个明白，可根本联系不上他。无奈之下，李丹只好再次上门，却被大爷反锁在门外，根本进不去。就在李丹准备离开时，有个小伙子也来找这位大爷。李丹一问，这个小伙子竟然是大爷的侄子。李丹这才知道，大爷姓王，是一位聋哑人，而房主何刚是他的继子。住在卧室里的老太太，是大爷的老母亲。

原来，王大爷在 60 多岁的时候，经人介绍和一个叫赵兰的离异妇女结婚了。赵兰有一个儿子，就是何刚。就这样，原本无儿无女的王大爷有了一个继子。如今王大爷已经 70 多岁了，这房子是村里分的拆迁安置房，也是他安身立命的唯一房产，他也不知道怎么就被卖了。

听到这儿，李丹便说，卖房子给她的正是何刚，并且拿出了房产证给王大爷看。得知房子已经被继子何刚给卖了，王大爷气得直跺脚，还激动地来回比画着表示，何刚虽说是继子，但平时还是很孝顺的，怎么会卖自己的房子呢？比画完，王大爷还从卧室里也拿出了一本房产证。

两本房产证，除了所有人名字不同外，看上去简直一模一样。无奈之下，李丹和王大爷只好到不动产登记中心查验。这一查才发现，王大爷的那本房产证竟然是假的，房子的确是被何刚给卖了。

王大爷连忙报了警。没过多久，何刚母子便被抓捕到案，并详细交代了事情的经过。

原来何刚初中还没毕业，父母就离婚了，他跟随母亲赵兰搬到了邻村生活。因为父母离婚的事情，何刚总觉得同学们似乎都在背后嘲笑他，而赵兰是一个农村妇女，也不知道该如何与他交流。正值叛逆期的何刚说什么也不肯读书了，便这样辍了学。赵兰没有办法，只好托亲戚给何刚找了份学徒工。

虽说读书不多，但何刚还有些聪明劲儿，也赶上了大众创业的好时机。经过几年努力，他竟然另起炉灶，在当地开起了一家小工厂，做起了小老板。虽说没赚到大钱，但在当地还算混得不错。何刚成家后，母亲赵兰在老乡的撮合下和城里的王大爷结婚。虽说何刚仍旧住在乡下，但也时不时地到王大爷家看望母亲赵兰，逢年过节也会带着老婆孩子在王大爷家住两天，一家人相处得还算融洽。

可谁能想到，何刚却突然动了歪心思。他看到别人投资做生意轻轻松松就赚了钱，十分眼红。再看自己，起早贪黑也赚不了几个辛苦钱。于是，他就想把自家的小工厂卖掉，开投资公司。可媳妇却坚决反对，认为投资公司风险大、不靠谱。为此他和媳妇没少吵架，最后两人只好离婚，工厂归何刚，家里的房子归媳妇。

很快，靠着卖工厂的钱和亲戚朋友的借款，何刚的投资公司开张了。一开始，何刚投资的几个项目还不错，回报也很丰厚，亲戚朋友也都夸他有本事，何刚一时间有些得意忘形。他甚至劝王大爷："大爷，你可以把你攒的钱放在我的公司，你放在银行才能拿多少利息？咱们是一家人，总不能肥水流向外人田吧。"王大爷看何刚的生意确实做得不错，再加上老伴儿赵兰的劝说，就把攒了半辈子的积蓄投到了何刚的公司。

一开始，何刚都是按月准时将利息交给王大爷的。可是好景不长，何刚接连投资的几个项目都亏本了，公司的资金周转出现了困难，很快连利息都付不出来了。急需用钱的何刚首先想到了银行，但好几家银行的答复都是需要财产抵押才能贷款。可是何刚哪里还有可供抵押的财产啊，唯一的房子在离婚时给了前妻，工厂已经被卖了，车子也是按揭买的……

眼瞅着支付利息的时间越来越近，何刚还是没有想到办法。为此，王大爷还亲自跑到公司，催了他好几次，这让焦头烂额的何刚有些生气。

就在此时，何刚的母亲赵兰打电话给他，抱怨王大爷的几个兄弟不把她当成自家人，总是想把王大爷的小侄子过继给他，好继承王大爷的房产。

母亲赵兰的一通抱怨，让何刚眼前一亮。他想，何不用王大爷的房子来渡过难关呢？如果真让王大爷的侄子先继承了，到时候自己可什么也得不到啊！

于是，何刚便找到了母亲赵兰商量，想把王大爷的房子骗到手，希望她能帮自己一把。一开始，赵兰并没有答应何刚，虽说她也有私心，想把王大爷的房子给儿子何刚，但她可从来没想过用欺骗的方法。再说，她毕竟同王大爷结婚好几年了，也是有感情的，怎么忍心帮儿子骗老伴儿的房产呢？可何刚却说："妈，你想啊，王大爷比你大十几岁，如果到时候他先去世了，你怎么办？还不是要靠我这个儿子。而且王大爷没有亲生子女，这房子最后还不是我们的？"赵兰忙问："万一露馅儿了怎么办？"何刚又说："怎么可能呢？我只是用来应急的。等回本了，我再及时把钱还上，肯定神不知鬼不觉。"虽说赵兰觉得儿子何刚说得有道理，但她还是觉得这可不是件小事，便说要好好想想。

回到家后，赵兰一连几天都心事重重。有一天，赵兰看到王大爷的几个兄弟在自己家中，又在商量过继的事情。本来还在犹豫的赵兰一下子就来气了。她想，结婚后，虽说王大爷对自己一直不错，但是过日子太节俭，平时自己想买件衣服他都不肯。再加上王大爷比自己大十几岁，如果他先过世，自己还不得被他的兄弟欺负啊。他们一直都看不起自己，总说自己跟王大爷结婚是贪图财产，平时对自己也是横挑鼻子竖挑眼。现如今他们竟然还要打自家房子的主意，真是欺人太甚！既然你们不仁，那就休怪我不义。我还是早下手为强，把房子过户到儿子何刚名下，这样既帮助了儿子，也免得自己最后什么也得不到。

第二天，打定主意的赵兰便来到儿子何刚的公司，答应帮这个忙。何刚一听也十分高兴，但他还是有些担心不太好说服王大爷。赵兰拍着胸脯对他说："包在我身上。你王大爷是先天性聋哑，没有学习过正规的手语，大字不识几个，根本无法与人正常交流，而且他心思又比较单纯，很好骗的。"

商量好之后，赵兰回到家，对王大爷比画着说："老王，我孙子想来城里的学校读书，你看能不能让他把户口迁到我们家里来？"王大爷一听是老伴儿孙子读书的事情，没多想便同意了，还将房产证交给了赵兰。

第二天，赵兰又以迁户口需要房主签字为理由，把王大爷带到了不动产交易中心，让他当着工作人员的面在房屋买卖合同上签了字。

就这样，房子顺利过户到了何刚的名下。拿到房产证后，何刚很快便办理了抵押贷款。为了防止东窗事发，何刚做了本假的房产证还给了王大爷。

但人算不如天算，这笔贷款并没有让何刚的公司渡过难关。他虽然靠"拆东墙补西墙"的办法勉强支撑了一段时间，但很快就撑不下去了，要债的人还找上门，公司里值钱的东西也都被债主拿走了。银行也多次上门催收，并告诉何刚，如果他再不还款，就到法院起诉他，拍卖他抵押的房产。

快要走投无路的何刚想，与其等着房子被法院拍卖，还不如自己卖了，这样房子的价格还可以卖得高一些，说不定还了银行贷款后还能留些钱。征得银行同意后，何刚便联系了房产中介。因为房子地段好、价格低，所以很快就被李丹相中了。

这下王大爷明白了，自己是被老伴儿赵兰和继子何刚给骗了，现在房子没了，和赵兰的日子也没法过了。他懊恼得狠狠扇了自己几个耳光，但他仍然拒绝把房子交给李丹，反而想通过向法院起诉将房子要回来，因为他觉得，房子是被何刚母子骗走卖掉的，是违法行为，房屋买卖应该无效。面对这种情况，李丹也无计可施，只能向法院起诉，要求王大爷腾退。

自此以后，围绕着这套房子，官司是一个接一个。最终，何刚母子因诈骗罪被分别判处了有期徒刑十年和四年，并且要赔偿王大爷的损失；赵兰跟王大爷也被判离婚；李丹基于善意取得，成为房屋所有权人；王大爷母子则被一纸判决限期搬离，而且还要支付相应的房屋占有使用费。

拿到判决书后，王大爷怎么都想不明白，房子明明是被何刚母子欺瞒自己给卖掉的，自己才是最大的受害者，怎么就要不回来房子呢？虽说法院判决何刚母子赔偿自己的损失，可他们哪有钱啊。现在不光自己的房子要不回来，还得限期腾退。

王大爷想不通，说什么也不肯主动腾退。而李丹拿到判决书后，却还是收不回房，只好向法院申请强制执行。

很快，这件案子便分到了金法官手上。一开始，金法官觉得这只是一起普通的房屋腾退案件，虽说王大爷的遭遇让人同情，但也算是他轻信何刚母子的代价。于是，他便想先打电话给王大爷督促其腾退，告知其拒不腾退的法律后果。可是他翻遍案卷材料，都没找到王大爷的电话。

无奈之下，金法官只好亲自上门劝王大爷尽快搬出房子。可当他走进王大爷家中，却看到王大爷因为这件事气得卧病在床，他的老母亲也因此无人照顾。而且他发现王大爷是聋哑人，根本无法沟通。幸好没过多久，王大爷的侄子闻讯赶来。在他的帮助下，金法官向王大爷表明了来意，但王大爷坚决不同意搬走，并表示如果法院强制腾退，他就死在这里。为了避免激化矛盾，金法官只好在张贴腾退公告后便离开了。

可没想到的是，几天后，金法官却被申请执行人李丹和被执行人王大爷共同投诉了。李丹认为，法院的大红印章盖在判决书上，法官却不能为民做主，肯定是收了被执行人的好处；王大爷这边则说，自己被继子所骗，法官却还要将残疾老人和他的老母亲赶出家门，让他们流离失所，简直没有良知。

对此，金法官也是一肚子的委屈。可是委屈归委屈，案子还是得办下去。经过对案件的细致梳理，金法官了解到，王大爷之所以不肯搬走，主要还是担心腾退后的居住问题。但是要想给王大爷解决居住问题，需要一定的资金。虽说从法律上讲，王大爷应向何刚母子主张赔偿损失，但是何刚自己负债累累，又在监狱服刑，他哪有承担赔偿责任的能力啊。而王大爷这边，半辈子的积蓄打了水漂，房子也被偷偷卖掉了，年老体衰的他根本没有能力找到新的住所。

就在金法官一筹莫展时，一则关于本地区房价再次上涨的新闻消息，使他产生了一个大胆的想法。因为从李丹买房子到现在法院要求王大爷腾退，已经过去好几年了，按照目前的市场行情，这套房子的价格肯定涨了许多。那么，能不能利用房屋市价上涨的外因，使李丹让出部分收益来满足王大爷最低的生活保障，从而促使双方当事人达成和解呢？

法官解案 >>>

这里涉及一个法律知识点——执行和解。根据《最高人民法院关于执行和解若干问题的规定》第一条，当事人可以自愿协商达成和解协议，依法变更生效法律文书确定的权利义务主体、履行标的、期限、地点和方式等内容。

执行和解是民事诉讼法确立的一项重要制度，也符合老百姓"以和为贵"的朴素观念，执行和解协议履行完毕后，人民法院作结案处理。它在一定程度上有利于缓解"执行难"问题，可以破解执行困境。

为了进一步确认这一想法的可行性，金法官随即到不动产交易中心查询了王大爷家小区最近的房屋成交均价。这一查也让他大吃一惊：王大爷家小区的房屋成交均价几乎翻了一番，每平方米的售价涨了七八千元。

了解情况后，金法官心里有了底气。可现在最关键的，还是李丹能不能接受这种解决方案。如果作为申请执行人的李丹不能接受，那很可能所有的努力都白费了！于是金法官赶紧约谈了李丹。

金法官首先把在不动产交易中心查询到的信息告诉了李丹。一听房价竟然涨了这么多，李丹也十分高兴，但是一想到房子还被王大爷占着，她又犯愁了。金法官告诉她，王大爷同意搬出去。李丹一听十分吃惊："真的吗，王大爷真的肯主动搬走？"金法官说："是真的，只不过前提是要满足他最低的生活保障。你看，现在房价涨了这么多，你可不可以拿出部分房屋增值收益，与王大爷达成和解呢？"

听金法官这么说，李丹猛地拍起了桌子，说道："你有没有搞错，我可是申请执行人啊，我凭什么掏钱给被执行人？你们法院到现在也没有把案子处理好，我还没说你们消极执行呢，你们反倒让我出钱，真把我当冤大头了……"说完，便气冲冲地走了。

金法官理解李丹的情绪，自己买了好几年的房子收不回来，反而还要拿出一笔钱补偿被执行人，换谁也想不通啊。可就目前来讲，没有比这更妥当的方式了。为此，金法官多次来到李丹家里，详细介绍了相关法律规定，细数各种方案的利弊。并对她说："李丹，你当初出于投资的目的买下了这套房子，现在房价大涨，涨幅甚至超出了你的预期，可以说你当初很有眼光，但是只有把房子拿到手，才能得到回报和收益，你说对不对？现在王大爷母子俩，一个是聋哑人，一个常年卧病在床，你也是知道的，在这种情况下法院很难强制腾退。你换个角度想，一旦遇到房价波动甚至王大爷的母亲病逝，这房子还会有人来买吗？而且这种情况不是不可能发生的，到时候你还谈什么投资回报？到那时候，案件的执行又会再次陷入僵局，那就更麻烦了。"

听完金法官的话后，李丹沉默了，觉得有一定道理。最终，在金法官的调解下，李丹同意拿出 15 万元以保障王大爷母子腾房后的基本生活。王大爷这边也表示接受，并承诺马上腾房。为了能早点拿到房子，李丹便抓紧将这笔钱交给了法院，也就出现了故事开头的那一幕。

就这样，原本进退两难的执行困境，因为这笔特殊的执行款而化解。

法官点评

本案中，何刚妄想不劳而获，置亲情于不顾，打起了继父房子的主意，最终身陷囹圄；何刚的母亲赵兰，出于对儿子所谓的"爱"，不惜帮儿子骗取老伴儿的房产，亲手毁掉了自己完整的家；而王大爷和李丹的遭遇虽然让人同情，但如果当初王大爷能够对何刚母子多一分警觉，李丹买房时能够多一些风险意识，那么这一连串的麻烦事也许就不会发生。

王楚蛙

　　中共党员，浙江省台州市黄岩区人民法院法官助理。2013年入职浙江省台州市黄岩区人民法院，在刑庭任法官助理，办理刑事案件500余件无差错。2018年调入执行局从事执行实施工作，负责财产处置拍卖，实现债权过亿元。在《人民法院报》《浙江法治报》等报刊发表文章数篇。

姐妹相帮进牢房

主讲人：浙江省台州市黄岩区人民法院　王楚蛙

2016 年的一天早晨，一家幼儿园的门口挤满了来送孩子上学的家长。这时，只见一名年轻女子身穿高档风衣，打扮得光彩照人，驾驶着一辆轿车缓缓停靠在园门口。车上下来一个四五岁的小女孩，扎着羊角辫，朝车上挥了挥手，蹦蹦跳跳地向幼儿园奔去。年轻女子发动汽车，正准备离开。突然，方向盘被一只强有力的大手摁住。她抬头一看，眼前站着一名身着制服的法警，旁边还有两名法官。年轻女子愣了一下，羞愧地低下了头，然后被带上了警车。

见此情景，围观的群众指指点点、纷纷议论，这个女人是谁啊，怎么被法院的人带走了？是啊，看着年纪轻轻的，莫非犯了什么事？

这个女人名叫徐丹。2015 年的一个晚上，徐丹开车回家，由于光线不好，她在路口撞上了骑三轮车的李老太，李老太连人带车翻倒在地。徐丹吓蒙了，半晌才想起拨打"120"。十几分钟后，救护车来了，李老太被抬上车送往医院。李老太快 70 岁了，膝下无儿无女，与老伴儿相依为命。老伴儿常年患病，李老太平日里只能蹬着三轮车收废品补贴家用，生活十分困难。徐丹撞伤了李老太之后，丢下几千元医药费便不见了人影。李老太躺在病床上天天发愁。

几天后，事故认定结果出来了，交警认定徐丹负全责。可拿到事故认定书以后，李老太却怎么也高兴不起来。原来，别人告诉她，事故认定书上清楚地写着：涉案车辆未投保交强险，这意味着李老太住院的各项费用只能指望肇事司机支付了。可照目前对方的态度来看，索赔的难度可想而知。

不过话又说回来，如今"开车买保险"已是共识，而且这交强险是国家强制要求买的，徐丹开着没有保险的车就敢上路？她到底是怎么想的？

徐丹出生在一个普通人家，家境一般，但她长得漂亮，又是家中独女，备受父母宠爱。大专毕业后，待业在家的她开了家网店，虽然挣的钱不多，但追求时尚新潮的她却花销不少，好在父母偶尔帮衬着她。年轻漂亮的徐丹眼光很高，一心想找个好归宿。街坊邻居陆续给她介绍了好几个小伙子，但她都看不上。几番辗转后，通过朋友介绍，她认识了温柔体贴的林涛。林涛是名牌大学的毕业生，长相斯文，成熟稳重，又在银行工作，是同事眼里的"好好先生"。徐丹觉得，这就是她命中注定的白马王子。林涛起初觉得徐丹花钱大手大脚，约会吃饭喜欢去高档餐厅，又追求名牌化妆品，不会过日子。可同事们纷纷羡慕他，说他女朋友长得漂亮又会打扮，生活品位高。林涛听了心里美滋滋的，再回头想想，徐丹也有自己的事业，也就随着她去了。后来，两人就结婚了。婚后没多久，他们便有了可爱的女儿。林涛对妻子更是疼爱有加、百依百顺，包揽家中大小事务，徐丹依旧过着无忧无虑的生活。

自从有了孩子，花钱的地方就更多了。徐丹是个追求生活品质的人，奶粉指定要国外进口的，孩子的衣服玩具必须是名牌，这都得花不少钱。她一天到晚除了照顾女儿，就是想着如何打扮自己，或者出门去跟姐妹聚会，根本无心打理网店的生意。久而久之，网店就成了摆设，有时几天也没有一单生意。林涛看着每个月一成不变的工资条，压力不小。

一天，林涛忍不住就说了："丹丹，咱们现在挣钱的速度赶不上花钱的速度，这化妆品你要是够用，就少买点吧。"徐丹不屑地回应道："女人会花钱，你们男人才能多挣钱。"林涛满面愁容地说："你看现在网店的生意不太好，女儿每个月的开销也不少。"徐丹一听，不乐意了："当初你娶我的时候咋不嫌我挣钱少呢？现在好了，生意不好就觉得是我花钱造成的，你要我做个不打扮、不保养的黄脸婆、丑女人，是吗？"林涛见说不过她，也就没有接话。后来，夫妻俩又因为这个吵过几次，可每次徐丹都觉得自己理直气壮，林涛没有办法，只能默默地安慰自己：没有钱，再想办法挣嘛。为了维持家庭开销，林涛只好加班加点努力赚钱，一家人倒也相安无事。

然而，天有不测风云。一天夜晚，雨下得很大，林涛骑着车，一手撑着伞，匆匆忙忙地往家里赶。突然，一辆小货车急转弯，不小心撞倒了林涛，将他连人带车卷进了车底。肇事司机赶紧打电话报警，林涛被送往医院。医生经过诊断，发现林涛颅脑严重受损，最后还是没能抢救回来。徐丹听到消息后，赶忙来到医院，看到病床上的林涛，她伤心欲绝："这下家里的顶梁柱没了，我们母女俩可怎么过呀！"想起林涛对自己无微不至的关怀，徐丹的眼泪止不住地往下流。

这场事故，由于林涛负次要责任，徐丹母女俩仅获得赔偿30多万元。

突如其来的丧夫之痛让徐丹伤心了大半年，每当她想起林涛的好，想起一家人曾经其乐融融的画面，总是悲从中来。可她并没有改掉乱花钱的习惯，反而以此麻痹自己，觉得只有在买东西时才能获得些许满足。更令人吃惊的是，没有工作和收入的徐丹竟从赔偿金中拿出十几万元买了辆车。就这样，除了照顾女儿，她便成天开车出去跟姐妹逛街游玩。有了朋友的陪伴，她的悲伤渐渐被冲淡了许多。

时间慢慢地过去，徐丹因丈夫车祸获赔的那笔钱已所剩不多了。可就在这时，车的保险期限也快到了，徐丹接到不少保险公司的推销电话，可这保险费怎么算也要4000多元。她不禁想，保险费也太贵了，去年

5000多元的保险费根本没派上用场。再说了，自己的车技越来越好，今年干脆就不交了吧，还能省下不少钱。就这样，平时买衣服、化妆品毫不犹豫的徐丹，竟动起了歪脑筋，想从保险费里省钱。

再看李老太，出院后经过相关机构鉴定，她的伤势构成十级伤残。可眼下肇事司机不见踪影，赔偿款没有着落，无奈之下，李老太只好向法院提起了诉讼。诉讼过程中，徐丹始终没有出现。法院最终判决徐丹赔偿李老太经济损失10万多元。官司是赢了，可徐丹还是避而不见，李老太只好又到法院申请强制执行，将希望都寄托在了执行法官身上。

执行局的刘法官接到案件，一看案由是交通事故，心想，这案子好办，实在不行就处理车。可没想到，徐丹的电话打不通，寄出去的法律文书也没人签收，全被原封不动地退了回来。刘法官到她父母家实地走访，家中只有两个老人，也说不清楚她的下落。刘法官只能就地张贴执行文书，然后打道回府。更令人没想到的是，经过系统查询，徐丹名下根本没有车辆。这就奇怪了，肇事的那辆车怎么说没就没了？

看着李老太的贫困证明，想起她失落的背影，刘法官暗暗下定决心，这件案子肯定有猫腻，他就是挖地三尺也要把人和车找到！

就在这时，楼下保安打来电话："刘法官，有位叫徐丹的来找您。"几个月以来一直联系不上的徐丹，现在居然自己找上门来。

不一会儿，徐丹到了。她一进门就连连道歉："您是刘法官吧？实在不好意思，我女儿生病了，前段时间我带女儿外出看病去了。"看着眼前这个穿着优雅、颇有礼貌的女子，刘法官很难将她跟"老赖"联系到一起，于是问道："你的电话呢，为什么总是打不通？"徐丹回答说："抱歉啊，刘法官，我出门的时候太匆忙，只拿了另一个手机。喏，这是我的另一个号码。"

刘法官将信将疑，随后开始询问她有关财产的情况。可一说到财产，徐丹立马哭诉道："我不是不想赔偿，确实是因为没有钱。我一个人带着孩子，还没找到工作，等我上班挣到钱了，一定主动还钱。"刘法官料到她会哭穷，紧接着问道："那么你名下的车呢？怎么没有了？""法官啊，我也是没办法，车是贷款买的，现在银行看我还不上贷款，已经把车收回去了。"

看到徐丹这架势，刘法官觉得一时半会儿也问不出什么来，还是应该先去核实一下徐丹所说是否属实。于是，他对徐丹说："今天你就先回去吧，但是电话要保持畅通，要随叫随到，配合法院调查。"徐丹听完满口答应，说了声"谢谢"便转身下楼了。

听着徐丹"噔噔噔"的脚步声，细心的刘法官猛然想到，外面正下着大雨，地面上有不少积水，徐丹却踩着一双高跟鞋、穿着一身长裙，这也太不方便了，关键是她几乎没有被雨水打湿。刘法官心中隐隐有了推测，他一个箭步来到窗台边，两眼直盯着法院门口。只见徐丹打着伞匆忙地走出大门，径直向对面的小巷走去。不一会儿，一辆轿车开了出来，转眼就消失在了雨雾中。

刘法官暗自思索，怪不得徐丹身上没被雨水打湿，原来是开车来的。可她不是说车已经被银行收回去了吗？难道……一想到这儿，刘法官顾不得外面下着大雨，马上动身前往车管所。果不其然，调查结果显示，肇事的车辆确实已经不在徐丹名下了，但也不像她所说的被银行收回了，而是被转移到一个名叫"安宁"的女人名下。

刘法官觉得，这两人一定认识，如果真是如此的话，这可是恶意转移财产，可能构成犯罪。但光有推断还不行，如果将这个安宁和徐丹找来对质，她们肯定相互否认，那该怎么办呢？这时，刘法官想到一个主意：先从车入手，看看这辆车到底是谁在开。

刘法官马不停蹄地赶往交警队，调取徐丹这辆车近两个月的行驶轨迹。拿着厚厚一沓路口监控拍下的照片，刘法官开始着手比对。经过比对发现，该车每天的起点和终点都指向一个地方——徐丹娘家附近，而更为重要的是，几个关键路口拍下的高清照片显示，车辆的实际驾驶人正是被执行人徐丹。刘法官接着又前往银行取证，发现车辆转移到安宁名下后办理了抵押手续，贷款人是"安宁"，但每个月徐丹都会在扣款的前几天，往安宁的账户打进一笔钱，数目恰好就是扣款的数目。

种种迹象表明，徐丹开的车就是肇事车辆，徐丹就是这辆车的实际控制人。名义上转移车辆，实际归自己所用，这是典型的隐匿财产、逃避执行的行为，已经构成了犯罪。于是，法院立即采取行动，在幼儿园门口将徐丹一举控制，这才有了故事开头的那一幕。

到了法院，徐丹一开始拒不承认："这车不是我的，你们凭什么抓我？"刘法官没有直接回答，而是将之前调查的车辆行驶轨迹的照片放在了她的面前。谁知徐丹仍是嘴硬："我的财产随便你们怎么处置，反正这车不是我的，是朋友借我开的。"刘法官又将银行转账记录、购车合同放在了桌上，说道："你以为把车过户就能逃避执行了吗？任何违法行为都会留下证据。你与人串通转移财产、逃避执行，涉嫌拒执罪，是要坐牢的！""坐牢？"徐丹压根儿没想到会有这样的后果，瞬间愣在那里。

那么，本案中徐丹的行为是否构成拒执罪呢？

法官解案 >>>

拒执罪的全称叫拒不执行判决、裁定罪。我国刑法第三百一十三条第一款规定：对人民法院的判决、裁定有能力执行而拒不执行，情节严重的，处三年以下有期徒刑、拘役或者罚金；情节特别严重的，处三年以上七年以下有期徒刑，并处罚金。

那么，哪些属于拒不执行判决、裁定罪应当追究的情形呢？

根据 2007 年《最高人民法院、最高人民检察院、公安部关于依法严肃查处拒不执行判决、裁定和暴力抗拒法院执行犯罪行为有关问题的通知》，对下列行为以拒不执行判决、裁定罪论处：

（一）被执行人隐藏、转移、故意毁损财产或者无偿转让财产、以明显不合理的低价转让财产，致使判决、裁定无法执行；

（二）担保人或者被执行人隐藏、转移、故意毁损或者转让已向人民法院提供担保的财产，致使判决、裁定无法执行的；

......

本案中，徐丹在明知法院判决生效、其作为败诉方负有履行判决确定义务的情况下，有能力履行而拒不执行，并私下将车辆过户到他人名下，正是属于上述规定中的第一种情形。徐丹的行为，既损害了申请执行人李老太的财产权利，又侵犯了人民法院裁判权威及司法威严，已经构成了拒执罪。

这个时候，徐丹已是追悔莫及，哭得稀里哗啦。刘法官接着问道："这个安宁是谁，跟你是什么关系？希望你如实交代。"徐丹只好将事情一五一十地说了出来。

原来，安宁是徐丹的小学同学，两人打小就认识，家又离得近，关系特别好，经常在一起玩。后来徐丹考上了大学，而安宁因为家庭条件不好，成绩也不怎么样，就早早地进入了社会。此后，两人也就慢慢失去了联系。后来，丈夫林涛因车祸去世，让徐丹的心情一直很糟糕，每天无精打采的。一天，她独自逛商场，想给女儿买点新衣服。突然，有人叫住了她。徐丹转头一看，正是老同学安宁。

多年未见，两人都非常高兴。安宁告诉她，自己前几年嫁到了上海，不久前刚从上海回来发展，商场里一家品牌女装店就是她开的。徐丹看着眼前的安宁，打扮优雅，一身名牌，尽显大都市女性的时尚优雅，早已不是当年的那个丑小鸭了。两人聊到这些年的近况，徐丹便将结婚生子、丈夫去世的经过告诉了她。

听了徐丹的讲述之后，安宁很是同情。其实，安宁这些年过得也不如意，嫁到上海后不久，她的丈夫就出轨了。经历了几年波折，前阵子打完离婚官司后，她终于又回到了这里。就这样，这两个老同学久别重逢，又成了无话不谈的好姐妹。

接下来的日子里，徐丹和安宁经常聚到一起。有了安宁的陪伴，徐丹也渐渐走出了生活的阴霾。其间，安宁因为服装店资金周转困难，还向徐丹借了3万元。所以，这次徐丹出了事故之后，首先就想到找这个好姐妹商量，打算把这笔钱要回来。可安宁一听要她还钱，马上就说道："我最近手头也很紧，你着急用钱，我可以找朋友借来还给你，多的我也借不来啊。实在不行，你只能把这车卖了。"徐丹想了想，这车是用丈夫车祸去世的赔偿金买的，而且女儿现在上学，有车比较方便，实在舍不得卖。见徐丹很是犹豫，安宁劝说道："你这车也是新买的，才开了一年多。这一转手，新车变二手车，起码得亏好几万元呢！照我说，你就先拖着，法院这不是还没判嘛！"

就这样一拖再拖，等到法院判决下来了，徐丹见要赔偿对方10万多元，一下傻了眼。于是她急忙又去找安宁商量："你说怎么办？我也没什么钱，只有这辆车，可现在就算把车卖了也不够赔啊！"安宁安慰道："你先别慌，我听人家说，就算法院判了，如果你名下没房没车，法院也拿你没辙。""那你说我该怎么办好？要不我先把车转给你？"这时徐丹对安宁已经是十分相信了。安宁心想，自己要是帮了徐丹这个大忙，日后她也就不好意思找自己要那3万元了。

就这样，徐丹的车名义上是安宁的，可实际使用者还是徐丹。

很快，安宁也被传唤到法院。来到谈话室，一看到桌上的车辆轨迹照片，安宁就明白了，心里凉了一大截。眼看事情败露，安宁只好向法官求情，称自己是出于"友情"，才配合徐丹将车辆"藏匿"于自己名下。

当晚，这对好姐妹便双双被关进了拘留所。事后，徐丹父母凑足了钱来到法院，代为履行全案债务。当了解到李老太的悲惨境况时，走出拘留所的徐丹也感到非常内疚和自责，悔不当初。

法院综合案件事实，认定徐丹和安宁已经构成拒不执行判决、裁定罪，判处徐丹有期徒刑十个月，判处安宁有期徒刑八个月。

法官点评

俗话说，聪明反被聪明误。徐丹面对法院的判决，不积极履行，反而伙同闺密安宁转移财产，最终付出了惨痛的代价。而安宁作为徐丹的好姐妹，竟然劝她钻法律的空子，结果也给自己带来牢狱之灾。一方面，徐丹交友不慎；另一方面，徐丹贪慕虚荣，无节制地消费，给自己的家庭带来了沉重的负担，结果一错再错，追悔莫及！

王洋洋

　　1987 年出生于浙江省临海市，中共党员，2011 年进入浙江省临海市人民法院工作，现任临海市人民法院桃渚人民法庭副庭长。自工作以来，曾多次获得"优秀公务员""优秀党员"等荣誉称号，多次在法院等系统举办的演讲、征文比赛中获奖，荣立个人三等功一次，多篇文章发表于《人民司法》等刊物。

隔开房子续亲情

主讲人：浙江省临海市人民法院　王洋洋

2013 年 10 月的一天下午，在东南沿海城市的一个小村庄里，一阵喧闹声突然打破了村子的宁静。只听一个小伙子对一名中年男人愤怒地喊着："你这么多年都不回家，凭什么我妈把房子盖好了，你又跑回来住，还要不要脸啊？"中年男人立马骂道："你这个小兔崽子，长本事了啊！我才是户主，不住这里还能住哪里……"争吵不休的两人，不一会儿就扭打在了一起。

听到动静，旁边的邻居都纷纷走了出来，把两人拉开。小伙子见状突然跑回屋里，等他出来的时候，手中竟然握着一把水果刀。他满脸愤怒，冲着中年男人的大腿就刺了一刀。此时，人群中又冲出一名中年女子，看着这一切，她顿时瘫倒在地，掩面大哭。

这三人到底是什么关系？究竟是什么样的深仇大恨，让眼前的小伙子失去理智，在光天化日之下举刀伤人呢？

原来，伤人的小伙子叫项飞，被捅伤的中年男人叫项大富，两个人竟是父子关系。而在一旁哭泣的中年妇女，是项飞的母亲，叫赵竹梅。25 年前，年轻的项大富是村里有名的小混混，他早早地辍了学，整天也不干正经事。因为家里孩子多，父母也没多少心思管他。

眼看着到了结婚生子的年纪，项大富还没有成家立业的打算。这下他父母可着急了，在村里，年纪大了不结婚，可是会被人家笑话的。于是，在父母的前后张罗下，项大富娶了其他村的姑娘赵竹梅，隔年便生下了儿子项飞。

赵竹梅长得虽算不上漂亮，但也算端正，最重要的是她性格温顺，孝敬公婆，两位老人对她都十分满意，小两口的感情也算是不错。为了给儿子创造更好的生活环境，项大富和赵竹梅带着几个月大的儿子，跟着熟人去了外地做生意。

可好景不长，生活中的鸡毛蒜皮逐渐磨去了项大富的耐性，整天面对着妻子赵竹梅，他觉得一点意思也没有。于是项大富便经常跟着朋友一起赌博、进出娱乐场所。一来二去，他竟跟别的女人好上了。赵竹梅一气之下带着孩子回了娘家，并向法院起诉离婚。

可是善良朴实的赵竹梅经不住亲人的劝说和项大富的软磨硬泡，两人最终没有离婚。但项大富总是好了没几天就变本加厉，还对赵竹梅拳打脚踢。几年里，夫妻俩三次进出法院闹离婚。这一切，年幼的项飞也都看在眼里。每次父亲项大富一回来，项飞总是提心吊胆，怕他们又吵架，更怕母亲挨打。项飞虽然希望有父母的陪伴，但更希望母亲能离开这个从不顾家、还伤害她的男人。

转眼间，项飞已经10岁了，眼看着这日子盼不到头了，赵竹梅在试探过儿子项飞的意思后，再一次向法院起诉离婚，终于结束了这段痛苦的婚姻。

项大富不仅不知悔改，还觉得自己彻底解放了，因为终于没有人在他耳边唠叨个没完了。花天酒地的日子让项大富彻底迷失了自我，他忘记了自己上有老下有小，不仅逢年过节不回家，就连平时都跟家里联系得很少。项大富这一混就是好几年，除了一身的坏毛病，他什么都没积攒下来。

另一边，赵竹梅跟项大富离婚后，一个人带着孩子租住在外面。虽然生活辛苦，但至少没有精神上的折磨，日子倒也过得去。后来，在朋友的介绍下，赵竹梅与现在的丈夫王海强重新组成了家庭。然而，这种太平日子没过多久，就被一件事情打破了。

一天，赵竹梅照例去前公公家接儿子项飞。临走时，见项飞的奶奶吞吞吐吐想说什么，她便问道："他奶奶啊，你是有什么话要对我说吗？"项飞的奶奶面色凝重，说道："阿梅啊，这事说起来倒也是难为你了。但如果不说，我们小飞长大了可怎么办呢？没房子怎么娶媳妇啊！""到底怎么了？"赵竹梅问道。"村里面又在催了，说是给小飞爸爸批的那块地基要抓紧盖房，不然就要被收回去了。小飞他爸也不知道去哪儿了，我们实在是管不了了，你是小飞的妈，也就只能靠你了。"项飞的奶奶一把鼻涕一把眼泪地说着。

项飞奶奶的意思，赵竹梅心里明白。但说到这宅基地，再想到前夫项大富的所作所为，赵竹梅就气不打一处来。因为当初离婚的事，两个人闹得很僵。所以离婚后，项大富在村里查漏的时候，直接以他自己和儿子项飞的名义将之前与前妻项竹梅一起登记的宅基地重新登记了，也就是说，现在这块宅基地跟赵竹梅没有半点关系。在村规民约的旧俗下，村里竟然也默许了项大富的行为。可善良的赵竹梅实在不想因为这事再跟项大富扯上什么关系，所以也就吃了这哑巴亏。

现在听了项飞奶奶的话，赵竹梅不得不考虑孩子的将来。赵竹梅把这件事跟丈夫王海强说了，没想到王海强二话没说，无条件支持赵竹梅把房子盖起来。赵竹梅很感动，也为自己嫁了这个男人而感到幸运。但在这件事情上，丈夫王海强的身份毕竟有些尴尬，所以赵竹梅就没让他插手建房的事。

2012年初，新房终于建好了。在赵竹梅的张罗下，项飞搬了进去。此时的项飞已经初中毕业，早早地进入了社会。家庭的变故让项飞比同龄的孩子更加成熟、孤僻。母亲这些年的付出，项飞看在眼里，疼在心里。他对母亲格外孝顺，对父亲项大富的怨恨也越来越深。

可万万没想到，在项飞搬进新房后没多久，常年在外不见人影的项大富也回到了老家，并住进了新房。

这几年，项大富在外面还是没混出什么名堂，一事无成。眼看着身边的朋友们都妻儿相伴，再看看自己已年近半百却还孤身一人，尤其是想到这些年来自己对儿子项飞并没有履行过父亲的责任，于是，项大富就想回老家，趁着自己还能干得动活儿，尽点父亲的义务，再和儿子重归于好，安享晚年。

项大富的想法很美好，但儿子项飞却并没有因父亲的回来而感到半分喜悦，他更多的是愤怒。在自己最需要照顾的时候从来看不见父亲，现在母亲辛辛苦苦把房子建好了，他就这么回来了。年轻气盛的项飞按捺不住心中的怒火，当天就跟项大富大吵了一架。接下来的日子里，父子二人更是一见面就吵架，好几次都险些动起手来。

虽然住进了空荡荡的房子，但项大富心里怎么也不是滋味，他本想着自己对儿子好些，慢慢地儿子就会接受自己。可项大富怎么也想不到，无论自己怎么讨好项飞，项飞都没给过自己好脸色，一开口就是让他走，还在外面说没有他这个爸爸。

父子俩的怨气就这样在一天天的相处中渐渐累积。在一次激烈的争吵后，项大富再也无法忍受儿子项飞对自己的态度，将项飞赶出了家门。家族长辈们为他俩的事也没少费心，做了很多工作，可每次都不欢而散。赵竹梅看着儿子没办法住进自己一砖一瓦建起来的房子，也是整日以泪洗面。

看着母亲如此伤心，项飞心里更气了，他想回去收拾东西一走了之，再也不见这个父亲了。可到了家门口，拿出钥匙，他发现竟然打不开家里的门了。项飞一想，肯定是父亲项大富换了门锁，于是气呼呼地打电话把项大富叫了回来。项大富刚一出现在门口，愤怒的项飞便质问父亲为什么要换锁？项大富一听，愣住了，他从来没换过锁啊。

这时候，项飞才发现自己刚才一着急，拿错钥匙了。看着周围聚满了邻居，项飞想让这事就这么过去。但项大富不乐意了，他觉得儿子在大庭广众之下这么对自己，让自己很没面子，就赌气说道："这家是我的，我想换锁就换锁，不用跟你说。"

没想到，父子俩一言不合就动起手来，这便有了故事开头的那一幕。

很快，项大富被送往医院，项飞也被赶来的警察带走。而项大富大腿神经损伤，造成十级伤残，经法医鉴定为重伤。项飞的行为已经构成了故意伤害罪，即将面临检察机关的指控。

此时，赵竹梅已经吓坏了，手足无措。病床上的项大富听说儿子项飞因为这件事要坐牢，也慌了神。虽说儿子对自己动刀让他非常气愤，但那毕竟是自己唯一的孩子啊，况且发生了这样的事，也不能全怪项飞。于是，项大富就请求来做笔录的民警，让他们不要追究儿子项飞的责任。

民警告诉项大富，不追究项飞的法律责任是不可能的，但如果他向法院出具谅解书，法院有可能会从轻处罚。最终，因为项飞有自首情节，并且取得了父亲项大富的谅解，所以被判处有期徒刑三年，缓刑三年。

虽说项大富谅解了儿子项飞的行为，但项飞却不领情。他觉得，要不是父亲的所作所为，自己也不会犯这么大的错。于是，项飞没有回家，而是和母亲、继父住在一起。另外，项飞看着母亲辛辛苦苦盖起来的房子被父亲项大富占着，于是就跟母亲赵竹梅商量去法院起诉，要求分割房产。

经过之前的事，赵竹梅吓得不轻，只想让儿子平平安安的，不强求房子了。但项飞苦苦哀求，并保证不再冲动，所以赵竹梅最终同意了项飞的提议。

　　就这样，项飞、赵竹梅以物权确认权纠纷把项大富告上了法院，要求确认房子的归属。最后，因为宅基地审批表上确实没有赵竹梅的名字，法院判决由项大富支付赵竹梅建房款 8 万余元，房屋的使用权由项大富及儿子项飞各得一半。

　　判决生效后，项大富心里十分难过。儿子不仅不接受自己的苦心，现在还告了他。他实在想不明白，所以一直没有履行判决。后来项飞和赵竹梅又到法院申请了强制执行。于是，这个案件便到了执行局的张法官手里。

　　看完卷宗，张法官眉头紧锁。怎么才能帮赵竹梅拿到建房款，又如何让项家父子在同一个屋檐下和平相处呢？这着实让张法官犯了难。张法官想，要解决这个案子，赵竹梅可是关键。以项飞对母亲赵竹梅的孝顺，如果项大富能支付建房款，再让赵竹梅在父子中间调和，那肯定能事半功倍。

　　于是，张法官把项大富的银行存款和其他财产都查了个遍，却没有收获。张法官想先去项大富家实地看一下房子的情况，也跟项大富好好谈一次。

　　张法官与项大富的第一次交谈并不顺利，项大富只愿意每年拿出4000 元。可是，面对总数 8 万多元的建房款和产生的利息，每年 4000 元，这得交到什么时候啊？赵竹梅那边又能同意吗？

　　果然，项飞知道了父亲项大富的态度，说什么也不干，直嚷着要去找项大富讨公道。最终，在张法官的劝说下，他总算同意再等等，让张法官去做父亲的工作。可是无论张法官怎么说，项大富还是一句话：每年只能拿出 4000 元，多的实在没有。

　　就这样，为了这个案子，张法官没少往项家跑。功夫不负有心人，一

隔开房子续亲情

天，张法官又来到项大富家打算问问情况。这一去，可有了重大发现。

张法官发现，项家的一楼门面正在装修，他心想，难道房子租出去了？原来，随着近几年的发展，项大富房子前的这条街逐渐兴旺起来，一楼更是成了炙手可热的门面房。张法官打听了一下，项大富把一楼的店面租给了一个通信公司，并且跟公司签订了三年的租房合同，定金都付了。

见此情形，张法官灵机一动，想到了一个好办法。因为按照规定，项大富的房租收入是可以优先支付案件执行款的。而且，考虑到项大富有可能会转移房租，还是让公司直接把房租支付到法院更为稳妥。

法官解案 >>>

这里涉及一个法律知识点——协助执行。协助执行，是指受理执行案件的人民法院通知有关单位、个人协助执行生效法律文书所确定的内容的一种法律制度。

根据《中华人民共和国民事诉讼法》第一百一十四条（现调整为第一百一十七条）的规定，有义务协助调查、执行的单位有下列行为之一的，人民法院除责令其履行协助义务外，并可以予以罚款：（一）有关单位拒绝或者妨碍人民法院调查取证的；（二）有关单位接到人民法院协助执行通知书后，拒不协助查询、扣押、冻结、划拨、变价财产的；（三）有关单位接到人民法院协助执行通知书后，拒不协助扣留被执行人的收入、办理有关财产权证照转移手续、转交有关票证、证照或者其他财产的；（四）其他拒绝协助执行的。

人民法院对有前款规定的行为之一的单位，可以对其主要负责人或者直接责任人员予以罚款；对仍不履行协助义务的，可以予以拘留；并可以向监察机关或者有关机关提出予以纪律处分的司法建议。

也就是说，在本案中，该通信公司本应将房租直接交付给项大富，但项大富作为被执行人，其收入财产应当优先用于支付建房款。法院可以向通信公司发出协助执行通知书，要求通信公司将房租直接交到法院。否则，该公司就违反了法律规定，将受到相应的处罚。

打定主意后，张法官回法院准备好协助执行的相关手续，找到了通信公司的负责人蒋经理。

张法官向蒋经理说明了来意，拿出了事先准备好的协助执行通知书，要求他们在一周内将剩余房租交到法院，并说明了不配合的法律后果。听了张法官的话，蒋经理接过了通知书。

而项大富怎么也想不到，房租还能不经自己的手直接被法院拿走。直到蒋经理告诉他法院扣走了这笔钱时，项大富还缓不过神来。搞清楚状况后，项大富直接到张法官的办公室里又闹又叫："你们凭什么把我的房租扣走了？我的腿残废了，没这房租，你们养我吗？"

看着失控的项大富，张法官只能叫来法警将他带到谈话室，这才让他安静下来。张法官拿出了相关法律规定，亲自翻给项大富看，他说："老项啊，不管你闹不闹，这钱我们都是要扣的，这是法律规定。如果你有财产却不履行判决，这就是犯拒执罪，可不是拘留几天就能解决的，是要坐牢的。"

一听到可能要坐牢，项大富顿时没了底气。可随后却突然大哭起来："我怎么就那么命苦呢？老婆走了，儿子也不认我，我里外都不是人，还被村里的人指指点点。我就想回来跟儿子好好过日子，怎么就这么难！"

看着眼前痛哭的项大富，张法官安慰道："老项啊，项飞也20多岁了，如果不是发生这些事，估计你都有孙子了。父子终究是父子，有剪不断的血脉亲情。我也知道，你根本不是在意那房子。其实，现在你前妻的建房款基本解决了，分房子也就是一堵墙的事儿，你先退一步，其他的咱们再想办法。"

听了这些话，项大富陷入了沉思。是啊，自己原本回家是想找回亲情的，可怎么就闹成这样呢？现在自己一个人住着空荡荡的房子，并不开心，甚至还有一种众叛亲离的感觉。

随后项大富低着头，一个人走出了法院。事后，在张法官的协调下，赵竹梅同意减少建房款，给项大富保留部分生活费。看着赵竹梅一再退让，项大富心里五味杂陈，最终也同意了张法官的方案。

解决了建房款的事，张法官又一次找到了赵竹梅，希望她一起做做项飞的思想工作，让他坐下来跟父亲项大富好好谈谈。赵竹梅一口答应下来。

几天后，赵竹梅带着项飞来到了张法官的办公室。在项大富来之前，张法官对项飞说道："项飞啊，建房款的事你父母已经谈好了，你知道了吧？"项飞点了点头。"其实这些年，你父亲过得也不好，他回来就是想弥补自己对你的亏欠，但你俩的脾气都太倔了。这么多年，你父亲跟你争的其实不是房子，是亲情啊。他以前是犯过错，但谁又能不犯错呢？你犯了这么大的错，他不是也原谅你了吗？"

法官一番话说完，项飞也低下了头。正在这时，项大富一瘸一拐地走了进来。父子四目相对，已没有了当初的剑拔弩张。

父子俩听着张法官讲分割房子的方案，一直没有说话。但是法官发现，这次见面，是两人第一次没有发生争吵。对于法官提议的先建起一道墙的分房方案，虽然两人都没有当场表示同意，但也没有拒绝。离开的时候，父子俩再次对视，也让跟他们打了这么多年交道的张法官看到了希望。

过了两天，项大富主动给张法官打来了电话，表示自己已经和儿子商量好了。而且他已经找了施工队，建起一堵墙将房屋分隔开来。随后赵竹梅在项飞的陪同下，来到法院领走了建房款，并签下了执行完毕的申请书，整个案件终于结束。

令人欣喜的是，半年后的一天，张法官又接到了项大富的电话。项大富表示，自从砌了墙后，自己必须从前面的店铺进出，非常不方便。但前两天，儿子项飞找人又在墙上开了一道门。虽然项飞嘴上没说，但他知道儿子是为了方便自己。听着项大富言语中的幸福感，张法官也为他感到开心。

法官点评

回顾这场令人唏嘘的家庭纠纷，其源头在于项大富对家庭的漠视，当初他丝毫没有尽到为人夫、为人父的责任，导致夫妻反目、父子成仇。同时，儿子项飞的冲动也让整件事情变得更加棘手，他差点就犯下不可挽回的错误，留下终生遗憾。好在一家人最终选择放下过去，重新开始新的生活。就像现在的这道墙，看似是个阻隔，其实恰恰给了一家人接续亲情的机会。

骆婷欢

　　浙江省义乌市人民法院执行局副局长，负责执行综合团队管理工作。2018 年获浙江法院"执行故事会"比赛一等奖，2020 年、2021 年获义乌市嘉奖奖励，2022 年获义乌市"青年岗位能手"荣誉称号。

养儿不孝反"坑爹"

主讲人：浙江省义乌市人民法院　骆婷欢

2017 年的一天清晨，一声尖叫划破了某小区的宁静。"快来人啊！有人跳楼啦！"只见一栋四层楼房的楼顶上站着一位颤颤巍巍的六旬老人。老人站在楼顶的围栏边，眼看着再往前迈一步就要掉下去了，而在不远处的地上还坐着一位老妇人，泣不成声。

附近居民看到之后立马报了警，民警很快赶到了现场。老人看到民警过来，哭着说道："警察同志，救救我们两口子吧！法院要把我们家的房子卖了，这让我们以后住哪儿啊！"

这位老人名叫张富贵，坐在地上的是他的妻子王春红。他们所在的地方，是东南沿海的一个小县城。这个县城虽小，但盛行经商，经济发达，企业众多。年轻时，张富贵和王春红就在当地同一家企业工作，后来二人就结婚了。

婚后半年，两人迎来了王春红怀孕的好消息。可是，老天爷却跟这对沉浸在幸福当中的小夫妻开了个玩笑。这天，怀孕没多久的王春红照常到开水房打开水，由于地板湿滑，一不留神就摔倒了。当时她感觉小腹一阵剧痛，赶紧去了医院……尽管医生全力抢救，可还是没能保住王春红腹中的孩子。

这次意外对夫妻俩来说，无疑是一道晴天霹雳。王春红终日以泪洗面，心理和生理的双重打击，使得她本来就不太好的身体更加虚弱。

张富贵心里虽然也很难受，但作为丈夫，他只能安慰妻子说："咱还年轻，孩子以后可以再要。"

功夫不负有心人，在张富贵的悉心照顾下，王春红的身体慢慢恢复，并再次成功怀孕，生下了一个儿子，取名张强。

看到自己好不容易得来的儿子，夫妻俩对他宠爱有加，从来都舍不得打骂，只求这块"心头肉"能够健康快乐地长大。但是这却让张强变得越来越任性。

有一次，班里一个同学拿着新买的玩具在教室里玩，张强看了之后非常羡慕，回家之后就要求父母也给他买一个。张富贵觉得这款玩具实在是太贵了，自己工资本来就不高，还要存钱买房子，家里的经济并不宽裕，细想了许久还是没给张强买。可没想到，这天深夜，张强竟然趁着父母熟睡，偷偷从张富贵钱包里拿了钱，准备明天自己去商场把那玩具买下来。

第二天张富贵发现钱包里的钱少了，再看到刚放学回家的张强手里拿着新买的玩具，一下子就明白了是怎么回事了，他板着脸把张强叫到自己跟前。

还没问几句，张强就被吓得放声大哭，什么都不敢回答。看到儿子一直哭闹，夫妻俩一下就心软了，担心他哭坏了身子，于是就开始安慰张强。这下，张强哭得更厉害了，怎么劝都不听。张富贵无奈，抱起哭得满脸通红的张强说道："乖，爸爸不生气啦，带你去逛商场、买东西好不好？"听到这话，张强终于慢慢停止了抽泣。

就这样，张强一天天长大。为了给儿子更好的生活条件，张富贵夫妻俩省吃俭用地过日子，家里的经济条件越来越好。这一年，他们赶上了单位集资建房，于是就用自己多年的积蓄买了一套四层的房子。

夫妻俩心想，房子买好了，楼下的两层可以用来出租收点租金，儿子也长大成人上了大学，好日子马上就要来了。

然而，儿子张强并没有像他们期望的那样越来越成熟、懂事，反而因为少了父母的看管，在大学里迷上了网络游戏，经常逃课到网吧打游戏，成绩是一降再降，好多门学科的成绩都亮了"红灯"，差点就无法毕业。

大学毕业后，张富贵托人让儿子进了自己以前工作过的企业，做了一名车间质检员。但是没做多久，张强就天天回家抱怨这个工作太累，连喝口水的时间都没有。听儿子这么说，出于心疼，张富贵就又找朋友帮忙，让儿子调岗做办公室的工作。可是又没过多久，张强觉得天天待在办公室里太闷了，而且总觉得领导对自己太苛刻，一气之下就辞职了。

辞职以后，他看其他人做电商都赚了大钱，就从张富贵手里要钱开了家网店。但张强每天都睡到下午才起床，一天根本做不成几单生意。没过多久，网店就因入不敷出而倒闭了，他的投资也全部打了水漂。

张富贵看在眼里急在心上，可是张强却总说："天生我材必有用。我是要赚大钱的人，那些赚小钱的工作我根本没放在眼里。"再加上家里有房子出租，张强就拿着不劳而获的租金天天在外面吃喝玩乐，他和一群酒肉朋友混在一起，成了典型的"啃老族"。

在一次饭局中，张强认识了一个叫陈豪的人。同行的朋友向张强介绍，陈豪是做大生意的，手里随便一个项目就值好几亿元。对此，张强之前也有所耳闻。看到眼前戴着金表、抽着雪茄、谈吐豪爽的陈豪，张强觉得自己认识了一个做大生意的大老板，因此对陈豪鞍前马后、十分殷勤，他一直想找机会和陈豪聊天、拉关系。

这次饭局之后，张强还一直约陈豪到处玩乐，心想，多跟这样的大老板在一起玩，兴许能找到一些赚钱的门路。渐渐地，两人见面的时间越来越多，关系也越来越亲近。

一天晚上，张强又约了陈豪出来吃饭。酒过三巡，张强发现陈豪一直闷闷不乐，就上前询问。陈豪说："老弟，我最近遇到点困难，不知道你能不能帮我个忙……"听到陈豪有事情要请自己帮忙，张强觉得这是陈豪看得起自己，心中一阵欣喜，连忙应承说："豪哥，你做的都是大生意，我能帮啥忙？有事你尽管说！"

陈豪小声说道："最近银行有一笔贷款催得急，本金加利息有400多万元。但是我现在手头上的现金都拿出去投资了，如果现在把资金抽出来，肯定会造成很大的亏损。你能不能帮我想想办法，把这笔贷款还上。"说着，陈豪还把自己购买的保单、银行理财产品等拿给张强看，并且说："你看，这些现金我一时半会儿都取不出来。你现在帮我一次，等过两个月我的资金回笼，不仅一分不少地还给你，还额外给你20%的佣金。你要是不相信，我们现在就可以签个协议。"

20%的佣金？那可是好几十万元啊！张强看有这么好的赚钱机会，想也不想就答应了，当下就和陈豪签订了协议。

但张强是一个"啃老族"，花钱又大手大脚，哪里拿得出这么多钱啊。但他实在不甘心白白错过这么好的赚钱机会，左思右想，突然一拍脑门："对啊！我家还有一套四层的房子呢！先用房子抵押贷款，等陈豪还钱后，我再还贷款。"

对于这一"妙招"，张强颇为得意。可眼下，房子登记在父母的名下，张强无法将房子抵押。于是，他假意拿着一堆保险合同对父母说："我的好朋友在保险公司上班，他给我推荐了一款养老保险，听说特别适合你们这个年纪的老人，不仅可以报销医药费，每年还有分红。我看着不错，就帮你们一人买了一份。这是资料，你们把字签了就行。"

看到一向游手好闲的儿子突然关心起了自己，张富贵夫妻俩心中十分欣慰。而且这几天，张强天天回家陪他们吃饭、嘘寒问暖，他们觉得儿子也该懂事了，所以丝毫没有怀疑儿子的用意，就签了字。但是他俩万万没有想到，那沓合同当中竟混着一份抵押贷款合同。

在张强的一手策划下，房子顺利地抵押给了借贷公司，张强拿着借来的钱还清了陈豪在银行的贷款。此后，张强每天继续过着吃喝玩乐的日子，他梦想着两个月后，陈豪的那笔佣金可以乖乖进入自己的口袋。

可是好景不长，张强发现陈豪后来总是以各种理由拒绝自己的邀请，二人见面的次数也越来越少，并且他对佣金的事情闭口不谈。又过了几天，张强心里有些忐忑，他跑到陈豪的办公室，发现早已人去楼空。一种不好的预感从张强脑海里一闪而过……

张强赶紧联系其他认识陈豪的朋友，问了一圈，大家都不知道陈豪到底去了哪里。这下张强慌了，疯了似的满世界找陈豪。他听说陈豪因为经营不善、投资失败，再加上平时挥霍无度，欠了许多钱，为了逃债躲起来了。

与此同时，因为借款到期，借贷公司多次向张强催讨无果，就将张强及房屋的所有人张富贵夫妻俩起诉至法院。

之后一段时间，张强表面上装得和没事人一样，但每天都提心吊胆，生怕被父母知道这件事。陌生电话打到家里来，他都抢着接。哪怕是看到快递员来了，他都跑过去问有没有自己家的快递，企图把一切能让父母了解这个案件的途径都切断。

然而，事情到了这个地步，是无法隐瞒的。借贷公司胜诉之后，因张强长时间未履行，就向法院申请了强制执行。法院依法决定对房屋进行司法拍卖，并在张家房门口张贴了腾空公告，要求他们在规定期限内搬离，否则，法院将强制腾空。

张富贵出门遛弯儿回来，看到家门口的腾空公告傻了眼，他仔仔细细地将腾空公告从头至尾看了一遍又一遍，生怕是自己老眼昏花看错了。自己可从来没有将房子进行过抵押或者买卖，为什么法院要来处置自己的房子呢，搞错了吧！

张富贵急匆匆地回屋，把老婆和儿子都叫了出来。此时的张强看到纸里包不住火了，只好把事情的经过告诉了父母。

听完之后，张富贵气不打一处来，他抄起身边的扫帚就朝张强打过去。王春红心里虽然也很生气，但又担心丈夫真把儿子给打伤了，就冲上前去阻拦。张强被打急了，冲着父亲张富贵大喊："我当初不也是想给咱们家挣点钱吗？要打，你就打死我吧！把我打死了这房子还是得卖，看你们怎么办！"王春红也在一旁帮腔道："都这时候了，打儿子有什么用啊，不如先商量接下来该怎么办吧。"

张强看父亲的情绪稍微缓和了一些，就凑过去说："爸，当初是我想得太简单了，我也没想过有今天啊！不过您别太担心，我已经想到办法了。我去和法官说你们年纪大了不肯搬，让他多给我宽限点时间，我看他还挺吃这套的。你和妈两个人改天就去法院一哭二闹三上吊，反正你俩都上了年纪，没人敢把你们怎么样，法院总不至于这么不讲人情，让你们老人无家可归吧。"

张富贵听完儿子的话，一屁股坐在地上，哭着说："我怎么会有你这样的儿子，你让我和你妈的老脸往哪搁啊？"

不过生气归生气，张富贵冷静下来后，独自一人回房间关着门想了一夜。事到如今，也只能听儿子的了，如果法院拿他们一家没办法，或许真能保住这房子。

于是第二天，就出现了故事开头的那一幕，张富贵和妻子用跳楼这样极端的方式，吸引了众多围观群众，希望可以借此保住自己的房子。

民警了解情况后，带着张富贵和王春红一起到法院找到了承办此案件的杨法官。

见到了杨法官，张富贵和王春红还是按之前商量好的，在杨法官的办公室又哭又闹。看到老人这样无理取闹，影响法院的办案秩序，杨法官只能叫来法警维持秩序，夫妻俩这才冷静了下来。

杨法官对他俩说："你们这样的行为是完全没有意义的，再这样无理取闹，我们只能采取强制措施。你们的儿子张强呢？这钱是他借的，出了事你们不商量着解决问题，反而在这里胡闹！明天让张强亲自到我的办公室来做笔录。"

可第二天，杨法官在办公室等了一天，也不见张强过来，他的电话也打不通。杨法官预感不对，便来到张家，却发现张强早没了踪影。张富贵告诉杨法官，张强昨晚收拾行李说要出远门，但是没说去哪里。

杨法官看得出，俩人是在有意包庇自己的儿子，以此拖延腾房的时间。如果张强一直下落不明，将会对本案的腾房工作带来更大的困难。

于是杨法官决定，对张强发起布控。

众所周知，"法院执行难"其中的一大难点就是找不到财产、找不到人。为了解决这一问题，浙江某法院于2014年6月与公安机关建立了"网上布控被执行人机制"，对拒不履行且下落不明的被执行人，情节严重的，通过案件管理系统将网上布控（含抓捕、关注）的决定发送给公安机关。全省各级公安机关据此在车站、地铁、码头、宾馆等需要使用身份证的场所协助法院控制被执行人。相应地，浙江省各级法院建立起24小时备勤制度，一旦公安机关协查到布控被执行人，执行法官就能在第一时间前往交接羁押，极大地提高了执行工作的效率。这也是浙江的法院因地制宜，在"基本解决执行难"工作中的一项有效尝试。

在法院布控之后，很快就有了效果，张强在周边城市的一个小网吧里被抓获。张强到案后，法院依法对张强作出拘留15日的决定。杨法官认为，张强的行为已经涉嫌拒执罪，决定将本案移送至公安机关调查。

本案中，张强拒不履行已生效的民事判决，并且怂恿父母闹事，企图

259

阻挠法院的腾空工作，影响执行进程，应当受到法律的制裁。得知有可能要坐牢，张强终于意识到问题的严重性，他后悔莫及，并开始主动配合法院的工作。

现在，张强的问题解决了，杨法官将视角转向了张强父母。他凭借自己的办案经验，多少能猜到两位老人的顾虑和担忧，经过一番思考，他认为面对面地沟通才是最有效的解决方式。

考虑到法院已经将张强拘留，张强的父母可能会对自己有所排斥，因此杨法官走访了社区居委会，希望能深入了解张家的情况，并邀请社区居委会的刘主任与自己一起前往张家进行沟通。

果然，张富贵和王春红看到杨法官站在门外，想到自己的儿子在拘留所吃苦，死活不肯开门。刘主任上前劝说了好一会儿，两人才勉强把门打开。

进门后，还没等杨法官开口，张富贵就来了一句："急着卖我家房子？要不要把我们老两口也给抓起来？"王春红也应声道："对啊，反正我儿子已经被你们抓起来了，房子也要被卖了。就让法院给我们养老吧！"

在两人的冷嘲热讽下，杨法官依旧耐心地说道："你们家的情况我之前了解过，很理解你们的心情，也知道你们的顾虑。从我个人角度来看，我当然希望你们二老能够住在自己的房子里安享晚年，但是你们的儿子欠了别人的钱，还把房子抵押了。按照法律规定，你们有义务把钱还给借贷公司，还不上就需要把抵押的房子卖了。不过你们也不用担心没有地方住，我可以帮你们找到合适的出租房。"

张富贵冷笑一声："租房子？你说得倒是简单。我们两口子口袋里只有一点退休金，儿子又被你们给拘留了，让我们到哪里去拿钱租房子？"

杨法官拍了拍张富贵的肩膀，安抚他的情绪，说道："老张你放心，这方面我已经和借贷公司沟通过了。为了保证尽快腾房拍卖、收回资金，他们愿意从拍卖款中拿出一部分钱给你们，用作你们的住房安置费。而且法律规定，如果你们的基本生活权益已经得到了保障，就不能再以此为由拒绝腾房。"

"这借贷公司真有这么好心？那我儿子替别人还的贷款怎么办？难道就这样打水漂了吗？"王春红着急地问道。

"也不是没有办法，这属于另外一起借贷纠纷了。根据我的了解，张强可以拿着他和陈豪签的那份协议到法院提起诉讼，要求陈豪按照约定还钱。"

杨法官看着张富贵和王春红若有所思的样子，觉得沟通已经起到了效果，便继续说道："刚才你们也提到了张强，他都老大不小了，却连一份像样的工作都没有。我觉得你们也应该意识到了自己在教育方面的问题。爱子是没错，但如果只是爱他，却不正确地引导他、管教他，其实是害了他啊。我想，张强这几天在拘留所里，应该也会对自己的所作所为有所反省。"

张富贵听到这里，心情沉重地点了点头。其实他也知道，根本问题是出在自己儿子身上。事已至此，房子卖就卖了吧，就当是给儿子花钱买了个教训。

就这样，张富贵一家在法院和社区居委会的帮助下，顺利搬离了房屋，并在附近找到合适的公寓租了下来。而张强因为在拘留期间认真悔过，并积极配合执行工作，使得案件能够顺利执行完毕，没有造成社会危害，最后没有被公安机关认定为拒执罪，拘留期满后就被释放回家了。

另外，陈豪因投资失败、无力还款，被张强在内的许多人起诉至法院，最后还被列入全国失信被执行人名单。独自漂泊在外的陈豪，买不了车票、住不了酒店，简直是寸步难行。最终他只好灰溜溜地回来，和当初的张强一样，作为被执行人，接受法院的强制执行。

法官点评

如果对孩子一味地宠爱、疏于管教，那么，就会像本案中的张富贵一样，儿子不但不孝顺，还可能会"坑爹"，甚至让自己面临"无家可归"的境遇。对于张强来说，这次事件让他明白了，只有摆正态度、脚踏实地，才能凭自己的努力给父母创造美好的生活。

胡 平

　　1973年出生，毕业于中共安徽省委党校，研究生学历，法学学士，现任安徽省宿州市埇桥区人民法院开发区法庭庭长，四级高级法官。担任过书记员、助审员、员额法官，历任刑庭、审判监督庭副庭长，夹沟法庭、开发区法庭庭长，从事刑事、民事审判业务28年。工作中连续多年被评为优秀员额法官，带领的团队多次荣获奖项。

一念间的生与死

主讲人：安徽省宿州市埇桥区人民法院　胡　平

　　一个盛夏的傍晚，夕阳斜照在北方一个村庄的水塘上，辛苦劳作一天的男人们在太阳落山后陆陆续续来到水塘，让自己泡在水里，消除这一天的暑气和倦意。突然有一个眼尖的人指着远方说："哎，你们看那边漂的是什么呀？"大伙儿顺着他手指的方向，看见水面上漂着一团东西，但谁也看不出是什么。有人猜想说："是谁家扔的大布娃娃吧？"马上就有人回了一句："哪有这么大的布娃娃？该不会是淹死人了吧！"听了这话，大伙儿都说："去看看吧，别真是淹死人了。"几个水性好的人游过去一看，还真是个死人！他们忙对岸上的人喊："赶紧给110打电话，这儿淹死人了！"他们费了好大的劲才把尸体弄上了岸。

　　警察和法医赶到后，法医对尸体进行初步勘验。死者是名男性，上身穿着一件黑色圆领衫，下身穿着到膝盖的短裤，光着双脚，全身已泡得发白。非常特别的是，尸体被一根宽而长的红色绳子绑着，绳子的一头还拴着一块大石头！

　　后来，尸检报告这样描述："死者死亡的时间约为两天前，死亡原因是生前头部被钝器作用致广泛性蛛网膜下腔出血，合并颈部受外力作用出现机械性窒息死亡，排除死者是生前溺水死亡的可能。"

　　依据尸检报告，警察断定本案是他杀，他们仔细搜查了水塘的周围，但没有发现明显的打斗或拖拽尸体的痕迹。根据这一点，警察又判断出水塘不是死者被害的第一现场，而是抛尸现场，且抛尸现场至少有两人作案。

警察先是在离水塘边不远的庄稼地里发现了一只带血的鞋子，后来又在远处的山路上找到了另外一只鞋子，经过鉴定，鞋子上的血迹和死者的血型一致。

死者、凶手会是谁呢？为何死者会被五花大绑地扔进水塘呢？

因为不知道死者的个人信息，警察请来了刑侦画像专家，画出了死者生前的大致容貌，并发出认尸公告。但好多天过去了，并没有人来认尸。

警察一时犯了难，因为死者身上没有什么显著的记号和特征，除了所穿衣服和那根绑在尸体上的绳子外就没有其他物品了。看着那根又宽又长的绳子，警察觉得这不像是家用的绳子，就拿着绳子去有关部门咨询，最后确定这是搬家公司所用的绳子。恰巧，离案发地几十千米外就是邻省搬家公司的集中经营地。

警察带着死者的画像到那里走访调查，不久就有了结果，死者是当地一个叫李小军的人。

李小军二十四五岁，人长得高壮，这和尸体的体态特征也很吻合。警察又到李小军的家里和他经常活动的地方了解情况，很多人评价李小军是一个不务正业、游手好闲的人，经常带着几个小混混去各家收保护费，不给钱他就耍横捣乱，不让人家做生意，店主们背后都喊他"小流氓"。

警察还得到一个信息，案发前不久，李小军和这里一个姓赵的搬家公司老板吵过架。可是，当警察去核实时，赵老板却矢口否认。这让警察很疑惑，赵老板明明和李小军吵过架，为什么不承认呢？随着调查的深入，警察又发现赵老板公司里还有两个职员比较可疑，且其中一人就来自抛尸水塘所在的那个村子。警察借口要找人搬家，进入公司楼上，发现房间里有把坏椅子，墙上有红褐色、疑似为血迹的点状物。这些加大了警察对这个公司的怀疑，他们悄悄地取样送去检验，结果显示墙上的点状物果真是血迹，经过脱氧核糖核酸检测发现，这些血迹与李小军的血型完全相符！后来，警察一举将赵老板与两个职员抓获，此案告破。

三人归案后，分别供述了犯罪经过。

案件很快移送至检察机关提起公诉，接下来的法庭庭审将揭开李小军沉尸水塘之谜，其中有令人想不到的情节。

搬家公司的老板叫赵正；两个职员一个叫陈祥，另一个叫王亮。公诉机关指控赵正、陈祥和王亮三人所犯的罪名均是故意杀人罪。

老板赵正和员工陈祥都是30多岁，王亮20多岁，赵正在三年前开了这个搬家公司。靠着辛辛苦苦地出苦力挣钱，赵正的公司在市场上站住了脚，日子慢慢变得好过了。可在案发前两个月的一天，李小军突然来到公司，说王亮欠他3万元，让老板赵正每月把王亮的工资直接给他，而且每个月至少给3000元。还没等赵正问，王亮就说他根本没欠李小军的钱，李小军是讹人。赵正问李小军："你有王亮写的欠条吗？"李小军说当时没让王亮写。赵正对李小军说："既然证明不了这回事，王亮也不同意把钱给你，那这钱我就不能给你！"李小军威胁赵正说："要想继续在这里做生意，以后每个月就得给我3000元，不然要你好看！"正好这时，赵正的老婆带孩子来公司玩，看着赵正的老婆孩子，李小军又对赵正说："你去打听打听我李小军在这片儿是干什么的！你要想清楚，不给这钱，你老婆孩子的安全可保证不了啊。"

赵正在法庭上说，他很在意老婆和孩子的安全，李小军这句威胁的话像刀一样戳了他的心窝子。

赵正也问过王亮这件事，王亮说他和李小军是通过朋友介绍在一起吃饭时才认识的，李小军听说王亮和其他人有点小过节，主动对他说："你给我3万元'茶水费'，我帮你教训对方。"王亮没同意。事后李小军说他已经帮王亮解决了麻烦，于是这3万元就赖在了王亮的身上。

后来李小军几次到公司找碴儿，要赵正请他吃饭、唱歌。为避免招惹是非，赵正也耐着性子答应了，他以为李小军不会再提要钱的事了。可是几个月过去了，李小军仍旧经常趁人多的时候到公司搅和生意。赵正烦透了李小军！

一天，李小军酒后又来到公司，当时赵正不在，李小军向王亮要钱，二人发生了争吵，明明理亏的李小军却在打伤了王亮和拉架的陈祥后扬长而去，赵正看着在医院打吊针的陈祥和王亮，感到很窝火，三人就在病房里说，不能总被李小军这么欺负，下次李小军再来找事，要好好治治他！几天后，李小军又来了，他要赵正请他吃饭，赵正也没说什么，就请他到楼下小饭店吃了饭。可李小军又提出去唱歌，赵正说钱不多了，得上楼拿。不识趣的李小军也跟着上楼了，赵正把李小军带到宿舍，陈祥和王亮都在，赵正对他俩使了个眼色说："这哥们儿又来要钱了！"待李小军进来后，赵正关上了房门。李小军见这架势，顺手拿起地上的一只空啤酒瓶，赵正三人也抄起屋里的钢管、板凳一拥而上，他们对李小军一顿乱打。李小军虽然体壮，但喝醉酒的他哪里是这三个人的对手，没过多久，李小军就被打得头部流血，瘫在地上不动弹了。三人一开始都认为李小军在装死，就叫李小军起来，可好大一会儿也不见他有动静，王亮就把手伸到李小军的鼻子下，感觉没了气息，吓得他连声说："这小子没气了！没气了！"三人相互看了看，都不吭声了。过了一会儿，赵正说："这下闹大了！可这小子今天是自己找死，怪不得咱们！这里人来人往的，得赶紧把他弄走，别被人发现了。"王亮问："弄到哪儿？"赵正说："先抬上车再说吧。"三人找了条搬家用的大毯子把李小军裹住，看周围没人后把李小军抬到了院子里的货车上。他们决定由赵正和陈祥开车出去，找个偏僻的地方把"尸体"给扔了；王亮则留下来打扫房间，清理现场。

陈祥供述称，赵正开着车，他则看着李小军的"尸体"。大约过了半个多小时，他看见毯子动了，开始还以为是车颠的，但没想到，李小军居然爬出了毯子，一边揉着脑袋一边嚷着："渴死了，渴死了！给我找点水喝！"陈祥当时吓愣了，说："你没有死啊！"李小军骂了他一句，并使劲拍打车头，让赵正停车。赵正看到李小军没死，也吓了一大跳，但没有停车。李小军很生气，拿起车里的东西，见什么扔什么，并大声喊"杀人了，杀人了"。陈祥说，他怕引起行人的注意，就劝李小军消消气，可李小军让他滚到一边去。后来，赵正在一个没人的地方停了车，三人都下车了。李小军点着赵正的额头说："想让老子死，哪那么容易？这笔账咱们得好好算！"他嘴里不停地骂着难听的话。赵正和陈祥互相对视了一眼，都认为，以李小军的性格脾气，肯定会连本带利地展开报复，干脆一不做，二不休，杀了他！他俩把李小军扑倒，用车上的绳子绑住他，没多久，李小军就不动弹了。

赵正说："这小子这次是真的死了！"陈祥提议："这里离我的老家不远，咱们把车开到我的老家，找个地方把李小军埋了吧。"于是，二人把车开到陈祥老家附近，并找了块空地，准备埋尸。陈祥回家拿了把铁锹，因为天旱，地太硬，没挖多久就挖不动了，二人放弃了挖坑埋尸的想法。陈祥又提议，前面不远处有个水塘，可以把尸体扔到那里。

赵正和陈祥等到深夜没人时，悄悄抬着李小军的尸体走向水塘。途中，李小军脚上的鞋子先后都被蹭掉了。赵正和陈祥找了块大石头拴在绳头，二人都会游泳，他们把尸体推到深水区，看着尸体完全沉下去后连夜开车回到公司。王亮一直在等他们，问他俩怎么处理"尸体"的，赵正和陈祥只说扔到河里了，二人均向王亮隐瞒了李小军在车上醒来又被杀死的情节。据说，王亮归案后，警察告诉他后来发生的这些事情，王亮好半天才回过神来。王亮问警察："李小军死了两回啊，他的死要我偿命吗？"

根据我国刑事诉讼法的相关规定，李小军的父亲作为刑事附带民事诉讼原告人参与了庭审。三名被告人在庭审时表示了悔意，并嘱咐家人要尽力赔偿损失。可是，李小军的父亲拒绝调解。

　　庭审结束后，法官们认为对本案的处理至少影响着四个家庭，案件不能一判了之，要努力做到法律效果与社会效果相结合。法官们先后约见了三名被告人的家人。三家人都表示愿意赔偿，并请求法官们向李父转达歉意。法官们向李小军父亲转达了这些后，对方并没有表态。

　　令法官们没有想到的是，两个星期后，李小军的父亲主动来到法院，请求对三名被告人从轻判处，不要求杀人偿命。

　　这让法官们很不解。看着憔悴的老人，法官们让他坐下来慢慢说。李小军的父亲说，李小军是他唯一的儿子，现在儿子没了，还有什么能比老年丧子更让人难过的？但他又说，李小军有这样的结局，是"养不教，父之过"啊！他在40多岁时才有了李小军，把这个儿子当宝贝一样宠着。李小军有三个姐姐，三个姐姐从小都让着弟弟。李小军的妈妈对儿子更是宠溺，即使李小军做错了事，也不许别人说。他是老师出身，对李小军的要求倒是挺严格的，李小军犯了错他也舍得打，在家里，李小军就只怕他一个人。可是，他常年在外地工作，管束李小军的时间不多。在这种家庭环境里，李小军被惯得性格暴躁、跋扈任性。为了给儿子一个好的学习环境，在李小军6岁时，他把李小军送到城里的父母家，因为父母教育孩子有经验。但他忽略了隔代教育可能存在的问题，加上父母年纪大了，宠爱孙子，哪里舍得严加管教？上小学的6年里，李小军虽说贪玩，但有爷爷的辅导，成绩还可以。但在上初中后，李小军迷上了打游戏，经常逃学泡在网吧里，等他们发现时已经控制不住了。这个样子的李小军自然是考不上高中，刚好自己那时候退休了，就把李小军接回了家。可李小军说什么也不愿再上学，无所事事的李小军又和街上的小混混们混在了一起，还成了派出所的常客。为此，他不知道打了李小军多少顿，可李小军很叛逆，越打越不服管，他们的父子关系也越来越僵。后来，李小军吵着要和他断绝父子关系，他让李小军滚出家门，永远不要回来，李小军还真的头也不回地离开家了。李小军的父亲说，他打听到李小军离家到了县城，先后找了几份工作，从小娇生惯养的李小军嫌苦、嫌累，挑三拣四地都没干长久。再后来，他听说李小军竟然干起收保护费这种事了，就劝说儿子回头，可李小军却说："你过你的，我过我的，我的死活不要你管！"他气得差点没吐血。警察通知他认尸前，他已经大半年没见过李小军了。

听完这些，法官们对李小军的成长环境和经历有了大致了解。李小军的父亲接着说，庭审后回到家，他每天都在想这些事，李小军再坏，那也是他的儿子啊！但他每次也会回想起庭审中三名被告人说的话、认的错，他说这是个很折磨人的过程。最后，李小军的父亲说："将心比心，就算这三名被告人都被枪毙了，又能怎么样呢？我的痛苦也不会少一点，还会让几个家庭没有儿子、丈夫和父亲，与其永远活在仇恨里，不如放下仇恨……"这番话令法官们动容，任何安慰的语言在这位深明大义的老人面前都显得很苍白。

后来，在法官们的努力下，原告与被告家人达成了民事赔偿协议，李小军的父亲撤回了刑事附带民事诉讼。合议庭在评议本案的时候，综合考虑各种情节，结合具体案情，最终认定三名被告人的行为均构成故意杀人罪，三人的罪名虽然相同，但因为各有各的情节，量刑结果自然不一样。

法官解案 >>>

合议庭认为，李小军最初被打晕到最后死亡的过程，可以分为两个阶段。第一个阶段，是从三名被告人在房内殴打李小军，并且都认为李小军被打死了，到准备"抛尸"的过程。在这个阶段，三名被告人有共同的犯罪故意，而且共同实施了犯罪行为，是共同犯罪，所以三人都要对此时的犯罪结果承担法律责任。

如果这时李小军真的被打死了，那么三人都犯了故意杀人罪，还都属于杀人既遂。但是，在后来"抛尸"的过程中，发生了李小军意外醒来的事件，这在法学理论上被称为"介入因素"，这个介入因素，超出了三名被告人的意志，属于犯罪未遂的范畴；三名被告人误认为处于真昏迷、假死亡状态的李小军已经死了，这是对犯罪结果的认识错误，法院要根据客观事实，并结合相关法条的具体规定进行判决，而不是依据被告人的主观认识来判决。

因为，故意杀人罪"既遂"与"未遂"是以被害人是否死亡为评价标准的，所以，此阶段三名被告人都属于杀人未遂。被告人王亮只参与了这一阶段的犯罪行为，而且，他对后来发生的事情不知情，所以，他只需要对这一阶段的犯罪行为承担刑事责任。故而，对他要适用故意杀人罪（未遂）定罪量刑。

第二个阶段，是从李小军醒来到他再次被暴力致死，后被抛尸水塘的过程。第二个阶段的行为是赵正与陈祥单独实施的，王亮并不知情。故而，王亮不需要为他没有参与的犯罪行为承担责任，第二个阶段的犯罪行为应该由赵正与陈祥二人共同承担。

此外，赵正和陈祥犯了一项罪还是两项罪？

多数人会认为他们只犯了一项故意杀人罪。其实，他们犯了两项故意杀人罪。因为，赵正与陈祥在整个犯罪过程中实施了两次故意杀人行为：第一个阶段的故意杀人已经实施终了，第二个阶段的故意杀人是一次新的犯罪行为。

当案件中出现犯罪未遂和既遂并存的情形时，该如何处理呢？被告人

一念间的生与死

所犯的两项罪是同一个罪名,还需要数罪并罚吗?实践中,面对这样的案件,法官会选择法条中量刑高的标准来处罚,对赵正和陈祥直接适用《中华人民共和国刑法》第二百三十二条规定的"故意杀人的,处死刑、无期徒刑或者十年以上有期徒刑"的量刑标准来量刑,不需要数罪并罚。结合被害人李小军对犯罪的起因也具有一定的过错,一审法院以三名被告人均犯故意杀人罪,判处被告人赵正、陈祥死刑,缓期二年执行,同时剥夺政治权利终身;判处被告人王亮无期徒刑,剥夺政治权利终身。经高级人民法院二审核准,维持一审判决结果。

法官点评

听完这个案件,大家一定会感慨,在一念之间,竟然发生了这么大的转折!如果当初被告人在受到李小军骚扰的情况下,能够选择正确的方式去解决问题,而不是选择以暴制暴的错误方式,也不至于身陷囹圄。如果他们在发现李小军活过来之后放弃犯罪,也不至于最后丢下年迈的父母和幼小的孩子,在监狱里长久地生活,把诸多问题和痛苦都抛给了家人。世间万物皆有因果。像李小军这样不付出劳动和努力就想改变自己的命运,甚至通过歪门邪道获取钱财,势必不会有好下场!面对深明大义的李父,谁又忍心说他"养不教,父之过"啊!

正像这位老人总结的:"父母对孩子可以疼爱,但一定不能过分溺爱。孩子在成长的过程中需要父母的正确引导。父母能陪着孩子成长,比送给他们什么礼物都强!"

方　慧

　　安徽大学法律硕士，现任安徽省芜湖市中级人民法院行政审判庭庭长。在工作中满怀对审判事业的热爱和对公正司法的执着追求，以踏实的工作作风成就了审判工作实践与理论研究的齐头并进。曾获芜湖市首届"十佳法官"、芜湖市"三八红旗手"、安徽省"巾帼建功标兵"等荣誉称号。近年来被评为芜湖市"审判业务专家提名人选"，全省法院文化建设先进个人。撰写的多篇调研、论文获得省市级奖项。

疯狂的前女友

主讲人：安徽省芜湖市中级人民法院　方　慧

　　一天下午，安徽某地的派出所接待了一对从外地赶来、焦急万分的老夫妻，他们反映：原本在足疗店干活的女儿小凤，突然失去了联系！他们到处打听都没有女儿的音讯，只好去派出所报案，向警察寻求帮助。警察将小凤作为失踪人口进行登记：小凤，25 岁，外省某村人，从事足疗服务行业，一周前外出后失踪。

　　警察了解到，案发当天，小凤早早起了床，说是要去乡下的男朋友家。到了晚上，舍友见她迟迟没有回来，接连给她打了几个电话都提示已关机。这么晚没回来，也有可能是住在男朋友家里了。可接下来的两天，小凤的手机还是关机。宿舍里有小凤留下的亲友联系方式，没想到，舍友联系了小凤的男朋友齐伟后却得知，小凤根本没去他家！小凤的父母听说这事后，赶紧跑到齐伟家去打听，这才知道齐伟一个月前就到上海打工去了，家里只有他的父母。小凤的父母暗中查看过齐伟家，也没有发现什么可疑之处，可自己的女儿究竟去哪里了呢？一个星期了，女儿活不见人、死不见尸，于是他们赶紧来报案。

　　几个月过去了，虽然警察一直在寻找小凤，但是始终没有她的下落。警察找到小凤的舍友，她回忆，小凤临走前的确说过要去齐伟家。可是，为什么齐伟的父母却矢口否认呢？调查显示，案发当天上午 8 点 20 分左右，小凤在齐伟家的县城有过取款记录，调取的录像也可以确定取款人正是小凤本人，证明她当天的确来过这个县城。小凤的手机通话记录也显示她在案发前一天和案发当天上午9点左右与齐伟父母都有过通话。小凤到底有没有去过齐伟家呢？警察到齐伟家的村子走访时，并没有查到线索，但认识小凤的邻居一提起她都直摇头：这姑娘……不好惹！村民反映，小凤性格怪异，一个姑娘家，不高兴时竟能给自己剃个光头。除了一哭二闹三上吊，派出所还接警处理过她在齐伟家放火的事，所幸最后没出大问题。既然小凤在齐伟家闹出了这么多事，他们之间会不会有什么矛盾呢？经过分析和审查，警察决定以小凤被拐卖为由立案侦查，并成立专案组侦查她当日的活动情况。日子一天天地过去，小凤的父母抱着最后一线希望，每天守着电话，盼着警察能捎来女儿的消息。

没想到不久后，做梦都梦见女儿突然出现在自己面前的小凤父母却等来了警方传来的噩耗——失踪的小凤早已被杀害，凶手竟是齐伟的父亲老齐。通过前期的侦查取证，负责小凤被拐卖案的专案组分析老齐有较大的嫌疑，他们在固定老齐妻子证言的同时将老齐传唤到案。老齐告诉警察，失踪的小凤已死，并交代了他杀害小凤的全过程。究竟是什么原因竟然让一个父亲对自己儿子的女友痛下杀手呢？这还得从齐伟和小凤的恋爱说起。

在农村，重男轻女的观念根深蒂固，老齐夫妇也不例外。可儿子齐伟不爱读书，小学毕业后就再也不肯上学，十七八岁就开始在城里的足疗店打工。思想保守的老齐觉得儿子这份工作太丢人了，可齐伟不但不理会他的反对，几个月后竟还带回来一个在足疗店共事的女朋友。这个叫小凤的外地女孩比齐伟还大了4岁。老齐心里是一百个不乐意。后来，齐伟又带小凤回家吃过几次饭，小凤一口一个"阿姨""叔叔"，叫得很亲热，老齐也不好再板着脸了。想当初女儿的婚事自己就坚决不同意，现在小外孙都好几岁了，女儿一家的日子也过得和和美美，倒是当时的竭力阻拦导致女儿和自己的感情生疏了不少。儿大不由爹娘啊，随孩子们去吧！

老齐夫妇对儿子恋爱的态度好不容易从反对转为默许，可是没想到，齐伟与小凤的交往竟然一开始就问题不断。这对年轻气盛的恋人经常为了一点小事就争吵。每次吵完后，好强的小凤非得等到齐伟向她认错、哄她开心后才能重归于好。在周围朋友和同事看来，小凤在齐伟的面前一直是比较强势的。女孩有点"骄气"本来也无可厚非，可接下来的几次"交锋"让齐伟在爱情的道路上望而却步了。一次，两人吵完架后，小凤回到宿舍，一口气喝下了一斤白酒，踉踉跄跄从宿舍出来后，从二楼楼梯一路滚下来，幸好被同事及时发现，喊来齐伟将小凤背回宿舍照顾了一宿。那天晚上，小凤吐得一塌糊涂。之后又有一次，两人刚发了工资，合在一起有七八千元。恋爱期间，齐伟挣的钱一直都交给小凤保管。那天，两人本来都挺高兴的，没想到一言不合，小凤顺手就将钱全部扔出了窗外，急得齐伟赶紧喊来同事帮忙去楼下把钱一张一张捡了回来。到后来，有一次两人吵架，小凤一边喊着要让齐伟后悔，一边拿起水果刀朝自己手腕上割，顿时血流不止，吓得齐伟赶紧将她送到医院。

打这以后，同事们都知道齐伟找了个"野蛮女友"，而齐伟在难堪之余，也觉得小凤的性格实在太极端，说不定日后会折腾出什么事来，渐渐萌生了分手的想法。很快就到了春节，小凤回老家前嘱咐齐伟过年要去她老家给她爸妈拜年。春运期间的火车票很紧张，齐伟没能及时买到，只好打电话告诉小凤去不了她家了，两人在电话里再次激烈争吵，这次争吵导致一忍再忍的齐伟终于说出了"分手"二字。

春节假期结束后，齐伟知道，他主动提出分手，要强的小凤哪会善罢甘休？为了不把矛盾引到自己家里来，他向老板请了假但又不敢回家，只能在城里找了个小旅馆暂时躲起来。几天后，要好的同事告诉他，小凤还在气势汹汹地到处找他呢！考虑到躲在小旅馆也不是长久之计，无奈之下齐伟只好辞职去了另一个城市打工，希望这样一来能让小凤彻底死心。

小凤一直找不到齐伟，但一听说齐伟在外地交了新的女朋友，这心里就别提是什么滋味了！原本在一起时他俩天天吵，可自打分手后，不知怎的，小凤总会想起齐伟平时的好。一想起齐伟这么快就有了新的女朋友，小凤坐不住了，她想找齐伟问清楚，自己和他这几年的感情不能说没就没了。齐伟的爸妈不是还在家吗？他们肯定知道儿子去哪儿了。于是，小凤开始三天两头地往齐伟家跑，非要找齐伟复合不可。见齐伟的确不在家，而老齐夫妇又对儿子的下落守口如瓶，小凤干脆住下不走了。老齐夫妇心想，毕竟是儿子提出的分手，是他对不起人家姑娘，小凤住下就住下吧，他们只要好吃好喝地伺候着，等她气消了，事情自然就会解决。可没想到，接下来小凤的举动让老齐夫妇时刻胆战心惊。

一天，老齐夫妇刚从地里干完农活回来，远远就瞧见小凤在院门口堆了个大大的柴火堆烧火，等到老两口冲过去将火扑灭后，木制的院门早已被烧得残缺不全了。老齐刚想说她几句，见老伴儿一边拉着小凤劝慰，一边直给他使眼色，他只好将怒火强压下去。可小凤却转身趴到菜地里啃起了泥巴，慌得老齐夫妇赶紧拉起她回家去漱口。为了放火这事，小凤还被警察叫到了派出所，在被警察一番教育批评后，老齐夫妇仍然将小凤接回了家，照样为她洗衣做饭。可这丝毫没能打动小凤，她仍然隔三岔五就要闹腾一回，又是要跳河，又是要割脉，老齐的老伴儿吓得只好天天守着她，连晚上睡觉都得陪着，就怕她在家里出意外。一天夜里，小凤要出去买吃的，老齐夫妇赶紧起床寸步不离地陪她去了县城，没想到她竟然进理发店剃了个光头回来，接着又闹起了绝食。这一次，不管老齐夫妇怎么劝说，她愣是连水都不喝一口。眼看着小凤不吃不喝都五天了，人也渐渐虚弱下去，老齐担心再这样下去真的要出人命，实在没辙，只好打电话给儿

疯狂的前女友

子，让他马上回家。

　　小凤要见齐伟的目的终于达到了，但她并没有就此罢休，为了能和齐伟复合并挽回影响，她要求齐伟和她一起回老家向自己的父母赔礼道歉。为了表示诚意，老齐决定陪儿子一起走一趟，一来是能尽快将小凤送回老家，二来他知道儿子这次去是想了结和小凤的感情纠葛。老齐不放心，怕人生地不熟的儿子去了要吃亏。

　　果然，当齐伟告诉小凤的爸爸，他与小凤脾气不合，必须分手时，小凤的爸爸气恼之下不仅骂了他们父子俩，还动手打了齐伟一巴掌。此时，老齐虽然眼见儿子被打，但为了替儿子了却心事，他也只好一再地赔不是。小凤的爸爸见状，气也消了大半，他承认女儿性格的确暴躁，她从小是爷爷奶奶带大的，被惯成了"牛脾气"，只要她坚持的事，别人怎么劝都不管用。现在既然齐伟不愿再和小凤相处，他会管住自己的女儿，不让她再回去找齐伟了。

　　老齐以为，事情发展到这一步，算是有了一个比较妥善的处理结果。父子二人回家后，为了保险起见，齐伟还是离开家乡去上海打工。好不容易安稳了20多天，没想到小凤竟然偷偷跑回原先和齐伟一起打工的江南小城，并且又开始到齐伟家逼问齐伟的下落了。为了打消小凤继续纠缠的念头，老齐夫妇按事先商量好的告诉她，齐伟在外因为吸毒和贩毒被警察抓起来了，可能要坐十几年的牢。小凤听了半信半疑："既然你们说他被抓了，那他在哪个看守所？你们陪我去看他！"见老齐夫妇都不言语，小凤直接走到屋外的马路上，躺在了路中间，并扬言若不告诉她齐伟的下落，她就躺在那儿让车给轧死。马路上一下子就被逼停了四五辆车。老齐实在气不过："既然你这么不要命地缠着我儿子，我就豁出这条老命来陪你！"老伴儿害怕老齐真的要上前打小凤，硬是将老齐拦了下来。

　　这揪心的事仍没有结束。案发当天，小凤一大早就给老齐夫妇打电话："我马上就过来，你们要是躲着我，不在家等着，我就一把火烧了你们家门口的加油站！"说完就挂了电话。见老伴儿吓得都要哭了，老齐心里实在窝火：这样哄着供着都不成，这疯丫头竟然还拿火烧加油站来要挟我们，真是人善被人欺啊！他阴沉着脸嘱咐老伴儿："我去镇上买点菜，她如果好好说话，咱们就好好款待她；如果再来闹事，我肯定饶不了她！"

等到老齐买菜回来，正巧在院外碰见准备进门的小凤，老齐忍住心中不快主动打了招呼，没想到，小凤横眉瞪眼地指着老齐："你给我滚开！别人不知道齐伟的手机号码，不知道他关在哪儿，你还能不知道啊？你这个骗子！"说着，一把将老齐的自行车推翻在地。老齐见她张口就骂人，怒火一下子蹿上来："这是我家，你凭什么叫我滚啊？我儿子的事情凭什么告诉你，你要是真进了这个家门还了得？"小凤双手叉腰："这就是我家！我生是你家人，死是你家鬼！"老齐气得一把将小凤推开，说道："你没事天天到我家来无理取闹，以为我好欺负啊？"老齐这一推可不得了，小凤不依不饶地上前，对老齐又咬又扯。老齐几个月积聚的怨恨瞬间爆发了："不把你打死，以后家里也没好日子过！"老伴儿见状赶忙上前要拉架，被气急的老齐一拳打在头上："你今天要拉，连你也一起打死！"没想到，小凤趁机捡起地上的砖头要砸老齐，老齐眼疾手快一把夺过砖头，对着小凤的头部就砸了下去。

小凤已经被砸倒在地，老伴儿见老齐盛怒之下还用砖头继续砸小凤的头，吓得赶紧跑出去喊人。由于村里人家相隔较远，又恰逢一户人家办丧事，她一时半会儿没找到人拉架，不敢回家。她知道老齐脾气上来后自己不但劝阻不了，恐怕还要挨打。直到午饭时分，老齐打电话催她回来做午饭时，她发现，小凤已不见人影。水泥地刚被冲洗过，院子角落正烧着旧拖把和破麻包等杂物，门口的菜地也新播了豆种。小凤人呢？面对老伴儿的追问，老齐说他将小凤打伤了，冷静下来后把她送到医院了，之后又送她上了回城的车。见老伴儿不太相信，老齐说："不信你就打电话问问小凤她到哪儿了。"可老伴儿接连打了好几个电话，小凤的手机都是关机状态。

几天后，菜地里的豆种大多已发了芽。有一块似乎被牛踩踏过的地，那里的豆种并没有发芽，老伴儿准备将地再锄一下，重新播种，没想到被老齐发现后一顿数落，硬是不让她管。又过了十几天，天正下着雨，老伴儿担心菜地里堆晒的柴火被淋湿，就准备抱回来。老齐着急阻拦，情急之下，他告诉老伴儿："那下面埋着小凤的尸体呢！"吓得老伴儿从此再也不敢进菜地了。

原来，那天老伴儿拉架不成跑出去后，老齐带着满腔怨恨用手中的砖头对着小凤一次又一次地狠狠砸下去，直到她趴在地上不动了，老齐才住了手。他想，如果老伴儿没报警，他就把小凤给埋了，不让别人知道这事。老齐等了一个多小时，既没有警察上门也没有旁人来，他估计老伴儿没去报警。于是，他将小凤的尸体用袋子装上，然后拖到门前的菜地挖了个坑埋下，又用水冲洗干净水泥地上的血迹。当他发现小凤掉在地上的手机后，他抠出了手机卡掰断，连同手机外壳、擦地用的拖把，以及自己身上穿的衣服一起丢到院子角落一把火给烧了。为了测试手机被烧后能否打得通，老齐拨过小凤的电话号码，确定是关机状态。因此，当老伴儿回来询问小凤的去向时，心里有数的他就编了小凤已乘车回去的谎言，还故意让老伴儿拨打电话询问小凤的下落，这也是为了证明小凤的失踪和自己没关系。

其实，自从那天打死小凤之后，老齐的内心十分痛苦。老伴儿对自己编的谎话一直将信将疑，他自己也如惊弓之鸟，他知道小凤已死的事实对老伴儿是瞒不下去了。他告诉老伴儿，小凤的事不能跟任何人讲，否则儿子日后找不着媳妇，子孙都得完蛋。他想过去投案自首，可到了派出所门口又下不了决心。他还想过喝农药自杀，可又觉得他这一死肯定会引起别人注意，只有把尸体处理干净后再自杀，警察才不会把他的死和小凤的失踪联系起来，才不会给家人带来麻烦。于是冬至前后，老齐将菜地里的尸体挖出来，连袋子一起拖到了附近自家竹园的一块空地上焚烧了，又将骨灰和未烧尽的残骸抛撒到了几百米远的自家田埂上。老齐心想，骨灰撒到自家田里，就是入了老齐家的地，也算让小凤入土为安了。

法官解案 >>>

小凤的失踪案终于真相大白。几个月后，老齐的案子交到了法院。承办法官接待了作为刑事附带民事诉讼原告人的小凤父母，并认真倾听了他们的意见。夫妻俩无法承受"白发人送黑发人"的痛苦，要求判处老齐死刑并立即执行，以告慰女儿小凤的在天之灵。开庭当天，控辩双方围绕老齐是否构成故意杀人罪展开了辩论，法官组织控辩双方充分举证和质证后，查明了以下事实：案发当天，老齐与小凤发生争吵后曾多次扬言要杀死小凤；当老伴儿上前拉架时，又威胁要连老伴儿一起打死；在小凤被砸倒在地，奄奄一息、濒临死亡时，老齐非但没有将她送往医院救治，反而继续用砖头对准小凤的要害部位连续砸了七八下。从老齐殴打小凤直至小凤死亡的过程来看，老齐明显具有杀害小凤的故意。我国刑法第二百三十二条规定：故意杀人的，处死刑、无期徒刑或者十年以上有期徒刑；情节较轻的，处三年以上十年以下有期徒刑。那么，老齐是否就罪该致死呢？庭审结束后，法官再一次对案情进行了慎重梳理。证据材料显示，案发前，老齐夫妇一直对小凤的胡搅蛮缠包容隐忍，而小凤在案发当天的不当言行的确激化了矛盾，从而引发了这起案件；同时，警察在调查小凤被拐卖案时，还没有掌握老齐故意杀人的犯罪事实，而老齐在被警察传唤时如实供述自己杀害了小凤，构成自首，依法可以从轻或者减轻处罚。根据我国刑事审判工作的相关精神，婚姻家庭、邻里纠纷等民间矛盾激化引发的故意杀人犯罪案件应当与发生在社会上的严重危害社会治安的其他故意杀人犯罪案件有所区别。对于被害人一方有明显过错或对矛盾激化负有直接责任，或者被告人有法定从轻处罚情节的，一般不应判处死刑立即执行。此时，案件的脉络在法官的脑海里已越发清晰。法院最终对本案作出判决：老齐犯故意杀人罪，判处无期徒刑，剥夺政治权利终身。

法官点评

老齐因为自己的冲动行为受到了法律的制裁，他的余生将在监狱中忏悔度过。但回首本案，更值得我们思考的是该怎样正确对待婚恋问题。爱情就像握在手里的沙子，握得越紧，流失得越快。如果当初的小凤能接受大家的劝告，对要求分手的男友留一点牵挂不再纠缠；如果她能及时告别过去、面对现实，本案的悲剧就不会发生。可惜的是，小凤以给男友和家人施加压力、制造麻烦为手段，企图挽回逝去的爱情，却不知在感情这条路上，偏执的她不仅实现不了和男友复合的心愿，反而使自己踏上了一条不归路。

方剑磊

　　毕业于西南政法大学、西南大学，法学硕士，现为成渝金融法院综合办主任。2014年在重庆市江北区法院挂职副院长，2016年在西南政法大学民商法学院挂职副院长，曾任重庆市第一中级人民法院民四庭副庭长、办公室主任、环境资源庭庭长，三级高级法官。曾获《人民法院报》"山城杯"新闻大赛一等奖、第27届全国法院系统学术讨论会三等奖、全国法院系统2017年度优秀案例分析三等奖、2018年度优秀案例分析优秀奖，两次荣立个人三等功，两次获评重庆市高级人民法院优秀工作者。在《人民司法》《人民法院报》《新华内参》等报刊发表过多篇文章。

网购被骗起风波

主讲人：成渝金融法院　方剑磊

【案例一】

1月的一天，冬日的冷风呼呼地吹着。在重庆一个主城区法院的法庭，快40岁的饭店老板娘李丽坐在原告席上，她柳眉倒竖、脖子微红，正大声对被告席上某服装公司的代理律师控诉着："什么，十倍赔偿高了？天啊，我那天穿着你们卖的大衣，被当众戳穿是件假货，我当时恨不得找个地缝钻进去。别说十倍赔偿，就是一百倍赔偿都难消我这心头怒火！"

故事还得从"购物狂欢节"的前夕说起。2017年11月，虽是初冬，可重庆绵绵小雨下个不停，加上偶尔刮点小风，空气特别湿冷。李丽坐在自家饭店的收银台前，将羽绒服的衣领不自觉地理了理。她痴痴地望着过路的行人，略有心事。原来，李丽马上要去参加年底的高中同学聚会了，她心想，这些年没少辛苦，自从和老公开了这家饭店后，小日子也过得不错，车和房都有了，生的一儿一女也活泼可爱。这次参加同学聚会，就算不是闪亮登场，也要光鲜靓丽，不能太掉价了。因此，穿什么衣服去参加同学聚会，成了萦绕在李丽心中的一个大问题。

看着在瑟瑟寒风中行走的人们，李丽突然眼前一亮，对啊，穿貂皮大衣！这符合自己的年龄和身份，而且显得雍容华贵，比较有面子。想到这儿，李丽赶紧拿起手机，打开了某购物软件。

李丽迅速在搜索栏输入"貂皮大衣"四个字，可浏览了一阵以后，李丽心里却打起了鼓。首先，这貂皮大衣着实不便宜，价格一般在一万元左右；其次，自己几乎天天在饭馆待着，穿着貂皮大衣不仅不方便，一年也穿不了几次，而且油烟会对貂皮大衣造成损伤。

正在此时，李丽的手机上突然跳出一个广告页面，一阵绚丽的动画过后，一个叫"某某服饰旗舰店"的网店进入了她的视野。"狐狸毛领、百分百水貂绒"几个大字映入李丽的眼帘，她点进网页，被一款大衣吸引住了。这款大衣主体是黑色，领子是棕黄色，毛色发亮，模特穿着特别显身材，又高贵又华丽，而且只要1580元，刚好符合李丽的心理价位。

看网店的介绍，这款大衣面料为水貂绒，含量95%，原料都经过第三方检测，而且还承诺"假一罚十"。看来这家网店商品的质量还是很不错的。可这水貂绒是什么东西呢？李丽马上和网店的客服聊了起来。

客服说，水貂绒是一种最新的高科技绒面料，一般用于高端服饰，还可贴身穿着，特别舒服。看到客服的回复，李丽动心了。因此二话没说，就付款下单了。

没过多久，李丽就收到货了。她赶紧打开包装，看了看大衣的吊牌，上面标明面料成分为95%特种动物纤维、5%锦纶。没多想，李丽就对着镜子试穿了起来。老公刘东在旁边看着开心的李丽，也一个劲地夸赞，说李丽好看。李丽一下子充满了自信，甭提有多高兴了。几天以后，李丽穿着崭新的貂绒大衣，出现在了高中同学聚会的现场。由于李丽保养得特别好，皮肤白皙，略施粉黛就如少女一般，再加上这一袭黑色貂绒大衣的衬托，更显得华贵典雅，一下子就成为大家关注的焦点。

李丽以前的几个闺蜜也围了过来，有的夸李丽会保养，有的夸李丽身材好，也有的问李丽："这大衣不便宜吧，好漂亮啊。"李丽怕同学们觉得自己买的是便宜货，就笑着随口一说："这衣服不贵，没几千块钱，是一种新的材质，叫水貂绒，店家说是比较高端的面料。"大家一听，更是满眼羡慕。

无巧不成书，就在大家开开心心聊天的时候，一位女同学的出现打破了这欢快和谐的气氛。

原来，这位女同学居然穿着和李丽一模一样的大衣走了进来，她俩撞衫了！撞衫这种事情，对女性而言，是很尴尬的。有位同学赶紧解围道："你们二位眼光都不错呀，而且心有灵犀，都选中了这水貂绒大衣啊！""对对对。"大家也赶紧附和道。

这位女同学是个实诚人，直言直语，没多想就说道："我这收入水平哪能买得起什么貂绒啊，我这件是兔绒的，在批发市场花几百块买的，大家就别笑话我了。"

一听这话，大家的目光齐刷刷转向了李丽，还有的人在一旁窃窃私语，空气像瞬间凝固了一般。李丽心里很难受，这不是明摆着说她撒谎、爱慕虚荣吗？

李丽恨不得马上找个地缝钻进去，自己都不知道这场聚会是怎样坚持下来的，最后恍恍惚惚回了家。门一关，她一下子就瘫倒在地，号啕大哭起来。

正在家中的老公刘东看到李丽这样，赶紧问怎么回事。过了好一会儿，李丽才平静下来，一五一十地告诉了刘东。刘东很心疼，他知道李丽不是那种爱慕虚荣的人，他们夫妻俩这一路打拼，李丽毫无怨言，从来没受过这么大委屈。他安慰道："老婆，这事咱们肯定不能就这么算了，你放心，我一定为你讨回公道。"

刘东虽是厨子出身，但经过这些年的摸爬滚打，见过很多人和事，也就形成了小心谨慎的做事风格。他知道维权的关键是得有证据。

夫妻俩先把关于这件貂绒大衣的所有页面、交易信息、和客服的聊天记录都截图保存，然后又来到李丽同学说的那家实体店，准备实地调查一番。

刚一进店里，李丽就在最显眼的位置看到了一排和她在网上买的一模一样的大衣：外观一样，牌子一样，连吊牌上面"95% 特种动物纤维、5% 锦纶"的标注都一样。但一张大大的促销牌上的"兔绒大衣"四个红色大字和 580 元的价格，却格外刺眼、扎心。

李丽看似有一搭没一搭地挑选着，当她路过收银台时，看到了挂在墙上的营业执照，上面赫然写着"某某服装公司"，和那家网店是同一家！

"美女，你们是想买这兔绒大衣吗？这大衣质量好、价格实惠，而且是今年最流行的款式。你穿绝对显身材、好看。"店里的促销员热情地介绍着。

李丽则是强忍着怒火，一边抚摸着衣服，一边回答道："嗯，看着是挺不错的，这大衣是兔绒的吗？""是啊，您看，这吊牌上还标明动物纤维有 95% 呢，我们这动物纤维就是兔绒。您放心吧。"

这番对话，一旁的刘东都用手机录了视频。

回去的路上，刘东和李丽商量，这下维权有底气了，证据这么充分，一定能拿回十倍赔偿。夫妻俩先是找网店，后来又去找购物平台，经过一番据理力争，网店只答应退货退款，至于十倍赔偿，则直接拒绝了，还说他们是狮子大开口，到了后面干脆不回复了。李丽夫妇难以接受，毫不犹豫地用一纸诉状将服装公司告上了法庭，称服装公司是消费欺诈，要求返还其购物款 1580 元，并赔偿十倍价款 15800 元。

案件由刘法官主审，一开庭刘法官就感觉到，虽然这个案件看似简单，就是消费者买到假货的纠纷，但看双方这态势，庭审不会那么顺利。

李丽说，自己买的是貂绒大衣，而服装公司给自己的却是兔绒大衣。

随即举示了自己保存的截图证据和拍摄的视频。

然而，服装公司的代表却振振有词地说道："所谓的水貂绒并没有一个准确的定义，只是纺织行业内对这种新产品的叫法。水貂绒通常由貉子毛、兔毛、羊毛以及其他不同种类化纤材质混合纺织而成。而且，我们大衣的吊牌也仅标明95%的动物纤维，并没有说一定是水貂这种动物的纤维啊。因此，这大衣叫水貂绒大衣没错，叫兔绒大衣也没错。"

随后，服装公司的代表举示了好几家纺织企业的产品来证明，说这是目前的行业惯用说法。还不以为意地举例子说，这水貂绒里没水貂，跟"夫妻肺片"里没夫妻、"蚂蚁上树"里没蚂蚁，是一个道理。

刘法官听到这里，认为服装公司虽然很明显有打擦边球、诱导消费者的意思，但对于这种材料命名，服装公司的陈述和证据，的确没有太大问题。虽然消费者可能会认为，水貂绒与水貂之间有一定联系，但水貂绒毕竟不是貂皮，不能只因为这点就认定网店有欺诈行为。

这下，庭审陷入了僵局，李丽心里着急起来，便和刘东商量："老公，这服装公司太能狡辩了！要不是因为他们诱导，我怎么会买！现在怎么办啊？""我觉得他们说有95%的兔毛，也不一定可信。就算真是兔毛，也不值这么多钱啊？咱们可以先申请鉴定一下！""好，那就鉴定。就算官司输了，我们也得输得明明白白！"李丽愤怒而坚定地说道。

刘法官依法同意了李丽夫妻的鉴定申请。不久之后，鉴定结果出来了，李丽和服装公司双方再次来到了法庭。

鉴定结论显示，送检大衣的成分为锦纶23.9%、兔毛76.1%。也就是说，按照服装公司关于水貂绒可以是兔毛的说法，其兔毛的含量也没有达标。此外，这大衣从上到下就没有一根水貂毛，因此服装公司存在明显的欺诈行为。

李丽心想，这下服装公司总无话可说了吧，一定要让他们十倍赔偿，付出应有的代价。然而，服装公司好像早有准备，明确表示即便自己的店有问题，也只能给予三倍的赔偿，不能赔偿十倍，因为法律有规定。

法官解案 >>>

原来，服装公司是根据《中华人民共和国消费者权益保护法》第五十五条的规定："经营者提供商品或者服务有欺诈行为的，应当按照消费者的要求增加赔偿其受到的损失，增加赔偿的金额为消费者购买商品的价款或者接受服务的费用的三倍；增加赔偿的金额不足五百元的，为五百元。法律另有规定的，依照其规定。"服装公司很明显是有欺诈行为的，我们平时听到最多的也是"假一赔三"的承诺，那是不是就像他们所说的，只能赔偿三倍呢？

答案是否定的，因为《中华人民共和国消费者权益保护法》第十六条同时也规定："经营者向消费者提供商品或者服务，应当依照本法和其他有关法律、法规的规定履行义务。"也就是说，"假一罚十"是商家为了吸引消费者而自愿做出的承诺，没有损害国家利益和公共利益，应该是合法有效的。所以，服装公司说只能赔三倍，是片面理解了法律的规定。

据此，刘法官认定服装公司已经构成欺诈，判决服装公司对李丽进行"十倍赔偿"，并且退款退货。一审判决后，服装公司不服上诉，二审法院驳回上诉，维持了原判。

没过多久，李丽夫妇就拿到了服装公司的十倍赔偿，她和丈夫刘东一起请同学们吃了饭，并主动把这件事说了出来。

大家哈哈一乐，都夸李丽有本事，李丽心里也就释然了。而服装公司的网店因为购物平台给了"描述不符"的处罚，下调了信誉评级，又扣了保证金，生意越来越不景气，很快就撑不下去了。

【案例二】

一天晚上，刚教完法律课的王梅回到家，拖着疲惫的身子，想赶紧洗个热水澡，冲去这一天的辛劳。可是，她发现自己最喜欢的女士香皂居然没有了！王梅立马穿上睡衣冲进了客厅，她把毛巾重重地摔在跷着二郎腿看电视的老公张强身上，有些生气地说："你是不是又把我的女士香皂用完了？跟你说了多少遍了，你的男士香皂是棕色的！""哦，对不起，老婆，我又忘了！"张强赶紧道歉。

"我在外边要讲课，在家要做家务，你从来不管家里缺什么，要把我累倒才满意啊？"王梅委屈地数落着老公。"老婆，我改，我改，从现在开始我一定照顾好家里，缺什么我提前就买好，而且我发誓再不用你的女士香皂了！"老公表态后，王梅总算原谅了他。

过了两天，闲暇之余的王梅习惯性地打开了购物网站。有一家"某品牌旗舰店"正在促销一款女士香皂，网页显示：原价 88 元，今天 10 点整开始限量抢券，促销价 38 元。王梅一看，这款香皂的促销力度这么大，便立马下单购买了 5 块，付款 190 元。

第二天，王梅就收到了 5 块香皂。王梅心想，这物流越来越快了，以前都要隔个两三天才能收到货，现在居然这么方便。王梅很快就确认收货，还给了五星好评。可过了一天，王梅又收到了相同的 5 块香皂。这可就让王梅纳闷了，怎么又发来 5 块，是商家发错了，还是自己中奖了？

这时候，丈夫张强回来了，进门就笑嘻嘻地说："老婆，女士香皂收到了吧？你平常老说我借口工作忙，不关心你，说我什么都不管，扫帚倒了都不会扶一下。这次我给你买了 5 块香皂，算是给你个小惊喜。你老公改正错误的态度还算端正吧！"

王梅一听，顿时哭笑不得，原来这香皂是买重了，随即就跟老公说起了这件事的来龙去脉。张强一听，也是哈哈大笑："没什么，囤着用吧！以后这种鸡毛蒜皮的小事都包在我身上啦，就不劳王老师费心了，你专心给学生们讲好课就行了！"

王梅一听老公取笑她，柳眉一竖，说道："哼，笑什么笑，几块香皂能说明什么？以后看你的表现。不过，你一定买得比我贵。我可是又定闹钟又抢券，在商家第一天打折时买的，38元一块！"张强一听，又笑了："老婆大人，你又糊弄我。哪有你说的这么夸张，我就是那天晚上被你批评教育后马上下的单，38元一块，根本不用抢啊。""啊，网店说原价是88元啊。"王梅诧异道。

两人随即打开了购物网站，果不其然，王梅老公的成交记录显示，他就比王梅早买了一天，而且没打折，原价就是38元！

诧异之余，王梅感觉自己的情感和智商都受到了伤害，生气极了。王梅是一名大学教师，教法律选修课，虽然这次损失不大，但自己天天普法、教书育人，这种事竟然落到自己头上，也真是一种莫大的讽刺。

冷静下来之后，王梅决定要维权，也算是给学生们树立一个榜样，不能就这么算了。于是她二话不说，一纸诉状将这家网店告上了法庭，以存在价格欺诈为由，要求对方退货退款，并且三倍赔偿其损失570元。

案件又来到了刘法官手中。刘法官知道，对消费者而言，价格欺诈很难取证，因为很少有消费者会长期关注同一件商品的价格波动情况。那本案中，王梅会扭转这种不利局面吗？

法庭上，王梅起诉称："网店为商品标注并不存在的原价88元，以打折为诱饵，欺骗消费者上当受骗，而其原价就是38元，因此构成了价格欺诈。"

对此，网店代理人则轻描淡写地回答："我们这款商品的原价就是88元！"看来，果然如刘法官所料，网页已经被更改过，商家觉得王梅不

网购被骗起风波

一定会有原价的证据。

巧就巧在，王梅的老公张强一天前在这家店买过同样的商品，所以当时的订单信息就是证据。

这时，网店代理人有点慌乱，连忙辩解道："香皂的原价好像是38元，只不过是工作人员失误标注成了88元。"

法官解案 >>>

刘法官认为，即便网店真的举出一些证据，证明是工作人员失误所致，但工作人员就代表网店，客观上已经对消费者产生了误导。

这时，网店代理人又抛出了一个理由：我们提供的商品香皂是真的，只是价格标注有误，不属于消费者权益保护法规定的欺诈行为，也就是说不用"三倍赔偿"。

对这个理由，刘法官当场释明，消费者权益保护法第五十五条虽然没有明确提到价格欺诈，但价格作为商品的重要属性，虚标原价已经违反了我国价格法第十四条第四项的规定，商品经营者不得"利用虚假的或者使人误解的价格手段，诱骗消费者或者其他经营者与其进行交易"。

因此，这家网店虚标原价的行为，已经属于消费欺诈。最后，法院支持了王梅的诉求。

判决后，网店为避免由此引发大量顾客索赔，在购物平台的监督下，赶紧将这款女士香皂下架了。但是这款香皂本是网店今年的主打产品，前期备货和各种宣传已经投入了很大成本，因此网店遭受了巨大的经济损失。而且，这家网店因为价格违法行为，还受到了行政部门的处罚。

法官点评

这两起网购维权案件，一个是虚标材质，一个是虚标价格；一个是一千多元的衣服，一个是几十元的香皂。很多人会觉得为这种事折腾一番没必要，或者在商家拒绝理赔的时候吃个哑巴亏。但在这两起案件中，执着的李丽夫妇、王梅夫妇却不失理智，不仅依法维护了自己的权益，更重要的是找回了自身作为消费者的尊严。两起案件中的商家都为此付出了代价，这也让他们记住了，信誉是多么重要。

王周瑜

　　1984 年出生，毕业于西南政法大学法学专业，法律硕士。现任重庆市高级人民法院立案二庭四级高级法官，院机关团委副书记。从事刑事审判工作 10 年，2019 年开始转向民事审判。曾被评为"重庆市巾帼建功标兵""重庆市打击发票违法犯罪先进个人"，多篇文章发表于《人民司法》《重庆审判》等刊物，荣获全国法院系统学术讨论会二等奖，荣获重庆市"阅读马拉松"线上大赛二等奖、重庆市直机关共青团读书分享活动三等奖，多次被评为"妇女工作先进个人"、年终考核"先进个人"。

假警察　真抢劫

主讲人：重庆市高级人民法院　王周瑜

这天一大早，派出所来了一对奇怪的夫妻。女的叫孙丽梅，男的叫李明华，两人看起来都三四十岁，打扮时尚，鼻梁上各架了一副墨镜。女的拎着一个名牌包，男的腰间系了一条标志特别大的皮带，他们在这清晨的派出所中好不显眼。而他们来派出所的原因，让警察很诧异。因为他们不是来报案的，是来取东西的。

他们说，昨晚有两名警察到他们家收走了一张银行卡和两部手机，叫他们今天来派出所取，所以他们就来了。

警察问，是因为什么事被收缴了东西？此时，二人就开始闪烁其词，说不知道是什么事。

警察再次追问时，孙丽梅支支吾吾地说："昨晚的警察说接到群众举报来查传……销……结果什么也没查到，就把东西收走了。"警察查了相关记录，昨晚根本没有出警。

"不可能！"孙丽梅、李明华异口同声地说。

警察又问他们，对方有没有出示警官证、搜查证？他们有没有收到扣押清单？

夫妻俩相互对视，一脸茫然地摇摇头。

警察办案不可能既没有相关身份证件也没有扣押文书，这里面肯定有问题。

"哎呀！不好，被骗了！"孙丽梅大叫一声，立马冲出了派出所。李明华见状，也跟了出去。

夫妻二人火速赶到了银行，这一查才发现，卡里的 20 万元不见了！

心急如焚的孙丽梅和李明华，再次来到了派出所。这一次，他们真的是来报案了！

接到报案后，公安机关迅速立案侦查。在排查时，警察从孙丽梅居住小区的监控视频中，发现了一条重要线索。案发当天下午，有一名男子形迹可疑，他反复行走在第二、三栋楼之间，十几分钟后离开。到了晚上8 点多钟，该男子又出现在小区，直接进入第二栋楼，半个小时后离开。而这个时间与孙丽梅陈述的被两名男子劫走财物的时间刚好吻合。

可孙丽梅却说，案发当天见到的不是这个人，但这个人她曾经见过，名叫刘建中。

得到这一重要信息，公安机关分析本案极有可能跟这个叫刘建中的人有关，于是迅速围绕刘建中展开深入调查。可是连续侦查了好些天，都找不着刘建中的踪影。案件一时陷入了僵局。

就在这个节骨眼上，一名陌生男子突然来派出所自首，称前几日假扮警察，拿走别人银行卡和手机的人就是他。同时，他还供出了两个同伙，一个是梁永新，另一个正是刘建中。

该男子名叫杨刚，根据他的交代，公安机关结合其他线索，很快就将其他两个人抓获归案，案件得以侦破。公安机关侦查终结后将案件移送到检察院，检察院向法院提起了公诉，指控三人冒充军警人员入户抢劫。

法院受理后，案件分配到张法官手里。该案涉及有人冒充警察办案，非法取得他人财物，在当地造成了恶劣的社会影响。张法官迅速组织开庭，通过几个人在庭审中的交代，整个案情背后的故事浮出水面。

杨刚开口就说，都是传销害了他！

事情还得从两年前说起。杨刚的同乡梁永新从外地打工回来，突然就买房买车了，生活条件发生了巨大的变化。而杨刚瞅瞅自己，结婚好几年了，还跟着老父亲挤在几十年前的土墙房子里，平时靠打点零工过日子。杨刚也尝试过做生意，但都以亏本收场。这次，看到梁永新一副衣锦还乡的模样，杨刚眼红了，忍不住就讨教起了"发财经"。

梁永新听说杨刚想挣钱，很是热情爽快，立马答应只要杨刚同意，他愿意带着杨刚一起发财。这让杨刚很意外，原以为大家都对自己的发财之道讳莫如深，岂料梁永新却如此慷慨，杨刚是既兴奋又感动。

梁永新绘声绘色地给杨刚介绍，说这是国家的一个大项目，他们有内幕消息，现在投资绝对赚大钱。看在和杨刚有交情的份儿上，他愿意帮杨刚一把，有钱大家一起赚。不过地点在外地，到时候会带杨刚一起去。

紧接着，梁永新又说："要加入这个项目还得有个条件，那就是每个人先交 5 万元，不过这笔钱是能拿回来的。加入项目以后，第一个月就会返还 1 万多元，之后就按照自己的业绩情况实行奖金分配。不出半年，不仅能把 5 万元全拿回来，还能净赚十几万元呢。"

一提到要交钱，杨刚有些犯难了，自己这些年省吃俭用，和老婆一起好不容易积攒了几万元，是留着以后生养孩子用的，要这么一次性拿出来，他可做不了主。

梁永新见杨刚为难了，劝他说："兄弟，舍不着孩子套不着狼。要赚大钱可不能吝啬小钱啊。你看你，30 多岁了，还住着土房子，你打算以后让老婆孩子就跟你这么过一辈子吗？"

杨刚沉默不语。梁永新继续说："机不可失，时不再来。到时候可别怪兄弟我没帮过你。实话告诉你吧，我们这里还有好多人都是两口子交双份钱，回报自然也是双份，相当划算。你回去跟你老婆商量商量，钱不够的话去亲戚朋友那儿借，很快就能还上。我要不是刚买房买车把钱用完了，否则也一定借给你。"

梁永新的话让杨刚非常兴奋，回到家，杨刚跟妻子说起了这事。妻子一开始不同意，觉得还没挣钱就要先交钱，不靠谱。可杨刚把梁永新的"项目"当成了翻身的绝佳机会，他苦苦哀求妻子，说梁永新和他平时关系不错，肯定不会骗他，而且梁永新现在的生活状况大家都是有目共睹的，他也希望今后老婆和孩子能跟着他过上好日子。

最后，架不住杨刚的游说，妻子终于同意了。但她还是不放心，说如果要去外地，她必须跟着去，要亲眼看着这钱是做什么去了。杨刚满口答应。于是他们拿上仅有的几万元，再向亲戚借了几万元，将这 10 万元交给了梁永新。

就这样，杨刚和妻子怀着对美好生活的向往，跟梁永新一起来到了外地。

本来满怀信心要干一番事业，可是杨刚他们来了半个月，除了不断开会、动员大家到街头巷尾去宣传之外，一直没有做什么正儿八经的工作。杨刚有些坐不住了，他多次问梁永新怎么回事，梁永新说，他们这个国家的大项目还处于筹备阶段，需要大量的人力和资金，所以现在的主要任务就是不断地发展新人，让组织发展壮大。

一个月过去了，杨刚和妻子都没有发展到一个新人，他们这个月一分钱也没有拿到，还要自己付生活费和房租。之前说好的第一个月退 1 万元，也没有实现。

杨刚又急着跑去问梁永新。梁永新解释，因为他们夫妻俩没有为组织创造任何收入，所以就没有工资。只有拉新人进来，新人缴纳会费，他们才能拿到相应的报酬，所以他们需要做的就是想方设法去拉人。

梁永新一开始可没说必须拉新人进来才有收入啊。此刻，杨刚觉得自已上当受骗了。杨刚和妻子越想越觉得，这跟电视上曾经报道的"非法传销"很像，所谓的国家项目，不过是个幌子，根本没有实质性工作，完全是靠不断发展下线来获得收入的。这可是违法的，夫妻俩决定去找梁永新，他们要退出！

可梁永新说，要退出可以，但是之前交的会费一分钱都拿不回来，钱都交给上级组织了，想要拿回来只有一个方法，就是拉新人入会。杨刚气得发抖，当时就给了梁永新重重一拳，骂他是个骗子，害他加入了非法传销组织。而梁永新却一脸无赖地说："我就是靠这个挣的钱，可没有骗人，方法已经告诉你了，是你自己不会用，怪不了我。"

杨刚和妻子左右为难，一方面知道自己上当受骗了，很想挣脱；另一方面担心上交的 10 万元，那可是他们全部的家当，不能就这么白白丢了。

万般无奈之下，杨刚和妻子决定暂时留下来，他们想把自己交的钱挣回来就离开，否则不甘心。于是，夫妻俩开始跟别人学，渐渐地也拉了一些人加入，并拿回了一些钱。他们很努力地想早日把钱都拿回来，连春节都没有回老家。这也成为日后杨刚最懊悔的地方。

原来，正月初五那天，杨刚和妻子像往常一样在街上宣传拉人，突然接到从老家打来的电话，对方语气非常着急，一个劲地让杨刚赶快回家，说他父亲受了重伤。杨刚从对方的话里，感觉到事情不妙，便和妻子立刻买了车票急匆匆赶回家。谁知道还是晚了一步，父亲已经过世了。乡亲们告诉他，父亲上山去做农活时，一不小心摔下山，头撞在了一根木头上，因失血过多而死，被人发现的时候已经过了 3 天了。在电话里没有跟他直说，也是怕他受不了。

杨刚抱着父亲的骨灰盒号啕大哭，愧疚难当。办完父亲的后事，杨刚和妻子商量，要不是害人的传销组织和拉他们入伙的梁永新，他们也不至于落到如今这般境地。父亲已经没了，还有几万元没拿回来，绝不能就这

假警察　真抢劫

么算了。他们要再出去干一年，等拿回所有的钱后就回老家踏踏实实过日子。可就在这时候，妻子怀孕了。思来想去，杨刚让妻子留在老家，自己一个人去了外地，开始了每天拉人入会的生活。

然而没过多久，杨刚所在的传销组织就被公安机关查处了，相关头目被抓获，组织被迫解散，其他会员也四处逃窜。梁永新和杨刚回到了本地，随行还有一个老乡，也就是之前提到的另一个同伙——刘建中。

一天，三人喝酒聊天。借着酒意，杨刚就开始埋怨梁永新，要不是当初那么相信他，也不至于被带进非法传销组织，说着说着，两个人差点打起来，幸好有刘建中在中间劝和。回想起不能为父亲送终的事，杨刚是一把鼻涕一把泪，再加上现在妻子怀孕了，还有几个月孩子就要出生了，用钱的地方很多，他不知道该怎么办。突然，杨刚愤怒地将酒瓶往地上一摔，说："都是传销把我们给害了，兄弟们，干脆我们干一票大的，然后就收手不干了。"

梁永新和刘建中不明白杨刚是什么意思。杨刚解释说，钱是交给了传销组织，现在他们另找一个传销组织把钱给抢回来，也算是"冤有头，债有主"，合情合理。他让梁永新和刘建中想想有没有知道的组织。这时，刘建中想起来，他有一个朋友在本地的一个小型传销组织干过，这个朋友见过组织里负责收集申购款的那个经理，应该能找到人。刘建中提到的这个经理，正是开头提到的报案人之一——孙丽梅。

三人一拍即合。可是怎样才能顺利地从传销人员的手中拿到钱呢？直接抢肯定不现实，毕竟这是人家的地盘，只怕是偷鸡不成蚀把米。杨刚突然想到，自己做传销时最怕的就是警察，只要说是警察办案查处非法传销组织，然后收缴财物，对方肯定不敢反抗，他们就可以顺利拿到钱了。杨刚不禁为自己的这个想法拍案叫绝。

接着，三人就开始分工。刘建中认识对方，所以不出面，他负责准备警服警棍、踩点；杨刚和梁永新负责直接动手。

一切准备就绪。案发当天下午，刘建中来到了本案被害人孙丽梅所在的小区踩点，这就是公安机关在监控视频中看到的一幕。

晚上八点多钟，刘建中看到楼上孙丽梅的房间还亮着灯，于是就打电话告知杨刚和梁永新开始行动。

杨刚和梁永新从车库走楼梯上楼，他们在楼梯间换好警服、拿好警棍，然后就去敲门。开门的是孙丽梅的丈夫李明华，杨刚、梁永新顺势推门而入，然后自称是派出所的民警，他们接到群众举报，前来查处非法传销组织，让李明华和孙丽梅交出身份证和所有财物。二人将手机、身份证等放在了桌上，杨刚又叫他们双手抱头蹲在了墙根处。

杨刚在房间里四处搜寻，找到一个女士皮包，从里面拿出了钱包和一张银行卡，并逼问银行卡密码。李明华说不知道，杨刚转过身，举起警棍朝李明华背部、胳臂等处猛敲了几下，李明华赶紧闭嘴，梁永新也走过来呵斥李明华，让他老实点。接着，杨刚转向孙丽梅，示意孙丽梅说出密码，孙丽梅也不愿意，反问他们："警察为什么打人啊？警察要密码做什么？"杨刚恶狠狠地回答："这是办案需要，你们这个案子影响太大了，必须特事特办，不要以为你是女人，我就不敢打你，不配合就跟我回派出所蹲着。"说着就举起了警棍，孙丽梅看了一眼，心里有点害怕，不敢公然反抗，于是就战战兢兢地说出了银行卡密码。

杨刚一边让梁永新看着两个人，一边借口说去核实一下密码是否正确，然后就走到了隔壁的房间。几分钟后，杨刚走出来，说密码是真实的，他们要把银行卡带回所里暂时扣押，同时拿走了李明华和孙丽梅的手机，并告诉他们第二天到派出所来取回银行卡和手机，说完便开门扬长而去。

于是，便有了开头李明华和孙丽梅到派出所取东西那一幕。

假警察　真抢劫

因为心里有鬼，孙丽梅夫妻俩刚开始也支支吾吾，不好意思说明事情的原委。可万万没想到，他们到了派出所才知道自己果真被"假警察"骗了，银行卡里的20万元也被骗走了。孙丽梅气得火冒三丈，心想一定要把那两个骗子给抓住，不能便宜了他们。于是没多想就报了警。

不过话说回来，稍微有点金融常识的人都知道，每天银行卡提现和转款都是有限额的，即使是在柜台办理大金额的业务，也需要提前预约，那么杨刚等人是怎么做到一夜之间就将20万元全部转走的呢？

法庭上，杨刚这样解释，他知道传销申购款一般存在银行卡上，而银行卡支取有限制，他们又不方便出入银行，怕暴露身份。于是，他就想到了一个自认为又快又隐蔽的拿钱方法——用POS机转账。由于以前做生意的时候用过，他知道POS机可以即时大额转账。当天晚上，杨刚就是利用核实密码真实性的机会，到隔壁房间用POS机将银行卡里的钱转走了，他直接把钱转到一个用他人身份证办理的银行卡里。

杨刚以为这样就可以神不知鬼不觉了。表面上看来整套作案方法天衣无缝，可是他却百密一疏，原来，POS机的申领非常严格，实行实名制，公安机关一查转款记录，便知钱款是通过他名下的机器转走的，很快就能锁定他。当然，公安机关展开调查没几天，杨刚就主动投案了。

张法官问杨刚："既然你想方设法冒着假装警察的风险都要拿这笔钱，为什么又来投案自首？"

杨刚还算诚实，他说，原以为孙丽梅怕警察不敢报警，他们就能侥幸逃过一劫，顺利拿到钱。可没想到，孙丽梅居然报警了，他们躲藏的时候已经听到了风声，自知逃得了一时，逃不过一世，而且眼看着自己的孩子就要出生了，他不想让孩子永远见不着爸爸，所以就自首了，争取宽大处理。

庭审中，杨刚、梁永新和刘建中对基本犯罪事实均供认不讳，认罪悔罪态度积极。杨刚更是痛哭流涕地说："我后悔做了违法犯罪的事情，愿意真诚悔过。现在孩子出生几个月了，我还没有见过，恳请法官让我们见一面。"

休庭以后，张法官在法庭外见到了杨刚的妻子和他们襁褓中的孩子，同样身为父亲的张法官能够体谅杨刚此时的心情，他与法警协商，同意杨刚和妻儿在羁押室见面10分钟。

杨刚看到妻子和孩子，双手捂脸失声痛哭，一个劲地说："我对不起你们，对不起你们，孩子没有这样的爸爸。"妻子一边流泪一边劝慰杨刚，让他好好接受改造，早日回家。

见面结束后，杨刚抹抹眼泪，对张法官说："都怪我想做发财梦，这才轻信他人、误入传销组织。之后我一错再错，想'黑吃黑'，这才走到了今天违法犯罪的地步。"

法官解案 >>>

本案的犯罪事实清楚、证据确凿，但在适用法律方面却有一定争议。因为杨刚等人很明显是冒充警察转走了孙丽梅银行卡里的钱，但检察官是以抢劫罪提起公诉的，为什么不是招摇撞骗罪呢？

本案中，杨刚等人以非法占有财物为目的，冒充人民警察，谎称查处非法传销组织，让被害人信以为真交出银行卡和手机，其行为确实符合招摇撞骗罪的犯罪构成。但是，我们应当注意到，根据2005年最高人民法院《关于审理抢劫、抢夺刑事案件适用法律若干问题的意见》第九条第一项的规定，行为人冒充正在执行公务的人民警察"抓赌"、"抓嫖"，没收赌资或者罚款的行为，构成犯罪的，以招摇撞骗罪从重处罚；在实施上述行为中使用暴力或者暴力威胁的，以抢劫罪定罪处罚。行为人冒充治安联防队员"抓赌"、"抓嫖"、没收赌资或者罚款的行为，构成犯罪的，以敲诈勒索罪定罪处罚；在实施上述行为中使用暴力或者暴力威胁的，以抢劫罪定罪处罚。杨刚等人冒充警察的同时还使用警棍击打李明华，致李明华轻伤，同时威胁孙丽梅说出银行卡密码，已经符合了司法解释中提到的"使用暴力或以暴力相威胁"的条件，因此本案应该直接定性为抢劫罪。

那么，第二个问题又来了，从本案证据来看，杨刚等人的作案地点位于居民楼里的一个三居室，室内的设施看起来跟普通的住所差别不大。如果是抢劫罪，那杨刚等人进入孙丽梅的房子，是否属于"入户"抢劫呢？因为，我国刑法规定，"入户"抢劫可是抢劫罪的加重情节之一。

对于这一点，张法官认为，根据2005年最高人民法院《关于审理抢劫、抢夺刑事案件适用法律若干问题的意见》第一条规定，"入户抢劫"中的"户"是指住所，应当是供他人家庭生活并与外界相对隔离的地方。而孙丽梅当初在报案时，曾说她并不住这里，这里只是她连锁经营的办公场所。关于这一点，现场勘验笔录也有所印证。

综上所述，现有证据不能证明案发现场所在的房屋是用于"家庭生活"的，那么杨刚等人的犯罪行为就不能认定为"入户"，只能按照一般的抢劫罪定罪处罚。

结合三名被告人在犯罪中的地位和作用，杨刚为实施抢劫的犯意提起者、组织者和参与者，梁永新则积极参与了实行行为。法院认定杨刚、梁永新为主犯；而本案中刘建中提供了被害人信息、踩点、望风等行为，是从犯。但因为杨刚具有自首的情节，事后积极退赔被害人损失且取得被害人谅解，可以酌情从轻处罚。

最终，法院以抢劫罪判处被告人杨刚有期徒刑十年六个月，判处梁永新有期徒刑十年六个月，判处刘建中有期徒刑五年。

事后，张法官了解到，因为参与传销组织，本案中的孙丽梅夫妇在公安机关的一次专项行动中被逮捕，等待他们的也将是法律的制裁。

法官点评

我们经常看到关于"远离传销，珍爱生活"的宣传报道，国家三令五申禁止非法传销活动，但总有人深陷其中。梁永新不但自己加入传销组织，还欺骗同乡加入，害人害己；而杨刚满脑子都是发财梦，妄想不劳而获却被骗误入传销组织，之后又抱着侥幸心理，想以"黑吃黑"的办法来挽回自己的损失，殊不知搬起石头砸了自己的脚，锒铛入狱。

程媛媛

四川省审判业务专家（第三届）。2008 年研究生毕业后入职四川省高级人民法院，2015 年调至成都铁路运输中级法院，先后在民一庭、执行局、立案庭工作，现任成都铁路运输中级法院党组成员、机关党委书记。工作期间，多次荣立个人三等功、获嘉奖表彰并受到最高人民法院通报表扬。撰写的 10 余篇学术论文、案例分析先后获全国法院二等奖和三等奖，获四川省法院系统特别奖、二等奖、三等奖。参与最高人民法院、四川省委政法委、四川省法院组织的各类调研 10 余次，多项调研成果转化为指导全省法院相关工作的规范性文件。

一杯热水十万元

主讲人：成都铁路运输中级法院　程媛媛

　　某年春运，一列火车的硬座车厢虽然拥挤嘈杂，可一声"哎呦"还是显得格外刺耳。大家闻声望去，只见一个中年妇女正痛得直跺脚，还大声嚷嚷着"烫死我了"。她是坐火车回家过年的田丽，被座位中间小桌上一杯打翻的热水给烫着了。

　　列车员小周听说有人被烫着了，赶紧挤到跟前了解情况。经过简单查看，小周发现这热水先是倒在了田丽的大腿上，后来又顺着大腿往下流，所以大腿具体被烫成什么样还说不清楚，只看见田丽卷起裤腿露出的膝盖和小腿，已经红了一大片。

　　看到田丽暂时没什么大碍，小周又赶紧问："这打翻的水杯是谁的呀？"田丽这才不好意思地向小周承认，水杯是自己的。田丽解释说，上车前她就口渴了，于是，刚一找到座位，她就先去接了一杯热水。为了快点喝上水，她就没有盖水杯的盖子，想赶紧把水晾凉了。

　　说到这儿，田丽话锋一转："这杯子好端端地不会自己倒了啊。"然后指着对面的一对年轻男女说："就是他们，是这小两口从座位上站起来的时候，碰翻了水杯，才烫到我的。"田丽说，那个女孩好像是有孕在身，刚想站起来，她的老公赶紧去搀扶，俩人的动作很大，就碰倒了本来放在小桌中间的开水杯。

原来，年轻的小伙子叫简彬，怀孕的女孩叫秦舒阳，俩人还没结婚呢，他们这次坐火车是准备回简彬老家过年的。简彬委屈地说，由于车上人多又嘈杂，未婚妻秦舒阳从上车开始就不舒服，头晕想吐还喘不过气来。他安顿好座位和行李后，就想带秦舒阳到车厢连接处透透气。没想到俩人刚一起身，就听到对面的大姐说被烫着了。当时小桌上堆满了东西，一大袋一大袋的，简彬的心思又全都在未婚妻身上，压根儿没注意到桌上是不是有水杯。

随后，列车员小周又询问了周围的乘客，对这事也基本上了解了，于是赶紧通知了列车长和乘警。

列车长了解了事情的经过之后，考虑到烫伤的问题，根据伤情可大可小，但水杯是田丽自己的，还开着盖子，也不完全是简彬这边的责任。于是列车长提出一个调解方案，按照对半承担的原则，由简彬二人现场向田丽支付赔偿金3000元，如果之后实际治疗费用超过了6000元，田丽可通过法律途径继续维权。

对于这一调解方案，田丽没有反对，简彬也没有异议，当场支付。因为调解的结果大家都比较满意，返回座位的几个人，并没有因为被烫伤或者赔了钱而再起什么争执。不过，听着田丽一路上的痛苦呻吟，简彬虽说赔了钱，却仍十分愧疚。十几个小时后，秦舒阳和简彬到站了，临下车前他们专门给田丽留下了自己的联系方式，并且诚恳地表示一定会负责。

由于已经赔了钱，简彬和秦舒阳就没再把这件事放在心上。他们这次回简彬老家说是过年，其实主要还是来见父母，好赶紧定下俩人的婚事。再加上这又是秦舒阳以未婚妻的身份初次登门，所以俩人心里既兴奋又紧张。

说起来，简彬和秦舒阳能走到今天也着实不容易。两个人本是大学同学，但因为简彬家是农村的，而秦家父母一直不赞成自己的女儿找个农村的小伙子，再加上这简彬和秦舒阳刚出校园没两年，什么经济基础都没有，所以他们一直拒绝和简彬见面。

为了表示自己非简彬不嫁的决心，秦舒阳在元旦期间回家见父母的时候，亮出了自己的底牌，那就是——她已经怀上了简彬的孩子。这下秦家父母也没办法了，事已至此再生气又有什么用呢？这才答应女儿和简彬见面。

经过几次接触，他们觉得简彬这小伙子除了家里条件一般，其他倒也没什么毛病，就同意了他们的婚事。不仅如此，秦家妈妈还催着女儿抓紧时间去见简彬的父母，把婚事定了，不然将来大着肚子办婚礼，成什么体统。就这样，秦舒阳才趁着春节假期和简彬一起回老家看望他的父母。

本来他们是打算买飞机票的，可一盘算，飞机降落后还要坐三四个小时的长途汽车才能到简彬家。这秦舒阳怀孕了，哪能经得起这么折腾。刚好从他们所在的城市到简彬家的县城，有一趟过路火车，虽说时间比较长，但好在不用中转，就这么着，俩人才选择坐火车回老家。

火车上发生的小插曲，让他们平白损失了 3000 元，却没有影响他们回家的激动心情。尤其是秦舒阳，一路上都在担心自己没过门却先怀孕了，简彬的父母会对她有看法。简彬却一直宽慰她说，父母听说马上就要有孙子抱了，高兴得不得了，老早就在为她的到来做各种准备了。

终于，俩人赶在天黑前回到了家。简家父母见秦舒阳虽然是城里的孩子，却一点也不娇气，既懂事又有礼貌。虽然以他们的观念，也觉得未婚先孕不是什么光彩的事，可对秦舒阳这个人，他们还是挺喜欢的。于是他们就商量着，这两天趁拜年的机会，带着简彬和秦舒阳去几个长辈家里走走，赶紧把婚事给定下来，这样今年春节就喜上加喜。然而，简家父母还没来得及安排拜年的事，计划就被一个突如其来的电话给彻底打乱了。

原来，电话是田丽的家人打来的。据田丽的家人说，田丽大腿上的烫伤因为在火车上没有得到及时处理，迅速感染恶化，她下车之后连家都没回就直接被送进医院。医生一看田丽感染十分严重，而且因为低血压引发休克，当场就安排她住进了重症监护室。好在病情及时得到了控制，田丽就和家里人简单地说了火车上发生的事，嘱咐他们赶紧联系简彬和秦舒阳来送医药费。

就这么着，刚刚松了口气的简彬和秦舒阳，一下子又六神无主、愁眉不展了。简彬的父母听说后，更是急了，觉得自己家孩子是被人讹上了，坚决反对他们再赔钱给田丽。

田丽的家人打了两天的电话，见没效果就直接上门了。他们跑到简彬家，说是他家的孕妇撞翻了杯子才烫伤田丽的，现在田丽等着钱救命呢，不拿出20万元来他们是不会走的。简家父母没办法，只好打电话报警，还叫来了十几个亲戚朋友助阵。田丽的家人一看这阵势，好汉不吃眼前亏，就赶快走了。

可这样一来，亲戚朋友就都知道简家摊上事儿了，而且还是那个没进门就怀孕了的儿媳妇给惹来的。

一来二去地，有些风言风语就传出来了。有的说，秦舒阳未婚先孕，还这么高调地进简家的门，怕是不吉利；还有的说，秦舒阳还没进门就给简家惹了这么大的事儿，怕是跟简彬八字不合，这种不祥之人可不能娶进门啊。

大过年的，田丽的家人这一闹，本来就让简彬的父母觉得很没面子，再加上外面这阴阳怪气的闲话，他们看秦舒阳的眼神就更加复杂了。心里不仅不再像前两天那样喜滋滋的，反而生出了几分反感和厌恶。

他们之前多少听简彬提过，秦家之前还嫌弃自己儿子是农村的，可儿子却一直是他们的骄傲，不仅读书从来都没让人操过心，还凭自己的本事在城里找到一份体面的工作，挣的钱也不比秦舒阳少。他们本来就担心，儿子和秦舒阳成婚后会受亲家的挤对，可现在还没结婚，秦舒阳就惹了这么晦气的事，让自己家上上下下都没过好年，看来这俩孩子可能真是不适合在一起。

虽说舍不得秦舒阳肚子里的孩子，但一想到简彬以后重新找了媳妇，还会再有孙子，于是老两口就要求儿子和秦舒阳赶紧分手，等孩子月份再大点就麻烦了。

简彬当然不愿意，他知道父母并不是不讲道理的人，可这次的事情又确实是让父母丢尽了脸面，再加上这件事发生在春节期间，在当地闹得沸沸扬扬，父母一时无法接受也是正常的。简彬是个孝顺孩子，从小到大没忤逆过父母的意思，婚姻大事更不敢擅作主张。最终，架不住父母的软硬兼施和亲戚们的轮番劝说，他还是向秦舒阳提出了分手。

听到简彬提出分手的要求，秦舒阳几乎快要崩溃了，她不知道事情怎么突然发展到这个地步，更不敢跟父母说出实情，只能借住在朋友家里每天以泪洗面。虽然此时窗外已是春暖花开，可秦舒阳心里却茫然无助到极点。偏偏这时，她又接到了法院打来的电话，说田丽把她和简彬一起告上了法庭，让他们共同赔偿医疗费、误工费、精神损失费等共计30万元。

转眼就到了法院开庭的日子，不过，简彬和秦舒阳都没有来参加庭审，只是委托了代理律师出庭发表意见。

庭审结束后，主审案件的杨法官暗自盘算了一下，这个案件说简单也简单，说难也难。为什么这么说呢？

要说简单，因为本案事实还是很清楚的，判决也很容易，只要算一算田丽的各项支出和损失，再将一捋田丽和秦舒阳、简彬之间的责任分配就可以了。按照田丽目前的诉求，秦舒阳和简彬要赔十几万元。

要说难，是因为想真正解决问题、实现好的社会效果比较难。杨法官也听律师说了各方当事人目前的情况，现在简彬和秦舒阳正在闹别扭，如果他们都不主动出面履行判决，赔偿款迟迟不能到位，田丽的家人为了要钱又会上门大闹，双方的矛盾将会继续升级。不仅如此，高额的赔偿款还有可能造成简彬和秦舒阳关系的进一步恶化，他俩极有可能会因为赔偿责任的内部分配问题再起纷争，等秦舒阳把孩子生下来，他们还有可能就孩子的抚养问题产生新的纠纷和诉讼。所以，虽说简彬和秦舒阳是分手了，可他们之间的关系还真是"剪不断理还乱"啊！

由此看来，简单直接地判决并不能从根本上解决问题。杨法官产生了一个大胆的想法，那就是，能否把秦舒阳和简彬的感情问题放到案件中一并来调解。解开了这个感情的结，后面的赔偿问题就简单了。

可这秦舒阳和简彬之间到底还有没有感情呢？杨法官打算先了解一下情况。

经过联系，杨法官了解到，分手之后，简彬非常担心秦舒阳的身体和精神状态，和她偷偷联系过几次。简彬的妈妈发现后，又气又急犯了高血压，连床都下不了。老两口给简彬放了狠话，要不想把他们气死，就赶紧跟秦舒阳断了来往。简彬知道，父母为了供他上大学付出了很多，他是村里为数不多的大学生，他们家也是村里为数不多还没有盖新房的人家。可以说，他就是父母唯一的希望和寄托。所以，看到父母的意思这么坚决，简彬也不敢再说什么。他向两人共同的朋友打听秦舒阳的情况，可朋友们一听说他们分手的原因，都骂他没义气，搞得简彬苦闷不已。

被田丽起诉后，简彬原打算和秦舒阳一起把案子了结了。没想到，父母却坚决反对他再搅进这件事里，连法院都不让他去，简彬每天都在煎熬中度过。

秦舒阳一听法官问她和简彬的事，还没开口就先哽咽了。想当初，她为了能和简彬在一起，不惜用怀孕来逼父母就范，可简家人竟然如此绝情，因为这个意外，就把她视为不祥之人，真是让人心寒。可她与简彬毕竟有这么多年的感情，也不是说放下就能放下的，尤其是现在还有了孩子，孩子不能一出生就没有爸爸呀。她知道简彬是个孝子，只要他父母不松口，他在中间也很为难。秦舒阳不止一次地说，如果不是可怜肚子里的孩子，她真的一点都不想活了。

分别和俩人聊完之后，杨法官发现，简彬和秦舒阳之间的感情其实根本就没有什么问题，这问题都出在简彬的父母身上。

厘清思路之后，杨法官又联系了简彬的父母，着重提到了这个案件可能存在的种种法律风险。尤其是在谈到孩子将来的抚养问题时，杨法官说："这样一来，简彬要想再找到合适的姑娘结婚，怕也是不容易呀。"简彬父母一听，也急了，赶紧问杨法官怎么办。杨法官趁势向简家父母提出："那就让他和秦舒阳赶紧和好呀。"

听杨法官这样说，简彬的父母也说出了心里话。原来，当初儿子是听他们的话才和秦舒阳分手的，他们知道这是因为儿子孝顺，可这几个月来每天看着儿子唉声叹气、愁眉不展，做父母的心里又怎么会好受。

想当初，田丽的家人上门来闹事的时候，他们确实觉得很憋屈，可从来都没想过要撵秦舒阳出门。但后来事情越闹越大，再加上亲戚朋友在一边撺掇，这才让他们认为秦舒阳不吉利，逼着儿子跟她分手。说到这里，简彬的母亲抹起了眼泪，她说自己一听别人要儿子赔几十万元，当时就吓傻了，耳根子一软才相信了旁人说的那些话。

现在，法院的审理让事情变得越来越清楚，他们这才明白，这件事从一开始就是个意外，和是否吉利没有关系，更不能全怪到秦舒阳头上。可儿子已经和秦舒阳分手了，他们后悔也晚了。他们有心去请秦舒阳回来，却又拉不下这个脸，更怕秦舒阳以后真进门了，会拿这个说事儿。现在既然法官能出面调解，他们简直是求之不得。

摸清了简家的态度，杨法官的心里算是有底了。可是案件能否调解，还有个很关键的因素，那就是简彬和秦舒阳能否接受田丽提出的赔偿金额。正巧这时，田丽来法院找杨法官。一见面，杨法官先问了田丽的伤势。田丽是个爽快人，张口就说自己已经好了，只是留下了一片难看的疤痕。不过医生也说了，这种疤痕是可以通过手术修复的。说到这里，田丽特意补充道："我起诉的后续治疗费就是指这部分钱。"

杨法官借机向田丽分析，说水杯是她的，水是她接的，盖子也是她打开的，也就是说，她对损害后果的发生也有过错，简彬他们不应该承担全部的责任，这在我国法律中有明确规定。

根据我国民法典第一千一百七十三条的规定，被侵权人对同一损害的发生或者扩大有过错的，可以减轻侵权人的责任。这样一来，田丽起诉主张简彬和秦舒阳赔偿 30 万元，是肯定不能得到法院全额支持的。

说到这里，杨法官突然停顿了一下说："这个案子的关键不仅仅在于钱，更是牵扯到一段姻缘。如果因为钱的事情而毁了一段好姻缘，才是最令人遗憾的呀。"

看着田丽诧异的表情，杨法官详细讲述了她被烫伤之后，简彬和秦舒阳之间发生的事情。

在听说秦舒阳婆家去不了、娘家不敢回，还有可能会成为单亲妈妈的时候，田丽连连说："没想到，真是没想到，事情怎么会变成这样啊。"

杨法官试探着问田丽，能否接受法院调解，把赔偿的金额降低到合理范围内；同时，也给秦舒阳和简彬一定的筹措赔偿款的时间。

杨法官解释说，如果调解能成功，赔偿金才是真正有了着落，田丽的权益也才算有了保障。否则，即便是法院判决了，也很可能因为简彬和秦舒阳之间存在矛盾而僵持在执行环节。关键是，如果她同意调解，那么简彬和秦舒阳之间的感情就还有挽回的可能。

田丽实在是没想到，自己本是为了争取应得的赔偿，怎么就拆散了一对有情人呢？她自己也是女人、母亲，她知道这时候分手对于秦舒阳来讲有多痛苦，更明白孩子在一个不完整的家庭中成长的后果是什么。她也能理解简彬和秦舒阳的难处，刚毕业的年轻人没有多少积蓄，要买房结婚，又要生孩子，经济压力肯定很大。

可话说回来，自己也是上有老下有小啊，如果不是为了养家糊口，她就不用和老公背井离乡外出打工，更不会在火车上碰到这种事情。姑且不说前段时间去鬼门关走了一遭的经历有多凶险，光是这几个月，又住院又打官司，不仅花光了她和丈夫这一年的血汗钱，还动用了不少他们给孩子准备进城读书的积蓄。可以说，这一杯热水，几乎让他们整个家庭的生活方向被迫拐了弯。

本来，她看简彬在火车上主动留下联系方式，觉得这个小伙子还是挺厚道的，可后来自己躺在医院等钱救命的时候，他们不仅不赔钱还说自己是在敲竹杠，她的家里人实在是气不过，才大过年的上门去闹。

快人快语的田丽表示，她起诉的本意就是想要回属于自己的赔偿款，她是无论如何都不愿意看到秦舒阳和简彬为了她闹到今天这个地步的。田丽也请杨法官帮忙拿个方案，说自己一定不会漫天要价，更不会棒打鸳鸯。

就这样，在杨法官的建议下，田丽结合自己的实际情况，主动将赔偿金额降到 10 万元，简彬和秦舒阳对这个金额也表示接受。双方在协商的基础上，还确定了一个两年的付款计划，案件至此得到圆满解决。

案子结了，事情了了，杨法官也能把这件事放下了。就这样，经过一番周折，简彬和秦舒阳终于在孩子出生之前，重归于好。

法官点评

回过头来看，一杯热水，不仅没能给人带来温暖，还差点毁了一段感情。一次烫伤事故，虽然没有害人性命，可偏见和迷信却差点造成骨肉分离。都说"宁拆十座庙，不毁一桩婚"，但简家父母却不顾秦舒阳有孕在身，要亲手拆散这对有情人，险些遗憾终身。好在田丽的理解与宽容，最终促成了两家人重归于好。

一地鸡毛的爱恋

主讲人：成都铁路运输中级法院　程媛媛

这天一大早，杨法官刚进办公室，书记员小陈就抱着卷宗急忙过来说："明天开庭的案件原告周旭文联系不上了。"

周旭文，杨法官对这个名字并不陌生，这两年他可没少在法院打官司，一会儿当原告起诉别人，一会儿被别人起诉做被告，涉及的案件从股权到借款，从不当得利到人身损害赔偿，少说也有十几个。而且，这些案件都有一个共同特点，那就是几乎都和一个叫"罗慧"的女人有关。这不，明天要开庭的这个案件，就是周旭文作为原告，起诉登记在罗慧名下的房子应该归他所有。

眼看着要开庭了，周旭文却玩起了失踪，这唱的是哪一出啊？

经过一番联系核实，杨法官终于弄清楚了，原来，周旭文因为砸车伤人涉嫌刑事犯罪被公安局抓了，现在正关在看守所里。而他砸的正是罗慧的车，伤的也恰恰是罗慧的男朋友。

那么，周旭文和罗慧到底是什么关系？他们之间究竟有什么解不开的仇怨？这事还要从 10 年前说起。

那时的周旭文还只是个开五金商店的个体户。他刚离婚没多久，给孩子又当爹又当妈，在店里既是老板也是伙计，日子过得一团糟。

后来他实在忙不过来，就托人介绍个伙计帮忙看店。没想到，别人竟帮他找了个20岁出头的小姑娘，说是店里不忙的时候，也可以帮他干点接送孩子、打扫卫生的活儿。周旭文本意是想找个小伙子，这样能在店里给他搭把手，可他又觉得家里确实也需要一个帮手，所以就同意了。这个姑娘就是罗慧。

周旭文永远忘不了第一次见到罗慧的情景，她青春逼人，充满灵气，一双忽闪忽闪的大眼睛像是会说话。当然，那时的周旭文对罗慧可没有任何非分之想。虽说在外人看来，他是个在城里开店的小老板，而罗慧只是来打工的农村姑娘。但他心里非常清楚，自己比罗慧大14岁，个子也比罗慧矮了一截，而且还离过婚带着孩子，他并不敢指望罗慧能看上自己。

有罗慧帮忙之后，周旭文出去接活的次数也越来越多了，捎带着店里的生意就更好了。罗慧十分爱学习，虽然文化程度不高，但是求知欲旺盛。闲来无事，她一会儿研究财务，一会儿琢磨技术，心血来潮时还抱着一本公司法看了起来。只要周旭文在店里，她就跟周旭文大讲在网上开店的种种好处。周旭文经不住她忽悠，把身份证递给她，让她去开个网店试试。

没过几天，罗慧兴奋地拿着手机给周旭文看，和五金商店同名的网上小店竟然真就开起来了。那时的周旭文压根儿不知道什么叫网购、什么是网银，更弄不清楚什么是网上支付，但他也乐得罗慧能安心在自己这个小店待下去，再说开个网店也没增加什么成本，他也就任由罗慧去折腾了。

直到有一天，周旭文盘点算账的时候，发现罗慧所开网店的销售收入竟然超过了自己店里的收入，这才彻底信服了罗慧的那一套。罗慧再说什么，他也听得进去了。就这样，在罗慧的张罗下，和五金商店同名的汽修店也进入了筹备阶段。更重要的是，罗慧已经在到处找人咨询，准备为周旭文注册公司。

随着经营规模的扩大，一向谨慎的周旭文竟然也在罗慧的劝说下，用自己唯一的住房作为抵押，然后通过银行贷款大宗进货了。虽说在借款的那半年多时间里，周旭文每天都战战兢兢，生怕一个不小心就落个无家可归的下场。但不得不说，做生意还真是有了大投入才可能有大回报，仅仅半年多的时间，周旭文不仅还清了银行贷款，销售利润也超过了过去 5 年的总和。此时，周旭文对罗慧已经不仅仅是信任，更是依赖了。

同时对罗慧更加依赖的还有一个人，那就是周旭文的儿子，还在上小学的他，对这个小阿姨很是喜欢。爸妈离婚的时候他还小，亲生母亲在外地，一年难得回来两次。现在罗慧把他和爸爸的生活安排得妥妥当当，他挨打的次数少了，每个月领到的零用钱却多了，这样的日子让他觉得童话书里后妈的故事都是骗人的，他可不介意家里有这么一个后妈。

于是，在儿子的推波助澜下，周旭文试探着向罗慧表示好感。罗慧没有拒绝，俩人就这样水到渠成地走到了一起。随着两个人的关系逐渐稳定，周旭文开始把婚事提上日程。这年春节，周旭文主动提出陪罗慧回老家过年，他想拜访一下她的母亲，顺便说定俩人的婚事。

罗慧的父母在她很小的时候就离婚了，确切地说，是她爸爸在城里打工的时候结识了别的女人，抛弃了她们母女俩。所以，罗家妈妈一听说周旭文离过婚就十分反对，但后来看到周旭文对罗慧确实不错，也就默许了。可私下里，她还是悄悄给女儿划了"红线"，说城里的男人都靠不住，可别轻易领结婚证，万一俩人的事黄了，罗慧想再找到好人家就难了。

就这样，罗慧和周旭文的关系算是得到家长的认可了，很快就确定了办酒席的时间。

从罗慧老家回来，周旭文就迫不及待地要去领结婚证，可罗慧却说先不急。之后周旭文又催过罗慧去领结婚证，可罗慧总说没时间，还说领不领结婚证对俩人的生活也没什么影响。当周旭文再催时，罗慧就急了，正色跟周旭文说："你们这些城里人不可靠，把结婚、离婚都不当回事，等咱俩有了孩子，各方面都稳定了，再去领结婚证吧。"

对此，周旭文虽然心里很是不解，但他转念一想，可能罗慧心里对自己的婚史还是比较介意的，等有了孩子，家庭关系稳定了再说吧，于是他也就不再催了。

虽说没有领结婚证，但是农村的酒席、城里的婚礼，两人是一样也没有少办。那段时间的周旭文，真是爱情事业双丰收，不仅迎来了自己感情上的春天，生意也是越做越红火。

公司成立后，原先的人手明显不够用了，周旭文不信任外人帮忙打理，就喊来自己的亲弟弟帮忙，顺带让弟弟家的日子也好过起来。那段时间，周旭文的母亲对这个儿媳妇满意得不得了，逢人就说罗慧是自己家的福星。

但是没过多久，一个人的到来打破了这份平静。来的不是别人，正是周旭文的前妻姜丽萍。

说起来，当初周旭文和姜丽萍离婚，主要是因为姜丽萍嫌周旭文没本事、没出息，丢下儿子就跟别人走了。这次回来，姜丽萍发现周家的日子竟然在罗慧的操持下过得红红火火，当初窝窝囊囊的周旭文现在全身上下都是名牌，人也看上去年轻多了。更没想到的是，当初那个看店的小姑娘，竟然摇身一变成了老板娘，自己的儿子看上去好像还很喜欢这个后妈。一时间，姜丽萍的心里真是百感交集，各种说不出的滋味在翻涌。

按说姜丽萍这个时候回来，本是不受待见的，可她毕竟是孩子的亲生母亲，只要罗慧没意见，其他人自然不好说什么。罗慧虽然心里不痛快，可也不觉得姜丽萍会对她的婚姻和生活有什么威胁，就没有多计较。这样一来，姜丽萍就有了很多和周旭文单独相处的机会，也在偶然间得知了罗慧和周旭文还没领结婚证的消息。

那段时间，姜丽萍满脑子想的都是罗慧和周旭文以后肯定要生他们自己的孩子，到时候任他周旭文有万贯家财，也轮不到自己的儿子了。她要趁周旭文日子还过得去的时候，敲打敲打他，让他多为自己的儿子想想。

于是，姜丽萍借着和周旭文闲聊的机会，有意无意地问他有没有在做什么投资。

周旭文也没想那么多，老老实实地回答说，罗慧不让他炒股，他们正准备再买一套合适的房子。

姜丽萍听说周旭文打算买房，便不再遮掩，直截了当地说："能不能把新买的房子写在儿子名下？"

周旭文没有立刻表态，姜丽萍便毫不避讳地追问："是不是罗慧不同意？"

见周旭文没有否认，姜丽萍着急起来，用上了激将法，说道："那个罗慧这么年轻，她真能跟你过到头吗？她到现在都不跟你领结婚证，是不是有什么事瞒着你？她到底打的什么主意，你都知道吗？"

听到姜丽萍说"有什么瞒着你"时，周旭文心里"咯噔"一下，想起了自己和罗慧结婚前发生的一件事。一天，他和罗慧一起去买房子时，发现罗慧拿出的身份证上是一个陌生的名字"苗小惠"，可照片却是罗慧本人的。

周旭文当时把罗慧拉到一边问："这身份证是谁的？"

罗慧回答说："当然是我的，你看这照片不就是我吗？"

周旭文又问："那名字是怎么回事？"

罗慧有些不耐烦地说："你就放心吧，这是公安局发的货真价实的身份证，名字的事情我以后慢慢给你解释。"

就这样，二人婚前买的房子就登记在了这个"苗小惠"的名下。

后来，罗慧主动和周旭文说起了那张身份证。罗慧说，她刚从农村出来的时候还不到 18 岁，连个能糊口的正式工作都找不到，只能到处打零

一地鸡毛的爱恋

工。一次，一个投缘的小姐妹教她："你要学会保护自己，不能随便把身份证给别人，也别和别人说太多自己的事儿。"就这样，她藏起了自己的身份证。父母离婚后，她本来就不愿意再跟着父亲姓苗，于是就用母亲的罗姓给自己起了"罗慧"这个名字。由于她来周旭文店里之后，就再没换过工作，这个名字才用了好多年。

周旭文这才回想起来，罗慧刚来店里应聘的时候，推三阻四地从没让他看过身份证，一会儿说忘带了，一会儿说丢了，一会儿又说借给别人了。为这件事，自己还多扣了她 2000 元的工资作为保证金。现在看来，当初罗慧应该是出于自我保护而故意不拿身份证出来的。

听到罗慧这番解释，周旭文就再也没有往心里去，俩人的生活又恢复如常。

可今天，经姜丽萍这么一提醒，周旭文心里又不踏实了。是啊，罗慧如果铁了心要和他好好过日子，为什么一说起领结婚证就百般推脱，而且俩人相处这么多年，她都绝口不提自己叫"苗小惠"的事情。虽说她对公司和自己的家人都尽心尽力，让人挑不出理来，可她到底是不是真的就像表面上看到的那样毫无企图呢？周旭文准备找个机会好好理理罗慧的账，看看她到底是不是真心和自己过日子。

可是周旭文还没来得及细查罗慧的账目，一个叫刘军的人就找上门来了，说是周旭文的公司欠他的 20 万元已经到期了，该还了。

周旭文认识刘军，可他对借钱的事一点印象都没有，还以为刘军找错人了。周旭文几番查问才发现，原来是罗慧出面借的钱。借条上盖有公司的公章，周旭文还真是没法赖账。周旭文感到奇怪，自己平时对账目看得挺紧的，罗慧这 20 万元是从哪里入的账，又用在了哪里了呢？

对此，罗慧的解释是，她和刘军是通过网银操作的，网上操作的入账流程和一般的转账不一样，周旭文可能没注意到。至于这 20 万元的去处，罗慧说，她一分不少地全都花在公司的日常经营上了。

虽然周旭文从账上没看出什么破绽，但对罗慧瞒着他以公司的名义向外面借款，十分不满。再一想罗慧长年使用假名字，还百般推脱不和他领结婚证，完全不是一般女人正常过日子该有的样子，罗慧到底还有多少事瞒着他，周旭文的疑心被勾起来了。

他假装赌气地跟罗慧说："借钱的事儿我不知道，公司不会管的，你借的钱你自己去还。"罗慧一听周旭文这样说，也来气了："钱都用在公司了，我凭什么还？你不签字我签字，你不盖章我盖章。"说完，一摔门走了。

周旭文一听这话慌了神，他们这个小公司管理得不是很规范，虽说股东只有他一个人，法人代表也是他，但聘请的财务人员知道罗慧是老板娘，对罗慧的签字从来都是认的。毫不夸张地说，如果现在罗慧去公司，马上就能取出 20 万元给刘军。

周旭文坐不住了，赶紧给财务打电话，说罗慧这两天如果来支取 20 万元，一定不能给她。还特意嘱咐，从今往后公司印章使用、过账，都只能认他一个人的签字，罗慧的签字不算数。

这下可惹恼了罗慧，刘军的这个钱，她确实是借来帮助公司周转的，可周旭文不仅不相信她，还查她的账。罗慧一气之下，也使出了狠招。她马上安排人制作文件，趁着公司的公章都在自己这里时，把银行预留的印鉴，以及工商登记的股东、法定代表人，全都变成了自己。

周旭文一看，这还了得，自己的猜测果然没错，罗慧终于对自己的生意下手了。他顾不上再去细究罗慧的过去，忙不迭地跑到公安局报案，说罗慧盗窃公司的印章和财物。没想到，公安局只是把罗慧喊去问了话，一听说周旭文是因为俩人之间的感情纠纷赌气来告状，不仅当天就放人，还把周旭文批评教育了一顿。

周旭文气不过，又以伪造公司账册的名义再次去公安局报案。周旭文想的是，公安局要想把账查清楚，怎么也得花三五个月的时间，罗慧要是能被抓到看守所待三五个月，自己就能把公司重新理顺了。可没想到，罗慧竟然因为涉及的案件"社会危害性"不大，在看守所待了几天就被取保候审了。

周旭文的两次报案让罗慧彻底生气了，从看守所出来后，她就再也没回过周旭文的家，这回两人是彻底闹翻了。

没过多久，周旭文就接到了法院打来的电话，说是罗慧起诉他，要他归还 60 万元借款。周旭文一问才知道，原来之前家里买车刷的是罗慧的卡，但车登记在周旭文名下，罗慧现在以周旭文向她借款买车为由，起诉周旭文归还购车款。这可把周旭文气坏了，他上门去找罗慧理论，俩人一言不合就动起手来，于是罗慧再次把周旭文告上法庭，主张周旭文赔偿自己医药费。

虽说法院最终因证据不足先后驳回了罗慧的诉讼请求，可周旭文这一次次跑法院、请律师，不光花费不少，也严重影响了生意。

几场官司打下来，周旭文气愤难平，突然想到罗慧名下还有套房子，当初买房的钱也是自己的，于是他跑到法院起诉，确认罗慧——也就是"苗小惠"名下那套房子，归自己所有，这就是故事一开头杨法官正在办理的那个案件。

案件起诉到了法院，可还没等到开庭，意外就发生了。

那天，周旭文和弟弟在街边的大排档喝闷酒，正数落着罗慧对自己的绝情与算计，一抬头竟看到罗慧的车从身边经过，停在了不远处的洗车店门口。周旭文不顾弟弟的阻拦，抓起路边的一块石头就冲着车砸了上去。砸完还不解气，他又对着罗慧痛骂起来。没想到，这时一个身材高大的男人不知道从哪儿钻出来，他挡在了罗慧身前，与周旭文理论。

此时的周旭文，早已被酒精刺激得失去了理智，一看到罗慧交了新的男朋友，一时间新仇旧恨涌上心头，他抓起地上的一把钢钎就乱舞起来。混乱之中，不知道是谁喊了一句"出人命了"，周旭文这才被惊醒，慢慢停下了手上的动作。

就这样，周旭文因涉嫌损毁他人财物和故意伤害罪被关进了看守所。因为事发突然，他还没来得及跟律师和家里人交代法院这边开庭的事情，所以杨法官他们临到开庭了还找不到他。

事情终于清楚了，那么，回归到本案焦点，登记在罗慧也就是"苗小惠"名下的这套房子，到底该归谁所有呢？

法官解案 >>

杨法官分析认为，周旭文和罗慧虽然共同居住生活多年，但一直没有领结婚证，所以对于他们之间财产归属的认定不能适用婚姻法，只能适用物权法的相关规定来处理。

这就涉及一个法律知识点——不动产登记的变更。

根据《最高人民法院关于适用〈中华人民共和国物权法〉若干问题的解释（一）》第二条的规定，当事人有证据证明不动产登记簿的记载与真实权利状态不符、其为该不动产物权的真实权利人，请求确认其享有物权的，应予支持。（目前已生效实施的民法典及相关司法解释中，对此也作了同样的规定。）

也就是说，周旭文必须证明自己是罗慧这套房子的实际权利人，这样才能推翻现有的登记状况。具体来讲，他要证明是自己实际支付的购房款，而且他对罗慧也没有任何赠与的意思表示，当初把房子登记在苗小惠——也就是罗慧的名下，并非他的本意。

那么，周旭文都举出了哪些证据呢？

一地鸡毛的爱恋

开庭的时候，周旭文说，以罗慧的工资是不可能出得起房子首付款的，二人共同生活这些年，她也没什么其他的收入来源，虽然房子的按揭款走的是罗慧的账，但实际给钱的一直是周旭文，所以这房子应当归他所有。这话乍一听起来是那么回事，可是周旭文主要是说罗慧没有支付能力，却也没能拿出任何转账的凭证或者支付的依据表明他才是实际付款人。

最终，法院因证据不足，驳回了周旭文的诉讼请求。这时，周旭文刑事案件的判决结果也出来了，他因伤人毁车，数罪并罚被判处有期徒刑一年半。不过罗慧也并没有感受到多少胜诉的喜悦，因为他们在法院还有好几起官司没打完呢。

法官点评

房子的案件总算是告一段落，但谁也说不清周旭文和罗慧还要在诉讼的路上走多久。说起来，这一系列案件的导火线好像是周旭文前妻的挑拨，但更重要的是，罗慧的多疑与戒备给了周旭文猜忌的空间，如果罗慧一开始就对周旭文坦诚相待，很可能就不会发生后来的事。而周旭文也因砸车伤人付出了自由的代价，好不容易撑起的家又散了。希望他们能明白，曾经美好的感情最终搞得一地鸡毛，绝不是哪一个人的问题，只有彼此坦诚相待、相互理解包容，才能一直走下去。

刘 平

　　四川省成都市中级人民法院行政庭副庭长、四级高级法官，从事行政审判工作13年。曾于2017年挂职成都市青羊区法院院长助理，于2019—2021年挂职最高人民法院第六巡回法庭主审法官。荣获全国法院行政审判优秀业务成果一等奖等国家级业务成果奖项9项，省级业务成果奖项9项。先后荣立个人二等功和三等功，获"全国法院十佳新闻发言人"、四川省法院系统首届"智慧之星"、成都普法达人、"成都榜样·身边好青年"等荣誉称号。

小区路上惹祸事

主讲人：四川省成都市中级人民法院　刘　平

【案例一】

四川的深秋，天气越发阴冷了，张壮心里很郁闷，因为他觉得自己已经结婚两年多了，却仍然一事无成。

张壮性子急，从小做事就容易冲动，总是给人留下急躁、莽撞的印象，尤其是在工作中，这几年总被炒鱿鱼。最近他又找了一份销售的工作，可老板总是批评他做事没有计划，冒冒失失的，经常得罪客户。因此，他感觉压力很大，经常借酒消愁。

这天下班之后，张壮心烦意乱，于是又约了几个哥们儿吃饭、喝酒。

张壮酒量不行，席间喝了几瓶啤酒就醉了。饭后，一个朋友说："壮哥，你喝了酒，千万别自己开车啊。"另一个朋友还开玩笑地说："张壮，你喝迷糊了爱打人，路上可别惹事，回家就赶紧洗洗睡吧。"

张壮感觉自己的头确实有点晕，于是就叫了代驾，坐车回去了。

回家之后，张壮看见妻子小丽还在收拾屋子，就说："老婆你也歇着呗，你白天上班也挺累的。"小丽说："没事儿，你先睡吧，我再收拾一会儿。"张壮晕晕乎乎的，就自己先睡下了。晚上 11 点多，迷迷糊糊的张壮突然听见卫生间里"咣当"一声巨响，他强打着精神起身问道："小丽，怎么了?"可卫生间里却没有任何回应。

张壮赶紧跑去卫生间,眼前的一幕把他吓坏了。只见妻子小丽倒在马桶旁边口吐白沫,身体还不停地抽搐。

张壮顿时酒醒了大半,他和小丽结婚两年多了,之前从没见过妻子这样。张壮脑袋一片空白,他摇晃着妻子问道:"小丽,你怎么了?你可别吓我!"小丽却像没听见一样,一直抽搐。张壮把小丽抱到床上,又哆哆嗦嗦地打了"120"急救电话,说了妻子的大概情况,还报了家庭住址,让救护车赶紧过来。

很快,救护人员就打来电话说:"我们已经到小区门口了,马上就到你家。"可要命的是,张壮刚才在报楼号时,因为口音问题,把"四"和"十"没有说清楚,救护车开到了十号楼下,而张壮家实际住在四号楼。

张壮左等右等也不见救护车过来,他可急坏了,于是决定到楼下去找救护车。

小区有好几个大门,张壮想去的那个大门就在他家楼下,他原本可以直接乘电梯,之后步行几米就到了。可是他脑袋晕晕乎乎的,再加上着急,进了电梯后,他鬼使神差地按了负一楼地下车库的按钮。

到了地下车库,张壮习惯性地坐进了汽车。就在发动汽车的那一刹那,张壮突然想起自己晚上是喝了酒的,这可怎么办?可他又转念一想,这又不是在外面的马路上,而且这么晚了,交警都下班了,他应该不会那么倒霉的。于是,张壮发动汽车,从地下车库开到了小区的路面,并且沿着小区道路开了六七百米,到了他家所在的四号楼旁边的小区大门口。

但是,大门口连个人影也没有,因为这时候救护车在十号楼呢。张壮急得直跺脚,他冲进了小区门卫室,只见保安耷拉着脑袋、闭着眼睛,好像正在打瞌睡。张壮着急地喊道:"快出人命了还睡!救护车开到哪里去了?"保安醒了醒神,一口咬定"没有看到救护车",张壮一听就急了,吼道："你是不是刚才睡着了没看见？"张壮趁着酒劲儿，抢起拳头就往保安脸上砸，狠狠地打了几拳后，张壮驾车往自家楼下开去。

刚刚还迷迷糊糊的保安，这下被打蒙了，一个醉汉冲进来不分青红皂白地打人，还大摇大摆地开车走了！保安既生气又委屈，于是打电话报了警。

这时，张壮又接到了救护人员打来的电话："我们早就到了，您在哪儿呢？"简单沟通之后，救护人员才发现张壮刚才在电话里没有说清楚"四"和"十"，于是救护车赶紧掉头，把车开到了张壮居住的四号楼下。

救护人员跟着张壮到了他家里，做了一些紧急处置之后，说要把小丽转移到医院，张壮也跟在救护人员后面下了楼。谁知正在这时，保安带着民警也赶到了。

民警见状，简单了解了情况，赶紧让救护人员先把小丽抬到救护车里，同时给张壮做了酒精检测，显示为 231mg/100ml，属于醉酒状态。不过紧急状况，救人要紧。于是，民警驾车带着张壮，跟着救护车一起到了医院。

此时小丽的父母闻讯赶来，他们回忆之后说，小丽在四五年前曾经出现过一次类似的症状，但没有这么严重，而且很快就恢复正常了，去医院检查也没有查出什么毛病，所以也没跟张壮说起过。

经医生诊断，张壮的妻子小丽是癫痫发作，目前病情已得到控制，但需要继续治疗。

小丽得到了及时救治，而张壮醉酒开车和打人的事，还等着解决呢。当晚，民警带张壮在医院抽了血，经鉴定，张壮血液样品乙醇浓度达到 172mg/100ml，仍属于醉酒状态。被打的小区保安了解了事情的原委后，表示能理解张壮当时的心情。因为没有被打伤，加上张壮事后诚恳地赔礼道歉了，保安最终表示了谅解。

之后，公安机关认定张壮涉嫌危险驾驶罪，并将案件移送检察院进行处理。

检察院经过调查认定，张壮在道路上醉酒驾驶机动车，其行为已触犯刑法，犯罪事实清楚，证据确实、充分，但鉴于张壮无犯罪前科，此次深夜在小区内道路上短距离醉酒驾驶机动车，所驾车辆未进入城市主要道路行驶，未发生交通事故，且驾车动机是救助患病亲属，犯罪情节轻微，决定对张壮不起诉。

张壮虽被免予刑事责任，但仍然受到了公安机关的行政处罚。交警支队按法定程序，吊销了张壮的机动车驾驶证，同时明确张壮5年之内不得重新取得驾驶证。

对于这一处罚，张壮心里不服，还是觉得太重了，于是便以公安机关为被告，向法院提起了行政诉讼，要求撤销这个行政处罚决定，这个案件就这样到了法院李法官的案头。

张壮在起诉状中明确提出，他们小区内的路面不属于法律上所规定的"道路"，不能按照《中华人民共和国道路交通安全法》进行处罚。那么，什么是"道路"？小区路面到底是不是"道路"呢？

这也就引出了本案的法律知识点——"道路"的法律含义。

法官解案 >>>

《中华人民共和国道路交通安全法》第一百一十九条第一款明确规定："道路"，是指公路、城市道路和虽在单位管辖范围但允许社会机动车通行的地方，包括广场、公共停车场等用于公众通行的场所。李法官分析后认为，要看张壮所在的小区内路段是不是属于道路，关键要看这个小区路段有没有"公共性"，能不能让公众自由通行。

在公安机关的调查中，认定张壮所在的小区允许外来车辆、人员通行，是一个开放场所，才作出了本案的行政处罚。为进一步核实情况，李法官也专程到了张壮所在的小区实地查看。

李法官驾驶的民用车辆开到了小区门口，小区大门自动就打开了。张壮所在的小区规模很大，小区一楼有麻将馆、理发店。麻将馆老板说，外面的人进来打麻将可以免费停车。李法官还发现，小区里面有一道铁栅栏，外面紧挨着一所学校。铁栅栏是可以自行打开的，学校的学生可以从铁栅栏进来，到小区里面玩儿。

通过实地查看，李法官认定，这个小区可以让不特定多数群体自由进出通行，具有公共性，属于《中华人民共和国道路交通安全法》中所指的"道路"，交警部门具有相应的行政处罚权。

合议庭结合案件情况认定，张壮当时处于醉酒状态，血液酒精浓度高于醉驾标准两倍多，一旦出事后果将非常严重，应当予以惩戒，公安机关对张壮作出的行政处罚决定是合法的。

最终，法院判决驳回了张壮的诉讼请求。张壮也为此受到了应有的处罚。

【案例二】

2019 年的一天，黄梅发现自己怀孕了，这个消息让全家人都很激动。黄梅和丈夫赵磊刚结婚，虽然经济条件不宽裕，但两人感情非常好。黄梅和公公婆婆同住在一个不大的房子里，一家人都很疼爱黄梅，得知她怀孕后更是对她呵护备至。

一天，全家人聚在一起，讨论黄梅怀孕后该怎么上下班的问题。老公赵磊满面愁容地说："小梅，你以后上班不能去挤地铁转公交了，车上太拥挤，很危险。可我每天上班比你早、方向也相反，没法天天开车送你呀。"黄梅想了想说："我这不是一直在驾校学车吗，现在只剩最后一门考试了，我尽快参加考试，应该能考过，等拿到驾照了，我想自己开车上下班。"

公公婆婆也赞同，最终全家确定了解决方案：等黄梅拿到驾照之后，赵磊把家里的小汽车让给黄梅开。

临考前，驾校教练对黄梅说："你正常发挥，应该能通过考试。以后开车要记住，刹车就在脚下，只要能控制好速度，一般不会有危险。"

黄梅顺利通过了考试。领驾照的这一天，黄梅开心得像个孩子。刚一回到家，赵磊就主动交出了车钥匙，说："从今天起，家里的汽车就正式交给老婆大人了。"黄梅得意扬扬地接过车钥匙对丈夫说："现在我可是有本儿的人了！老公，明天是星期天，你再陪我多练一下，我还是有点紧张。"

第二天一早，两人来到一处比较僻静的公路开始练车，赵磊坐在副驾驶位置一路指导，他们认真练习了一上午。黄梅开车非常顺利，赵磊也一个劲地鼓励妻子车感不错。练习完之后，黄梅越来越有信心。

虽然是新手，但黄梅开车还有点上瘾，吃过午饭后，她打算继续开车上路。赵磊有些为难："我下午有事不能陪你，你先歇一歇，最好不要一个人开车出去，我再陪你多练几天。"可黄梅特别想开车出去转转，她就撒娇说："没事的，我的技术很好了，你上午不也一直夸我吗？驾照我都拿到了，肯定没问题的。"

黄梅抑制不住内心的兴奋，她坚持要开车去超市买点东西。赵磊心想这段路也不远，城里的车速又不快，也就没再拦着。同住的公公婆婆也想出去转转，就招呼着一起上了车。

启动汽车后，黄梅还是有些紧张，尤其是地下车库到小区路面这段上坡路，她没开过。因为上午练车时，老公是把车开到小区外面的平路上之后，才把车交给黄梅的。

黄梅从地下车库小心翼翼地轻点油门，汽车缓缓上坡，差不多快到小区水平路面的时候，她轻轻吐了一口气，心想，还挺顺利的。

黄梅放松了紧绷的神经，继续开。汽车开到地面出口后，有一个转弯，但就在这时，意外情况出现了！

黄梅刚一转弯，就看到一个拄着拐杖、看上去有七八十岁的老奶奶在距离车不到一米的地方，眼看着车头已经快擦着老人衣服了，黄梅一下子就慌了，她重重一脚踩下去，却把油门误当成刹车，汽车的发动机瞬间高速运转起来，发出了"轰轰"的响声，一下子就冲了出去，老奶奶瞬间被带到了车轮下。

黄梅尖叫着，脚底下的油门却踩得更紧了，汽车失控地冲出了路面，闯过一小段绿化带，"砰"的一声，撞到了一幢楼的墙面上，这才停了下来。

车里坐着的公公婆婆几乎都吓傻了，惊魂未定的婆婆大喊："遭了，撞到人了！"公公第一个下车查看，只见路面上有血，老奶奶整个人被压在了小汽车的底盘下面。公公对着车里吼道："赶快下车救人，人在车底下！"说完，他迅速拨打了"120"急救电话，之后又拨打"110"报警。

小区的保安和邻居们很快也都围了过来，此时的黄梅，腿都吓软了，整个人瘫在方向盘上，婆婆和邻居们合力才把黄梅从驾驶室扶了出来。而此时老奶奶仍然被压在汽车底下，于是，众人只好把车抬了起来，掀翻在旁边。车下的老奶奶终于获救，但浑身是血，已经奄奄一息。

老奶奶20多岁的孙子很快赶了过来，他看到躺在地上血肉模糊的奶奶，心疼得直跺脚。这时救护车也赶来了，老奶奶的家人也顾不上找黄梅一家理论，赶紧先把人送到了医院。而黄梅还瘫坐在花坛边上，等警察来抓她，她知道这次闯大祸了，老奶奶被撞得那么严重，会有生命危险吗？

警察赶到后，将黄梅带到派出所。当天晚上医院就传来了消息，老奶奶的10多根肋骨断裂、头部受到严重损伤，经抢救无效，已经死亡。

之后，公安机关以刑事案件立案侦查。由于黄梅是孕妇，也不致发生社会危险，不久之后被依法取保候审了。

回到家之后的黄梅精神恍惚，和之前判若两人，她难以接受自己撞死人这件事。她不敢再开车了，也不敢再路过出事的地点，家里人对她撞人的事有意不说。

出事后，老公赵磊把所有事情都替她扛了下来，他还多次登门替妻子向老奶奶的家人诚恳道歉，也主动支付了老奶奶的医疗费、丧葬费等费用，还积极联系保险公司进行赔付。但黄梅却从来没有去过老奶奶的家里，也没道过歉，甚至都没有出过家门。黄梅的这种态度，让被撞老奶奶的家人都非常愤怒，他们觉得黄梅这种冷漠的态度是对他们的二次伤害。

赵磊也觉得妻子的行为不妥，但他知道黄梅不是冷漠，而是老奶奶的去世把她吓坏了，让她不敢面对现实。于是，赵磊决定好好开导妻子。

一天晚上，赵磊温和且直接地跟黄梅聊起了撞人的事："小梅，你都快要当妈妈了，是不是应该更勇敢一点呢？如果换作是我们的家人被人撞了，对方不露面，你会怎么想？"黄梅沉默很久之后终于开口了，她说："可是道歉又能有什么用呢？我都没法原谅我自己。人家肯定恨死我了……"

那天晚上，黄梅又是一夜无眠。自从怀孕之后，黄梅越来越感受到生命不易。出事之后，内心的自责和愧疚都快把她压垮了。老公赵磊一直在保护她，替她扛下了所有，而自己确实太胆小、太自私了。

第二天，黄梅终于鼓起勇气，在老公的陪同下，来到了被撞老奶奶的家里，黄梅泣不成声地向对方家人鞠躬道歉。临走时，黄梅拿出了她和老公为孩子出生准备的3万元，虽然不多，但这已经是他们小两口全部的积蓄了。小两口悄悄放下钱后就离开了。

小两口的举动，尤其是黄梅的表现，让被撞老奶奶家属的态度发生了改变。事已至此，他们也并不想再难为这个孕妇，毕竟没人料到会发生这样的悲剧。

得到了老奶奶家属的谅解，黄梅心里稍微好过了一点。与此同时，公安机关将案件移送检察院，检察院审查后，以过失致人死亡罪依法向法院提起了公诉。

很快就到了开庭的日子，黄梅挺着肚子、低着头坐在被告席上。面对检察院指控的全部事实，黄梅都认可，也表示认罪。

法官解案 >>>

为什么同样是在小区路面上行驶，本案中黄梅受指控的是过失致人死亡罪，而不是交通肇事罪，或者案例一中所提到的危险驾驶罪呢？

这就涉及本案的主要法律知识点——在小区开车发生危险，如何认定。

首先，如果小区路面被认定为"道路"，那么在道路上有危险驾驶的行为，比如开车相互追逐竞驶、醉酒驾驶等，则可能构成危险驾驶罪，这就像案例一中的情况。这个罪的定罪标准是实施了危险驾驶的行为，不以发生结果为要件。而如果在公共交通管理范围内违反交通管理法规，发生了重大事故致人重伤、死亡或者使公私财产遭受重大损失，则可能构成交通肇事罪，这个罪要有发生重大事故的后果。危险驾驶罪和交通肇事罪，都和公共交通安全有关。

其次，如果公安交管部门认定该小区路面不属于公众通行的场所，不是"道路"，那么在这样的封闭场所发生致人死亡的事故，就不构成交通肇事罪，而可能构成过失致人死亡罪，过失致人死亡罪侵犯的是他人的生命权。

承办人杨法官分析认为，对于黄梅罪名定性的关键，就是要看发生事故的"小区路面"是否属于《中华人民共和国道路交通安全法》中所规定的道路。

经公安部门侦查，黄梅所在的小区面积小、车位资源极其紧张，小区不允许社会车辆出入，属于封闭路面，公安交管部门认定事发地不属于道路，这次事故也不属于交通事故，于是作出了交通事故处理（不受理）决定。所以在本案中，黄梅因驾驶汽车操作不当，导致老奶奶的死亡，应构成的是过失致人死亡罪。

同时，黄梅的辩护律师还提出，黄梅有自首情节，希望量刑时酌情予以考虑。对此，杨法官经审理后认为，事故发生之后，黄梅在听到家人报警的情况下，在现场等候处理，构成自首。同时，黄梅主动赔付，取得了被害者家属的谅解，以及她正处在怀孕期，属于初犯、偶犯，主观恶性小，所在社区同意纳入矫正。

最终，法院以过失致人死亡罪，判处黄梅有期徒刑一年三个月，缓刑二年。

对于这起案件的发生，杨法官也很感慨。这起意外事故给老奶奶的家人带来了无尽的伤痛，也给黄梅心中留下了阴影。黄梅后悔莫及，她腹中孕育的胎儿也时刻提醒她生命的珍贵。

法官点评

上述两个案例都在提醒我们，遇事要冷静，安全记心中。第一个案例中，张壮在急救车已经到达小区的情况下，没有冷静沟通，而是急吼吼地醉酒驾车、动手打人，导致被处罚；第二个案例中，黄梅刚刚拿到驾照，在技术不够熟练、对路况不熟悉的情况下，盲目自信，执意开车，最终酿成悲剧。当我们驾驶汽车时，别人的生命和财产安全就掌握在我们的方向盘上，所以请务必谨慎驾车，牢记安全至上。

陈　甜

　　中共党员，2009 年 2 月入职四川省高级人民法院，现任四川省高级人民法院法官助理。曾获四川省法院机关 2015 年岗位标兵、2016 年优秀公务员、2018 年优秀共产党员、2021 年优秀党务工作者等荣誉称号。

争地失了手足情

主讲人：四川省高级人民法院　陈　甜

这天，村里的一位老人老徐头去世了，平时和他相处不错的邻居们都来帮忙料理后事，几个和老徐头同辈的老人感慨道："这老徐头真是命好，无灾无难活到 80 多岁，几个儿女也都有出息，现在儿孙满堂，他也走得安心喽。"

说话间，突然从里屋传出了激烈的争吵声，只听一个男人大声吼道："我在这儿，看你们谁敢动！"紧接着另一个男人也不甘示弱地说："徐占全，你别太过分啊，别以为你是大哥我就不敢打你。"

大伙儿跑进屋里，看到老徐头的几个儿女正在一边推搡，一边叫骂。大家赶紧上前劝架，徐占全仍然不依不饶地吼道："这事儿没商量，你们非要坚持，今天老爷子就别想下葬！"

什么意思？大家被徐占全的话惊呆了。入土为安是对过世之人的尊重，况且现在是初夏，气温着实不低，徐占全这是闹的哪一出啊？

对面的男人听到徐占全这么说，再次冲了过来，两人扭打成一团。大家一看情况不妙，连忙打电话报警了。警察赶来时，徐家兄弟正打得起劲，好几个年轻小伙子才把他们拉住，地上也被砸得一片狼藉。

那么，到底是什么原因，会让徐占全做出如此匪夷所思的事情呢？

这还要从徐占全小时候说起。老徐头共有三个儿女，徐占全排行老大。小时候因为家里穷，很难养活三个孩子，徐占全很早就辍学务工，帮着补贴家用、照顾弟妹。

徐占全踏实肯干、聪明、有眼光，一步步从帮别人做事到自己种果树、开果园，慢慢地成了村里出名的果园大户。

当然，这个过程也不是一帆风顺的。十几年前，徐占全眼看着生意越做越好，准备扩建他的果园，没想到却进行得不顺利，接连碰壁，他急得不行。这时，有朋友给他出主意，让他去找风水大师看看，选个好点的地方。徐占全想，反正也没辙了，就试试看吧。

风水大师来了以后，在这里看上两眼，在那里测量一阵，沿途顺道将风水占卜的神奇作用和深远影响向徐占全做了普及，徐占全越听越觉得有道理，频频点头。最终，大师选定了两处地方，让徐占全从中挑一处。

之前徐占全为了扩建果园满村子地跑，到处考察选址，精力分散，进度当然缓慢。现在他只需要二选一，而且能集中精力去商谈买地事宜，再加上贷款也刚好办下来了，没过多久，徐占全的果园就顺利扩建了。所以，风水大师的测算除了让徐占全有点心理安慰之外，和果园的顺利扩建没什么太大的关系。

但是徐占全不这么认为，他把这些都归功于风水先生，对风水之事开始痴迷起来。到后来，徐占全但凡遇上重要的事，都觉得要看看风水、选选吉日心里才踏实。

这天，邻居老李家的儿子考上了重点大学，请大家吃酒席。席间，大家推杯换盏、喝酒聊天，好不热闹。这时，同桌的一位老乡随口说道："你们说这老李两口子都是文盲，大字不识几个，现在居然养出了个上重点大学的儿子，真是祖坟冒青烟了啊。"

说者无意，听者有心。徐占全一想，可不就是因为他家祖坟好吗，老李父亲的坟地后面靠着山，前面视野开阔，自己这个略懂皮毛的人也看得出那里的风水好。徐占全转念一想，自己60多岁，已经过了花甲之年，也该好好寻块风水宝地，让自己百年之后有个好的归处，也能福荫后人。

动了心思的徐占全把这件事作为头等大事，立马开始四处张罗。很快，徐占全请到了城里出名的风水大师。这位风水大师在村里转了大半天，总算寻到了满意的地方。徐占全一看，这地方正好是父亲家后院旁的秧田，属于他们家的自留地，没想到这难得的风水宝地竟和自己如此有缘，真是得来全不费工夫。

事情进展得如此顺利，徐占全很高兴，热情地请大师到家里吃饭，两人接着聊起了这块宝地。父亲老徐头就坐在旁边，听大师滔滔不绝地说着这块地如何好，他也听进了心里。

这些年，大儿子徐占全回来没少谈论风水之事，在老徐头眼里，大儿子见识广、懂得多，说的自然也是对的。因此，他对风水之事深信不疑。现在，自己拥有的这块地居然就是全村最好的风水宝地，老徐头想着自己面朝黄土背朝天辛苦了一辈子，要是死后能葬在这样一块风水宝地，也算是对自己的回报，说不定还能为后世积福。

徐占全对父亲的想法全然不知，送走了大师后，他仍然兴奋不已，忍不住和父亲老徐头分享自己的喜悦："爸，看来我还真是个有福之人，这么难得的风水宝地居然刚好是咱自家的地，没费工夫就成啦！"

老徐头欲言又止忍了半天，最终还是鼓起勇气对徐占全说："占全啊，这地……要不你先让给我，你看我都80多岁了，活不了两年了，你还年轻，慢慢找，不着急。"

徐占全吃惊地望着老徐头，没想到自认为已经收入囊中的风水宝地，居然在自己父亲这里出了问题，这么多年，家里的事都是自己说了算，父亲从来没因为任何事情反驳过他，徐占全也根本没考虑过是否需要征求老徐头的意见。徐占全有些恼火地对着老徐头说："爸，您添什么乱啊，您的墓地不是早就定好了吗？"

老徐头和徐占全的父子关系有些奇怪，老徐头好像有些怕徐占全，这是什么原因呢？

原来，当年徐占全是家里三个孩子中学习最好的，本来一心想靠着自己的努力到城里去，可父亲却以他是哥哥为由，硬让他辍学养家。因为年纪小，刚进入社会的徐占全常常遭人白眼、受人欺负，吃了不少苦头。所以这么多年，老徐头对这个儿子一直觉得有所亏欠。更为重要的是，老徐头一辈子老实木讷，只会种地。这些年，家里大小事情都是徐占全在处理，所以老徐头也习惯了凡事听从徐占全的安排。

可这次却不一样了，平时沉默寡言没什么主意的老徐头却好像铁了心，他对徐占全说："你之前给我定的那块地，不过就是图它离你们爷爷的坟墓近，方便你们祭拜，而且当时你也没问我的意见啊。现在自家有这么好的地方，我就想葬在这里。" 虽然老徐头说话时依然有些畏畏缩缩，但语气却是格外坚定。

徐占全看父亲是认真的，着急了："爸，您要是不满意之前那块地，咱们再重新找，我给您找块更好的。屋后这块地是风水大师专门给我找的，不适合您，您就别打它的主意了。"

父子俩你一言我一语，谁也说服不了谁，几番争吵后，两人不欢而散。

老徐头本来年纪大了身体不好，经过这么一闹腾，直接就病倒了。徐占全因为有心结，平时偶尔来看看父亲，照顾父亲的重任就落到退休在家的二儿子徐占良身上。

徐占全和父亲争墓地的事，弟弟妹妹也早有耳闻，都觉得大哥徐占全实在不像话，怎么能跟已是耄耋之年的老父亲争抢墓地呢？但碍于大哥的威严，他们也没敢说什么。

眼见着老徐头身体越来越虚弱，几个月都下不了床，这天，老徐头拉着徐占良的手说道："老二啊，看来我是没几天活头了，我这岁数也活够了，没啥好遗憾的，唯一放不下的就是那块墓地，等我死了，你一定要把我埋在那里。"老徐头对着徐占良千叮咛万嘱咐，最后，徐占良向老徐头发誓，表示自己一定照做，他才安心。没过多久，老徐头就去世了。

举办葬礼这天，徐占良向大哥徐占全说了父亲的遗愿，徐占全没想到现在弟弟又来纠缠这件事，直接打断了徐占良的话："爸的墓地之前是选好了的，这事儿没啥好说的。"

徐占良一听，不乐意了："这是爸临终时交代的遗愿，我这做儿子的肯定要给他办了。"徐占全不耐烦地挥挥手："你少在那里拿着鸡毛当令箭，爸当时都病糊涂了，他定的那块地好好的，换什么换！"两人说着说着就吵了起来，越吵越厉害，妹妹也加入"战局"，帮着二哥徐占良说话。

这下，徐占全可气极了。"你们两个别忘了，当年要不是我辍学养你们，你们还不知道什么样呢。"徐占全指着他们，挨个数落："老二，前两年你没退休时，你的孙子我可没少帮忙带，简直是把他当亲孙子来疼。""还有小妹，我管你的事儿更多，你儿子当初找工作不也是我跑前跑后帮忙解决的？更别说你婆家的事儿，我不知道帮了多少次。"

徐占全越说越觉得委屈："我这个大哥帮了你们多少，你们自己心里有数。现在竟跑来阻拦我，我简直是养了两只'白眼狼'。"

徐占良也气得不行："是，你是对我们好，我们也一直感谢你这个大哥，你让我办的事儿，我哪次不是尽心尽力去办的？可这么多年，全家人什么都听你的，我们也是五六十岁的人了，成天被你呼来喝去的，而且再怎么着，你也不能和父亲争墓地啊，简直是大不孝！传出去老徐家的脸往哪儿搁？"

这次的事就像导火线，瞬间把大家的情绪都引爆了。兄妹三人越吵越厉害，最终大打出手，也就出现了开头的一幕。

警察来了以后，安抚了三人的情绪。在警察的极力协调下，徐占全总算松了口，老徐头才如愿葬在了自己的"宝地"上。

之后的几天，徐占全明显感觉到村民们对自己的态度和以前不太一样，一些风言风语也不可避免地传到了他的耳朵里，都说他不念亲情、忤逆不孝。"宝地"也让了，恶人也当了，徐占全感觉很憋屈。更让徐占全苦恼的是风水大师又为他选了几块地，但他都觉得不如之前那块地好，这可是关系到自己和子孙后代的大事，不能将就。

徐占全想了几天，晚上连觉都睡不好。这天半夜，徐占全脑子里突然闪过了一个念头，父亲下葬已经不能改变，可这块地自己实在是舍不得，那等自己百年后也葬在这里不就行了。

这天，按照风俗，兄妹三人为了祭拜父亲，又聚到了一起。因为之前闹得很僵，大家都没说话。

徐占全率先打破了沉默："老爷子的事情，我可是按你们的想法做了妥协。我想好了，等百年之后，我也葬在那里和爸做个伴儿。"徐占全说得轻描淡写，可在徐占良和妹妹听来，却无异于重磅炸弹。

"你是什么意思？这不是骑到爸的头上去了吗？你疯了吧！"徐占良急得跳了起来，指着徐占全的鼻子就开骂。

要说徐占全的坟墓挨着父亲的也没什么，可这块地因为地形原因，修建一座坟墓还好，修建两座的话就很勉强，还会出现部分重叠。因此，对于徐占全的这个提议，徐占良的反应才会那么大。

徐占全不理会弟弟，继续说道："你们都知道我为了选这个地方费了很大的劲儿，老爷子非要占，他是咱的父亲，我没办法，就让他如愿了，但我自己还是有权利选择吧？"

听大哥这么说，徐占良不客气地顶了回去："你好意思吗？因为这块地，爸都被你气死了，你现在还想着和他抢，你还有没有人性！"

听弟弟说父亲是被自己气死的，徐占全再也忍不住了，立马站起来指着徐占良的脸骂道："这几年爸生病时，你管了多少？甭在这儿装孝子！"

说完，徐占全转身进屋，他拿出一样东西摔到众人面前，徐占良一看，是这套老屋的"集体土地建设用地使用证"。翻开内页，上面赫然印着大哥徐占全的名字。

"看清楚了，这上面可写着我徐占全的名字。这块地是我的，我有权利处置。"徐占全望着弟弟妹妹，一字一顿地说。

徐占良反复翻看，不可置信地说："这地明明是爸的，你这个证书肯定是假的！"

徐占全冷哼了一声，斜眼望着徐占良说道："是真是假你说了可不算，你要不信，随便找人来验。"

徐占良盯着证书呆愣了好一会儿，突然指着徐占全说道："肯定是你瞒着爸使用了什么手段骗走了证书，我要去法院告你。"

话说出了口，可徐占良没打过官司，要以什么理由起诉啊？徐占良犯了难。大哥是铁了心要抢那块地，可这选墓地的事情，法院也管不了啊。徐占全说房子是他的，自己凭什么去和他争？

徐占良和妹妹打听了半天才有了眉目，他们二人可以作为子女，以法定继承纠纷为由起诉大哥徐占全，这样，一旦法院确定了地是父亲老徐头的，大哥徐占全也就没有资格随意处置了。

准备妥当后，徐占良和妹妹便一纸诉状将大哥徐占全告上了法庭，要求兄妹三人共同继承父亲留下的房屋和自留山、自留地。

承办案件的吴法官翻看着厚厚的卷宗，很快发现了蹊跷之处。这农村的老房子也就值几万元，起诉之前双方投入的时间和金钱可能已经超过了房子本身的价值，他们为什么要打官司呢？

为此，吴法官专门和兄妹三人进行了沟通，徐占良竹筒倒豆子般地将事情的前因后果说了出来，言语中难掩气愤。而徐占全并不反驳，只是不停地骂徐占良是白眼狼，昧着良心抢他这个大哥的地。

眼看双方又要动起手来，吴法官赶紧制止劝和。吴法官也听明白了，这场官司是醉翁之意不在酒，他们要争的是那片自留地。了解清楚了案件的背景，吴法官决定开庭审理这个案子。

法庭上，原告徐占良当庭表示，这地是村里分给父亲的，房子也是父亲守着修建的，应当兄妹三人平分。

"这地是我的，房子也是我找人修建的。"徐占全一边反驳一边向法庭提交了"集体土地建设用地使用证"："法官，您看，这上面清楚地写着我的名字。"

徐占良听了赶紧对法官说："不可能，法官。这块地的的确确是我们父亲的，30多年前村里就把地分给我们的父亲了，当时父亲是用200元和一些劳动工分，请生产队的人帮忙一起修建的房子，这在当时生产队的账簿上都是注明了的。我今天专门请了几个周围的老邻居来，他们也都能证明。还有当时修这个房子时村委会主任写的情况说明书，这些都可以证明地是分给父亲的，房子也是父亲修建的。"

吴法官翻看了徐占良提交的账簿，泛黄破旧的纸张上面的确记载了徐占良所说的内容。

这时，大哥徐占全急忙反驳："法官，徐占良交的这些账簿年代久远，谁知道是哪里来的。"集体土地建设用地使用证"上清楚写着我的名字，这才是最直接的证据。"

吴法官仔细看了双方提交的证据，发现了一个问题——徐占全提交的"集体土地建设用地使用证"，在家庭人口和土地面积这些关键之处，都有涂改的痕迹。

面对法官的疑问，徐占全解释说是因为妹妹后来嫁人了，户口迁出去了，所以才在上面进行了涂改。

那么，这块地到底是谁的？当初分地已经过去了几十年，现在双方都各有证据，怎么来认定呢？

这就涉及一个法律知识点——审查判断证据的原则。

法官解案 >>>

根据《最高人民法院关于适用〈中华人民共和国民事诉讼法〉的解释》第一百零五条的规定："人民法院应当组织当事人围绕证据的真实性、合法性以及与待证事实的关联性进行质证，并针对证据有无证明力和证明力大小进行说明和辩论。"

吴法官分析，在这个案子中，虽然"集体土地建设用地使用证"登记在徐占全的名下，但登记时原始申请书中的关键文字，特别是关于家庭人口、土地面积的数字已经被涂改。不能单凭这个证据，就判定徐占全是真正的土地使用人。

而弟弟徐占良提交的当时集体现金收入账簿和社员劳动工分账簿的原始记录，都记载了修建房屋的主体是老徐头，邻居们的证言也反映了老徐头早在三四十年前就已经拿到了地、修建了房子，加上村委会主任的那份情况说明书，这些证据都是划分土地时就形成的原始证据，年代久远，也符合当时的实际情况。因此，这些证据相互印证，形成了证据链条。

吴法官综合全案证据，认定这块地的使用权属于老徐头，房屋是老徐头修建，属于老徐头的合法财产。

《中华人民共和国民法典》第一千一百二十二条规定，遗产是自然人死亡时遗留的个人合法财产。依照法律规定或者根据其性质不得继承的遗产，不得继承。

徐家兄妹实际上想要争抢的那块自留地，是否也和房屋一样作为老徐头的遗产，由他的三个子女共同继承呢？

根据《中华人民共和国土地管理法》第九条第二款的规定："农村和城市郊区的土地，除由法律规定属于国家所有的以外，属于农民集体所有；宅基地和自留地、自留山，属于农民集体所有。"也就是说，农民对自留地只有经营使用权，并没有所有权，而遗产必须是公民个人合法拥有的财产。因此，宅基地和自留地、自留山不属于遗产范围，不能适用民法典来继承。

最终法院判决，老屋的五间房子属于老徐头所有，由三个子女共同继承。自留地、自留山依法不能继承。

判决下来的当天，兄妹三人在法院又相遇了。看着站在一起的弟弟妹妹，徐占全觉得和他们之间短短几米的距离仿佛是一条鸿沟。他猛然发现自己最失落的居然不是刚拿到的判决结果，而是此时弟弟妹妹望向自己那疏远陌生的目光。

法官点评

大哥徐占全从小担起了长兄如父的责任，弟弟妹妹也对他充满感激和尊重，本来他们是温馨和睦的一家人。结果因为徐占全迷信风水之说，最终闹得兄弟反目，自己还落了个不孝的名声。与其不惜一切地去追求虚无缥缈的"风水宝地"，企盼它能改变命运，不如好好珍惜自己所拥有的一切。因为只有家庭和睦、兄友弟恭，才是谁都抢不走的"好风水"。

玩不起的网恋

主讲人：四川省高级人民法院　陈　甜

【案例一】

一天下午，某市一幢居民楼前，一对男女正在激烈地争执。男人拖着女人的手臂激动地叫骂着："你这个骗子，快还我的钱。"而被他拉着的女人一脸陌生与惊恐："你是谁啊？我不认识你。"男人为何说女人是骗子，他们之间到底认不认识？

男人名叫林鹏，是一个标准的"宅男"，快30岁了也没谈恋爱，平时下班后也不出门，就喜欢宅在家里刷刷手机、玩玩电脑游戏。

这天，林鹏又一个人在家玩游戏，因为觉得有些无趣，他便找到一个游戏陪玩平台，并支付了陪玩费。很快，就有人添加林鹏为游戏好友。对方说自己叫瑶瑶，是公司给林鹏安排的"游戏陪玩"。一晚上游戏下来，林鹏发现瑶瑶声音甜美、游戏也玩得好，两人配合默契，和平时自己一个人玩游戏的感觉完全不一样。

有了这次愉快的体验，之后的一段时间，林鹏又购买了几次游戏陪玩服务，并指定了瑶瑶。一来二去，两人也熟悉了，在林鹏的强烈提议下，两人互加了微信好友。当点开瑶瑶的朋友圈后，林鹏惊喜地发现，原来瑶瑶是一个肤白貌美的女孩，林鹏瞬间心动了。

心思有了变化的林鹏，找瑶瑶陪玩的次数更多了。两人隔三岔五便在网上打游戏，还根据游戏情节组成了"情侣"，一起上天入地、快意江湖，林鹏也越陷越深，只要一空闲下来，便开始想念瑶瑶。

为了有更多机会接近心上人，林鹏问瑶瑶能不能直接按月支付陪玩费。

有固定的收入，负责陪玩的瑶瑶自然不会拒绝。她连连夸赞林鹏："你这个决定太对了，这样既方便又划算，你只需要每个月给我6000元，我保证随叫随到。"

这6000元可不是个小数目，直接占了林鹏每个月收入的一半。可为了能时常联系到心上人，林鹏还是故作轻松地一口答应了。

这样"砸钱"似乎起到了效果，两人的关系果然亲近了很多。瑶瑶告诉林鹏，自己本名叫谭瑶，今年22岁，刚刚大学毕业，还没找到工作。渐渐地，除了每天一起打游戏，林鹏还时常和谭瑶在微信上聊天，林鹏恨不得把每天发生的事情都告诉谭瑶。相比起来，谭瑶就很冷淡，她的回应也比较敷衍。林鹏说要去谭瑶所在的城市看望她，谭瑶直接拒绝了，说自己和父母住在一起，出入不方便。林鹏觉得能理解。

就这样又过了半年时间，虽然两人没见过面，甚至都没有视频聊过天，但林鹏还是抑制不住内心的冲动，在微信上向谭瑶表白了。在他紧张地等待了半小时后，谭瑶总算回复了消息。谭瑶明确告诉他，两人所在的城市相隔太远，自己不愿意网恋。

谭瑶的这个理由并不能说服林鹏，林鹏觉得肯定是自己诚意不够，所以没能打动谭瑶。在请教了几位女同事后，林鹏网购了一套高档化妆品寄到谭瑶的住处。隔了两天，谭瑶便打来电话，说自己收到了林鹏寄来的化妆品，无功不受禄，希望林鹏以后不要再给自己寄礼物。

可在林鹏看来，虽然谭瑶拒绝了自己，但还是收了礼物，说明自己送的东西选对了，谭瑶肯定是因为不好意思才拒绝自己的。他认为，精诚所至，金石为开，总有一天谭瑶会被自己打动的。

于是，每到节假日，林鹏都会为谭瑶送上礼物，然后发送一些亲密的祝福语。随着时间的推移，林鹏沉浸在自己幻想的爱情里，在游戏和微信里也都用"亲爱的"或者"老婆"这样亲昵的词语称呼谭瑶，还反复缠着谭瑶要求见面。

面对这样自说自话的林鹏，谭瑶不堪其扰，三番五次地劝说林鹏，告诉他自己不能接受这些称呼，也希望他不要再寄礼物。为此，两人还发生了多次争执。最终，谭瑶忍受不了林鹏，请他另外找人陪玩，顺便拉黑了林鹏的联系方式。

一年的时间，林鹏前前后后花费了10万元，不仅贡献了工资，还动用了不少存款。林鹏不甘心，他决定去谭瑶所在的城市找她，做最后一搏。

沿途一路打听，林鹏总算来到了谭瑶家楼下。因为担心谭瑶不愿见他，林鹏换了个手机号拨通了谭瑶的电话，谎称自己是送快递的，让谭瑶下楼来取快递。

几分钟后，单元楼里走出来一个看上去40多岁、身材臃肿、长相普通的女人。女人左右看了半天，然后拿起手机点了两下，同一时间，林鹏的电话响了起来。

林鹏呆住了，心中涌起不好的预感，他冲过去扯住中年女人的袖子，着急地吼道："你是谁？谭瑶呢，谭瑶在哪儿？"

中年女人一边挣扎一边说道："我就是谭瑶，你是谁啊？"

听到女人这么一说，林鹏彻底绝望了，他拖着女人的手臂激动地叫骂着："你这个骗子，你还我钱。"等弄清楚林鹏身份后，谭瑶也有些尴尬。她告诉林鹏，自己已经37岁了，是两个孩子的妈妈，平时在家带孩子，做游戏陪玩是为了补贴家用。她为了能顺利地做陪玩、迎合现在年轻人的喜好，才虚构了自己的身份。

林鹏大脑中一片空白，觉得自己一直被欺骗，忍不住拉着谭瑶劈头盖脸一顿骂，这就出现了开头的一幕。

对于林鹏的质疑，谭瑶也承认自己在网络上用了修图软件，将自己的形象美化了不少。但谭瑶称自己周围做陪玩的大多是这样，只是修图程度有所区别。谭瑶告诉林鹏："咱们本来就是网上交流，我的身份和长相根本就不重要，而且我也尽到了陪玩的义务，要不然你也不会一直找我陪玩。"

"要不是你用照片欺骗我，我根本就不会找你陪我打游戏。你这个骗子，赶紧把钱还我。"林鹏气不打一处来，自己的钱和感情竟然白白浪费在这么一个人身上。

两人就这样一直争执不下，最终，谭瑶推开林鹏跑上了楼，任凭林鹏怎么喊都不开门，林鹏气得不得了，将谭瑶告上了法庭。

案件最终分到法院的陶法官手中。

法庭上，林鹏拿出了转账记录、微信聊天记录，说谭瑶虚构个人信息、隐瞒真相的欺诈行为，让自己在违背自身真实意思的情况下与谭瑶订立服务合同，支付了高于市场价的游戏陪玩费用、赠送了高额的礼物，请求法院判决谭瑶返还所有款项10万元。

谭瑶急忙辩解道："法官，是林鹏自己提出每个月支付6000元陪玩费的，我可是一直按照约定陪玩游戏、日常聊天。礼物也是林鹏主动赠送的，我从来没有要求过，而且还一直在拒绝。但是林鹏非要给不可，我也没办法。"

林鹏听完，气愤地冲谭瑶吼道："我要知道你是这个样子，会送你东西吗？这是欺诈，我要撤销赠与。"

那么，林鹏的赠与行为到底能否撤销呢？这就涉及本案的法律知识点——赠与的法定撤销。

法官解案 >>>

《中华人民共和国民法典》第六百六十三条规定："受赠人有下列情形之一的，赠与人可以撤销赠与：（一）严重侵害赠与人或者赠与人近亲属的合法权益；（二）对赠与人有扶养义务而不履行；（三）不履行赠与合同约定的义务。赠与人的撤销权，自知道或者应当知道撤销事由之日起一年内行使。"

承办案件的陶法官认为，证据材料显示，林鹏在向谭瑶表白时，谭瑶明确拒绝网恋；对于林鹏送的东西，谭瑶也是表示拒绝的，在这样的情况下，林鹏仍然坚持向谭瑶寄送礼物，可以看出林鹏赠与谭瑶物品时，并没有以双方建立恋爱关系为条件。因此，林鹏对谭瑶的赠与属于一般赠与，无撤销事由，林鹏无权要求返还。

那么，林鹏支付的游戏陪玩费用又能否要求返还呢？

对此，陶法官认为，林鹏作为完全民事行为能力人，自愿在平台上向谭瑶订购游戏陪玩服务，谭瑶也按照约定为林鹏提供了游戏陪玩服务，双方的行为具有正当性，并不违反法律的禁止性规定，合法有效，谭瑶有权通过自己的劳动获得报酬。林鹏通过微信转账向谭瑶支付的相应款项，是基于双方之间游戏陪玩的服务合同关系，具有合法依据，林鹏无权要求谭瑶返还。

最终，法院判决驳回了林鹏的全部诉讼请求。

【案例二】

这天深夜，失眠的郑璐给自己在外地的男朋友发短信聊天，短信刚发过去没多久，对方的电话就打了过来，郑璐开心地接起电话，刚要喊一句"亲爱的"，可电话那头却传来了一个女人的声音，女人冷冷地质问她："方涛已经睡了，你是谁？"女人的话在郑璐脑袋里炸开了花，难道自己的男朋友还有其他的女朋友？

今年 21 岁的郑璐，是西南某县城的一名网络主播。

郑璐从小就长得漂亮，在周围人的夸赞声中，她越来越重视自己的容貌，无心学习。高考落榜后，郑璐不愿意复读，好高骛远的她晃悠了半年，也没找到正经工作。心灰意冷之下，她干脆天天宅在家里玩手机。

看着光鲜亮丽的网络主播，郑璐突然茅塞顿开，这不就是最适合自己的工作吗，自己长得这么漂亮，当个网络主播肯定没问题，而且这份工作的收入又高，太符合自己的要求了。

凭着姣好的容貌，郑璐很快就顺利地与某直播平台签约了，她开始憧憬自己能够轻松挣大钱。除了挣钱，郑璐更希望凭借网络让自己摆脱小县城的局限，找到一个有钱的男朋友，从而实现自己嫁给有钱人的梦想。

可签约之后，郑璐才发现直播并没有那么容易，她直播了几个月也没迎来想象中的人气，固定的粉丝并不多，平台的考核和要求也让她压力颇大。就在郑璐沮丧的时候，她发现一个粉丝每天都来自己的直播间刷礼物，看上去经济实力不错。很快，郑璐和自己的这个"铁粉"便互加了微信。

通过微信聊天，郑璐得知这名"铁粉"名字叫方涛，30 多岁，事业稳定，在离郑璐不远的一线大城市生活。每次郑璐和方涛诉说烦恼和压力时，方涛总能温柔地安慰她，让她的心慢慢平静下来。方涛也更加频繁地和郑璐在直播间互动，帮她增加人气。

一来二去，两人聊天越来越暧昧，最后，在方涛的反复要求下，两人在线下见了面。

郑璐看着这个比自己大 10 多岁的男人，身材挺拔，长得也不错，不仅温柔体贴，还特别大方。在方涛甜言蜜语的攻势下，郑璐渐渐沦陷了。很快，两人开始了异地恋。

虽然见面不多，但两人网上互动频繁。因为直播平台有业绩考核，郑璐压力也很大，方涛知道后，主动提出帮她刷榜。方涛的善解人意也让郑璐很感动，但她不想让方涛觉得自己只是一个拜金女，于是时不时地也会在方涛刷了礼物后，将钱转给方涛。

就这样，两人频繁见面，甜蜜地恋爱了半年。一天，郑璐发现自己怀孕了，她立马拨通了方涛的电话，准备将这个喜讯告诉他。在郑璐看来，方涛希望有一个孩子，而自己凭着这个孩子，可以顺利嫁给方涛，实现在大城市生活的梦想。

可让郑璐没想到的是，电话那头的方涛却十分冷淡，他对郑璐说："璐璐，你还这么年轻，我可舍不得让你被孩子捆绑住，况且，我还想和你多过几年二人世界，等我赚更多的钱再来娶你，让所有人都羡慕你。"

方涛语气温柔，言语间处处在为郑璐着想。郑璐虽然无比失望，却也找不到话去反驳。在方涛的游说下，郑璐独自一人去做了流产手术。

因为身体虚弱，郑璐向公司请了假。半夜，想着这个没出生的孩子，郑璐辗转反侧、难以入睡，她给方涛发去了短信："亲爱的，我睡不着。"没想到短信发过去没多久，对方就打电话过来了，但是电话里却传来一个陌生女人的声音，这也就是开头的那一幕。

面对电话那头的女人，郑璐非常诧异，说自己是方涛的女朋友。没想到女人突然激动起来："什么？女朋友？你也太不要脸了吧！"一阵阵难听的叫骂声，随着手机听筒传了出来，在对方骂骂咧咧的言语中，郑璐听到了一个让她难以接受的真相：方涛已经结婚了，而这个正在疯狂骂自己的女人正是方涛的老婆刘媛。

原来方涛已经结婚十几年了。因为平时郑璐的直播时间是确定的，所以两人联系的时间也是固定的，方涛刻意避开了在家的时间，他的老婆刘媛一直没有发现。但这个半夜突然发来的短信，让方涛始料未及。刘媛无意间看到了短信内容，产生了怀疑，当即将电话打了过去。

方涛有老婆，这对郑璐来说无异于晴天霹雳。自己投入了全部的感情，还在他信誓旦旦的哄骗下去堕胎，到头来竟然成了别人口中的"小三"。而另一边，作为方涛老婆的刘媛更难以接受，她对着方涛一阵怒骂，第二天便来到银行调取了方涛的银行卡流水。一笔笔看下来，刘媛发现，方涛已经在郑璐身上花了13万元。

刘媛气得对着方涛又打又骂，还闹着要离婚。方涛一听，连连道歉，保证自己再也不见郑璐了，还当着刘媛的面删除了郑璐的联系方式。即便如此，刘媛的火气却一点没消："没这么便宜的事儿，你先跟我去把钱要回来，之后我再找你算账！"方涛连连点头，保证一切听从老婆的安排。

隔了几天，刘媛拉着方涛来到法院起诉，要求郑璐返还赠与的13万元。

法庭上，面对承办案件的朱法官，刘媛和郑璐都显得十分激动，争着诉说自己的满腹委屈。

刘媛拿出了一叠方涛银行卡的转账记录，气愤地说道："法官，郑璐就是个'小三'，仗着自己年轻，骗方涛在她身上花了13万元，这些都是我和方涛的夫妻共同财产，这样的赠与违反公序良俗，严重侵害了我的合法权益，是无效赠与。"

方涛不敢直面郑璐，但他对于刘媛的说法也全部认可，他还告诉法官，郑璐为了完成直播平台的考核，专门拜托自己为她刷价值3万元礼物，这部分钱郑璐当初承诺会退还给他。

郑璐听着刘媛的指责，脸上一阵红一阵白，而当曾经的爱人方涛也将矛头对准自己时，她更是感到心力交瘁。郑璐将自己和方涛的相识、恋爱及为他流产的所有事情，都告诉了朱法官："法官，我也是受害者，我之前根本不知道方涛已经结婚了。况且方涛在直播平台的打赏行为属于网络消费，不属于赠与。他伤害了我，他给我的转款和购买的东西，算是在我流产后补偿我的误工费、营养费。"

刘媛听了也不甘示弱地说："你少在那里博取同情，那是你活该！少扯什么消费，要不是你们这种关系，他能给你打赏吗？"

那么，方涛与郑璐之间的经济往来在法律上应该如何认定，又是否需要返还呢？这就涉及本案的法律知识点——民事法律行为有效的条件。

法官解案 >>>

根据《中华人民共和国民法典》第一百四十三条的规定："具备下列条件的民事法律行为有效：（一）行为人具有相应的民事行为能力；（二）意思表示真实；（三）不违反法律、行政法规的强制性规定，不违背公序良俗。"

朱法官将方涛与郑璐的经济往来逐个进行核实，发现方涛为郑璐花费的款项既有直播打赏的钱，也有给郑璐买衣服首饰的钱。因此，方涛与郑璐之间的经济往来，并不能以简单的是否返还来判定。

对于方涛在网络平台对主播郑璐进行的"打赏"，是一种商业消费行为，方涛作为完全民事行为能力人，在网络直播平台消费系其真实意思表示，与网络服务提供者的商业服务合同合法、有效，刘媛诉请返还打赏款项没有法律依据，不应支持。而对于方涛给郑璐的转款和购买的东西，是方涛为了维持不正当的男女关系而付出的，这部分金额则属于将夫妻共同财产赠与郑璐，该行为无效，扣除在此期间郑璐赠与方涛的部分，其余的部分应当全数返还。

最终，法院对双方的往来金额进行核算，判决郑璐返还刘媛 6 万元。

案子尘埃落定了，但没有一个人是赢家。刘媛虽然拿回了应属于自己的财产，但她无法忍受背叛，已经向方涛提出了离婚。而自以为掌控一切、坐享齐人之福的方涛彻底慌了，用尽办法想让妻子回心转意。再看郑璐，刚刚做了手术没多久，身体还没恢复却要忙着应付诉讼，还要接受自己"嫁入豪门"梦碎的现实，整个身心都受到了严重的伤害。可这一切，她只能怪自己遇人不淑，遇上了骗子。

法官点评

网络打破了时空的局限，扩大了人们的交友范围，可它也是一把"双刃剑"。案例一中的林鹏，迷恋于网络上谭瑶的青春靓丽，将游戏中的"恋人"当作现实的恋人疯狂追求，最终人财两空；谭瑶伪装美女为自己增加陪玩生意，一朝被戳破，沦为了笑柄。案例二中的方涛，明明有家室，却在网络上寻求刺激，使自己幸福的家庭破碎，而郑璐一心想将自己的年轻美貌转化为"嫁入豪门"的敲门砖，结果轻易陷入圈套，最终伤身伤心。两个案例中，林鹏和郑璐都将自己的情感交付于并不熟悉，甚至完全陌生的"网络恋人"，自然无法避免风险。网络是个虚无缥缈的世界，很多的美好都是因为隔着面纱，只有分清网络和现实，这样的爱情才能落地，生根发芽。

草药变毒药

主讲人：四川省高级人民法院　陈　甜

【案例一】

这天是周末，李涛和儿子李小亮悠闲地在客厅看着电视，厨房里时不时传出妻子吴芳翻动锅铲的声音。李涛笑盈盈地跟儿子说："你小子难得在家里吃顿饭，看来你妈今天是要做满汉全席呀，忙活了一上午还不开饭。"

父子俩在那里正开着玩笑，突然，听到厨房里传出"咚"的一声闷响。两人心中升起不好的预感，起身跑进厨房一看，发现吴芳已经倒在地上昏迷不醒。父子俩吓得赶紧将吴芳送到医院。

医院走廊上，儿子李小亮突然冲李涛吼道："我让你别信高大洪，你非不听，这下我妈可被他害惨了。"

这高大洪是谁，吴芳晕倒是否与他有关呢？这还得从半年前吴芳的一次看病经历说起。

半年前，吴芳开始频繁地咳嗽。一开始，她估摸着自己应该是感冒了，就没当回事，随意吃了点感冒药。可隔了一个星期也不见好，她还时不时地感觉肩背疼痛。于是，她把自己不舒服的事情告诉了丈夫李涛。李涛一听，觉得也不是什么大毛病，想了想说："我之前腰腿痛的时候看过

359

一个中医，感觉还不错，我带你去找他看看吧。"

隔天，李涛便带着妻子吴芳来到了一家中药铺。药铺门口醒目地张贴着"主治：跌打损伤、风湿骨痛、癌症调理"。两人走了进去，里面人还不少，在他们前面排着好几个病人。药铺大厅的墙上挂着很多病人送的锦旗，上面写的全是"妙手回春""医者仁心"之类的夸奖语。

30多分钟后，终于轮到了他们。李涛赶紧走了过去："高医生，您还记得我吗？两年前我来找您看过病。"李涛熟络地和坐诊的大夫寒暄起来："我当时吃了三服药腰痛就好了，您的医术真高明啊。"李涛一边说着，一边把旁边的吴芳拉了过来："这不，最近我老婆总是咳嗽，还觉得肩背痛，我就赶紧把她带来，请您给看看。"

被李涛喊作高医生的中年男人就是高大洪，他仔细询问了吴芳的症状，然后给吴芳号脉、看舌苔。只见他眉头越皱越紧："你这个病可有点麻烦，肺上出了问题，应该是肺癌。"

听说是癌症，夫妻俩顿时吓坏了。高大洪赶紧安抚道："你们也不用太过担心，现在还是早期，没有深入，去医院也很难查明白。好在你们来我这儿了，这可是我的专长。"说着，高大洪指了指自家药铺门口的牌子继续说道："你只要按我说的要求认真调理，病情就不会再恶化，还是可以慢慢康复的。"

随后，高大洪便给吴芳开了药，交代之后要每周来复查。

回家后，吴芳不敢怠慢，严格按照高大洪的要求认真吃药，连着吃了半个月，吴芳感觉咳嗽好了一些，肩背的疼痛也有所缓解，夫妻俩对高大洪的医术更加信任了。

高大洪开的中药可不便宜，一服中药就得好几百元。随着吃药时间越长，吴芳的情况并没有继续好转，她心疼钱，便悄悄把中药给停了。可没隔多久，吴芳之前的症状又都出现了。李涛知道了原因，对着吴芳就一顿数落："你没听高医生说吗，这病得慢慢调理，谁让你把中药停了的？"

"我这还不是心疼钱啊，这都吃进去几千元了。"吴芳委屈地说道。

听着爸妈吵架，儿子李小亮赶紧跑了过来。因为怕儿子担心，夫妻俩之前都没告诉儿子这件事情，而李小亮每天上班早出晚归，也没注意到。听说母亲身体不舒服已经一两个月了，李小亮着急地对吴芳说："妈，你病了这么久，得去医院好好看看。"

一旁的李涛直接打断了儿子的话："去医院干吗，一去就先做一大堆检查，楼上楼下地跑一整天，说不定还看不出个结果。人家高医生那里有好多人去看病，效果都很好。"

李涛对高大洪深信不疑，儿子还想继续劝说，李涛却不耐烦地说："行了行了，我和你妈会看着办，你管好自己就行。"

眼见着父亲劝不动，李小亮便仔细嘱咐母亲吴芳，如果过两天病情还不见好转，一定要去大医院看看。

吴芳虽然嘴上应允，但她是个老实内向的家庭主妇，平时家里都是李涛说了算，而且她自己也心疼钱。于是，在李涛的陪同下，吴芳又来到了高大洪的诊所。

听说吴芳之前把药停了，高大洪脸一沉，说道："你这可是癌症啊，不好好治疗是要命的。你看，这不又严重了？之前好不容易有些进展，现在都白费了。"

吴芳一听，之前的几千元都打水漂了，此时心疼得不得了，赶紧向高大洪保证会坚持吃药。后来，吴芳再也不敢耽搁，每天认真吃药、按时复诊。这样一过就是两个月，可她的病情还是没有好转，甚至还出现身体乏力、容易疲惫的症状。

高大洪又告诉吴芳，她之所以感觉症状加重，那是身体在排毒，过阵子就好了。高大洪将药方简单调整了一下，安慰吴芳道："放心，你只要坚持吃药，最多再过一个月，症状就会有明显的缓解。"

可是还不到一个月，吴芳就出事了，也就是故事开头的那一幕。

不幸的是，吴芳最后没能被抢救过来。医院诊断的死因是急性肝功能衰竭。

好好的人怎么突然就患急性肝功能衰竭了呢？李小亮愤愤地对着父亲李涛说道："我妈之前一直在吃高大洪的药，肯定是被这庸医害死的。咱们得找他算账！"

李涛这时后悔不已，他冲到卫生局，痛哭着告诉工作人员，自己的老婆被高大洪给害死了。经卫生局调查发现，高大洪根本就没有行医资格，赶紧让李涛报了警。警察通过调查，才算把事情了解清楚。

原来，高大洪虽然年过五旬，可做大夫却是近几年的事。高大洪初中毕业便外出务工，后来有点积蓄就开始自己做生意。可这么多年，他的生意并没有做好。

前几年，高大洪发现，随着人们对自己的健康越来越关注，用于调理身体的中草药很受欢迎。高大洪自己平时就喜欢研究中草药，对大部分常见草药的药性也基本了解。虽然只是一知半解，但高大洪胆子大，在他看来，中药侧重于调理，见效慢，就算治不好人，也不会出问题。于是，他尝试着开了个中药铺。

为了看起来正规专业，高大洪专门在店铺门口张贴了主治范围，其中就加上了"癌症调理"这项专长，还花钱做了些锦旗挂在店铺里，用来撑门面。

还真像他所想的那样，因为病人大多是来调理的，觉得效果好，会继续找他看病；觉得效果不好，也就另寻他路了。所以高大洪的中药铺开了四五年，也没人上门找过麻烦，他对自己的医术也越来越自信。高大洪对吴芳的病症做出肺癌的诊断，是因为他觉得吴芳咳嗽和肺部有关，再结合平时看的医书，他便直接下了这个结论。

经过司法鉴定，吴芳因急性重型肝炎并发多器官功能衰竭致呼吸、循环衰竭而死亡。吴芳的病主要是由肝炎病毒感染而引起的，正是高大洪开出的药物加速了其肝脏损伤，导致了悲剧的发生。

很快，检察院便以高大洪涉嫌非法行医罪向法院提起了公诉。

在法庭上，高大洪承认自己没有医师资格证书，开诊所给人看病确实违法。高大洪对承办案件的李法官说，自己给别人开的处方都差不多，大多都是当归、灵芝、黄芪这些常见的滋补中药，没有毒性，根本不会影响健康，从来没有人出过事。

高大洪觉得，吴芳的死亡和他的诊治没有因果关系，自己的行为不构成犯罪。

那么，高大洪是否构成"非法行医罪"呢？

法官解案 >>>

根据刑法第三百三十六条第一款的规定，未取得医生执业资格的人非法行医，情节严重的，处三年以下有期徒刑、拘役或者管制，并处或者单处罚金；严重损害就诊人身体健康的，处三年以上十年以下有期徒刑，并处罚金；造成就诊人死亡的，处十年以上有期徒刑，并处罚金。

李法官经过法庭审理调查，结合司法鉴定报告认定：吴芳服用高大洪开具的中药，并不是造成其死亡的直接或主要原因，但高大洪非法行医时间长，为吴芳诊治并开具中药，延误了吴芳的正常治疗，且在一定程度上加剧了其病情。

因为高大洪非法行医的行为并不是造成就诊人死亡的直接、主要原因，所以不认定为刑法第三百三十六条第一款规定的"造成就诊人死亡"，而认定为"情节严重"。

最终，法院判决：高大洪犯非法行医罪，判处有期徒刑一年零七个月，并处罚金3万元。

不久之后，李涛拿到了法院的判决书，他将判决书拿到妻子吴芳的坟前，跪在那里痛哭不止。要不是因为自己盲目轻信、固执己见，妻子也不会一直延误治疗，最终丢了性命。李涛后悔不已，可世上没有后悔药，李涛心中的悔恨和愧疚也只有他自己去默默承受了。

【案例二】

某市人民医院里，一名年轻男子正焦急地站在手术室外，神色凝重。这时，医生从手术室内走了出来，遗憾地告诉他病人没能抢救过来，男子顿时崩溃，瘫坐在地上失声痛哭，完全无法接受这个事实。他怎么也想不通，自己的父亲明明只是手部扭伤，怎么会没了性命呢？

年轻男子名叫何小松，而刚刚被医生宣告死亡的是他的父亲何万松。

何家是当地的茶农。两个月前，何万松父子俩来到山上采茶，看着漫山遍野的茶叶，他们的心情也特别舒畅，一边采茶一边商量着，等忙完这阵子要回城里走亲戚。这时，何万松一个没注意，脚底打滑，随着惯性就往前扑去，眼看着要压到茶树，何万松使劲把身子一歪，紧接着右手率先着地了。何万松只觉得手腕传来一阵剧痛，他"哎呦"一声摔倒在地上。

何小松赶紧把父亲搀扶起来，仔细一看，何万松的右手已经肿得很高了。茶树虽然没问题，但何万松的手却伤得不轻。

父子俩不敢耽搁，赶紧来到镇上的卫生院。卫生院的医生检查过后对何万松说："你的手扭伤比较严重，再加上年纪大了骨头脆弱，得保护好受伤的这只手，这段时间尽量别用它。"说完，便开了一服中草药，让何万松按时煎服。

何万松回到家唉声叹气，急得不行。原来，临近清明节，这段时间正是采摘明前茶的时候。所谓"明前茶"就是清明节前采制的茶，因为受虫害侵扰少，所以芽叶细嫩、香味醇厚，属于茶叶中的精品。明前茶对时间的要求高，清明节前的十几天是最佳采摘时间，过了这个时候，茶叶的价格就会大幅缩水，而且越往后跌得越厉害。所以，何万松只在家歇了一天，就坐不住了。

第二天一早，何万松把背篓往肩上一挎，就准备出门采茶，儿子何小松连忙阻拦："爸，您没听医生说吗？您这手得养着，稍不注意可是要落下病根的。您就好好在家待着，采茶的事就别管了。"

不管何万松怎么说，儿子何小松就是不让他出门。何万松看着一家人忙前忙后，自己一个人却只能在家待着，急得不行。

这时，何万松的电话响了，原来是邻村的好友徐大全打来的。电话刚一接通，徐大全的声音便传了过来："万松，这两天你很忙吧。我跟你说，今年你家那明前茶给我留一斤啊，我要拿去送人。"

"忙啥呀，我的手摔伤了，啥活也干不了，这两天正着急上火呢。"何万松唉声叹气地说道。

听说好友受伤了，徐大全也很担心，便仔细询问何万松的情况。何万松告诉他，这伤倒也不算严重，就是伤的不是时候，耽搁了采茶，不知道会损失多少。听着好友抱怨，徐大全也只能安慰他："钱是小事，身体才最重要。"

挂了电话，徐大全突然想到，自己的地里刚好种了点"土三七"，这可是活血化瘀的好药材。

原来，因为平时徐大全干的都是些体力活，难免会伤筋动骨，所以他在听说三七药材能活血化瘀后，便想种一些备用。徐大全到了市场发现，三七药材的价格比较高，有些犹豫。卖药材的老板告诉他，还有一种叫

"土三七"的药材，药效和三七差不多，价格还便宜，于是徐大全便买了些土三七种下了。

徐大全心想，这下这些药材刚好派上用场了。于是第二天一早，他便将自己晒干的"土三七"装了一袋，赶紧给何万松送了过去。

何万松见好友来了，十分高兴。徐大全说明了来意，并把"土三七"交给了何万松。两人闲聊了一阵，徐大全便离开了。

何万松也听说过三七药材可以活血化瘀，隔天煎药的时候，他便把这包"土三七"也拿了过去。但是煎多少合适呢？这可难住了他。何万松想，中药本来药性温和，多放些效果肯定更好，于是抓了一大把煎了起来。

接下来的几天，每次熬药，何万松都会抓一大把"土三七"，与卫生院配制的中药一并煎服。

这样过了一周，何万松觉得身体越来越不舒服，肚子还莫名其妙地肿胀了起来。儿子何小松觉得不对劲，拉着父亲便来到县城的医院。医院检查后发现，何万松的消化道一直在出血，肝部也出现了问题。医生告诉何小松，县城的医院治不了，让他赶紧去市里的医院。

没想到，何万松在市里辗转了几家医院治疗，病情还是越来越严重。经过三个月的治疗，何万松最终还是医治无效死亡了。死亡记录中，写明了何万松的死因是"上消化道出血，肝小静脉闭塞病"。

何小松接受不了父亲的死亡事实，找到医生想要问清楚，医生询问何万松最近的饮食情况，初步判断是因为他服用的"土三七"引起的。

气愤的何小松来到了徐大全家，进门就喊："徐大全，我爸被你害死了，你安的什么心啊？"

徐大全之前听说了何万松进城治病，但没想到那么严重，听到何万松的死讯，也是好半天才反应过来："你爸死了？怎么可能？之前明明还好好的啊！"

听徐大全这么一说，何小松更是来气了："你还好意思问我，他就是被你送的药给毒死的！"

听何小松说何万松是被自己害死的，徐大全吓得连忙否认："小松啊，你可别瞎说，我就是好心给你爸送了点三七药材，那可是活血化瘀的药，怎么可能害人？"

两人就这样你一言我一语地吵了半天。

"行，你不承认没关系，我让警察来管。"愤怒的何小松撂下这句话后，便去派出所报了案。警察了解到，"土三七"的确是徐大全给何万松的，但徐大全并没有告知何万松关于该药材的服用方法和注意事项，"土三七"是何万松自己服用的，所以徐大全好心赠药的行为并不负有刑事责任。

何小松想不通，自己的父亲总不能就这样白白丢了性命吧！很快，他便以生命权纠纷为由，到法院起诉了徐大全，要求徐大全承担一半的医疗费、营养费、死亡赔偿金等费用，共计70万元。

在法庭上，何小松拿出了病历资料、医疗诊断证明书、居民死亡医学证明书等材料，说道："法官，我爸就是因为服用了徐大全送的'土三七'，才导致肝小静脉闭塞症，最终因为失血性休克而死亡。徐大全害死了我爸，他应当赔偿。"

徐大全委屈地反驳道："法官，我可冤枉死了。我是看何万松手扭伤了着急，才好心给他送药的，明明是做好事，而且也没有证据证明我送的药与何万松的死亡有因果关系啊。"

承办本案的王法官经过调查，发现徐大全赠送的"土三七"并不是三七药材，三七药材主要用于活血化瘀、调理"三高"等，而"土三七"的作用虽然与三七药材略有相似，但里面含有一种有毒物质，很容易引起肝脏损伤，严重时确实会危及生命。

经过法庭审理，结合证据材料，王法官确认了何万松的死亡与服用"土三七"之间存在一定因果关系。

那么，好心赠药的徐大全应该承担怎样的责任呢？这就涉及本案的法律知识点——减轻责任的情形。

法官解案 >>>

《中华人民共和国民法典》第一千一百七十三条规定，被侵权人对同一损害的发生或者扩大有过错的，可以减轻侵权人的责任。

王法官认为，一方面，徐大全将"土三七"赠与何万松的目的是治疗何万松的手伤，邻里乡亲间互帮互助是值得提倡的，但需要注意分寸、把握尺度。徐大全对"土三七"的治疗效果仅是听说，贸然将"土三七"赠与他人使用，该行为显然是存在过错的，徐大全应对自身的行为承担相应的法律责任。

但另一方面，死者何万松作为一个具有完全民事行为能力的成年人，应当具备一定的判断能力，不应擅自、盲目地将中草药加入医师开具的处方药中，进行持续大剂量的煎服。

综合以上因素，法院最终判决，徐大全承担10%的责任，赔偿何万松家属14万元。

听了王法官对案子的审查和解释，徐大全也认识到确实是自己盲目送药间接害死了好友，他心里很难过，很快便支付了赔偿费用，也诚恳地向何小松表达了歉意。

法官点评

案例一中的高大洪非法行医，害得吴芳因耽搁治疗而离世，真是可气可恨！但若不是吴芳和丈夫李涛一味地相信高大洪的话、执迷不悟，吴芳也不会白白丢了性命。案例二中的徐大全贸然赠药，好心办了坏事，后悔莫及。但何万松自己不加考虑就随意用药，用生命为自己的草率买单，代价何其惨痛！

近年来，很多人喜欢上了中医调理治疗，这对中医学的传承和推广来说，的确是好事。可上面两个案例也为我们敲响了警钟，俗话说"是药三分毒"，中药虽好，也得对症下药。要是一知半解、胡乱使用，救人的良方也可能成为致命的毒药。

郁华冰

　　四川省广元市中级人民法院民事法官，长期从事家事审判工作。始终坚持用诚心、耐心、细心解决群众诉求，严谨、认真、负责地办理好每一起案件，让群众感受到司法的温度。曾获"全国优秀法官""全国人民满意的公务员"荣誉称号。

惹祸的烟花

主讲人：四川省广元市中级人民法院　郁华冰

【案例一】

大年三十的晚上，坐在自家客厅观看春节联欢晚会的老丁，心里百般不是滋味：别人家团团圆圆、其乐融融；自己家只有他一个人，冷冷清清，没一点年味儿。老丁心事重重，就这么心不在焉地看着电视，家里这一年多以来的不愉快全都浮现在眼前。

老丁有一个儿子名叫丁小峰，从小到大都很听话，没让他们夫妻俩操过心，顺顺当当就大学毕业了。可儿子大学毕业之后，第一次和他们发生了正面冲突，为的是毕业后的何去何从。老丁想让儿子找一份稳定的工作，可儿子却想自主创业。儿子学的是会计专业，要是能到银行或者其他单位从事财会工作，那可是学以致用呀。可儿子非要说自己的兴趣爱好是摄影，想开一家工作室搞创作。这在老丁看来完全不靠谱，专业不对口，还是个花钱的行当。

丁小峰埋怨父亲不懂艺术，老丁指责儿子白花了四年学费，为此父子俩多次争吵，矛盾愈演愈烈。一年前儿子竟然离家出走，真的和同学合伙开了一家摄影工作室。虽然同在一个城市里，但儿子一次也没有回过家。老丁想到这儿便心酸不已。一年来，妻子的立场也悄然发生了变化，从坚决反对儿子搞摄影到逐渐动摇，还反过来劝他接受，甚至背着他从家里取了 5 万元支持儿子。为了这件事，老丁和妻子也发生了争执。老丁越来越觉得自己是孤军奋战，防线也快要被瓦解了。

腊月二十九，老丁听见妻子躲在卧室里打电话，苦口婆心地劝说儿子回家过年，估计是儿子在电话那头推三阻四，老丁气不打一处来，冲进卧室就一阵怒吼，让儿子再也别进家门。

这不，到了大年三十的晚上，万家灯火，可老丁家却与平常无异。夫妻俩一肚子郁闷，吃过年夜饭，妻子便匆匆出门到单位值班去了，老丁一人在家看电视，他的思绪就这么飘来飘去，惆怅苦闷、百无聊赖。

这时，窗外传来一阵阵爆竹声响，老丁看到了夜空中星星点点绽放的烟花。他站起身伸伸懒腰，在客厅里来回走了两圈，然后站到窗前，推开窗户想透透气，顺便等待着烟花在天空绽放。

现在的烟花是越来越精美了，构思巧妙，老丁由衷地感叹。突然，老丁感到眼睛一阵剧痛，他用手捂着右眼，摸到的却是残破的镜片和眼睛里渗出的血，回想刚才那一瞬间，应该是散落的烟花击碎了镜片，伤到眼睛了。

剧烈的疼痛让老丁意识到，得赶快求救。他来不及纠结，也来不及查找电话号码，下意识地拨出那串再熟悉不过的数字，那是儿子丁小峰的电话号码。

丁小峰听说父亲受伤也着急了，一边拨打急救电话，一边以最快的速度赶到了医院。心心念念盼团圆的一家三口，居然在医院里相聚了。

经过医生的诊治，老丁被诊断为右眼球挫伤伴前房积血、右眼外伤性扩瞳及视网膜挫伤。老丁的伤治愈后，经过鉴定构成十级伤残。

瞅了一眼烟花，竟然落下残疾，还差点弄瞎了眼睛，老丁心里十分窝火，这真是"人在家中坐，祸从天上落"啊。妻子宽慰他，这是意外，谁也没办法。老丁自认倒霉，儿子丁小峰却愤愤不平，自告奋勇地要揪出肇事者。

在丁小峰的要求下，小区物业提供了事发当晚 11 点至 12 点的监控录像，在这个时间段，小区一共有三户业主在放烟花，分别住在小区 8 号楼、11 号楼和 29 号楼。8 号楼位于小区正南面，11 号楼位于小区西北侧，29 号楼位于小区东北角，这恰好是三处燃放点的方位。

丁小峰一家一家敲开门讨要说法，结果可想而知，没有一家认账。在丁小峰的坚持下，老丁把这三户业主连同小区物业公司一并告到了法院，要求赔偿各项损失共计 8 万元。

承办这个案件的是法院的郑法官。庭审当天，三户被告上法庭的业主都在据理力争，说老丁受伤与自家无关。他们说老丁家住 17 号楼，位于小区中央，而他们都在自家楼下燃放，位置并不靠近老丁家，散落的烟花不可能伤及老丁。他们还说，三家各自独立燃放烟花，让老丁受伤的只可能是其中一家，为什么要牵连无辜的另外两家呢？

郑法官也认为，老丁眼睛受伤就是一瞬间的事，应该就是其中一处燃放点造成的。庭审后，郑法官一直在琢磨这件事。这时，郑法官想到，家住小区正南面的 8 号楼业主说过，他买的烟花冲不高，最多冲 30 米，因为他们家的楼层低，为了让年幼的儿子坐在飘窗上就能看到，他特意选了低空燃放的烟花。而老丁家住在 17 号楼的顶层 31 楼，按层高 3 米计算，老丁所在的位置距离地面近百米，他放的烟花根本就不可能冲到那么高的位置。

从监控录像中虽然看不清人物的细节，但的确也能清晰地看到，有一个燃放点的烟花绽放高度，基本在中间楼层的位置。再认真甄别一下周围建筑的特征，可以看出，这个燃放点的位置就是 8 号楼旁边的草坪里。

看来，8 号楼的这户业主没有撒谎，他洗清了嫌疑，成功被排除。剩下两户燃放的烟花都是高空绽放，唯一不同的是，这两处点燃烟花的时间前后相差 15 分钟。如果知道老丁受伤的具体时间，就能判断出肇事烟花是哪一户燃放的。可事情过了几个月，这怎么确定具体时间呢？

郑法官忽然想到一个主意，老丁说过他当时正在看春节联欢晚会，于是就让老丁回忆最后看的是哪一个节目。郑法官想以这个节目播放的时间，倒推当时是哪一户正在燃放烟花。老丁想了半天，说了几个大致能记住的节目。根据老丁的回忆，郑法官查看了当晚的节目单和对应的时间，再结合老丁给丁小峰拨打求救电话的时间、医院"120"救护车出诊的时间，综合判断，基本锁定了当晚的肇事者就是小区西北侧 11 号楼的那户业主。

没想到，对于这种推断，11 号楼的那户业主连连叫屈，怎么能凭老丁的一面之词就得出结论呢？万一漏掉了其他因素呢？确实，这只是一种常理性推断，要想确定还需要其他证据支撑。这怎么办呢？没有目击证人，没有其他的参照物，最客观的载体只有监控视频。郑法官又调取了小区物业各个监控点的监控录像，仔细查看，终于发现了端倪。

原来，早在事发前几天，小区就举办过迎新春的联欢晚会，舞台就搭建在小区中央喷泉旁边的空地上，而老丁所住的 17 号楼就临近这个地方。为了营造喜庆氛围，17 号楼的外墙上还挂出了"恭贺新春"的大型条幅。这是一家广告公司免费为小区提供的，估计是为了起到更好的宣传效果，条幅从楼顶垂直悬挂，做得很大，字也很醒目。联欢晚会结束后，条幅并没有被取掉。

但是事发当晚的视频显示，17 号楼墙上的条幅在晚上 11 时 40 分突然起火燃烧，并迅速坠落。由于没有引发事故，所以谁都没有注意到这件事，当时只有位于西北侧 11 号楼的燃放点正在燃放烟花。更为重要的是，条幅悬挂的位置离老丁家客厅窗户并不远。

在同一时间段，燃放的烟花散落、击中高层住户、引燃悬挂条幅，两处损害发生在同一方位，这应当是来自同一火源。而这时，整个小区只有西北侧的 11 号楼的业主在放烟花。那么，根据生活经验就可以判断出，11 号楼的业主在楼下燃放烟花时，误伤了老丁。这与郑法官之前的推断也是一致的。

对于这种结果，11 号楼的业主也不能作出其他合理的辩驳，细细一琢磨，还真是这么回事儿，也就不再说什么了。

其实，郑法官的推导过程和判断依据，是有法可依的。

法官解案 >>>

根据《最高人民法院关于适用〈中华人民共和国民事诉讼法〉的解释》第一百零五条的规定："人民法院应当按照法定程序，全面、客观地审核证据，依照法律规定，运用逻辑推理和日常生活经验法则，对证据有无证明力和证明力大小进行判断，并公开判断的理由和结果。"

本案中，没有一份直接证据明确地指向三户燃放者中的任何一户，可是结合案件中烟花绽放的高度、燃放的时间、受损条幅的方位，以及没有其他外来因素介入等实际情况，法官根据日常生活经验，运用了逻辑推理，判断出肇事的烟花就是 11 号楼业主燃放的。

推导出事情的真相后，疑惑解开了，11 号楼业主的心结也打开了，解决纠纷基本上就是水到渠成的事了。案件的调解工作进行得非常顺利。

当地政府春节前就出台了《烟花爆竹燃放管理办法》，明令禁止城区燃放烟花。尽管小区物业遵守政府规定，在小区张贴了提示，但是事发当晚却没有出面干预制止，没有尽到物业管理的相应义务，这种管理肯定是有问题的。

话说回来，无论是 11 号楼业主放烟花不慎，还是小区物业管理不到位，说到底，都是老丁自己缺乏安全意识。明知放烟花存在一定的危险，

惹祸的烟花

他却盲目自信能够避免，不适当躲避，没有尽到对自身安全防护的基本义务，他自己也有一定的过错。

最终调解的结果是，11 号楼业主赔偿老丁 5 万元，小区物业赔偿老丁15000 元，剩下的损失由老丁自己承担。

案件虽然了结了，但是老丁的眼睛从此落下了残疾。通过这个案件，丁家父子俩也解开了心结。出事后，老丁本能求助的对象依然是他引以为傲的儿子。儿子第一时间赶赴医院，忙前忙后地收集证据，鼓励父亲勇敢维权，他心中牵挂的，依然是自己挚爱的父亲，这血浓于水的亲情，足以消融父子间的隔阂。一场意外，成了父子俩相互理解的契机，老丁决定再也不阻挠儿子去实现梦想了。

【案例二】

同样是在大年三十晚上，王建民家灯火通明，屋里满满当当摆了三桌酒席，一屋子的欢声笑语，叫好声是此起彼伏。王建民 80 多岁的老父亲更是喜上眉梢，家里买了新房，一家人从村里搬到镇上，日子越过越好了。搬新家得庆祝，王建民邀请了亲戚们都来家里聚一聚，还在电话里专门嘱咐，不准他们送礼，一大家子团团圆圆就行。

饭桌上，表姐夫提议说："过年搬新家双喜临门，不准送礼，也得有些仪式感。这样吧，大家放些烟花庆贺庆贺，表达一下心意。"表姐夫的提议，得到了在场亲戚们的一致附和。王建民不想让大家破费，又不想扫兴，见大家都在兴头上，就叮嘱侄子一会儿把他们带到空旷的地方，要注意安全。

就这样，王建民留在家中陪同父亲王老爷子看电视，王建民的妻子则陪同亲戚们去买烟花爆竹，寻找地方燃放。长辈们只管出钱采买，小辈们搬的搬、放的放，玩得不亦乐乎。

见大家还在乐此不疲地继续采买搬运，王建民的妻子隐隐有些担心，她不停地打招呼："够了够了，别再放了。"可她的声音淹没在鼎沸的尖叫声、爆竹声中，没人理会。

突然，有人发现旁边楼顶上蹿起了火苗。在呼救声中，整条街上的人都积极地参与救火行动，火最终被扑灭了。楼顶堆放的杂物助长了火势，波及顶层那户人家。说来也巧，被烧毁的那家，正是王建民表妹张静的家。

幸好，张静一家当天也在王家做客，事发时又和亲戚们在一起放烟花，家里没人。除了财产损失，没有发生人员伤亡。话虽这么说，可看到好端端的家毁于一旦，张静忍不住号啕大哭，这可是多少年积攒的心血呀，没想到被一把火烧了个精光。

清醒后的张静一家人，开始追查起火原因。同样一宿未合眼的王建民，也在反复琢磨和隐隐担心，这火是怎么起来的？会不会和他们家人放烟花有关？

经消防大队勘查后，对这次火灾事故作出事故认定，能够排除人为纵火、雷击、自然起火、室内电器线路设备故障起火及生活用火不慎引发，但是，不能排除烟花爆竹引燃起火的可能性。也就是说，火灾的原因很有可能是燃放烟花爆竹。

这个结论一出来，没有人感到意外。但让张静想不通的是，也没有人给她一个说法。唯一等来的是乡政府要求拆除顶层危房的通知。由于相邻住户担心该次事故危及自家房屋安全，纷纷要求政府介入，经过专业机构房屋质量鉴定，张静的那套房部分墙体垮塌、砖块松动，楼板变形开裂，建议进行安全拆除，其余房屋仅存在轻微烟熏情况，结构安全。

房子很快就被拆除了，张静一家人是彻底无家可归了。亲戚们主动邀请张静一家暂住，可都闭口不提赔偿的话题。张静在向表哥王建民表达索赔的意向后，得到的仅仅是赔偿几千元的答复，那可是一个家呀！几番讨要之后，张静无功而返，无奈之下，她就把王建民和当天在王家做客的所有亲戚告上了法庭，要求连带赔偿其财产损失30万元。

让人没想到的是，过年时还其乐融融的亲戚们，到了法庭只是相互埋怨、指责。最后悔莫及的，肯定是王建民了，好心请客却惹下大祸，弄得亲戚反目、兄妹不和，真是得不偿失。可不管怎样，自己并没有参与购买烟花、燃放烟花，怎么也轮不到自己担责吧？

承办这个案件的杨法官，看到涉案人数众多，而且所有人都是亲戚，就试着先进行庭前调解。没想到，每个人都把自己家择得干干净净，把责任全部推向别人。最终，案件在经过开庭审理后，杨法官结合公安机关的询问笔录、消防大队的勘验笔录和事故认定报告，以及各方的陈述，确定起火就是王家放烟花所致。

这样一来，起火的原因明确、事故的责任主体明确、张静的损失明确，接下来就是根据不同的过错大小分配责任了。

法官解案 >>>

根据我国民法典第一千一百七十条的规定，二人以上实施危及他人人身、财产安全的行为，其中一人或者数人的行为造成他人损害，能够确定具体侵权人的，由侵权人承担责任；不能确定具体侵权人的，行为人承担连带责任。

这场事故中，除了王建民家，其他赴宴的亲戚们都参与了烟花的购买和燃放，很难确定具体的侵权人，所以参与的人员要相互承担连带责任。包括张静自己在内，过错相当，应当平均担责。而王建民虽然没有直接参与购买燃放烟花，但他作为本次聚会的组织者，疏于防范，没有尽到合理的注意义务。

最终，法院判决王建民承担40%的责任，其余亲戚与张静平均分担

60% 的责任。盘算下来，王建民要赔偿 112000 元，参与燃放烟花的每家亲戚要赔偿 24000 元。在扣减张静自己该承担的那部分后，王建民和其他亲戚相互承担连带责任。

对于这个结果，亲戚们虽不乐意，但因为赔钱的人多，分摊下来也赔不了多少，大家也都接受了这样的判决结果。只是毕竟上了一回法庭，再见面时谁都不愿主动搭话。

眼看自己家张罗的一件好事，闹得亲戚们都生分了，王建民心里特别不痛快。其实事故发生后，心情最低落的莫过于王建民的父亲，这位 80 多岁的老人是家族中最年长的长辈，在他的心中，一大家子和睦团结比什么都重要。于是，王老爷子和儿子商量，事情都因自家而起，亲戚们放烟花贺喜也是一片好心，现在出了事，自家得主动承担起来啊。

王建民听从了父亲的安排，以父亲的名义，费了好些口舌才把亲戚们再次召集到自己家。让大家没有想到的是，王老爷子竟然拿出了自己的全部积蓄，还恳切地说："不管法院是咋判决的，所有损失都由我们家来赔偿。"在场的亲戚们面面相觑，十分惭愧，纷纷表示："算了算了，就按法院判的给吧，每家也担不了多少。何况咱们还是一家人，伸把手也是应该的。"这样的结局，让在场的每个人都释然了，这段时间笼罩在亲戚间的阴霾也消退了。

法官点评

爆竹声声除旧岁，家家户户迎新春。烟花无情人有情，时光易逝爱永恒。在上述两个案例中，丁家父子亲情浓浓，王家亲戚们和睦如初，结局虽然美好，但由于燃放烟花引发的意外，还是应该引起大家重视。特别提醒大家，一定要买合格烟花，按规定燃放，不要出了事再追悔莫及！

李　庆

　　1987年3月出生，中共党员，毕业于中国政法大学，研究生学历。2012年7月入职四川省德阳市中级人民法院，先后在办公室、民一庭、研究室、刑二庭工作。圆满审结扫黑除恶专项斗争以来德阳第一例重大涉黑案件，被作为全国扫黑除恶典型案件公开展示；审理的70余件毒品犯罪案件，涉毒数量高达1000余千克，参与的毒品犯罪庭审两次被评为全省"十佳庭审"。曾获四川省扫黑除恶专项斗争先进个人；连续三年被评为德阳市优秀公务员，先后三次荣立个人三等功。撰写的20余篇课题及论文在四川省获奖并转化为制度机制，多个司法建议被评为全省优秀司法建议。

谁来守护他

主讲人：四川省德阳市中级人民法院　李　庆

2019 年 10 月的一天早上，西南某地一菜市场内，一个老太太一边拉住路过的行人一边哭喊着问说："你看到一个小男孩没有？孩子不见了……"说着，老太太瘫坐在地上。周围的人都围了上来。老太太一边哭一边将手机拿给围观的人群看："这是我外孙，刚刚我在那里买菜，一转身孩子就不见了……要是小强丢了，我也不活了！"老太太一边说一边又哭了起来。大家纷纷安慰她："赶快报警吧！"人群中有人随声附和道："对啊，大妈，您先给孩子父母打电话说一声，我们来帮您报警。"老太太一边点头一边用颤抖的手拨通了女儿的电话："玲玲，都怪妈，妈没看好孩子，小强不见了。"老太太泣不成声。电话那边的女儿安慰着老太太，并让老太太告诉自己目前的位置，说她马上赶过来。

而这一边，警察也很快赶到现场了解情况，大家都表示没有看到这个小男孩。就在此时，老太太的手机响了，是女儿玲玲的电话号码，老太太赶忙接通电话。但是，说话的人却不是玲玲，而是一个男子，他告诉老太太，她的女儿刚刚出了车祸，人已经不行了！老太太顿时一阵眩晕，倒在了地上。现场的警察迅速将老太太送往医院。

这个老太太究竟是谁？她的外孙小强到底去哪儿了？她的女儿怎么突然出车祸了呢？

老太太叫杨兰，她的女儿叫霍玲玲。今天早上，杨老太带着外孙小强到菜市场买菜，准备给小强做他最爱吃的酸辣土豆丝。杨老太挑选好土豆，正准备带着小强离开时，却发现小强不见了，于是给出差的女儿玲玲打电话。当时玲玲正在开车，听到小强不见了，心一下子提到了嗓子眼儿，脑袋一片空白。不过她很快回过神来，赶忙给前夫打电话，但是没有打通。接着，她又给小强的奶奶李老太打电话，没有人接听。玲玲急出了一身冷汗，不自觉地猛踩油门。而此时，电话响了，是小强的奶奶李老太打过来的，玲玲迅速接起电话，还没来得及说话，便径直撞向了前方的货车。由于车速过快，玲玲当场死亡。

女儿的死亡让杨老太瞬间崩溃，但是外孙还下落不明啊，杨老太只能强撑起精神，和警方一起寻找外孙小强。

警方通过调取菜市场附近的监控，发现小强被一个老太太带走了。一路上，小强并没有反抗，一老一小手牵着手，还有说有笑。警方将监控中老太太的照片拿给杨老太辨认，杨老太这才恍然大悟，带走小强的不是别人，正是小强的奶奶李老太。

那么，这个李老太为什么要光天化日之下"偷"走孩子呢，她为什么不告诉杨老太呢？

事情还得从两家人结为亲家那年说起。那年春天，杨老太的女儿玲玲和前夫因感情不和离婚，之后和朋友一起开了一家美容院。在火车上，玲玲遇到了刚刚参加工作的李老太的儿子田刚，二人越聊越投机，互相留了电话号码，不久后便陷入热恋。李老太得知玲玲在美容院工作，不仅比田刚大4岁，还离过婚，于是坚决反对二人交往。面对阻碍，陷入热恋的两个年轻人干脆来了个"先斩后奏"，偷偷地领了结婚证。

看着红通通的结婚证，李老太傻了眼。但是，木已成舟，她也只能接受。考虑到儿媳妇玲玲已经30多岁了，婚后李老太和田刚的父亲一直催促二人生孩子，而且一再强调，田刚是田家的独苗，有传宗接代的任务，最好能生个大胖孙子。但是三年过去了，玲玲的肚子始终不见动静。

一天早上，玲玲正准备去医院给公公拿降血压的药，李老太在一旁嘟囔了句："既然去医院，你就顺便把体检也做了吧，一直怀不上孩子，怕是有什么问题吧。"玲玲委屈地说道："凭什么只让我去检查？我和田刚谁有问题还不一定呢！"李老太立刻跳起来反驳道："我儿子怎么可能有问题？他每天下班都是准时准点回家。倒是你，每天工作到那么晚，谁知道都接触了些什么人！"

玲玲听了，更加委屈，想到自己每天起早贪黑地工作，就是为了让家里的经济宽裕一些，顿时眼泪夺眶而出。为了不激化和婆婆之间的矛盾，她同意去做检查，但要求田刚和自己一起去做。就这样，玲玲和田刚来到了医院，检查结果显示，玲玲的身体一切正常，但田刚的精子活力低下。李老太听闻这个消息后无话可说，自此之后对玲玲的态度有所好转，也没再提生孩子的事。

就这样，又过了一年，玲玲发现自己怀孕了，一家人喜出望外。之后玲玲顺利生下一个男孩，就是前面提到的小强。有了大胖孙子，李老太和老伴儿每天都喜上眉梢。可是，这种日子并没有持续很久。

一天晚上，李老太跳广场舞回来，她走到小区门口，看到儿媳妇玲玲正在和一个男人有说有笑，聊了很久。李老太就躲在旁边一直偷偷看，等玲玲回到家后，便问她怎么回来得这么晚，可玲玲却说她是和小姐妹去逛街了。

李老太知道玲玲撒谎了，心里直犯嘀咕。第二天晚上，玲玲在浴室给小强洗澡时，放在客厅里的手机突然响了，李老太一看是一个叫王鹏的人打来的，便喊玲玲接电话，但是玲玲没有回应，李老太便挂断了电话。不一会儿，那个叫王鹏的人又打电话过来，李老太接过电话，刚要说话，对方说道："怎么才接电话啊，你交代的事情办好了。"李老太一听，心里"咯噔"一下，赶忙挂断了电话。

李老太将事情绘声绘色地告诉了儿子。田刚将玲玲喊了出来，质问道："王鹏是谁，你和他是什么关系？昨天晚上你为什么那么晚才回来，和谁在一起？"李老太在一边念叨："我早就和你说过，她在美容院工作，能接触什么好人！昨天晚上我还看到一个男的送她回来，两个人在小区门口依依不舍呢！"

玲玲感觉到田刚和婆婆的怀疑，便耐心地讲述了事情的原委。

原来，王鹏是玲玲朋友的老公，是一名儿科医生，平时小强发烧、感冒，都是找王鹏处理的，所以二人早就认识了。最近，玲玲觉得美容院生意不错，想再开一家分店，因为资金有缺口，所以想贷款。玲玲将这个想法告诉了田刚，田刚坚决反对，觉得风险太大。后来，玲玲知道王鹏认识银行负责贷款的人，于是请王鹏帮忙。昨天晚上，王鹏正是约了银行的人和玲玲一起吃饭。吃完饭后，王鹏送玲玲回家，他们在小区门口聊了一会儿。而王鹏当天晚上打电话，就是想告诉她贷款的事情已经搞定了。说完，玲玲还拿出了自己和王鹏的聊天记录等。

听了玲玲的解释，田刚打消了疑虑。可是婆婆李老太却觉得事情没那么简单，她越想越觉得不对劲。"这个叫王鹏的男人是儿科医生，怪不得玲玲每次带小强去看病都不让我跟着，她会不会是借故去约会，小强会不会压根儿就不是我们田家的孩子？"李老太越想越坐不住了，她左看右看，越发觉得小强和自己的儿子田刚长得不太像。

一天，李老太趁玲玲和老伴儿不在家，非让田刚带着小强去做亲子鉴定。田刚不肯，李老太便坐在地上骂田刚是不孝子。田刚虽然犹豫，但又一想，如若能证明小强是自己的亲儿子，自己可以放心，母亲也可以安心，以后就可以和玲玲和平相处，于是，他同意了母亲的建议。

他们找到一家鉴定机构，瞒着玲玲做了亲子鉴定。鉴定结果出来了，显示小强的确是田刚的亲生儿子。李老太心里的一块石头总算落了地，当晚便做了一大桌子的菜，对玲玲的态度也来了个一百八十度的大转弯，玲玲觉得有点摸不着头脑。

　　睡觉前，玲玲准备将田刚换下来的衣服拿去洗，结果发现了放在田刚衣服口袋里的鉴定报告。得知田刚瞒着自己做了亲子鉴定，玲玲顿时感觉头晕目眩、五味杂陈。她可以忍受婆婆的恶语相向，但是，她不能忍受这种怀疑和侮辱。

　　玲玲想起了之前的那段婚姻，正是因为夫妻间的不信任，在受尽折磨后，二人最终离婚。玲玲不想再回到以前的日子，于是快刀斩乱麻，毅然决然地提出离婚。田刚非常后悔，几次向妻子认错道歉，但玲玲去意已决，田刚没有办法，最终同意离婚。

　　玲玲提出，小强由自己抚养，李老太坚决不同意。玲玲说道："小强还在哺乳期，即使闹到法庭，法院也会将小强判给我，你们如果不怕难看，咱们就法庭上见。"田刚自知理亏，便同意了玲玲的提议。李老太虽然有一百个不愿意，也只能同意。

　　离婚后的玲玲将全部心思放在了工作和小强身上，美容院的生意也越来越好，小强在外婆杨老太的照顾下，长得白白胖胖。而失去玲玲的田刚则整日郁郁寡欢，李老太一想到儿子将小强让给玲玲抚养，就气不打一处来。她看着不争气的儿子，又因为想念孙子，整日以泪洗面，隔三岔五就让田刚接小强回来。田刚被弄得不胜其烦，常常借故推辞。李老太干脆自己上门去看孙子，而玲玲的父母一想到女儿前几年受的委屈，便没什么好脸色，李老太又受了一些气。

　　一天早上，李老太到菜市场买菜，恰好看到杨老太带着小强有说有笑，心里很不是滋味，心想，小强明明是我们田家的孙子，现在自己想见孙子居然还得征得别人同意。她越想越生气，于是在杨老太挑菜时，偷偷地带走了小强。李老太本来是想事后马上给玲玲打电话的，但发现出门着急，没带手机。回到家中，李老太看到玲玲打来的电话，立马回了过去。可是，电话刚刚接通，李老太便听到"啊"的一声，后来就联系不上玲玲了。李老太心里一惊，反复喊着玲玲的名字，她慌了神，赶忙给儿子田刚打电话，告诉田刚事情的始末。田刚知道后，一直给玲玲打电话，但始终没有人接听。

杨老太和老伴儿知道是李老太"偷"走了小强，还间接害死了自己的女儿，几乎崩溃，要和李老太同归于尽。李老太很自责，田刚也跪在杨老太面前，泪流满面地说道："妈，都是我不好，要打要骂都随您。我妈做得不对，我替她向您赔罪。"闯了祸的李老太一边哭一边说："我也不知道会这样啊，我就是想孙子，就是想见孙子啊。"

最后，平静下来的两家人一起商量小强的去留问题。因为儿媳妇玲玲的死让李老太很愧疚，所以两家人最终商定，小强继续跟着杨老太生活，田刚每月支付抚养费。李老太这时候纵有千般不舍，也只能接受。

时间又过了一年，大家逐渐从玲玲去世的阴霾中走了出来。而李老太每天都会拿着小强的照片反复看，吵着让田刚把孩子接回来。后来，田刚认识了在饭店打工的钟小妹，虽然钟小妹长得并不漂亮，但是吃苦耐劳、善解人意，二人便走到了一起。田刚也用辛苦攒下来的钱买了一套二手房，二人很快结了婚。

儿子再婚后，李老太一下子又有了盼头，她心想，现在儿子又结婚了，到时候再生个孙子，自己也算给老田家有个交代了。知道儿子田刚的精子活力低下，李老太想方设法地给儿子调理身体。半年后，钟小妹也怀孕了，生下一个女儿，名叫苗苗。虽然有点失望，但是李老太觉得，钟小妹还年轻，肯定还能再生。

一年后，李老太便催促田刚和钟小妹生二胎。钟小妹知道婆婆一直盼着孙子，自己也喜欢孩子，所以对生二胎并不排斥。于是，她约田刚去医院做检查，积极备孕。二人在医院做了全面检查，还买了很多营养品，等待幸运降临。可是，他们没有等来幸运，却等来了一个晴天霹雳！

　　经过医院的这次全面检查，田刚被检查出已到肺癌晚期。

　　听闻这个消息，钟小妹绝望了，她整日以泪洗面。李老太也觉得天塌下来了，她想不通命运为何要这样捉弄自己。在经历过一系列治疗后，田刚最终还是去世了。钟小妹带着女儿苗苗回了娘家，李老太越发感到孤单，便又想起了自己那唯一的孙子小强。

　　李老太拿着小强的照片，流着眼泪想起了过去的事情。

　　原来，李老太从小身体就不好，嫁给田刚的父亲后，一直没有怀孕，没少受婆家的气。后来她终于怀孕了，生下了田刚，但也伤了身体，不能再怀孕了。公婆本想让田刚的父亲和她离婚，再娶一个，但田刚的父亲不同意。公婆去世时，唯一的嘱托就是一定不能断了田家的香火。那个年代大家思想保守，李老太也一直觉得愧对田家。现在儿子也死了，唯一的孙子还在别人家，李老太感到很茫然，常常魂不守舍。想到这儿，她突然坐直了身子，说道："不行，我不能这么放弃，我得把孙子要回来。"

　　思来想去，李老太决定一不做，二不休，直接抢人。于是有一天，在杨老太送小强上学时，李老太冲出来拉着小强就跑。杨老太反应过来后，大喊道："有人抢孩子了！"附近的人拦住了李老太。杨老太这才发现，"抢"孩子的不是别人，正是孩子的奶奶李老太。"你怎么又来了？"杨老太面露怒色："上一次你偷孩子，已经把我女儿害死了，现在你又来抢孩子，你到底想怎么样？"李老太也气急败坏地喊着："我儿子也已经死了，小强是我唯一的孙子，反正我不管，我今天一定要把孙子带回去。"两个老太太谁都不让步，夹在中间的小强大哭起来，这时，李老太才放开手。

杨老太不想再继续这场没完没了的"抢人大战"了，也想给小强一个更加稳定、富裕的生活环境，于是将小强的爷爷、奶奶告上法庭，因为涉及小强对田刚遗产的继承问题，她一并将钟小妹、苗苗也告上法庭，要求由自己和小强的外公担任小强的监护人，并请求由小强继承田刚的遗产。

审理这起案件的是法院的王法官。王法官了解了各方的意见，厘清了事情的来龙去脉，了解到小强的父母都已经去世，现在是祖父母和外祖父母在争夺小强的监护权。这两家人经历了这么多变故，相互的怨恨都很深。王法官觉得，这个案件不能一判了之，要找到双方老人矛盾的根源，才能从根本上解决纠纷。

王法官通知所有人来到法院的"亲情工作室"。杨老太和李老太一见面就差点动手打了起来。杨老太骂道："是你害死了我女儿，现在又想来抢我外孙，我看你是老糊涂了吧！"李老太也喊道："明明是你想霸占我孙子，你要是不把孙子还给我，我就天天到你家去闹，咱们谁都别想过好。"现场气氛一下子紧张起来。

王法官安抚大家坐下。此时钟小妹带着苗苗走了进来，虽然两个孩子很少见面，但是苗苗一看到小强就抱着他不停地叫着"哥哥，哥哥"，还把自己偷偷藏起来的糖给哥哥吃。看着两个天真的孩子，大家停止了争吵。

王法官告诉大家，争吵不是解决问题的办法，一定要把心里话都讲出来。

李老太说道："我向公婆发过誓，不能断了田家的香火，我也是实在没办法了。"对此，王法官分析道："田家、霍家的悲剧有天灾的原因，也有人祸的成分，其中李老太对传宗接代的执念是其中一个重要原因。其实，现在男女都是平等的，无论是小强，还是苗苗，都是田家的子孙。只有两家人和睦相处，让孩子在有爱的家庭环境中成长，才是对已经去世的田刚和霍玲玲最好的告慰。"

听完法官的话，李老太流着眼泪说："我知道自己糊涂，可是我真的想孩子啊。"另一边的外婆杨老太，对法官的话也表示认可。而一直默不作声的钟小妹，看到心力交瘁的双方老人和天真烂漫的两个孩子，表示自己从未想加入这场纷争，对于田刚留下来的所有遗产，愿意放弃自己的份额，都留给两个孩子。

王法官看到两家人都已经平静下来，觉得问题有了解决的希望。

那么，接下来需要考虑的是，什么样的选择才是对小强最有利的？这便涉及本案的主要法律知识点——监护人的范围、顺序及确定。

法官解案 >>>

根据民法总则第二十七条的规定，父母是未成年子女的监护人。未成年人的父母已经死亡或者没有监护能力的，由下列有监护能力的人按顺序担任监护人：（一）祖父母、外祖父母；（二）兄、姐；（三）其他愿意担任监护人的个人或者组织，但是须经未成年人住所地的居民委员会、村民委员会或者民政部门同意。同时，民法总则第三十条规定，依法具有监护资格的人之间可以协议确定监护人，协议确定监护人应当尊重被监护人的真实意愿。（关于监护人的范围、顺序及协商确定监护人的相关规定，已实施的民法典沿用了民法总则的上述规定。）

王法官认为，本案中，小强的父母都已经去世了，那么，他的祖父母、外祖父母便成为第一顺位的监护人。而小强是这四位老人的精神寄托，无论判给谁，另一方都会难以接受，还会让几家人陷入无休止的诉争中，对小强的成长也不利。于是，王法官认为，通过协商确定小强的监护人是最佳的选择。

因为有了之前的调解工作，双方最终同意协商确定监护人。在征得小强意见后，法院最后确定由小强的祖父母、外祖父母共同作为小强的监护人。关于遗产，由于小强的祖父母及钟小妹均表示放弃自己的份额，所以法院判定由小强和苗苗各占一半。

案件终于审结了，相信通过这次庭审，两家人能够更加理解对方。

法官点评

回顾本案，李老太对传宗接代的执念及对儿媳妇的猜忌，导致儿子田刚妻离子散。而之后她又以爱的名义进行"抢人大战"，间接导致了玲玲的死亡，造成了两个家庭的悲剧。我们非常理解李老太对孙子的依恋与不舍，但是采用如此极端的方式，往往会事与愿违。儿女的相继离世，让两个家庭承受了太多磨难，作为生者又何苦为难彼此呢？放下仇恨，互换立场，用宽容的心态来解决问题，才是对过世者最好的告慰。

谭媛媛

1986 年出生，中共党员，法律硕士，现任四川省乐山市中级人民法院执行局执行二庭庭长、四级高级法官，乐山市民法典宣讲团成员。承办案件多次入选全省优秀裁判文书、全市法院优秀庭审，个人荣获全市审判工作先进工作者称号；三次荣立个人三等功；2019 年 12 月荣获四川省巾帼建功标兵称号；2022 年荣获全国普法工作先进个人。

被拒赔的保单

主讲人：四川省乐山市中级人民法院　谭媛媛

　　农历正月初十这天，民政局婚姻登记处好不热闹。孙浩穿得精神抖擞，脸上带着喜悦的笑容，和同样眉眼含笑的蒋丽站在一起，甜蜜地等待着属于他们的"红本本"。工作人员把结婚证递给孙浩，看到他们身边的小女孩嗲声嗲气地叫"爸爸妈妈"，就调侃了一句："先上车后补票？带着孩子来结婚啊！"蒋丽一阵脸红，孙浩笑嘻嘻地摸摸脑瓜，连连回答："是是是，这以后可就是我亲闺女啦。"

　　孙浩得偿所愿娶了暗恋多年的"女神"，虽然"女神"蒋丽丧夫后还带着一个4岁的女儿小美，但孙浩已经彻底把这母女俩当成了自己生命中最重要的人。

　　从民政局出来，孙浩向小美偷偷使了个眼色，仿佛是提前商量好的暗号，小美一副心领神会的样子，拉了拉蒋丽的袖子："妈妈，我想吃蛋糕！"孙浩弯腰抱起小美，笑着说："我知道有家店的蛋糕特好吃，走走走，咱们去买！"蒋丽看看女儿小美，又看看孙浩，直觉告诉她，俩人肯定有事瞒着她。

　　到了蛋糕店，孙浩却拽着蒋丽推开了隔壁4S店的大门。只见店员满脸堆笑地迎上来，说道："祝孙哥、丽姐新婚快乐，百年好合！"说完"砰砰"放了几个大礼花，然后将蒋丽带到一辆崭新的轿车前，说道："丽姐，车子的所有手续都准备好了，您签字确认后，保险合同明天就生效。这是钥匙，祝您用车愉快。"

买蛋糕怎么变成了买车？原来孙浩本打算好好办场婚礼，但蒋丽考虑到自己的前夫因病去世刚满两年，自己是二婚，为了避免闲言闲语，也为了节省钱，就表示不愿意办婚礼。但孙浩是个疼老婆的人，于是悄悄拿出准备办婚礼的钱给蒋丽订了一辆新车，就等着登记结婚这天带蒋丽亲自签名提车。

正当蒋丽纳闷时，只见孙浩变魔法似的捧起一束玫瑰花，他单膝跪地，柔情似水地说："小丽，虽然没能看到你为我穿上婚纱的样子，但我还是要给你补一个仪式。我自作主张买了这辆车，想为你遮风避雨，让你安稳度日，嫁给我好吗？"蒋丽被感动得泪流满面，她握着孙浩的手，又哭又笑地连连点头："咱俩都领证了，你还问我愿不愿意啊。"

办完手续后，孙浩买了蛋糕，顺道买了不少菜，打算今天好好庆祝一番。一家人欢欢喜喜地往回走，刚到家门口，小美惊喜地喊了一声："爷爷奶奶！"孙浩知道这是蒋丽前夫的父母，之前他们也常来看小美，便连连请进门，说："叔叔阿姨，你们聊，我去做饭，等会儿一起吃顿饭。"

小美显摆似的说："爷爷奶奶，今天爸爸妈妈结婚啦，我们还有蛋糕哦。"两位老人一听，脸色大变，问蒋丽："你们登记了？上次我说的事情你考虑了吗？合适的话，我们今天就把小美带过去，新幼儿园的条件比这边好。"

蒋丽愣了一下，语气柔弱又坚决地说："小美的爸爸不在了，我知道你们想把小美带在身边，但她是我的女儿，现在我和孙浩结婚了，就算我们以后再有孩子，也不会改变对小美的爱。再说这两年孙浩是怎么对小美的，你们也看到了。我不会同意你们把小美带走的，希望你们也能理解我。"

蒋丽说完，看了一眼孙浩，仿佛要从爱人的眼里获得支持。孙浩虽然没说话，但眼神里的坚定给了蒋丽莫大的安慰。

两位老人见说服不了蒋丽，便拉着小美说："小美，去跟爷爷奶奶住好不好？"小美连连摆手："不不不，我要跟爸爸妈妈在一起！"两位老人听见孙女一口一个"爸爸"，想起自己英年早逝的儿子，不由得心里一酸："好吧，蒋丽，我们也不是非要弄得你们母女分离，但我们家就小美一根独苗了，你得好好照顾她，要是有个好歹，可对不起小美她爸。"说完，也不等蒋丽接话，便转身拉开门走了出去，留下惊魂未定的蒋丽。

这一天，经历了爱情的惊喜，又受到了前公婆的惊吓，蒋丽有些疲惫，但她心想，最艰难的日子都熬过去了，未来一定会更好吧。

一晃眼，大半年过去了，今年的夏天特别炎热，孙浩想趁周末带着小美和蒋丽去山里避暑。为了让孩子舒服点，孙浩让蒋丽带着小美等会儿再下楼，自己先去车上把空调打开，打算把车开到路边等她们。

车子刚启动，孙浩的手机就响了，原来是公司有急事找他，而此时小美趁蒋丽不注意先跑下了楼，她看见孙浩的车就欢呼雀跃地飞奔过去。孙浩一边接电话一边倒车，根本没有注意车后的小美。突然，孙浩踩了一脚油门，小美被撞倒在地，车轮一下子就从她的腿上压了过去，一声惨叫让孙浩惊出了冷汗，也让赶来的蒋丽吓得几乎晕倒。

被送进医院的小美，左大腿粉碎性骨折伴大出血，伤势严重。手术室外，医生对着脸色苍白的孙浩和蒋丽交代着小美的伤情，表示综合考虑小美的体质、伤情等特殊情况，只能选择截肢以免造成生命危险，蒋丽浑身颤抖着在手术同意书上签了字，瘫倒在地。

正在这时，小美的爷爷冲了进来，他一把抓住孙浩的领口，双眼通红地吼道："小美要是有个三长两短，我要你的命！"小美的奶奶更是哭喊着揪住蒋丽："小美怎么样了，你快说啊！"蒋丽捂着脸，泪水沾满了她的双手，她有气无力地说："医生说小美的腿……保不住了。"听到这句话，小美的奶奶连连倒退，跌坐在地上，哭道："小美才 4 岁啊，你让我怎么向她爸爸交代啊！"话音刚落，小美奶奶的心脏病又犯了，捂着胸口就昏过去了。

顿时，走廊里的哭闹声、呼喊声排山倒海般地涌进了蒋丽的脑子，在一片混乱中，蒋丽眼前浮现出前夫离世的那一天，也是这样的场景。谁能想到，这样肝肠寸断的痛苦尚未从记忆中完全抹去，蒋丽就又要再经历一次了。

那是三年前，蒋丽的前夫查出肝癌晚期，原本平顺美满的家庭遭遇了晴天霹雳。为了给前夫治病，蒋丽不惜卖车卖房，还从外面借了好几十万元。在尝试了各种治疗方案后，前夫还是离开了人世。前夫病逝后，她不但要承受丧夫之痛，还要面对偿还高额债务的压力，加上自己父母的身体也不好、小美又年幼，蒋丽崩溃了，患上了轻度抑郁症，常常露出悲观厌世的情绪。

就在这时，孙浩出现在了她的身边。孙浩是蒋丽的大学同学，同窗四年，孙浩一直暗恋着光鲜亮丽的蒋丽，但出于自卑，他从来没有表白过，只是作为好朋友，默默陪伴、关注着蒋丽。毕业后，蒋丽嫁人了，孙浩却一直单身。知道蒋丽的情况后，孙浩主动找到蒋丽，帮助蒋丽处理各种杂事，还拿出自己多年的积蓄替蒋丽还债。他无微不至地照顾小美，刚刚懂事的小美也逐渐把孙浩当成了自己的亲爸爸。锦上添花易，雪中送炭难。正是孙浩不计回报的付出，感动了蒋丽。两年后，蒋丽终于答应了孙浩的求婚，他们决定正月初十带着孩子一起去领结婚证，这便有了故事开头的那一幕。

蒋丽本以为自己苦尽甘来，终于要过上安稳幸福的新生活了，没想到却因为这场车祸，再次陷入了绝望。

截肢后的小美躺在病床上七八天了，奔波在医院与公司之间的蒋丽，却发现自己怀孕了！她一时间不知道是应该高兴还是难过。一场车祸让女儿成了残疾人，小美的爷爷奶奶把自己和孙浩当成了仇人，现在的生活一团糟。小美的伤、治病的钱、两家人的关系，蒋丽辗转反侧，几天几夜睡不着觉，最终她决定瞒着孙浩去打胎，就当这个孩子从没来过。等一切过去后，他们再要一个孩子。

这天上午，孙浩正在上班，蒋丽闺蜜的一通电话，让孙浩如遭雷击。电话里，蒋丽闺蜜对孙浩说："蒋丽怀孕了，你晓不晓得？她要去打胎，我劝不住，你赶紧去看看吧，希望还来得及。"孙浩一听吓坏了，扔下工作后拔腿狂奔而去。

心急如焚的孙浩在八月的烈日下冷汗直冒，等孙浩赶到医院时，正碰见蒋丽从手术室脸色苍白地走出来，孙浩问蒋丽："你怀孕了？"蒋丽点点头。孙浩又焦急地问："孩子没了？"蒋丽掉着眼泪："孙浩，你听我说……"急火攻心的孙浩哪里还听得进去，他浑身颤抖着指着蒋丽半晌说不出话，眼眶一红，丢下蒋丽掉头冲出医院。

等到蒋丽心灰意冷地回到家时，却发现孙浩正在往外搬行李。孙浩冷冰冰地说："小丽，我轧断了小美的腿，这是我的错，我肯定尽力补偿小美。但我们的孩子没有错呀，即便现在不是要孩子的时候，你也不该这样对我。你太狠心了，等小美出院我们就离婚吧！"说完，孙浩抹了一把眼泪，头也不回地走了。

蒋丽虚弱地躺在床上，回想着多年来孙浩对自己无怨无悔的付出，对小美视如己出的爱。结婚后，孙浩是多么期盼拥有一个属于自己的孩子啊。小美的车祸纯属意外，生活还得往下过，自己这样残忍地对待孙浩，把他的心都伤透了。

想到这些，蒋丽内心涌起无尽的悔意，自己确实太冲动了，但事已至此，再后悔又能挽回什么呢？

蒋丽流产后，孙浩虽然撂下狠话要跟蒋丽离婚，但平复心情后的他也很担心蒋丽，于是对母亲说，蒋丽是因为伤心过度流产了，还请她代自己去照顾蒋丽。孙浩的母亲连忙赶到蒋丽家。蒋丽一看孙浩如此有情有义，还让婆婆来照顾自己，越发伤心悔恨，于是把背着孙浩去打胎的事和盘托出，希望婆婆能原谅自己，帮她挽回孙浩。

孙浩本是独生子，毕业多年也不结婚。好不容易要结婚，却娶了个带孩子的寡妇。幸亏孙浩父母都是通情达理的人，看孙浩是真心爱蒋丽，蒋丽也是温柔善良的人，于是就欢欢喜喜地接纳了蒋丽。两个老人早就盼着抱孙子了，可没想到这段时间出了这么多事。

孙浩的母亲看蒋丽已经悔恨难当，就强忍心痛，拍着蒋丽的手说道："小丽，你好糊涂啊。哎，事已至此，你就先好好养身子吧，我回去劝劝浩儿。小美的事情你放心，我们一定会竭尽所能弥补的。"

接下来，孙浩父母一方面苦心劝解孙浩；另一方面还拿出养老钱给小美支付医疗费，他们每天到医院跑上跑下地照顾孩子。孙浩本就是一时气急才说离婚，实际上他又何尝不能理解蒋丽，他不仅要承担对小美的责任，更要背负良心上的谴责。他深爱着蒋丽和小美，作为家里的顶梁柱，又怎能现在抛下她们母女呢？

经过治疗，小美的伤情稳定下来，出院这天，全家人齐聚在一起，但各自都怀着沉重的心情，仿佛在等着谁来打破沉默。这时，孙浩拿出一张手写的保证书放在桌上，蒋丽拿起来一看，上面写着：我孙浩因为开车对小美造成终身残疾，深感愧疚。在此我承诺，一生不再生育儿女，小美就是我的亲女儿，我会用一辈子时间去照顾她、弥补她。特此保证。

孙浩的父母看到这份保证书，犹如五雷轰顶，他们向来知道孙浩说一不二，但谁不想抱上亲孙子啊，难道儿子真要用自己的一生来还债吗！

蒋丽更是愣在当场，心里五味杂陈，泪如雨下，她拉着孙浩，一句话都说不出来。

而小美的爷爷奶奶想起自己儿子生病期间，蒋丽四处奔走、求医问药，不眠不休地陪伴在儿子左右，为了借钱治病遭受许多白眼。这几年，孙浩对小美更是爱护有加。可他们老两口却大闹医院，指责埋怨这对夫妻，间接逼得蒋丽冲动打胎。想到这儿，小美的爷爷一把拿起保证书，撕了个粉碎，他对孙浩说："你们小两口还年轻，一码归一码，还是先说小美的腿怎么办吧。"

大家都知道，这样的保证实际上没有法律效力，但就是这样一张没有任何法律效力的保证书，让原本横亘在家人之间的心结，逐渐打开了。事后，小美经司法鉴定为五级伤残。虽然家人间的矛盾慢慢在化解，但是小美的腿却永远无法还原了，每每想到这里，孙浩和蒋丽都心如刀绞。

这天，孙浩从医院打听到，现在市面上有用高新技术制作的假肢，佩戴之后，不仅能让病人站起来，还能把日常生活的受限度降到最低，甚至还能让病人跳舞。但由于小美年龄小，残肢生长快，假肢更换频率高，所以使用高档假肢的费用非常高，不是一般家庭能够负担得起的。

虽然有了新的希望，但钱从哪儿来呢？蒋丽犯了难。这时，孙浩突然握紧蒋丽的手："小丽，当初买车的时候，我给车子投保了100万元的第三者责任险，你去法院告我和保险公司，保险公司能赔多少是多少，不够的我来挣。"

很快，蒋丽以女儿小美作为原告，将孙浩和保险公司告上了法庭，要求赔偿各项损失共计80余万元。而蒋丽作为小美的法定代理人，也坐在了法庭上。原本亲密无间的一家三口，成了原告和被告，对簿公堂。就这样，本案到了法院李法官的案头。

孙浩本以为，车子有保险，自己也没有醉酒、无证驾驶的行为，等打完官司后，小美就能拿到赔偿款，很快就能戴上假肢站起来了。但保险公司在庭审上的抗辩意见，再次让他们落入了冰窟。

法庭上，保险公司当庭提出，孙浩和蒋丽结婚，与小美之间形成继父女关系，又长期共同生活在一起，因此小美属于孙浩的家庭成员。而当初投保时，保险合同明确约定，保险公司不赔偿驾驶人造成家庭成员的人身伤亡和财产损失。所以孙浩撞伤了小美，保险公司有权拒绝赔偿。说着向法庭提交了一份投保人声明，上面白纸黑字写着保险公司说的免责条款，还有蒋丽的亲笔签名。

蒋丽这才想起来，买车那天，由于兴奋、惊喜，尽管工作人员反复提醒，她也根本没有认真看，就在保险合同上签了字。这可怎么办？蒋丽和孙浩虽不是学法律的，但也受过高等教育，懂得什么是契约精神。难道最后的救命稻草就这么丢了？小美高达80余万元的赔偿费用，都只能由孙浩自己负担了吗？

对此，李法官分析认为，这涉及的其实是保险合同中一个很常见的问题：保险合同中的免责条款。

免责条款的含义很好理解，就是指保险合同里免除保险公司责任的条款。那么，免责条款的生效条件是什么呢？是不是写到合同里就可以免赔了呢？

法官解案 >>>

根据《中华人民共和国保险法》第十七条第二款的规定，对保险合同中免除保险人责任的条款，保险人在订立合同时应当在投保单、保险单或者其他保险凭证上作出足以引起投保人注意的提示，并对该条款的内容以书面或者口头形式向投保人作出明确说明；未作提示或者明确说明的，该条款不产生效力。

换句话说，如果保险公司对免责条款尽到了提示和明确说明义务，那么，免责条款就发生法律效力了，保险公司就可以依法免赔。蒋丽当初在买车投保的时候，保险公司工作人员将免责条款加黑加粗，对蒋丽进行了提示，并且还用书面的方式向蒋丽告知了免责条款的概念、内容和法律后果，可以说已经对免责条款尽到了法律规定的提示和明确说明义务。

看到保险公司拿着自己亲笔签名的免责条款拒绝赔偿，蒋丽哑口无言，呆坐在原告席上，再也控制不住自己的眼泪。坐在旁听席上的孙浩父母、小美的爷爷奶奶原本是满怀希望而来，顿时都感到万念俱灰。

庭审进行到这里，李法官宣布了休庭，一方面是为了平复当事人的心情；另一方面，李法官打算对本案进行调解。

本案中，孙浩的确撞伤了自己的家庭成员小美，保险合同也明确约定了撞伤家庭成员不用赔偿，法律更清楚地规定了经过提示和明确说明的免责条款有效，那还调解什么呢？

原来，这里涉及另一个关键问题：保险合同中无效条款的认定。

根据《中华人民共和国保险法》第十九条的规定：采用保险人提供的格式条款订立的保险合同中的下列条款无效：（一）免除保险人依法应承担的义务或者加重投保人、被保险人责任的；（二）排除投保人、被保险人或者受益人依法享有的权利的。

根据这一条，李法官认为，本案中，孙浩驾车将小美撞伤纯属偶然，小美并不因为是孙浩的家庭成员就与其他交通事故中的受害人不同。保险公司提出的免责条款是格式化的合同条款，将驾驶人的家庭成员排除在交通事故受害人之外，缩小了受害人的范围，免除了保险公司的保险责任，符合上述法律规定的免责条款无效情形，应当认定为无效条款，既然条款无效，那么，保险公司拒赔的理由也当然不成立了。

最后，双方最终达成了一致的协商意见：由保险公司在调解书生效后

15 日内，支付小美各项赔偿费用共计 75 万余元。

调解书出具以后，保险公司的赔付款很快就到位了，孙浩也联系上了卖假肢的公司，为小美挑选了最适合她的假肢。看着在病床上躺了近半年的小美再次站了起来，小美的爷爷奶奶热泪盈眶，孙浩和蒋丽更是相拥而泣。

法官点评

回看本案，孙浩因疏忽大意撞伤女儿，蒋丽又一时冲动去打胎，这些行为都差点毁了一个家庭，好在他们最后选择了原谅与担当。这一切的源头都因孙浩开车分神而起，常言道，"交通事故猛于虎"，当这头"猛虎"咬伤的是自己最亲的家人时，更是痛上加痛！当今社会车祸频发，唯有谨慎驾驶才能最大限度地避免悲剧，在此呼吁大家，安全在你脚下，生命在你手中。开车不分神，平安过一生。

李慧至

　　四川省泸州市合江县人民法院副院长。2009年入职合江县人民法院，从书记员成长为副院长，历经多岗锻炼。长年立足未成年人审判工作，考取心理咨询师资格证，开展了一系列青少年法治理念培植计划。在其负责合江县人民法院未成年人案件审判庭工作期间，审判庭被全国妇联评为"全国维护妇女儿童权益先进集体"；个人获评"四川省十大最美志愿者"；其承办的股东资格确认纠纷等案件多次荣获"全市法院十佳裁判文书""十大典型案例""十佳庭审"等荣誉。

"恩爱"假象的背后

主讲人：四川省泸州市合江县人民法院　李慧至

对于冯娜来说，今天是个特别的日子，因为她要和老公约会。一路上她满脸都洋溢着幸福的笑容，这次出门也是难得认真地梳妆打扮了一番。这些年，她和老公过得很不容易，两年前两人之间还发生过一些不愉快，现在总算是挺过来了。这次，老公邀请自己在两人第一次约会的地方共度五周年结婚纪念日，也是用心良苦。想到这儿，冯娜不禁有些懊悔。她暗自下决心，以后一定收敛脾气，好好呵护自己的婚姻。

突然，一阵急促的电话铃声打断了冯娜的思绪："冯娜，这里是派出所，真的有人要杀你，请你到派出所来一趟，我们要向你了解情况！"冯娜听完没好气地说道："你们怎么又打电话来了？都说了，我就是一个普通的家庭妇女，没有人会杀我。我现在有事儿，就这样吧。"冯娜说完便挂断了电话，完全没了刚才的好心情。

这到底是怎么回事？冯娜是接到了诈骗电话，还是确有其事？

这几年，冯娜的生活也算是经历了过山车式的变化。冯娜自小父母离异，母亲早亡，为减轻家中负担，冯娜初中毕业后就随同村姐妹一同外出打工。看到城市的各种优越条件，冯娜不甘心一辈子做个打工妹。虽然冯娜的学历不高，但她吃苦耐劳、聪明机灵，经过四年的摸爬滚打、省吃俭用，冯娜终于攒下了一笔可观的积蓄。21岁时，她就在朋友的帮助下租了一间铺面，经营起了烧烤生意。

短短几年，这家其貌不扬的烧烤店靠着货真价实的特点和醇正的家乡味，开出了名堂，客人络绎不绝。冯娜也从不经世事的乡野丫头日渐成长为干练的女老板。靠着烧烤店的生意，她在城区既买了车也买了房。冯娜身边的追求者不少，可她始终没有心动，心思都放在了自己的烧烤店上。直到她遇到了丈夫严平。

严平是和冯娜在一次朋友的聚会上遇见的。这个不怎么说话的小伙子干干净净，看起来温文尔雅。聚会上的男女聊得火热，只有严平安静地坐在角落，全然没有生意场上那些男子的俗气。冯娜不由自主地被他吸引，虽然未能有所交集，但这初见的情景却在冯娜心里留下了印记。

三个月后的一天，闺蜜突然软磨硬泡非要让冯娜去相亲。原来，闺蜜觉得冯娜一心忙于事业，从未动过谈感情的心思，怕她耽误了婚姻大事，所以才私下安排了这次相亲。冯娜经不住劝，来到了人民公园的咖啡吧。她怎么也没想到，相亲对象正是上次在朋友聚会上认识的严平。

冯娜又惊又喜，原来，严平是闺蜜女儿的美术老师，自己经营着一家美术培训工作室。带着初次见面时的好印象，冯娜没了拘谨，她打开话匣子，聊起了自己的爱好与经历，严平也大方得体地与冯娜侃侃而谈。交谈中，严平得知了冯娜多年独自艰苦创业的故事，被她的爽朗和坚韧深深吸引，两人可以说是一见钟情。

此后，严平时常打着照顾生意的名号，到冯娜经营的烧烤店捧场，一点也不把自己当客人，他接客、点单，忙前忙后地帮冯娜张罗生意。不仅如此，他总是把冯娜的事情当作自己的事情来操心，处处照顾冯娜，可谓是无微不至。日子一久，冯娜被这份真挚所感动，渐渐敞开了自己的心扉，接纳了这份感情。严平告诉冯娜，因为他觉得冯娜实在辛苦，于是自己关掉了培训工作室，打算完全陪在冯娜身边支持她。这让冯娜感受到了久别的温暖，更是笃定了与严平相守一生的决心。

随着感情的升温，冯娜与严平步入了婚姻殿堂，美好的生活即将开始。可天有不测风云，就在冯娜享受幸福，想生个孩子让家庭更加完整的时候，一场车祸让冯娜的美梦破裂。冯娜的左腿被严重撞伤，腿部被打了好几颗钢钉，走路时一瘸一拐的。这个一向独立、顽强的女子，看着自己残缺的身体，怕丈夫会嫌弃自己，一时不知如何面对。她整日意志消沉，暴躁时会发脾气、摔东西，心情郁结时就保持沉默。但丈夫严平却毫无半点怨言，为了给妻子做康复治疗，严平只好转让了烧烤店，日夜陪在妻子身边，自学护理、按摩、针灸，陪她聊天、看剧，想方设法地让冯娜开心，一门心思想要让妻子好起来。

渐渐地，冯娜的心情好转了，身体恢复得很快，他们的生活也总算是走入正轨。其间，冯娜还生下一个可爱的儿子，她决定全身心回归家庭、相夫教子，在家做起了全职太太。冯娜还毫无保留地将自己多年的积蓄交给丈夫管理，支持丈夫再创业。

一晃三年多过去了。在这段时间里，冯娜因为身体受过伤，情绪起起伏伏，脾气容易暴躁。夫妻俩还曾产生过感情危机，但好在最后他俩都挺过来了，冯娜只想好好珍惜现在的日子。但这种看似平静的生活，却被一个电话彻底打破了。

电话里的人自称是派出所的，说有人报警要杀害冯娜，询问冯娜身边有没有异常。冯娜刚开始还以为是诈骗电话，也就没当回事，当即就挂了电话。可没想到今天在约会的路上，电话又打来了，并再次强调有人要杀害她，让她赶紧去派出所。在警方的一再证明和要求下，冯娜终于认识到事情的严重性，来到了派出所。

原来一周前，警方接到一个自称"魏奇"的外地人打来的报警电话："是公安局吗？我要报案，有人要杀人！"报案立即引起了警方的重视。一番询问下来，警方了解到，魏奇目前没什么正经工作，喜欢泡在网上。一天上网时，他无意看到一个名叫"无问"的网友明码标价50万元雇请杀手，要杀的对象是一名30岁左右的女子。魏奇刚开始以为是网友的恶作剧，便想接单玩玩，想着没准可以赚点小钱。

魏奇按网友"无问"说的生活轨迹，对目标女子进行了跟踪，并拍摄了照片，没想到对方立马聊起了作案方式、付款方式等细节。当看到一切如此真实，魏奇这才开始担心起来。难道真的要他去杀人？

魏奇越想越害怕，随即拒绝了"无问"的指派，并拨通了警方电话打算报警，可是他除了"无问"的网络账号、二人的聊天记录和对方发送的女子照片，对事情的真伪、目标女子的身份一无所知。

人命关天。尽管报案信息十分琐碎，但警方还是通过比对目标女子的照片，锁定了冯娜就是"无问"的目标。为了保护冯娜的安全，警方立即联系冯娜，侧面询问其近况。接到电话的冯娜完全没有意识到危险的靠近，一直讲述着自己生活简单，家里家外都关系融洽，反而告诫警方现在有很多诈骗团伙，不用太在意。

虽然冯娜没有受到威胁，但警方并未放弃侦查，他们加大了网络信息收集力度，并且时刻关注"无问"的网络账户动态。结果，警方的推断没有错。没过多久，这个叫"无问"的网友又在网上联系其他人，目标还是冯娜！

警方通过缜密排查，一周后，将在人民公园驾驶面包车停滞多时的嫌疑人吴昆抓获，对比其手机聊天信息、保存的目标女子照片等，锁定了吴昆就是网友"无问"再次雇请的杀手。

面对铁证，吴昆供述，自己因吸毒赔尽了家产。一天，他偶然在网上看到网友"无问"以50万元酬金雇请杀人的帖子。吴昆倒没有当初魏奇那样的顾虑，只要有钱收，他就愿意干。通过网友"无问"的指示，吴昆得到了目标女子的信息和作案地点。对方已经策划好，自己只需驾车在路边等着，当照片上的女子出现时，他就开车撞死她。

又是这个网友"无问"！那这个"无问"到底是谁，他杀害冯娜的动机又是什么呢？两个人到底有什么仇怨？

警方通过吴昆的供述、手机上的联系电话，以及提取的微信转账记录，很快锁定了网友"无问"，也就是本案的另一犯罪嫌疑人——杜伟。警方连夜行动、跨省抓捕，次日便将杜伟抓获归案。可是等杜伟将事件的始末和盘托出时，警方却发现杜伟的背后竟然还有人指使，这个人正是与冯娜朝夕相处的丈夫——严平。

这个答案完全出乎警方的意料，警方迅速布控，将严平抓获归案。在警方的讯问下，严平供认不讳，交代了犯罪事实。同时警方再次打电话通知冯娜，要求她马上来派出所配合调查。

在派出所里，冯娜得知了事情的原委，她完全不敢相信。严平为什么要雇凶手杀害妻子冯娜呢？根据严平的供述，整个案情逐渐清晰明朗。

原来，当初冯娜出车祸后，虽然在严平的照料下重获健康，生活看似步入正轨，但二人的关系却悄然发生着变化。以前在外干练、果断的妻子开始放下过去，在家安心带孩子，慢慢将生活的重心放在了孩子身上，还把钱都交给严平来打理，让他重开美术培训工作室。美术培训室越来越火，开始有了不错的收益，严平也终于找到了自己的事业天地。而冯娜一心放在孩子和家里的柴米油盐上，很少再打扮自己，甚至对严平不闻不问。严平的心态慢慢发生变化，开始在身边的女性身上寻找慰藉。

一次全家出游，冯娜回到车内给严平取衣服时，看到了从口袋滑落出的一张纸——丈夫在情人节购买爱心项链的票据。但是现在情人节已经过去了，冯娜知道，项链不是送给自己的。她什么也没说，开始留意严平的一举一动。一天，冯娜趁严平睡着时，偷偷翻看了他的手机。当看到交友软件里严平与其他女性极其暧昧的聊天记录时，冯娜的眼泪瞬间决堤。冯娜努力想让自己冷静下来，但是她越克制，就越忍不住失望与伤痛。

这件事让冯娜想到了自己的父亲。小的时候，父亲常年在外务工，只寄点生活费回来，却很少回家，母女二人也习以为常。那年父亲突然回来，母女欣喜之余，却发现父亲带回了另一个女人，手边还牵着一个更小的孩子。母亲得知真相后，当场崩溃，拿刀以自杀相威胁，但也没有改变父亲坚持离婚的意愿。即便冯娜苦苦哀求，父亲也狠心地一走了之。母亲的天塌了，从此一蹶不振，不久之后便结束了自己的生命，留下只有13岁的冯娜。父亲的背叛带走了所有的美好，母亲的离去更让冯娜痛彻心扉。

冯娜想到了父亲当年的决然离去，想到了母亲的伤心离世，想到当初如此细心照顾自己的丈夫而今也要做对不起自己的事⋯⋯她的情绪失控了。她质问严平，还拼命地摔着家里每一样和严平有关的东西。

看到如此失常的妻子，严平完全不知所措，他想给妻子解释，可冯娜哪里听得进去，混乱之间，冯娜捞到身边的一把水果刀，不顾一切地向严平刺去。

看到严平的胸口不停地往外渗血，冯娜蒙了，等回过神来，她赶紧将严平送往医院，嘴里不停地说："对不起，对不起，我不是真想伤害你，你不要做对不起我的事情，好吗？我想要你记住！"

万幸的是，严平伤得不算太重，但心里却产生了恐惧。每当想到妻子对自己持刀相向，严平就不寒而栗！痊愈出院的严平向妻子坦诚，自己确实是在网上聊天时认识了一个女人，但还没认识多长时间，买礼物也是为了讨对方欢心，并没有发生什么。为了证明自己的诚意，严平当着冯娜的面删掉了那个女人的联系方式。

自此之后，冯娜越发多疑，不堪回首的过去和一团乱麻的现在，交织在她的脑海里，让她的情绪喜怒无常。言语间，冯娜也时常有意无意透露出对严平的不满。就这样，时间过去了两年多。在这段时间里，虽然严平表面上依旧对冯娜表示关心，但面对冯娜的冷言冷语，心里也渐渐对她没了感情。为了寻求慰藉，严平又开始在网络上赌博，日复一日，越陷越深，竟一口气输掉了两人多年的积蓄 150 余万元。

严平这时慌了，他自知赌输了妻子多年的血汗钱无法交代，又想起之前冯娜刺伤自己的"绝情"，他彻底丧失理智，决意杀死冯娜，一了百了。于是，他便开始筹划自己的杀妻计划。

严平原想通过毒药悄无声息地将冯娜毒死，可是他几次通过网络购毒均未得逞。后来他想到在网上发帖子，标价 50 万元雇请凶手。网名为"无问"的杜伟，很快就看见了严平在网上发的帖子，随即与严平联系，约定由严平将冯娜约至人民公园，然后开车撞死冯娜。与严平商定后，杜伟想到自己身在外地，且亲自动手风险太大，便在没有告知严平的情况下，自己又在网上招募直接实施杀人行为的杀手。于是，便有了魏奇和吴昆的先后出现。

在派出所里，看着讯问视频中的严平，冯娜崩溃了，她不明白两人为何会走到今天这一步。

事后几天，冯娜情绪消沉，脑海里都是早年她与严平创业时面对艰辛的相互扶持。一番痛苦的挣扎之后，她还是选择了谅解严平。她打算等事情告一段落后，就结束两人的婚姻，然后带着儿子离开这个地方。

案件终于水落石出，被移送人民检察院审查起诉，公诉机关以严平、杜伟、吴昆犯故意杀人罪起诉至人民法院。这起案件由法院的张法官主审。

开庭当日，严平对自己雇凶杀妻的犯罪事实没有异议，但同时他也提出，本案是因家庭纠纷引起的，自己之所以会雇凶杀妻，是因为冯娜之前刺伤自己，存在过错，希望法院对自己予以从轻、减轻处罚。

那么，严平的辩解意见能否成立呢？这就涉及刑事案件中的法律知识点——被害人过错如何认定。

法官解案 >>>

张法官分析认为，根据我国相关法律规定，确定被害人是否存在过错，简单地说，一是要确定被害人是否先行实施了损害被告人的不当行为；二是被害人的这种不当行为是否与犯罪行为之间存在关联。其中的一种重要关联，就是时间上的关联性，要求被害人的不当行为与犯罪行为的发生时间间隔较短，即发生在不当行为进行当中或结束后不久。

而在本案中，首先，冯娜刺伤严平事出有因。严平婚内与他人暧昧，冯娜在愤激之下刺伤严平，而且事后严平已经对冯娜的行为明确表示了谅解，事情已经告一段落。其次，冯娜刺伤严平后，两人共同生活近两年，与严平的犯罪行为相隔时间较长。再结合严平在案件中的供述，可以看出严平主要是因为在网络上赌博，输掉冯娜多年的积蓄，自知无法交代，加之想起以前冯娜刺伤过自己的往事，才决意杀死冯娜。所以张法官认为，严平关于妻子冯娜存在过错的辩解意见不能成立。

最后，法院认定，严平因家庭矛盾雇请杜伟杀害其妻，杜伟又联系吴昆具体实施，具有非法剥夺他人生命的故意，其行为已构成故意杀人罪。考虑到杀人行为尚未进入实施阶段就被公安机关查获，属于犯罪预备，依法可以比照既遂犯从轻、减轻处罚或者免除处罚；再结合严平到案后如实供述，并取得了冯娜的谅解等情节，法院判决：严平犯故意杀人罪，判处有期徒刑六年。

而本案中的另一被告人吴昆则当庭提出，自己与魏奇目的相同，只想骗钱过生活而已，并没有以杀人为目的，不构成故意杀人罪。对于吴昆的辩解，张法官认为，判断是否构成故意杀人罪，首先要分析被告人是否主观具有剥夺他人生命的故意。本案中，魏奇虽参与杀人计划，跟踪拍摄了冯娜的照片，但魏奇明确拒绝杀人，并主动向公安机关报案，足以表明主观上并无杀人故意，不符合故意杀人罪的构成要件，不构成故意杀人罪。而吴昆则不同，其积极准备犯罪工具、确定作案方式，已经为实施杀人行为做好了准备，仅是在等待中被警方逮捕，属于因意志外的原因未能着手实行，属于犯罪预备，主观上具有非法剥夺他人生命的故意，并不影响其"故意杀人罪"罪名的成立。所以，吴昆应当以故意杀人罪论处，该辩解意见不能成立。

法院认定，吴昆、杜伟具有剥夺他人生命的故意，并准备工具、制造条件，构成故意杀人罪，因属于犯罪预备，同样依法可以比照既遂犯从轻、减轻处罚或者免除处罚。最终法院作出判决：杜伟犯故意杀人罪，判处有期徒刑六年；吴昆犯故意杀人罪，判处有期徒刑五年；同时对杜伟、吴昆的违法所得继续追缴，上缴国库。

至此，一起因家庭纠纷引发的网络雇凶杀妻案落下帷幕。

法官点评

本案中，严平与冯娜都曾用心经营过婚姻。但面对生活的变故，严平没有坚守初衷，他与别人暧昧的行为触碰到了婚姻的红线，而冯娜遇事也未能理智处理，甚至做出了一些极端行为，这都给两人的婚姻生活蒙上了阴影。但即便有种种原因，也不能成为严平雇凶杀妻的理由。他如此疯狂的行为，最后只能落得妻离子散、身陷囹圄的恶果。其实，婚姻中出现矛盾在所难免，真诚地沟通、正视自己的不足并积极解决问题，才是正确的相处之道。

王　侯

　　1986年2月出生，2008年12月—2014年8月在四川省内江市东兴区人民法院工作，历任法官助理、助理审判员。2014年8月至今在四川省内江市中级人民法院工作，历任助理审判员、审判员、民事审判第三庭副庭长、司法调解中心副主任。2019年被内江市中级人民法院记个人三等功，被内江市人民政府授予"内江市第七届劳动模范"称号，被内江市委记个人二等功，被最高人民法院表彰为"全国法院办案标兵"。2020年、2022年被四川省高级人民法院评为四川省环资审判工作先进个人，所承办案件入选四川法院2019—2021年不正当竞争典型案例。

意外保险出"意外"

主讲人：四川省内江市中级人民法院　王　侯

【案例一】

初秋的一天清晨，天还没完全亮透，急促的拍门声和叫喊声将小慧惊醒。"小慧她外公，我是陈娃。快点，出事了！"小慧看到外公宋老汉胡乱穿起衣服，急急忙忙打开门和邻居陈娃说了些什么，然后俩人便一起跑了出去。小慧心中一紧，慌张地跟着外公跑，可她怎么也追不上，平时活泼的脚步就像灌了铅一样沉。

一路跌跌撞撞，等小慧跑到村口小河边时，那里已经聚集了一大群人，还有派出所的李警官和许多陌生的警察。李警官看见小慧和宋老汉，示意人群让开一条道。"造孽啊……"有人发出了低沉的叹息。小慧躲在外公的身后，看见母亲全身湿漉漉地躺在岸边，一动也不动，脸白得吓人，和父亲去世时一个样子。她明白母亲也走了，一种未知的恐惧笼罩在她的心头。小慧很想大喊一声"妈妈"，却怎么也喊不出来，只能紧紧地抱住外公哭泣。无情的命运再次降临到小慧身上。

小慧原本有一个完整的家庭，但是母亲长年患病无法劳作，几亩田地全靠小慧父亲打理，农忙之余父亲还要兼职做小工，几乎是以一己之力支撑着这个家。穷人家的孩子总是要比同龄人更早一些理解生活的苦难，小慧小小年纪就开始照顾母亲，分担家里的农活。在外公的帮助下，一家人的生活虽然清苦，但也踏实温暖。

天有不测风云，人有旦夕祸福。两个月前的一天夜里，小慧的父亲突发脑出血，等救护车赶到时，人已经不行了。母亲流干了眼泪，哭哑了嗓子，本就虚弱的身子自此雪上加霜，床头堆满了各种小慧叫不出名字的药。现在，小慧的母亲又死在村口的小河里。经公安机关认定，小慧母亲是溺水而亡。

小慧的天塌了下来，我们难以想象一个12岁的孩子该如何面对双亲的接连离世。现如今，她的亲人只剩下外公，一老一小在乡亲们的帮助下给小慧的母亲办完了后事。日子还得过下去，只是小慧从活泼开朗变得少言寡语。

半年后的一天，小慧在整理妈妈的遗物时竟然发现了一份保险合同，她赶紧拿给外公看，外公也不太明白，便找到了驻村的王书记。王书记一看，赶忙让俩人去找保险公司："这是小慧爸给小慧妈买的保险啊，能赔25万元，这下你们的生活就有着落了！"原来，小慧父亲生前给妻子购买了一份意外伤害保险，保险合同载明：被保险人因意外身故，保险公司将赔付保险金25万元。

小慧虽然不大明白保险是什么意思，但看到大家都这么高兴，自己也跟着开心起来。

宋老汉连忙带着小慧兴冲冲地来到城里的保险公司，工作人员核实身份之后，一方面对小慧母亲的去世表示同情；另一方面也表示会尽快给他们办理理赔手续，请他们暂时回去等候消息。

宋老汉百感交集。难过的是，这笔钱可以说是小慧母亲用命换来的，难免又会勾起小慧对妈妈的思念；高兴的是，有了这笔钱，小慧未来的生活暂时不用发愁了，哪怕自己百年以后，小慧也能有个保障了。就这样，爷孙俩在这种复杂的情绪中等待着保险公司的回复。

"小慧她外公，来信啦！"给村里送快递的孙大哥在门口使劲地喊，他的电瓶车还没熄火，吓得院里的老母鸡护着小鸡一阵乱躲。"我给你放在鸡圈外边了啊！"急性子的孙大哥还没等宋老汉应声，扔下信就骑着电瓶车走了，宋老汉追出来时，只看见一个没戴头盔的背影。

"这个瓜娃子！"外公嘟囔了一句，赶紧把险些沾上鸡粪的信捡起来擦了擦。"小慧，信来了，出来给外公念念。"不太识字的宋老汉把小慧叫了出来，爷孙俩一起站在院子里看起了信。

"是保险公司的信！"小慧高兴地喊了起来，赶紧拆开信封。

"尊敬的客户……感谢您对本公司保险产品长期以来的支持……收到您的申请后，本公司进行了认真审核……"小慧磕磕绊绊地念着，"我们遗憾地通知您：您的申请未予通过，本公司决定不作赔付，并决定解除与您的保险合同。您如果对本公司决定存有异议……"小慧还在结结巴巴地念，外公却犹如五雷轰顶，半晌没说出话来。

不仅不赔，还要解除保险合同，保险公司为什么这样做？

原来，保险公司认为小慧母亲的死亡疑点重重，派人进行了调查。他们发现，小慧母亲的病历载明，其在投保前就患有严重的尿毒症，却没有在投保时告知保险公司，这属于保险欺诈。此外，据走访了解，小慧的母亲是在病痛折磨和思念亡夫的双重压力下自杀的，自杀不属于赔付的范围。保险公司还认为，本案不应适用保险公司最长两年的解除合同期限，因为小慧的母亲故意隐瞒患有尿毒症的事实，保险公司直到其死亡后才知情，甚至认为小慧一家是蓄谋已久的恶意骗保，拒绝赔付合情合理。

"我们家虽然穷，但绝不会骗人！"宋老汉拿着信老泪纵横，小慧也跟着抹眼泪，她绝不相信母亲会以自杀的方式弃她而去。伤心之余，爷孙俩不知道该怎么办，只好又去请王书记帮忙："王书记，这钱要不着就算了，可怎么能冤枉咱们骗人呢?"王书记得知此事后也感到十分意外,以他对小慧一家的了解,他们绝不会做出骗保的事来,他安慰道:"别急,你们看,这封信上不是写了可以向法院起诉吗?咱们上法院去评评理!"

于是,王书记当天就带着小慧和外公到了县里的司法局,为爷孙俩申请了法律援助。在法援律师的帮助下,小慧和外公向法院提交了起诉状,将保险公司告上了法庭,要求保险公司赔付保险金25万元。

法院的蒋法官接到案子后,先行征求了被告关于调解的意见,但保险公司态度坚决,认为这笔保险金绝对不该赔付。蒋法官见状决定开庭审理,该不该赔,审了便知。

在法庭上,保险公司始终坚持其观点,认为不应赔付这笔保险金,还提出本案的骗保行为可能涉嫌刑事犯罪,应当移送公安机关处理。从未上过法庭的小慧和外公宋老汉,面对保险公司咄咄逼人的说辞,有些被吓着了,一时不知该如何回应。在蒋法官的询问下,宋老汉才向法庭提交了公安机关出具的小慧母亲溺水死亡的证明。

那么,这笔保险金究竟该不该赔?

法官解案 >>>

蒋法官认为,本案有两个关键问题。第一个关键问题是,本案是否存在保险公司所称的保险欺诈?

根据《中华人民共和国保险法》第十六条的规定,投保人如果没有履行如实告知义务,影响保险公司承保或者提高保险费率的,保险公司有权解除合同并不承担赔付责任,但保险公司解除合同的权利最长只能在合同成立之日起两年内行使。

蒋法官认为,小慧父亲在投保时没有将妻子患病的情况告知保险公司,并不构成保险公司拒赔的合理理由。

在本案中，从小慧母亲患有尿毒症，并不能必然推导出其最终会溺水死亡，两者之间没有因果关系。即使小慧父亲没有告知保险公司，但这并没有增加小慧母亲发生溺水死亡的风险，仍然符合保险合同的要旨。同时，小慧父亲是在 2015 年 12 月与保险公司签订的保险合同，保险公司是在小慧和宋老汉要求赔付后，即 2018 年 4 月才行使合同解除权，已超过了两年的最长期限。因此，这一拒赔理由不成立。

本案的第二个关键问题是，小慧母亲是否属于自杀？

蒋法官认为，站在保险公司的角度，他们怀疑小慧母亲系不堪病痛折磨而自杀，并非完全没有合理性，甚至很多人可能也有同样的疑问。但放在法律层面进行评价，没有证据的怀疑，也仅仅只能是怀疑。

《最高人民法院关于适用〈中华人民共和国保险法〉若干问题的解释（三）》第二十一条第一款规定："保险人以被保险人自杀为由拒绝给付保险金的，由保险人承担举证责任。"依照该规定，证明这一点的举证责任在保险公司，其仅以"据了解""据推测"这样的理由，不能推翻公安机关已经作出的溺水死亡结论。

最终，蒋法官判决保险公司按约向小慧和宋老汉给付 25 万元保险金。一个月后，保险公司支付了这笔保险金。

在宋老汉爷孙俩的请求下，村里的王书记帮他们在银行办理了 5 万元的活期存款和 20 万元的定期存款业务。宋老汉说，自己老了，用不了几个钱，这笔钱是小慧父母留给女儿的，自己就是再苦也不会动，要留给小慧读大学和未来的生活。听到外公的话，小慧又想起了离去的双亲。在她心里，一定更希望回到过去一家团圆的生活，而不是拿到这笔赔偿金吧。

【案例二】

冬至这天，原本有些冷清的张家突然传出吵闹声："都是你们！就是你们这帮人咒死了我们家老张！老张啊，你说你买啥保险啊……"只见一个中年女人瘫坐在地上，哭得上气不接下气。旁边一个年轻人眼含热泪，紧紧抱住她，愤怒的目光死死盯着站在门口的来人。"别别别，杨大姐，别着急，哎呀你瞧我这嘴……"来人一边赔不是，一边弯着腰往门口退。

老张是谁，跟买保险有什么关系？这个来人又是谁？

老张本名叫张方民，是一家民营公司的老板。他的公司说大不大，但也关系着百来号人的营生。随着业务规模的日益增长，公司需要的流动资金也越来越多，但发出去的货还没回款，房租、水电费、员工的工资还得正常支出，公司的整个资金链已经十分紧张。

这年头贷款不易，但为了公司更好地发展，张方民想方设法通过熟人介绍，找到了一家新的银行申请贷款。银行的客户经理很是客气地接待了张方民，向他介绍了一个贷款方案："我们银行和保险公司正在合作开展业务，贷款可以，但您必须购买一份银行指定的保险。如果您不幸因意外去世，银行有权作为保险金的第一顺位受益人。"

张方民一听，眉头一皱："这是啥意思，是怕我死了不还钱？"见他有些生气，客户经理笑着解释说："张总，您别多想，这只是我们银行最近和保险公司合作的一个活动。您也是家大业大的老总，就当顺手给自己买了一份保险呗。"

张方民多多少少还是有点迷信，虽说觉得有些不吉利，但公司急需资金救急。中国有句俗语"形势比人强"，为了顺利获得贷款，张方民还是答应了银行的要求，在银行指定的保险公司购买了一份意外伤害险。保险合同约定：如果张方民遭遇意外伤害不幸身故，保险公司将赔付身故保险金 500 万元，银行在贷款范围内享有第一顺位受偿权。

张方民粗略地看了看保险合同，密密麻麻的条款让他头疼。他觉得银行和保险公司靠的就是"信誉"二字，不至于合起伙来骗他，于是大笔一挥，签上了自己名字。

贷款审批很顺利，公司的问题也得到了解决。没过多久，张方民就将贷款归还给了银行，自己都忘了还有保险这件事。

不久，公司在西藏新谈了一桩大业务，对方是一家业内知名的大企业，如果能顺利搭上这条线，以后公司的业务范围将会扩大好几倍。张方民很是重视，为展现诚意，他亲自飞往西藏与对方进一步洽谈。

到达西藏的当天，张方民就感到眼睛有点不舒服，他连忙到当地医院就诊，然后开了一些药后回到酒店休息。在和妻子打电话时，妻子得知了他眼睛的问题，觉得肯定是因为他喝多了酒所致。张方民苦笑着解释："喝啥呀，人家是正经大公司，明天才正式见面，我一个人跟谁喝酒去。你要是不信，我出门找个交警给你测一测……"杨柳青知道丈夫不会欺骗自己，便让他早点休息。

可到了第二天，西藏的公司却怎么也联系不上张方民了，只得通过他下榻的酒店帮忙寻找。酒店调阅了楼道监控，发现张方民昨天入住后就再也没有出去过，也感到有些蹊跷。敲门未果后，值班经理通过备用钥匙打开了房门，却发现惊人的一幕——张方民已经死亡！经理吓得赶快报了警。公安机关迅速赶到现场，经过侦查，排除了他杀的可能。

接到警方的电话时，杨柳青感到一阵天旋地转，几乎晕厥过去。昨天还好好的，怎么过了一天人就没了？兴许是警察搞错了？杨柳青心乱如麻，怎么都站不起来。儿子张丞强作镇定，带着母亲连夜赶往西藏，见到的却只有张方民冰冷的遗体。

"老张，你醒醒啊！"杨柳青扑到张方民遗体上号啕大哭，最后一丝侥幸被残酷的现实击得粉碎。为了弄清丈夫的死因，在警方的建议下，杨柳青同意对遗体进行尸检。法医经过鉴定后得出结论，张方民因高原反应引起的急性肺水肿而导致死亡。

回想起丈夫说的眼睛疼痛，杨柳青方才意识到丈夫的高原反应早有症状，要是自己能早点提醒他，也许就……这几天，杨柳青没日没夜地哭泣，儿子张丞担心母亲身体，只得咬着牙将父亲的遗体在西藏火化，然后陪着母亲将骨灰带回了老家安葬。

因为那笔贷款，张方民成了银行的 VIP 客户，银行的客户经理特意准备了一些小礼品，在冬至这天上门拜访，却得知了张方民的死讯。震惊之余，客户经理提起张方民生前购买保险的事，本意是想提醒杨柳青及时理赔，可还沉浸在丧偶之痛中的杨柳青将丈夫的死迁怒到银行身上，这便是故事开头的那一幕。

客户经理一见这架势傻了眼，赶紧走了。后来，还是儿子张丞劝住了母亲："这笔钱是爸给咱们留下的，咱们拿回来，也算是了却了爸的一桩心愿。"

于是，母子俩找了个时间联系银行一起向保险公司申请理赔，但保险公司竟然出人意料地表示拒赔："很遗憾，按照尸检结论，我公司认为张先生不是死于意外伤害，不属于本保险赔付的范围。"

面对保险公司的回应，杨柳青和张丞感到无法理解。警方都已经排除他杀了，张方民不是死于意外伤害，难道还是死于故意伤害不成？"都觉得我们孤儿寡母好欺负是不是！"愤怒的杨柳青和张丞一纸诉状将保险公司诉至法院，要求保险公司按约定赔付保险金 500 万元，银行作为第三人参加诉讼。由于公司已经将贷款还清，银行当庭表示放弃对保险金的请求，将此权利让渡给杨柳青和张丞。

办案十几年，何法官也是第一次遇到这样的案子。高原反应算不算意外伤害？这倒是新鲜。

在法庭上，保险公司认为张方民是因高原反应死亡，不属于意外伤害。张方民是自行前往西藏的，而高原反应属于一种疾病。因此，张方民的遭遇不符合意外伤害定义中的非本意和非疾病这两个要件。保险公司甚至当庭拿出了一本专业的医学书籍，证明高原反应又被称作高原病，既然是疾病，那显然不属于意外伤害。而气愤的杨柳青母子则认为，保险公司是在玩文字游戏，没有一点人情味。

那么，高原反应到底属不属于意外伤害呢？

法官解案 >>>

何法官综合分析后认为，首先，并不是所有人前往西藏都会发生高原反应，甚至同一个人数次前往，也并不必然都会发生高原反应，更何况如本案中因高原反应致死的情况，是属于极小概率事件，这显然不是张方民本身积极追求或默许放任的结果。也就是说，产生高原反应不是他的本意。

其次，我们不否认高原反应是一种疾病，但意外伤害险涉及的保险事故核心是"意外伤害"本身，不能因为伤害的结果属于某种疾病，而否定伤害的存在。所以，高原反应本身也符合"非疾病"这个要件。

除此之外，何法官还认为，保险合同几乎都是保险公司提供的"格式合同"，是预先拟定好的。这也是本案所涉及的法律知识点。

依照保险法第三十条的规定："采用保险人提供的格式条款订立的保险合同，保险人与投保人、被保险人或者受益人对合同条款有争议的，应当按照通常理解予以解释。对合同条款有两种以上解释的，人民法院或者仲裁机构应当作出有利于被保险人和受益人的解释。"所以，本案也应当作出有利于杨柳青和张丞的解释，即"高原反应属于意外伤害"。

最终，法院支持了杨柳青和张丞的诉讼请求，判决保险公司支付保险金500万元。

判决后不久，杨柳青母子就收到了保险金，但对于母子俩来说，失去相伴多年的丈夫、遮风挡雨的父亲，二人内心伤痛的治愈还需要很长的时间。

法官点评

回看上述两个案例，都是以原告胜诉，获得保险金作为结果。但现实生活中，年迈的宋老汉要竭力把小慧抚养成人；而杨柳青中年丧偶，家庭的重担还得倚靠儿子张丞担起来。生命脆弱，命运无常。这些保险赔偿金很难抚平他们失去至亲的痛苦，但有了这笔钱，希望他们今后的日子会好过一些。同时这也提醒我们，当意外降临，家庭遭受重创时，保险可能是生活仅剩的希望，应该积极面对，勇于维护自身权益，不要再让意外保险发生"意外"。

李卓恒

　　四川省攀枝花市西区人民法院法官，有中级人民法院、基层人民法院行政审判、民商事审判业务工作经验。现长期奋战于基层执行一线，连续多年条线考核全市第一，曾被抽调至最高人民法院执行局工作学习。主要擅长民商事、执行领域类型案件，曾多次荣获法院系统先进个人、个人嘉奖，荣立集体三等功。

日记里的真相

主讲人：四川省攀枝花市西区人民法院　李卓恒

　　一天深夜，家住乡下的兰静正准备关灯睡觉，突然楼下窗户"吱扭"一声，在安静的夜晚显得格外刺耳。兰静一下子从床上坐起来，心里嘀咕着：不会是有贼吧！她抄起一根铁棒往楼下小心翼翼地走着，打算去看看情况。刚走到一楼的拐角处，一双手突然从后面捂住了兰静的嘴。兰静的心一下子就提到了嗓子眼，这时，身后传来一个声音："别出声，是我！"听见这熟悉的声音，兰静回头一看，这才松了一口气，原来是自己的男友何刚。

　　何刚今年41岁，离异，两人现在是恋人关系，刚在一起半年多。兰静惊讶道："你怎么来了？你不是在城里上班吗？"何刚长叹了一口气："唉，我……我把她给杀了。"听完何刚的话，兰静吓得瘫在地上。

　　那么，何刚到底是对谁下了杀手呢？他们之间有什么恩怨？随后，何刚向兰静讲述了自己这两天的经历。

　　据何刚说，在两天前的夜里，他带着一把长长的砍刀来到前妻王晓丽上夜班的工厂，他猜测，这个时候前妻王晓丽应该一个人在值班室。坐在离值班室不远的楼梯台阶上，何刚点燃一根烟，他边抽烟边想着最近发生的事情，越想越觉得气愤："今天我一定要让王晓丽给个说法！"掐灭烟头后，何刚径直朝着值班室走了过去。

推开门，躺在值班室休息床上的王晓丽坐了起来，一见是何刚，脸色立刻沉了下来，质问道："你来干什么？"何刚本来是想找王晓丽理论的，可一看王晓丽的脸色难看，加上语气似乎充满了对自己的不屑，一股无名之火顿时从心中升起，他直接提刀冲着王晓丽砍去，王晓丽来不及反应，就被砍倒在地。

冷静下来的何刚越想越害怕，他觉得自己杀了人肯定逃不了，就想自我了断。于是他来到一座大桥上，准备投江。从大桥纵身跃下后，何刚感到冰冷的江水向全身袭来，很快就没了知觉。再睁开眼睛的时候，他已经被江水冲到了岸边。何刚觉得这是天意，于是便顺着岸边的小路逃进深山中。

何刚本打算在深山里藏一段时间，可没有野外生存能力的他连吃口东西都成问题，根本没办法在深山老林里待下去。于是，他只好等到天黑翻过大山后，沿着小路徒步走到女友兰静的家。

兰静听了何刚的讲述，不由得倒吸一口凉气："天哪！你怎么做出这种事！"兰静以前就听何刚说过，他和前妻王晓丽的关系不好，可没想到何刚竟然会狠下杀手。兰静问："你为什么要杀她呀？"何刚眼神一阴说道："谁叫她不但欠钱不还，还想让我坐牢？这可是她自找的！"兰静问："那你现在打算怎么办？"何刚叹了一口气："我打算拿点工具再回山上去。你帮我准备点东西吧！"兰静摇摇头劝说道："现在到处都是监控，你还能躲一辈子吗？还是去自首吧。"谁知何刚一听就怒了："我跳江都没死成，这就是天意！你是不是怕我会连累你？你放心，我就待一天，明天晚上我就走。"兰静害怕激怒何刚，不敢再说什么，就这样在忐忑中度过了一夜。

第二天，天还没亮，警察就找上门来了。面对警方布下的层层包围，何刚也没有抵抗，就这样被抓捕归案。

那么，到底是什么事情让何刚决定要杀害自己的前妻王晓丽呢？

据何刚到案后自己交代，几年前他通过户外运动群结识了同样离异的王晓丽，两人恋爱后很快便结婚住在了一起。一开始他觉得王晓丽很温柔，也会照顾人。谁知结婚一段时间后，各种问题就暴露了出来，何刚感觉王晓丽根本不如自己想象的那么好。

据何刚说，王晓丽和前夫的儿子小木大学毕业后不去找工作，反而在家"啃老"，王晓丽经常大把大把地塞钱给小木，严重影响了何刚和王晓丽的生活质量。再后来，王晓丽在一次投资中强行拉着何刚投了不少钱，结果全部亏损。投资失败后，两人的争吵越来越多，感情也越来越不和。就在一年前，他发现王晓丽竟然出轨了，一怒之下便和王晓丽离了婚。

何刚称，自己手上还有一份补偿协议，是离婚的时候王晓丽因出轨答应补偿何刚6万元而签下的。本来自己工作不稳定，收入又少，好不容易攒下的一点积蓄又因为王晓丽而打了水漂。离婚后，有一次何刚回乡探望母亲时，认识了兰静，两人很快发展成男女朋友关系。他答应兰静，从王晓丽那里拿到钱后，他就回乡下开个小卖部，然后再和她结婚。可谁知王晓丽根本不打算补偿自己，多次讨要无果之下，何刚对前妻的积怨越来越深。

何刚说，案发那天晚上他喝了一点酒，想起王晓丽对自己的种种行为，一怒之下便提着砍刀想要去吓唬王晓丽。可谁知他一进门就看见了王晓丽那副冷漠而蔑视的嘴脸，再加上酒劲一上来，他就失去了控制，直接冲上去把王晓丽砍了。

在审讯室里，何刚交代完情况后，表示非常后悔。如果事实真是何刚说的那样，那么这起案件就是因婚恋纠纷引起的刑事案件，而且被害人王晓丽具有一定过错。但随着案件的进一步侦查，办案的警察却发现了一些疑点。

原来，公安机关的报案记录显示，王晓丽和何刚在一起的这几年中，报案记录多达四次，刚开始是因为两人的各种矛盾，最后竟然是因为何刚涉嫌非法拘禁王晓丽。更为关键的是，警方在王晓丽家中调查取证的时候，发现了一个日记本，原来王晓丽一直有记日记的习惯。而翻开日记本，里面竟赫然写满了对何刚的血泪控诉，内容与何刚到案后的供述有巨大偏差。

根据公安机关的报案记录与日记本中的控诉，警方还原了背后的真相。

原来，王晓丽与何刚都喜欢户外登山活动，是登山爱好群的群友。在一起参加了几次登山活动后，王晓丽对这个开朗而勇敢的男子产生了好感。虽然有几个登山群内的朋友提醒王晓丽说，何刚性格有点暴躁、不好相处，在活动中经常跟人发生矛盾，甚至还大打出手。但在何刚猛烈的追求下，王晓丽也没考虑那么多，很快他们便走到了一起，并结婚了。在王晓丽搬进何刚家的那天，何刚拍着胸脯对王晓丽说："虽然我们都有过一段失败的婚姻，但往后的日子我一定会好好对你，让你幸福！"

当天，王晓丽开心地在日记中写下："3月4日，晴。他温柔体贴，发誓会对我好，看来我找到了下半生的依靠，希望这是我幸福的开始。"

可是好日子没过几天，两人之间就出现了裂痕。原来，王晓丽离婚后，儿子小木一直跟着她。与何刚结婚后，小木也跟着住过来了。王晓丽一直觉得，自己婚姻的失败给儿子造成了不好的影响，所以就非常疼爱他。小木那时候也是刚大学毕业，还没找到工作，所以王晓丽会时不时地给小木买东西或者直接给钱。但这引起了何刚的不满，何刚认为小木的存在严重影响了两人的生活，开始因为小木的事情闹，而且一次比一次凶。

一次，王晓丽拿钱给小木的时候又被何刚撞见了，何刚非常不满地说："你这个儿子要'啃老'到什么时候？"王晓丽听了也很是不满："小木刚毕业，找工作肯定需要时间啊。再说我们本来就是各用各的钱，我又没拿你一分钱，你有什么不满意的？"何刚一听更不高兴了："我们现在结婚了，你给你儿子钱就会影响到我们两人的生活！他跟着我们多待一天，我就不舒服一天！"

这之后，王晓丽觉得儿子住在何刚的家毕竟算是寄人篱下，总这么吵闹也不是办法，便干脆在外面给小木单独租了一间房子，让他独自住下，想着平时不待在一起生活了，何刚也就不会再说什么了。平时小木就在出租屋住着，周末的时候王晓丽会给小木准备点饭菜，让他带回出租屋吃。

本来也相安无事，直到一个星期天的上午，小木到何刚家里拿母亲王晓丽准备好的饭菜时，何刚不满地嘟囔了一句："又来蹭吃蹭喝。"小木听了也是忍无可忍，还嘴道："关你什么事？"谁知何刚一下子就"炸毛"了："你说什么？你这个小兔崽子，我早就想教训你了，你给我等着！"何刚冲进厨房拿出菜刀就要去砍小木，王晓丽和小木一下子吓蒙了，王晓丽赶紧拉住何刚，让小木趁机逃走，可何刚却甩开王晓丽，追了出去。他一路追到小木的出租屋门口，小木关紧门后才舒了一口气，可何刚却不依不饶地对着门砍了三刀。三道刀痕赫然留在了门上，王晓丽害怕极了，只好立即报警。这也就是第一次报警记录的由来。

与何刚相处久了，王晓丽也发现何刚的性格确实偏执，脾气非常暴躁，看来当初登山群内朋友提醒的果然没错，可谁又会想到何刚暴躁到竟然想拿刀砍人呢。不过另一边，冷静下来的何刚很快就跟王晓丽道歉，说自己太冲动了，不该这个样子。警察对何刚批评教育的时候，他也一直点着头。事后何刚跟王晓丽说："我这个样子是不对，但出发点也是为了咱俩的生活啊，小木确实影响到我们的二人世界。"

王晓丽见何刚态度很诚恳，又觉得小木毕竟不是何刚亲生的，不能勉强何刚什么，于是也就选择了谅解。可两人的矛盾还远远没有结束。

在数月后的一天晚上，何刚突然神采奕奕地对王晓丽说："我有一个朋友在外地做生意，他最近遇到了一个项目，承包下来至少可以赚几百万元，可是需要交付定金才能承包，他现在还差 10 万元。如果咱们能投资，等工程结束后，他答应分咱们 30 万元。"王晓丽本身工资不高，也没什么积蓄，就劝何刚："我手上也没存什么钱，咱们现在的工作养活自己没什么问题，投资毕竟是有风险的，要不然算了吧。"谁知何刚一听却暴跳如雷："我可是为了咱们以后的生活考虑，你竟然完全不理解，这次机会可是千载难逢，你必须听我的，你就是去借也要凑够这笔钱！"

于是，王晓丽只好顺从地从亲戚朋友那里借来 4 万元，给何刚凑够 10 万元拿去投资。可还没一个月，何刚就垂头丧气地回家对王晓丽说，自己的那个朋友已经好几天都联系不上了。他们立即报了警，但发现何刚那个"朋友"的所有身份信息都是假的，查找线索很困难。

回到家，王晓丽埋怨何刚说："这次投资，你太草率了。"何刚也很郁闷："我怎么知道那么多年的朋友会骗我。"王晓丽继续埋怨："可我们的钱怎么办？这可是你偏要拿去投资的！"何刚不耐烦地说："哎呀，你别说了，我会想办法的。"何刚被人欺骗本身就很恼火，加上王晓丽一直在耳旁絮絮叨叨，何刚越听越气，竟然把气全撒在王晓丽身上。何刚反手一把推倒王晓丽，把她按在地上使劲打，王晓丽在惊恐中挣扎着起身，她跑出家门报了警。

当着警察的面，何刚这次又是下跪又是道歉。王晓丽负气离开，到小木的出租屋里住下。可何刚却在门口跪了一夜，第二天出门的王晓丽看见憔悴的何刚，一下子又心软了，最终在何刚签下保证书以后，王晓丽原谅了他。

这天，王晓丽在日记中写下："4 月 11 日，晴。何刚昨天竟然动手打我，我虽然很生气，但是看着他的样子又很可怜……"

可谁知在这件事情之后，何刚并没有真的悔改，而且还变本加厉，就像变了一个人似的。他在外面打牌输钱了要打人，喝醉酒了也要打人，每一次动手打人之后，何刚又会向王晓丽认错，有时候还一把鼻涕一把眼泪地在王晓丽面前哭诉，说自己从小命苦，父亲早逝，母亲一个人拉扯自己长大，自己 30 多岁了才娶到老婆……王晓丽每次见到何刚这样子又会心软，只能安慰自己：两个人年纪都大了，凑合一下还是能过的。

就这样，打了王晓丽两三次后，何刚倒也真的不再动手了。但不是因为他真的改正了，而是因为他认识了兰静。

何刚母亲家住农村，在一次去探望母亲的时候，何刚认识并喜欢上了兰静。何刚要跟王晓丽离婚的话，继续家暴毕竟影响不好，所以也就不再动手打王晓丽了。忍耐了一段时间后，何刚就跟王晓丽提出了离婚，并且要求王晓丽补偿自己 6 万元，理由就是当初投资失败的损失应该由王晓丽承担。王晓丽面对何刚这种无理的要求当然不同意，可何刚却威胁说："你要是不同意补偿我，我是永远不会让你好过的！"那时候何刚本性暴露，说动手就动手，让王晓丽很害怕，而王晓丽也顺从惯了，于是就被逼着写下了补偿协议。

办完离婚手续后，王晓丽在日记中写下："7 月 5 日，晴。今天我终于跟何刚离婚了，希望以后能重新开始自己的生活。"

可离婚并没有让王晓丽重新开始自己的生活。离婚后的王晓丽既要照顾儿子，又要赡养老人，还要向亲戚朋友还钱，至于她同意补偿何刚的 6 万元，实在是拿不出来。但何刚却不管那么多，三天两头地去找王晓丽要钱。后来何刚因为准备和兰静结婚，打算回乡下开个小卖部，所以急需用钱，又见王晓丽根本没有补偿自己的打算，何刚就想了个法子，想要吓吓王晓丽，让她尽快把钱给自己。

一天晚上，刚下班的王晓丽独自走在回家的路上，在路过小区露天停车场的时候，突然冒出一个人影拦住了她的去路，仔细一看，原来是何刚。王晓丽刚要说话，谁知何刚一个箭步冲上来，一边捂住王晓丽的嘴，一边强行把她拉走。来到停车场的一辆轿车旁后，何刚打开车门，拿出几根麻绳，他将王晓丽的手脚全部捆绑住，恶狠狠地说道："你欠钱一直拖着不给，我现在活不下去了，今天我就要和你同归于尽！"

车开动后，王晓丽害怕极了，她知道何刚不但偏执而且暴躁，现在不知道何刚要把自己弄到什么地方去，也不知道要对自己怎么样，在极度的恐惧中，王晓丽用嘴艰难地咬开了绳子，不顾安全地打开车门直接从高速行驶的车上跳了下去……

醒来后的王晓丽，发现自己已经躺在了医院的病床上，原来自己跳车后被路边的群众发现并送往医院。还好王晓丽受伤并不严重，何刚则已经被警察抓走。看着陪在病床前的儿子和父母，王晓丽眼泪止不住地往下流。

当天，她在日记中写下："10月23日，大雨。他就是个魔鬼，太可怕了。我就是个罪人，处理不好自己的事，让家人为我担心……"

何刚因涉嫌非法拘禁罪被移送检察机关审查起诉，但由于王晓丽受伤较轻并且何刚悔罪态度良好，于是便办理了取保候审。可此时的何刚却畸形地认为，这是王晓丽不肯放过自己，才导致自己将会受到刑事处罚。随着开庭审判的日期越来越近，何刚的怨气也越积越深，最终在案发的那天晚上，他持刀疯狂砍杀了前妻王晓丽。

真相终于水落石出。面对确凿的证据，何刚最终承认了全部犯罪事实。

公安机关在侦查完毕后，将案件移送检察院审查起诉，检察院很快以涉嫌故意杀人罪对何刚提起了公诉。至于兰静，因为她没有对何刚的逃跑起到实质性帮助，且积极配合公安机关调查，如实供述事情经过，因此免于追究法律责任。

到了法院审理阶段，何刚在庭审中为自己辩护："虽然我杀了人，但整个事情是因婚恋纠纷而起，所以应当酌情从宽处罚，至少不应判处死刑。"对此，何刚的辩护人还拿出法律依据，认为根据《最高人民法院关于贯彻宽严相济刑事政策的若干意见》第二十二条的规定："对于因恋爱、婚姻、家庭、邻里纠纷等民间矛盾激化引发的犯罪……应酌情从宽处罚。"

法官解案 >>>

承办案件的李法官认为，何刚故意杀害前妻王晓丽的犯罪事实是清楚的，所以检察机关以涉嫌故意杀人罪起诉何刚是准确的。而对于婚恋家庭纠纷引发的矛盾，还应当充分考虑被害方有无过错。综合全案事实和经过，被害人王晓丽可以说是没有任何过错，而何刚性格偏执、自私易怒，才是导致这一系列结果的最重要原因。案发时何刚和王晓丽已经离婚，何刚的杀人行为不是因婚恋纠纷而引起，而是偏执地认为王晓丽要追究自己的刑事责任，导致心生怨恨而杀人，因此不应适用上述规定。

那么，对于何刚应该如何量刑呢？这就涉及本案的法律知识点——死刑的适用。

根据《中华人民共和国刑法》第二百三十二条的规定："故意杀人的，处死刑、无期徒刑或者十年以上有期徒刑；情节较轻的，处三年以上十年以下有期徒刑。"第四十八条第一款规定："死刑只适用于罪行极其严重的犯罪分子。对于应当判处死刑的犯罪分子，如果不是必须立即执行的，可以判处死刑同时宣告缓期二年执行。"

在本案中，何刚携带砍刀前往王晓丽上班地点提前蹲守，作案时连续猛砍王晓丽头部9刀，导致王晓丽颅骨粉碎性骨折，多处身体组织散落在案发现场，杀人手段极其残忍，社会危害极其严重，其主观恶性极大，应当适用死刑立即执行。

法官点评

最终法院作出判决，被告人何刚犯故意杀人罪，判处死刑，立即执行。

案件落下帷幕，在本案中，何刚性格上的自私、偏执、暴躁等缺陷，不但毁了王晓丽的生活，还要了王晓丽的命。而且他还不知悔改，甚至落网之后还想颠倒是非，妄图减轻处罚，实在是罪不可恕。同时，王晓丽的遭遇也提醒我们，在遭遇家暴和威胁时，绝不能一味地退让和妥协。尤其是在遇到暴躁偏执、性格有缺陷的人时，一定要与其划清界限，要勇敢地拿起法律武器，保护好自己的人身安全。

陈艳雪

　　1991年出生，中共党员，2015年入职四川省宜宾市中级人民法院，先后在立案庭、民一庭、执行局、诉服办工作，现任诉服办主任，负责审判全流程保障工作。曾获2015年宜宾市优秀党员荣誉称号，2018年、2019年宜宾市优秀公务员荣誉称号；2020年宜宾市政法队伍"忠诚铸魂永跟党走"演讲比赛三等奖。2021年获人民法院个人嘉奖，并被宜宾市委、市政府评为建党100周年庆祝活动期间工作先进个人；2022年获评四川全省法院条线工作先进个人，并被宜宾市委、市政府评为"宜宾市信访工作先进个人"，荣立个人三等功；2023年荣立重大专项工作个人三等功。

不孕女人再婚后

主讲人：四川省宜宾市中级人民法院　陈艳雪

7月的南方小镇十分闷热，万丽刚从自己经营的酒楼回来，还未坐定，一阵急促的电话铃声响了起来，只听电话另一边的人慌张地喊着："嫂子，你快来一下，黄涛大哥游泳的时候出事了！"万丽心中一紧，放下电话马上驱车赶往黄涛经常游泳的江边。

可是当万丽赶到的时候，丈夫黄涛已经被确认溺水身亡了！这个消息犹如晴天霹雳，万丽一下子晕倒在了现场。等万丽醒过来，丈夫黄涛的尸体已经被公婆抬回老家准备安葬了。万丽马上赶回黄涛老家，没想到，黄涛的母亲王老太连门都不让她进，还把她赶了出来。无论万丽如何哀求解释，王老太都不准她参加黄涛的葬礼。那么，这王老太为什么不让儿媳妇参加儿子的葬礼呢？这个家里到底发生了什么？事情还要从几年前说起。

万丽是当地小有名气的女老板，她出生于偏远农村，是一个有魄力、能吃苦的女人。她把一个快餐摊逐渐发展成酒楼，还投资煤矿产业，很有经商头脑。但是在事业转型时期，为了全心全意发展事业，她两次打掉了已经怀孕三四个月的孩子，最终导致难以再次怀孕，前夫也因此与她分道扬镳。从那以后，不孕就成了万丽心中的痛。

离婚后，朋友多次给万丽介绍过男朋友，但都因为不孕的事不了了之，直到黄涛出现。朋友介绍说："黄涛这个人踏实肯干、有魄力、之前生意也做得不错，只是最近几次投资失败了，经济方面比较紧张。但这人还是很不错的，是出了名的孝顺，而且他与前妻有一个女儿，应该对子女这方面的要求不多……"

听着好友的贴心提示，万丽想，如果不考虑孩子的问题，见一见倒也可以。在朋友的安排下，万丽和黄涛见了面，见面后两人聊得不亦乐乎，十分投缘。针对黄涛投资房产资金回笼慢的问题，万丽也帮着出谋划策，几个月下来，万丽推荐的方案成效显著，解决了黄涛的燃眉之急。

黄涛被万丽独立果断的性格吸引，他认为万丽就是自己一直渴望寻找的理想伴侣，于是开始了疯狂的追求。就在黄涛成功追求到万丽，并向她求婚时，万丽却向黄涛说出了一个压在她心里一直不能说的秘密："我其实……很难怀孕了……"黄涛听完，先是一愣，但他接下来的一番话又打消了万丽的顾虑："没事儿，很难怀孕又不是不能怀孕，这有什么好担心的呢？"

就这样，万丽卸下了心理负担，同意了黄涛的求婚。

结婚之后，万丽全力帮扶黄涛扭转公司局面，除了大额资金的注入，还为公司开拓了新的市场，生意是越做越好，两个人的日子也越过越甜蜜。但是，不久之后的一场回乡探亲之旅却给小两口的生活蒙上了一层阴影。

临近春节，黄涛和万丽决定回黄涛的老家过年，见见亲戚朋友们。村里面听说黄涛要带着女老板回家过年，都过来凑热闹。大家你一言我一语地讨论着，"这女老板可真漂亮""黄涛真有本事"，听着大家的夸赞，黄涛父母心里美滋滋的，高兴得合不拢嘴。

家宴上，黄涛的母亲王老太更是把沾亲带故的亲戚朋友都请来了，大家一起欢迎万丽。看到大家这么热情，万丽的心中有种说不出的温暖，这个在商场打拼多年的女强人，突然感觉自己有了另外一个身份——一个家庭的女主人。

酒足饭饱之时，七大姑八大姨就聊起来了，"这黄家三代单传，现在终于要续上香火啦""俩人郎才女貌，生的孩子肯定又好看又聪明"。对于这突如其来的话题，万丽感到十分尴尬，一时无所适从，黄涛见状赶紧转移话题。

就在黄涛与万丽离开的那天，王老太拉着万丽的手说："你们还是早点要个孩子吧，我们黄家三代单传，到这一代就只能拜托你了。"一旁的黄涛听到后，连连保证，帮妻子解了围，但王老太的话却深深刺痛了万丽。

从老家回来后，黄涛和万丽开始多方寻医问药，他们把民间的各种偏方都试了个遍，可是万丽的肚子一点动静也没有。万丽有些崩溃了："要不我们和你爸妈说实话吧，我是很难怀孕的，他们没有希望也就不会失望了。""不着急，你知道的，我爸妈对于要孩子有执念，现在如果告诉他们这件事，他们一定会闹得家里大乱的。"黄涛安慰万丽说："我们慢慢来，实在不行就做试管婴儿试试，先不要对我爸妈说实话。"

两个人抱着最后的希望开始了试管婴儿的尝试，一次、两次、三次，一次次的憧憬，换来的却是一次次的失望。这已经是第四次做试管婴儿了，结果医生却说："这次又失败了，再次做的话，成功的概率依然十分小。"一直以来，这无法完成的"任务"压得万丽喘不过气来。

看着伤心的妻子，黄涛安慰道："要不我们就收养个孩子吧，从小养到大，其实感情都是一样的。我们不和爸妈说，你在你的亲戚那边找个合适的，这样知根知底比较好。"

听到这个提议，万丽才稍稍宽了心，开始托老家的熟人帮忙打听是否有合适的小孩可以收养。但是这世上哪有不透风的墙，一段时间之后，万丽不但没找到合适的小孩，收养孩子的消息还传到了黄涛老家。原来，黄涛老家与万丽老家相隔并不远，很多老乡之间还有些亲戚关系，问着问着这消息就传开了。

听到消息的王老太暴跳如雷，马上打电话给儿子："黄涛，你被你媳妇给骗了，知道吗？万丽根本就不能怀孕，她竟然在四处找孩子收养。黄家三代独苗，到你这里不仅要断后，还要改姓啊！她这是让我们在村子里抬不起头啊。"看着母亲正在气头上，黄涛没有辩解，他安抚着母亲挂了电话。

打完电话的王老太依然愤愤不平，正当她在琢磨该怎么办的时候，一阵敲门声打断了她的思绪，原来是前儿媳妇张敏又带着孙女薇薇来看她了。张敏和黄涛因为没有共同语言，感情很淡，离婚好多年了。但是张敏对于黄涛的父母却一直照顾有加，还会定期带着孙女薇薇来探望老两口。

看着张敏和薇薇，王老太的头脑中突然闪现过一个念头：如果黄涛和张敏复合，再给黄家添个孙子不就完美了吗，这样街坊邻居也不会说什么闲话。王老太试探地问道："小敏啊，这么多年了，你有没有遇到合适的人啊？"张敏不好意思地说："妈，我有薇薇就够了。"王老太一听，顿时来了精神，拉着张敏的手说："小敏啊，在妈心里可一直只有你这一个儿媳妇啊，黄涛虽然喜欢折腾，但终究要回归安安稳稳的日子。妈年纪大了，希望你和黄涛在一起好好生活，以后再为黄家添个孙子。"张敏非常吃惊地看着王老太，心想，可能是万丽收养孩子的事情伤到黄涛了吧，黄涛终于想要回归安稳的日子了，如果真的是这样，那自己也可以给薇薇一个完整的家了。于是，张敏不好意思地应承了下来。

送走张敏和薇薇后，王老太急忙将儿子黄涛叫回家中，迫不及待地说："儿啊，小敏和薇薇刚才来过了，小敏还是一个人带着孩子，这么多年都没和别人相处，她这是在等你啊！""妈，我和张敏都离婚这么多年了，现在已经和万丽结婚了，您还提这些干什么！"黄涛回答道。

王老太见说不通儿子，马上打电话质问万丽为什么要骗黄涛，还想私下收养孩子。万丽赶紧解释道："妈，不是您所想的那样。黄涛对于这一切都是知情的，而且这也是他提议的呀。"王老太听到电话中儿媳妇的辩解，气得火冒三丈，她觉得万丽不仅不承认错误，还把责任全部推给儿子，简直是不可理喻。

挂了电话的王老太越想越气，一下子晕了过去。此时黄涛和万丽正在气头上，两人都没接黄涛父亲的求助电话，黄涛的父亲只好叫来前儿媳妇张敏，他们一同把王老太送去了医院。

等黄涛和万丽赶到医院的时候，王老太已经醒过来了，看见婆婆正一把鼻涕一把泪地埋怨着："还是小敏好啊，小敏才是我的亲儿媳妇，大老板儿媳妇的福我可是一天也没享过……"万丽站在一旁强忍着不说话，眼泪却止不住地往下流。黄涛见状只能安慰万丽先离开，他委托张敏来照顾母亲。

很快王老太要出院了。黄涛来接母亲的时候，在医院门口碰到因为照顾母亲已经消瘦了一圈的张敏，他的内心十分愧疚，赶忙上前表示了歉意，也说了这一阵子家里发生的事。

这时张敏才明白，原来黄涛一直都是感恩于自己照顾他的父母，并无复婚的意思，便轻描淡写地说了句："我照顾老太太，是因为老太太曾经对我好。"听到这话，黄涛更是感到愧疚，表示一定会给张敏和女儿一些补偿。

王老太一看是黄涛和张敏来接自己出院，有些高兴，连忙问两人的复婚情况。为了防止母亲再次气急了犯病，黄涛和张敏互相对视后，便谎称准备复婚。王老太听了喜出望外。

黄涛想，自己和万丽居住在市区，张敏和父母生活在村里，现在万丽和王老太毫无联系，只要自己抽时间带着薇薇多去看看父母，那么和张敏假复婚的秘密就不会被发现，生活也终于可以回归平静了。

天有不测风云，一个突如其来的噩耗打破了黄涛所有的幻想，将这个秘密暴露出来——黄涛在户外游泳的时候不幸溺水身亡了！

听到噩耗的万丽悲痛万分，哭得死去活来。但因为之前发生的一系列事情和误会，王老太将所有的怨气都撒在了万丽身上，恶狠狠地说："黄涛都是被你害死的，他要是和小敏在家安安稳稳地过日子，就没这些事了……"于是王老太带着一众亲戚，把黄涛的尸体抬回了老家安葬。

事后，无论万丽如何解释和哀求，王老太都不准万丽参加黄涛的葬礼，万丽只能远远地看着丈夫下葬。这才有了开头的那一幕。

遭受双重打击的万丽伤心欲绝，但黄涛公司的一堆业务却不能一拖再拖了，万丽只能强打精神开始接手黄涛的公司。

这天，万丽在清查账目的时候，发现了一张300万元的借条，借款人是黄涛生前的好友赵强，看着还款期限已到，万丽便要求赵强还款，可电话另一头的赵强却死活不认账，非说钱已经还了。

万丽听到这话，气不打一处来，一纸诉状将赵强告上了法庭，要求他还款。正是这次诉讼，让万丽发现了丈夫的另一个秘密。

诉讼中，赵强终于承认借的300万元中还有150万元没有归还，同时向法院提交了三张银行流水单来证明自己已经归还了150万元。其中，一张是转给黄涛的63万元，一张是转给黄涛女儿薇薇的45万元，一张是转给黄涛前妻张敏的42万元，备注为"购房款"。但对于这三笔还款，万丽只认可还给黄涛的63万元，对于另外两笔还款，她完全不知情。但随后，万丽看到赵强向法院提交的两条短信，傻了眼。因为短信上清清楚楚地写着"经黄涛授权，请将以下款项转给张敏和薇薇……"，转款金额和收款账号也写得明明白白，经过反复确认，手机号码确实是黄涛的，万丽一下瘫坐在原告席上。

万丽这才恍然大悟，原来丈夫黄涛生前还和他的前妻藕断丝连，不仅给他的女儿薇薇45万元存款，还送给前妻一套房子！难道丈夫黄涛早就背着自己和前妻张敏复婚了吗？怪不得王老太连葬礼都不准自己参加，看来只有自己一直被蒙在鼓里。

　　最终法院确定，赵强向黄涛借款300万元，已经通过转款归还了150万元，剩余的150万元借款应归还给黄涛的法定继承人万丽、薇薇和黄涛的父母。

　　但是，打赢官司的万丽完全高兴不起来，本以为可以相伴终身的丈夫，竟然背着自己与前妻藕断丝连，还送钱送房，那可是他们夫妻俩的血汗钱啊。万丽实在气不过，决定将张敏和薇薇告上法庭，要求确认黄涛的赠与行为无效。

　　开庭当天，作为前儿媳妇和孙女的代理人，王老太早早就来到了法庭，一看到万丽便上前大声指责道："你这个骗子，搅得我们家不得安宁！"万丽也是满腔怒火，毫不示弱："你说我是骗子？你儿子黄涛才是骗子啊，与前妻不清不楚，私下竟然给她买房，这钱你们一分也别想拿到！"

　　双方越说越激动，毫无让步的意思，胡法官赶紧上前劝解。

　　胡法官凭事前了解和审判经验来看，王老太才是解决问题的关键。于是，胡法官决定暂缓开庭，先组织一场背对背调解。

　　胡法官问王老太："您对儿媳妇万丽了解多少？"

　　"万丽啊，不就是个女老板嘛！"王老太不客气地说着。这时，胡法官引导王老太走向了观察室。在观察室里，王老太看到万丽正在哭诉着自己白手起家的心酸，因不孕而被前夫家抛弃的悲惨命运，以及在黄涛最困难的时候自己所付出的一切。

　　王老太听完之后沉默了。其实在调解前，张敏已经主动告诉她与黄涛假复婚的前因后果。现在王老太第一次看到抛去"女强人"光环的万丽，也是如此可怜。她这才发现，无论是一开始要求儿媳妇万丽生孩子，还是后来怀疑儿子被骗，都是自己一味固执的自私行为。

经过这次调解，王老太已经慢慢打开心结，不再仇视万丽。但是针对黄涛生前的赠与行为是否有效，万丽和张敏还是无法达成一致意见。于是胡法官依法开庭对本案进行了审理。

庭上，张敏向法院提交了一份房屋拆迁补偿协议，说前夫黄涛婚前有一套房子拆迁了，而自己和女儿受赠的财产都来源于这笔钱，和万丽没关系。

经过对比分析，胡法官发现补偿款一直存放在银行卡中用于购买理财产品，而出借给赵强的款项，则是来自黄涛日常消费的银行卡。

黄涛赠送出去的87万元均来自黄涛与万丽的夫妻共同财产，这样的赠与有效吗？这里涉及"夫妻一方对于夫妻共同财产处分的效力"问题。

法官解案 >>>

我国婚姻法第十七条规定"夫妻对共同所有的财产，有平等的处理权"。

《最高人民法院关于适用〈中华人民共和国婚姻法〉若干问题的解释（一）》第十七条规定，婚姻法第十七条关于"夫或妻对夫妻共同所有的财产，有平等的处理权"的规定，应当理解为：（一）夫或妻在处理夫妻共同财产上的权利是平等的。因日常生活需要而处理夫妻共同财产的，任何一方均有权决定。（二）夫或妻非因日常生活需要对夫妻共同财产做重要处理决定，夫妻双方应当平等协商，取得一致意见。他人有理由相信其为夫妻双方共同意思表示的，另一方不得以不同意或不知道为由对抗善意第三人。

值得注意的是，已经实施的民法典第一千零六十二条延续了原婚姻法的相关规定。

本案中，黄涛为前妻张敏支付的购房款、赠送给女儿的银行存款，均属于超出一般日常生活需要的大额开支，在事前未取得妻子万丽的同意、事后也未得到万丽追认的情况下，该处分行为是无效的。

一听法官这么说，张敏和王老太坐不住了："怎么回事？黄涛挣了这么多钱，连处理的权利都没有吗？"对此，胡法官解释道，黄涛挣的钱属于夫妻共同财产，而黄涛去世后，他享有的夫妻共同财产的份额，是会作为遗产依法进行处理和分配的。

听到这里，王老太等人终于理解和释怀了，情绪也慢慢缓和。

最终，法院依法判决黄涛的赠与行为无效，张敏和薇薇依法返还受赠财物。

判决后，王老太对万丽说："我知道你也不容易，你没有欺骗黄涛，现在黄涛人已经没了，咱们就别再闹下去了吧……黄涛葬在了黄家的祖坟，你如果有时间了，可以去看看他。"听到这话的万丽眼眶红了，她拉着王老太的手说："我一定会来的。"

法官点评

诉讼后，万丽和王老太都表示，关于黄涛遗产的分配，一家人回去商量，不再诉讼了。

回顾整个案件，万丽与黄涛作为半路夫妻，患难与共，都十分珍惜眼前的幸福。但黄涛在处理家庭矛盾时，没有对母亲坦诚，而是选择逃避，甚至想两头欺瞒、蒙混过关，最后导致婆媳矛盾越来越大，惹得一家人法庭相见。而黄涛的母亲王老太封建思想严重，强势插手子女的婚姻，伤透了儿媳妇的心，也让原本和睦的家庭分崩离析。都说"家家有本难念的经"，其实只要懂得理解与包容，总会迎来海阔天空。

丁　敏

　　1985 年 11 月出生，湖南湘潭人，法学博士，2010 年入职云南省曲靖市中级人民法院，现任云南省宣威市人民法院党组成员、副院长（挂职），一级法官，国家法官学院云南分院、云南省法官进修学院特聘教师。曾获"曲靖市十佳政法干警""曲靖市经济社会发展先进个人""云南'最美政法干警'提名奖""云南省政法工作先进个人"等荣誉，并在 2022 年云南省法院师资骨干教学技能竞赛中获一等奖。

情变七夕

主讲人：云南省曲靖市中级人民法院　丁　敏

一天晚上十点多，在西南某县的一家客栈内，客栈老板经过五楼的一个房间时闻到了一股臭味。他上前敲了敲门，没人应答，他尝试转动门把手，发现门没锁，于是就推开了门，里面的场景把他吓蒙了。只见屋内一片狼藉，地上到处是血和玻璃碎片，沙发上瘫坐着一具男尸，沙发旁的地上还躺着一具穿裙子的女尸。客栈老板吓得两腿发软，赶紧拨打了"110"报警电话。

很快，民警到达现场展开侦查，并依法对客栈老板进行了询问。客栈老板冷静下来之后，详细回忆了自己发现尸体的过程，并介绍了涉案房屋出租的一些情况。

两个月前的一天早上，一个穿红色裙子、打扮时髦的女人租了这个房间，租期很长。签合同时，客栈老板看到女人的名字叫钱娜。当天下午，一辆小卡车拉来了床和家具，一个男人忙前忙后地指挥工人摆放家具。工人走后，男人又里里外外地把房间打扫得干干净净。一直到了晚上七点多，两个人才准备出去。等男人出门后，钱娜偷偷告诉客栈老板，她要出去几天办点事，任何人来都不要交出备用钥匙。这"任何人"，似乎就是指帮她收拾房间的男人。

大约过了一个星期，钱娜开着一辆崭新的小轿车回来了。这两天车一直停在楼下，好像没有动过。客栈老板补充说道，客栈里既有租客又有住店的，来往的人很多，自己平时也不太注意。这段时间，他记得见过钱娜七八次，有两次钱娜是和帮她收拾房间的男人一起进出的，其他时间就只有钱娜一个人。

另外，民警通过现场勘查和尸体检验后初步判断，两人均是他杀，两具尸体均已高度腐烂。民警在男尸的上衣左口袋内发现一个黑色钱包，钱包里有一张身份证，初步确认，死亡男子名叫郑忠，家住邻县，而女性死者正是租客钱娜。另外，在钱娜的手机通话、聊天记录中，一个名为"白崇东"的人四天前与钱娜频繁联系；一个昵称为"东山白"的人在微信中对钱娜有约会邀请，还有"再不开门我可就要撬门了"的留言。而通过客栈老板的辨认，白崇东就是帮钱娜搬家的男子。

综上所述，民警认为，白崇东有重大作案嫌疑，于是马上布控，并很快将其抓获。

白崇东到案后，并没有太多抵抗，承认了自己就是杀人凶手。但是提起死者钱娜和郑忠，白崇东显得极为愤怒，声称是他们两人欺人太甚，把自己逼上了绝路！

那么，白崇东、钱娜、郑忠三个人之间到底是什么关系？白崇东为什么要对钱娜和郑忠痛下杀手呢？

白崇东很快就如实供述了自己的犯罪事实。警方通过对白崇东的家属及两名被害人家属等证人的询问，还原了整个案情，三个人之间的纠葛终于浮出了水面。

原来，白崇东家在农村，父母连生了两个女儿，过了不惑之年才盼来了白崇东这个儿子。两个姐姐对白崇东从小就格外呵护，父母对他更是管教严苛。为了不让白崇东接触到任何可能发生的危险，父母不准他单独外出，不准他和同龄的孩子玩耍，直到上初中了还会接送他。中专毕业后，白崇东在县城的一家汽车修理厂打工，他勤劳肯干，几年后挣了一些钱，在县城贷款买了一套两室一厅的房子。

这几年，白崇东到了谈婚论嫁的年纪，虽经人介绍认识了几个女性朋友，可并没有真正谈恋爱。一年前，白崇东和钱娜在网上相识并见了面。钱娜28岁，比白崇东大3岁，个子高挑、容貌秀丽，她告诉白崇东自己离异了。几次交往后，白崇东对钱娜很有好感，两人很快确定了恋爱关系。

一天，钱娜和姨妈逛街时约白崇东见面，白崇东觉得，钱娜愿意带亲人和自己见面，说明她对这段感情是认真的。所以，白崇东也很快带钱娜回家见了自己的父母，和亲友聚会时也都带着钱娜。

从小经历单纯的白崇东，被生活阅历丰富的钱娜深深吸引了，他觉得钱娜知道他的所有想法，带他找到了生活的乐趣，和钱娜在一起，他可以毫无隐藏，完全展现最真实的自我。就这样，曾经滴酒不沾的白崇东变得好酒贪杯，经常在外面吃饭、唱歌，开销自然也多了起来。

后来，钱娜告诉白崇东，听说现在网约车司机月收入过万元，她有驾照，所以想买辆轿车。当时，白崇东刚凑钱付了房子的首付款，每月还要还贷款，手头正紧。听到钱娜的愿望，白崇东虽然为难，但也没有拒绝，他以要装修房子为由向表哥借了4万元，又东拼西凑给钱娜提回了一辆轿车。因为开支太大，又有房贷车贷，所以白崇东除了正常工作之外，还会尽量加班挣钱。

可纸包不住火，没过多久，表哥就知道白崇东根本没有装修房子，而是把钱花在了钱娜身上。白家人觉得，从前极为乖巧懂事、诚实孝顺的白崇东像变了个人似的，都是钱娜把他带坏了。白父气坏了，逼白崇东与钱娜分手，可白崇东在情急之下竟喝下了农药。白崇东对父亲说："如果不能和钱娜在一起，我宁愿死。"白父只好作罢，不敢再提让儿子分手的事情。

不仅如此，白崇东还主动出钱给钱娜租了一间房，并买了家具，还忙前忙后地收拾。不过，当白崇东提议要搬过来和钱娜同住时，钱娜却拒绝了，说姨妈可能会经常过来，不太方便。所以，白崇东与钱娜并没有住在一起，因为要加班挣钱，白崇东也不会经常去客栈。

七夕节当天，白崇东早上十点就向单位请了假，他想和女朋友一起过节。白崇东打电话约钱娜吃饭，可钱娜却百般推脱，说要出车接单，让他不要来。但是，白崇东是了解钱娜的，她平时中午习惯睡个午觉，不可能马上出去拉活儿。为了给女朋友一个惊喜，白崇东决定偷偷去找钱娜，还买了一大束玫瑰花和一盒高档巧克力。

一路上，白崇东都在想象女朋友见到自己手捧鲜花出现时的动人笑容，也许还会有一个温暖的拥抱、一个深深的吻。

白崇东到达客栈时已经是下午一点多了，果不其然，钱娜的车还停在楼下，她没有出车接单。白崇东哼着小曲上了楼，一边敲门，一边喊着"娜娜、娜娜"，可敲了好一会儿，都没人开门。白崇东又多次拨打钱娜的电话，也没人接听。他心想，娜娜不会出了什么事儿吧！这时，他听到屋内好像有人走动，还有手机振动的声音。一分钟后，钱娜发来微信消息，说自己不在家，让白崇东在楼下等她，自己马上回来。白崇东不相信，他分明听到屋里有人，钱娜的手机就在屋里，她到底在干什么，为什么要骗他呢？

白崇东又急又气，他用手机拍下了楼道里一根铁棍的照片发给钱娜，说："再不开门我可就要撬门了。"钱娜不得已才打开了房门。进屋后，白崇东瞥见卧室门是关着的，屋子里一股酒味。白崇东把鲜花和巧克力递给钱娜，兴奋地说："今天是七夕节，我已经和单位请假了，一整天都可以陪你啦。"

看白崇东没有离开的意思，钱娜的态度有些冷淡、心不在焉，两个人就坐在沙发上有一句没一句地闲聊。两个小时后，钱娜忽然翻出手机里的一张照片递给白崇东，说这是她的闺蜜"苗苗"，想介绍给白崇东做女朋友。白崇东听了，一下子从沙发上跳了起来："你这是什么意思？你是我的女朋友啊，我就喜欢你。"

两人正僵持着，卧室门突然开了，一个男人竟然从里面走了出来，他朝沙发方向看了一眼，然后迅速跑进了卫生间。这个男人不是别人，正是前面提到的郑忠。见郑忠跑了出来，钱娜有些意外，也有些心虚，她低下头没有说话。

白崇东非常惊讶，他先是愣了一会儿，接着又很快醒过神来，对照钱娜今天的异常举动，他似乎明白了什么。白崇东觉得自己被欺骗了，被侮辱了，他怒火攻心，顺手抄起放在地上的铁棍猛地敲在茶几上，茶几瞬间碎了一地。钱娜吓得缩在沙发上不敢出声，卫生间里的郑忠听到响声，也赶紧跑了出来。

白崇东又冲进厨房找到了菜刀，他一手持铁棍，一手握菜刀，走到两个人面前，问钱娜这个男人是谁，和她是什么关系。郑忠理直气壮地说："我姓郑，我们在一起三四年了。"白崇东强压住心中的怒火，又问："你是哪里的？""邻县的。"郑忠回答。这时白崇东想到，上次钱娜说去邻县玩，让他打了两千元。白崇东转头问钱娜："上次你让我转钱，是不是为了去找他？"钱娜没有正面回答。白崇东认为，这就是默认，原来自己一直就是一个笑话。此时的他看到郑忠的眼里，全是对自己的不屑，他气极了，叫嚷着郑忠和钱娜都是骗子，让他们赔钱。

见此情景，钱娜知道一切都瞒不住了，只好向白崇东摊牌了。

原来，钱娜初中辍学后便到了省城打工，生下女儿后才领结婚证。婚后，钱娜依旧我行我素，还迷上了赌博。她与丈夫的感情很不好，和公婆也时常争吵。后来，钱娜嫌弃丈夫挣钱少，就把孩子丢给公婆，从家里跑了出来。

　　孤身在外的钱娜整日无所事事，不是打游戏，就是去 KTV 唱歌。后来钱娜听朋友说起，在邻省有一个来钱快的生意——连锁销售，简单地说，就是把钱投资给别人做资本运作，自己再发展下线来投资，这样就能从中获得收益，投入 69800 元就可以在两年内挣回 1040 万元。这看起来不可思议的事情，钱娜听了却满心欢喜，她决定去看看。

　　刚到邻省时，钱娜在朋友的带领下每天要拜访四户人家，他们热情地招待钱娜，说得头头是道。在他们口中，这个项目目前仅限于圈子内部的人推荐，一般人可没这机会。而且，这是国家鼓励的合法生意，目的是让一部分人先富起来，早投资就能早致富。

　　钱娜隐约觉得这个生意很像传销，但是她仍然心动了，她只想着怎么能快速挣到钱。于是，钱娜从亲朋好友那里借了 69800 元正式投资，并在当地住下了。

　　钱娜发现，这里有许多和她一样怀揣着财富梦想的人，他们都对未来充满着期待和信心。也就是在这里，钱娜认识了郑忠。郑忠和钱娜一样，也有家室，他独自一人来投资，把妻子和儿子留在了老家。一来二去，钱娜和郑忠这两个都有家室的人就走到了一起。

　　两人根据上线的安排，通过电话极力怂恿老家的亲友前来投资。可事与愿违，很长时间过去了，两人不仅没有挣到钱，反而需要不断地凑钱来维持生活开支，"千万富翁"的梦想就像一个无底洞。后来两人因参与传销被治安拘留。

　　发财梦破灭的钱娜和郑忠各自回到了老家。郑忠毕竟上有老、下有小，在外晃荡了几年的他回家后重操旧业，继续干起了自己熟悉的木匠活。钱娜则恢复了从前无所事事的生活，唱歌消遣、喝酒赌博又成了常态。钱娜和郑忠虽在不同的县城，但两人也没有断了联系，只是大多以电话联系，很少见面。

在此期间，钱娜通过刷短视频认识了白崇东。看到白崇东在汽车修理厂工作，收入不错，而且他在县城有房，还是个单身，所以钱娜便想和白崇东交个朋友，弄些钱花。钱娜借口陪朋友修车，来到了白崇东所在的汽车修理厂，并刻意制造了与白崇东的"偶遇"。最终两人确定了恋爱关系，白崇东把钱娜当成心中的"女神"，呵护备至，有求必应。

本来，钱娜和白崇东在一起就是为了弄点钱花，可她没想到白崇东陷得很深，为了和她在一起，甚至以死相逼，与家人对抗。钱娜怕最后事情一发不可收拾，于是最近对白崇东有意疏远。

七夕节到了，郑忠提出要来陪钱娜，钱娜就答应了。

案发当天中午，钱娜和郑忠在饭馆吃饭、喝酒，白崇东到楼下时，两人刚回到客栈。白崇东来敲门时，钱娜安排郑忠躲进卧室里，嘱咐他不要出来，她想办法把白崇东支走。可两个小时过去了，白崇东丝毫没有要走的意思。人有三急，郑忠实在是憋不住了，只好硬着头皮从屋里冲了出来，被白崇东撞了个正着。

钱娜劝白崇东不要激动，一切都是她的错。她对白崇东说，自己有丈夫有孩子，他们之间是不可能有结果的。这段时间她一直在想着怎样和白崇东提分手的事情，她本意也不想伤害白崇东，并多次给其暗示。

听到这些事情，白崇东既愤怒又绝望，他没有想到，钱娜不仅没有离婚，而且还在和别人谈恋爱。这个精心布置的房间，本来应该是自己和钱娜的温暖小窝，但现在钱娜却和别的男人在这里私会。

白崇东气得浑身颤抖，最后失去了理智，一怒之下举刀朝郑忠的面部砍去，郑忠下意识地闪躲，刀砍在了郑忠脖子上，血喷涌而出。钱娜一只手忙着抢刀，另一只手去捂郑忠的伤口，并求白崇东快叫救护车。看着钱娜此时还在护着这个男人，白崇东更是气疯了，他扬起刀，朝钱娜的面部和颈部各砍了一刀，钱娜顿时也倒在了地上。

看到钱娜和郑忠的惨状，白崇东也慌了，自己这是闯大祸了！他决定逃跑。白崇东轻轻地掩上房门，悄悄地下楼离开了。

案情水落石出，本案经公安机关侦查终结后，人民检察院以被告人白崇东涉嫌犯故意杀人罪起诉至当地中级人民法院。被害人钱娜、郑忠的近亲属分别提起附带民事诉讼，要求被告人白崇东赔偿经济损失 68 万余元和 36 万余元。这起案件由法院的黄法官主审。

法庭上，公诉人出示了相关证据。但是，白崇东的辩护人认为，被告人白崇东到案后如实供述了自己的犯罪事实，具有坦白情节。而且被害人钱娜对案件的发生存在明显过错，被害人郑忠案发前神态轻蔑，对引发案件存在明显过失，希望法庭可以对被告人白崇东从轻处罚。

合议庭分析认为，被告人白崇东供述的作案经过、使用的工具与现场勘查及尸体检验情况吻合，白崇东作案时所穿衣物上有被害人的脱氧核糖核酸，遗留在现场的凶器上有白崇东和被害人的混合脱氧核糖核酸，现场提取的血鞋印与白崇东鞋底花纹种类也相同，再加上其他证人证言，本案各项证据之间相互印证，被告人白崇东故意杀害钱、郑二人的犯罪事实清楚，证据确实充分。被告人白崇东使用致命凶器砍杀被害人致命部位，追求死亡后果的意志明显，属于直接故意杀人，其行为已经构成故意杀人罪。公诉机关指控的事实和罪名成立。

那么，本案争议的焦点问题就是，被害人钱娜和郑忠是否存在刑事被害人过错，是否可以在量刑上对被告人白崇东从轻处罚。

法官解案 >>>

根据最高人民法院发布的《全国法院维护农村稳定刑事审判工作座谈会纪要》和《关于审理故意杀人、故意伤害案件正确适用死刑问题的指导意见》的规定，对于被害人一方有明显过错或对矛盾激化负有直接责任，或者被告人有法定从轻处罚情节的，一般不应判处死刑立即执行。

对此，黄法官认为，认定是否构成刑事被害人过错的关键，是要求被害人的不正当行为与被告人实施犯罪行为之间具有密切的联系，一般情况下是直接的因果关系。

本案中，被害人郑忠有家室，也明知钱娜有丈夫，却仍然与钱娜以男女朋友的关系相处，违反对婚姻的忠诚义务。但是，他在现场仅与白崇东有过简单的言语交流，对案发并没有法律上的被害人过错。而被害人钱娜，明知白崇东以结婚为目的谈恋爱，仍然隐瞒婚姻状况，骗取白崇东的钱财并与之交往，同时与郑忠保持不正当的男女关系，在引发案件上存在一定的过错。但需要注意的是，钱娜的过错并非必然导致故意杀人行为发生，并且案发前，钱娜也一直试图平复白崇东的情绪，可白崇东并未理会。所以，钱娜的行为不应被认定为有明显过错或对矛盾激化负有直接责任。

同时，被告人白崇东直接故意杀害钱、郑二人，犯罪后果特别严重，犯罪手段特别残忍，属于罪行极其严重的犯罪分子，依法应予严惩，不能对其从轻处罚。

黄法官的意见，得到了合议庭其他法官的赞同。

人民法院最终判决：被告人白崇东犯故意杀人罪，判处死刑，剥夺政治权利终身，并应赔偿被害人钱娜和郑忠的近亲属经济损失各 5 万元。

法官点评

本案中，白崇东因受到情感欺骗，冲动之下实施了极其残忍的杀人行为，实在是泯灭人性、罪无可恕；而钱娜和郑忠不仅妄图不劳而获，陷入传销组织被骗一空，且还背叛家庭有了婚外情，最终引火上身。无论是想获得更好的物质生活，还是追求美好的爱情，都无可厚非，但一定要守住底线、保持理智，否则一步踏错，很可能坠入万丈深渊。

车祸背后的私情

主讲人：云南省曲靖市中级人民法院　丁　敏

　　在西南某县，一天晚上九点多，有人拨打"110"报警电话，称一辆三轮车掉进水沟了，有人受伤严重。民警立即赶到现场，经过"120"急救医务人员当场确认，三轮车驾驶员已经死亡。

　　经指认，出事故的三轮车驾驶员叫张老三，正是其中一名报案人杨晓芬的丈夫。

　　杨晓芬悲伤地向民警讲述，丈夫张老三今年58岁，比自己大11岁，两人生育了一子一女，儿子25岁，女儿只有12岁。她和丈夫张老三平时都用三轮车帮人拉货。当天晚上八点多，天色已晚，杨晓芬骑着三轮车经过路口时，隐隐约约看见路边树丛中有一辆三轮车。她停下来查看，发现那辆车有点像丈夫张老三的，就开始呼喊丈夫的名字，但没有回应。她又给张老三打电话，突然听到树丛中传来了手机铃声，她打开手机上的电筒，这才确认，丈夫张老三躺在车的右前方，身体没有反应。杨晓芬吓得赶紧给自己的姐姐打电话，姐姐和姐夫来了后，他们拨打了"110"报警电话。

　　民警对现场进行了勘查。该路段是南北走向的，道路东侧路面上有一条由南向东北方向延伸的轮胎压印，长2米。车辆为无号牌三轮车，车辆前部伸入道路东侧路外的树丛中，三轮车的电门是开启状态，车身无明显

454

痕迹，基本可以排除与其他车辆发生碰撞的可能。死者张老三躺在树丛中，树丛中有遗留积水。张老三颈部、左前臂、右手腕、胸部、膝盖、髋部、大腿等有多处表皮擦伤及皮下出血。

民警依法提取了张老三的血样，经检测，血液中乙醇含量极小，也就是说张老三死前并没有饮酒。但是，因为现场道路无任何视频监控设备，又无目击证人，张老三死前的情况不得而知。民警只能得出初步判断，张老三系发生交通事故受伤导致死亡。

第二天一大早，张老三的妻子杨晓芬和儿子来到交警大队，听说要做尸体解剖，两人的情绪非常激动，说张老三已经死于非命了，不能再让他的遗体受到伤害，坚决不同意再进行检验，并表示死者为大，现在天气又热，要求早点让张老三入土为安。

于是两人向交警大队提出申请，并开具了尸体处理通知书。

很快，殡仪馆里一切准备就绪，就等着张老三的"后家亲戚们"到场向遗体告别，然后就要火化遗体了。

为什么说是在等张老三的"后家亲戚"呢？因为张老三是杨家的上门女婿。张老三所在的西南某县有一些习俗，那就是男方成了上门女婿之后，称原来的家人为"后家"，女方这家则是"本家"。不仅子女要随女方的姓氏，更有甚者，连自己也要改成女方的姓氏，死后既不能葬入"后家"祖坟，也不能葬入女方祖坟。所以在当地，做上门女婿是件很不光彩的事情，如果不是家庭或者个人条件太差，是没人愿意做上门女婿的。

殡仪馆里气氛凝重，可奇怪的是，一直等到中午后，张家人还没有来。大约下午一点半的时候，交警大队突然给杨晓芬打来电话，说警方已通知了殡仪馆暂时不能火化尸体，并让杨晓芬赶紧去交警大队。

为什么交警大队在同意家属自行处理尸体后，又要求暂缓火化呢？

原来，张老三的"后家"侄子得知张老三突然死亡后，难以接受。他听说张老三在杨家过得并不如意，并且又恰巧是张老三的妻子杨晓芬发现的交通事故，于是怀疑事情可能有蹊跷，便打电话报了警。

当天下午在交警大队，民警详细询问了杨晓芬和丈夫张老三的婚姻家庭情况。据杨晓芬陈述，27年前，在父母的主持下，20岁的杨晓芬和本村的张老三结婚了。张老三做了杨家的上门女婿，和杨家人一起生活。张老三排行老三，家里还有两个哥哥。为了维持家庭生计，这几年，张老三和杨晓芬各买了一辆三轮车，干起了拉货的活儿，生活也还过得去。而关于发现事故现场的情况，杨晓芬的陈述和昨天的一致。在整个过程中，杨晓芬表现得悲痛欲绝。

由于张家侄子的报案也只是猜测，案件目前没有新的证据出现，还需要进一步调查核实。到了下午六点多，民警让杨晓芬先回家，等待进一步的通知。可是，让人意想不到的是，就在当天晚上十一点多，杨晓芬竟然和一名叫朱卫国的男子一起到派出所主动投案，说张老三是被他们杀死的。

交通事故怎么就变成了故意杀人案？这个朱卫国是谁，他和杨晓芬、张老三之间到底是什么关系？杨晓芬为什么要伙同别人杀害自己的丈夫呢？

很快，杨晓芬和朱卫国就如实供述了自己的犯罪事实。警方通过对相关亲属进行询问核实，并结合相关证据，终于还原了事情的真相。

其实，杨晓芬在和张老三结婚前，就已经有了一个心仪的人，这人正是邻村的朱卫国。朱卫国身材高大，长相也算俊朗；杨晓芬五官长得清秀，两人年纪相仿，情投意合。杨家有三个女儿，没有儿子的杨家父母早就盘算着要给最小的女儿杨晓芬招个上门女婿。老大和老二都已经嫁出去了，杨晓芬也到了结婚的年纪，这招亲的事情也就提上了日程。但是，说起要当上门女婿，朱卫国却坚决不愿意，除了人们对上门女婿有偏见外，也和他从小的经历有很大关系。

朱卫国 10 岁那年，算命先生说他的命和母亲的命相克，水火不容，唯一的解法就是让朱卫国远离母亲。朱卫国的父母没什么文化，对算命很是相信，从此在心里埋下了一根刺。说来也怪，算命之后，朱卫国的母亲小病不断、药不离身。半年后的一天，母亲带着朱卫国干农活，回来的路上，母亲从牛车上摔了下来，左腿粉碎性骨折。其实，我们都知道，算命之说不可信，可是，有了这些巧合，再加上"宁可信其有，不可信其无"的心理作祟，朱卫国的父母对算命先生的话深信不疑。

从此以后，父母对朱卫国更是漠不关心，朱卫国初三没上完就辍学了。到了 16 岁那年，父母便和朱卫国分了家。从小爹不疼娘不爱的朱卫国内心自卑，却也不愿一辈子被人看不起，他打心眼里不愿意做上门女婿。杨晓芬和朱卫国就这样错过了。

虽然极不情愿，但在父母的一再劝说下，杨晓芬还是和张老三结婚了，但两人的婚后生活并不幸福。作为家中幼女的杨晓芬性格娇惯，又因为和张老三毫无感情基础、年龄差距极大，所以她从内心深处瞧不起张老三，对张老三爱答不理。

一次，杨晓芬和闺蜜去逛街。闺蜜花钱大方，买东西时眼睛都不眨一下，而杨晓芬却什么都舍不得买，这让她心里很不是滋味。闺蜜的娘家条件和自己差不多，长相也没比自己好到哪里去，之所以能这么大手大脚地花钱，还不是因为有个会挣钱的老公吗！而自己却嫁了个没本事的张老三，这辈子就毁在了他的手里。

晚上回到家，5 岁的儿子想吃爆米花，杨晓芬就打电话安排张老三带回来。张老三下班有些晚，竟忘了这件事。儿子因此又哭又闹，对张老三拳脚相加。张老三在外忙了一天，推开儿子说了一句："累死了，一边儿去。"看到张老三居然对儿子动手，杨晓芬从卧室里冲出来，当着母亲的面就给了张老三一巴掌："你这个没用的东西，连这都会忘记，还有脸打儿子。"张老三没脾气，只好转身出门去给儿子买吃的。

就这样，虽然张老三在妻子面前放低姿态、一味退让，但杨晓芬的脾气却越来越暴躁，总是一副盛气凌人的样子，作为上门女婿的张老三忍着忍着也就习以为常了。

近几年，为了挣钱养家，杨晓芬和张老三一人买了一辆三轮车，各自干起了拉货的活儿。一次，杨晓芬帮人拉货时三轮车侧翻，车上的钢管滚落一地，正在她气急败坏、无所适从的时候，一个男人骑着电动车正好经过，他停下车帮杨晓芬拾捡钢管。这个人不是别人，正是杨晓芬的初恋——朱卫国。就这样，十几年没见的两个人又相遇了。

几次见面后，两人对彼此的现状也有了一定的了解。由于朱卫国家里条件实在太差，根本没人愿意嫁给他，最后，朱卫国还是服从了命运的安排，在30岁那年做了别人家的上门女婿。

婚后，朱卫国和妻子感情不好，已经分居两年了。妻子连生了两个女儿，岳父母想抱个孙子传宗接代的想法没有实现，对朱卫国很不满意。而妻子偏偏又是个优柔寡断、没主见的人，丈母娘说什么就是什么，家里大大小小的事情丈母娘都要管。丈母娘对朱卫国也是横挑鼻子竖挑眼。买的菜贵了，丈母娘要指责朱卫国，怎么连还价也不会；洗菜时水放得多了，丈母娘也要骂朱卫国不懂勤俭节约。久而久之，朱卫国觉得自己在家里得不到任何认可，做什么都是错的，于是对家里的事也放任不管，凑合着过日子。直到这次见面，朱卫国才感觉生活又有了光彩。

就这样，两人互诉衷肠，决定偷偷在一起。但这样的日子没过多久，两人的私情就暴露了。

那天，杨晓芬和朱卫国逛街时正好被朱卫国村里的人看到，朱卫国的妻子很快就知道了这件事。妻子提出离婚，并且让朱卫国净身出户。朱卫国作为上门女婿，又没什么本事，哪里敢离婚，于是他向妻子保证，会和杨晓芬分开。可偏偏杨晓芬心存侥幸，她对朱卫国说，两人都有家庭，离婚不现实，但只要在一起时再小心些，就不会被发现。不仅如此，杨晓芬还提出一个疯狂的主意，她要求朱卫国保证，不可以再和自己的妻子亲密接触。为了对朱卫国进行监督，杨晓芬还提出，朱卫国每天早晚必须和自己打电话，以证实没有和妻子睡在一起，这样同时也能表示自己没有和丈夫睡在一起。

虽然朱卫国觉得杨晓芬的要求有点夸张，但他还是答应了，因为他从心底里已经受够了妻子一家人。就这样，朱卫国和杨晓芬每天按照约定的方式进行联系。

而杨晓芬自此再也不让张老三近身，加上有些关于杨晓芬和初恋朱卫国的风言风语，张老三自然少不了怀疑杨晓芬出轨了。但是妻子不承认，张老三又没有证据，只好忍气吞声。

案发当天早上，杨晓芬像往常一样给朱卫国打电话，说新买的房子漏水，让朱卫国去看看。下午，两人按照约定到了小区，杨晓芬先把三轮车停在楼下，然后他们一起上了楼。巧合的是，张老三帮人送完货后正好经过小区，他看到了杨晓芬的三轮车，于是决定上去看个究竟。

张老三开门进来时，杨晓芬和朱卫国正在厕所里看水管，听到外面有动静，杨晓芬走了出来，朱卫国也跟了出来。看到是张老三，杨晓芬没好气，张口就是脏话，质问张老三来干什么。看到杨晓芬和朱卫国一前一后地出来，张老三气急败坏地说："今天终于被我抓到现行了。"朱卫国吞吞吐吐地反驳，说自己是来看房子漏水情况的。可张老三怎么可能相信，他走过去揪着朱卫国的衣领，吼道："我今天就要把你弄死！"朱卫国也抓住张老三的手，两人纠缠在一起。杨晓芬用命令的口气让张老三放手，可张老三就是不松手。

杨晓芬恼羞成怒，她用力抬起张老三的左腿，张老三因重心不稳摔在了地上，朱卫国则用右膝抵在张老三左侧胸口处，张老三双脚朝杨晓芬乱蹬，双手还在和朱卫国厮打。杨晓芬气急了，又用自己挎包上的带子勒住张老三的脖子，朱卫国见状，忙喊"别乱来"，可杨晓芬哪里听得进去。张老三拳打脚踢，朱卫国需要不断调整姿势才能压制他，就这样持续了三四分钟后，张老三的手松了下来，脚也停止了活动。

这时的杨晓芬已经完全失去了理智，她朝朱卫国吼道："我勒不动了，你来。到这种地步了，不能让他活过来。"朱卫国顺从地接过了杨晓芬手上的挎包带，继续勒。半分钟后，朱卫国用颤抖的手摸了摸张老三的胸口，发现已经没心跳了。他慌了神，松开带子靠墙蹲了下来，对杨晓芬说："这可怎么办？出人命了，我叫你不要勒了。"杨晓芬也一屁股坐在了地上，她六神无主，只是一个劲地哭。

之后，朱卫国提出把张老三的尸体运回家，留在这里迟早会被发现，还要想办法尽快下葬。杨晓芬急忙拒绝，她提出等天黑了把尸体放在路边，假装张老三发生了车祸。朱卫国也没有更好的办法，只好表示同意。

就这样，杨晓芬和朱卫国去垃圾站捡回了一些白色广告布，两人在夜色的掩护下，把用广告布包裹着的尸体放到了张老三的三轮车上，由杨晓芬驾驶三轮车前去寻找抛尸地点，朱卫国骑着电动车跟随。最后，两人伪造了交通事故现场。做完这一切之后，杨晓芬打电话给姐姐说发现张老三出了交通事故。这也就出现了故事开头的那一幕。

那天下午从交警大队出来后，杨晓芬便接到了朱卫国的电话。朱卫国悔不当初，说自己头脑糊涂，害了一条人命，事发后一直都遭受良心的折磨，他准备马上去自首，希望杨晓芬也去投案，争取从宽处理。

杨晓芬此时也后悔了，说自己太要强、太蛮横，害了孩子的父亲，害了家庭，自己一整天都痛不欲生。在自首之前，她要先给家里人一个交代。

于是晚上回到家，杨晓芬当着亲友和子女的面，说出了张老三死亡的真实情况，之后，便和朱卫国一起到派出所投案了。

案情水落石出，本案经公安机关侦查终结后，人民检察院以被告人杨晓芬和朱卫国涉嫌故意杀人罪起诉至当地中级人民法院，并建议对两名被告人均适用无期徒刑。张老三的子女作为附带民事诉讼原告人起诉，要求被告人朱卫国赔偿张老三死亡的各项经济损失共计30余万元，并放弃了要求自己的母亲，也就是另一被告人杨晓芬进行赔偿的权利。这起案件由法院的李法官主审。

法庭上，公诉机关出示了相关证据。鉴定意见认为，张老三系绳索类钝器多次作用于颈部致机械性窒息并伴颈髓挫伤呼吸循环衰竭死亡。

公诉机关指控，被告人杨晓芬和朱卫国系共同犯罪，均构成故意杀人罪。但是，被告人朱卫国认为，自己曾经制止杨晓芬勒死张老三，在犯罪时是听从杨晓芬的安排。朱卫国的辩护人也提出，朱卫国无杀害被害人的预谋，他与被害人发生扭打，不是为了给杨晓芬提供帮助，认为朱卫国不构成共同故意杀人。

那么，被告人朱卫国一方的辩护意见能够成立吗？这就涉及本案的法律知识点——共同犯罪及主从犯认定。

法官解案 >>>

《中华人民共和国刑法》第二十五条第一款规定，共同犯罪是指二人以上共同故意犯罪。第二十六条第一款规定，组织、领导犯罪集团进行犯罪活动的或者在共同犯罪中起主要作用的，是主犯。第二十七条第一款规定，在共同犯罪中起次要或者辅助作用的，是从犯。

李法官认为，本案各项证据相互印证，案件事实清楚。杀害张老三虽然是事发突然，事前两名被告人没有共同的犯罪预谋，但是在与张老三打架过程中，两人形成了共同杀人的故意，客观上他们紧密配合实施了故意杀人的行为，被告人杨晓芬和朱卫国均构成故意杀人罪。并且，在共同犯罪过程中，杨晓芬和朱卫国都实施了用挎包带勒被害人脖子致其死亡的行为，朱卫国还持续控制被害人，方便杨晓芬实施致死行为，两名被告人在共同犯罪中作用相当。

综上所述，李法官认为，朱卫国一方的辩护理由不能成立。李法官的意见，得到了合议庭其他成员的赞同。

关于对两人的量刑，合议庭分析认为，被告人杨晓芬和朱卫国实施故意杀害他人的行为，并且还有伪造交通事故的恶劣情节，依法应予严惩。但是，两名被告人在犯罪以后自动投案，如实供述自己罪行，构成自首，依法可以从轻或者减轻处罚。并且被告人杨晓芬自愿认罪认罚，取得了被害人家属的谅解，依法可以对其从宽处理。

人民法院最终判决：被告人杨晓芬犯故意杀人罪，判处无期徒刑，剥夺政治权利终身；被告人朱卫国犯故意杀人罪，判处无期徒刑，剥夺政治权利终身。由被告人朱卫国赔偿附带民事诉讼原告人经济损失 2 万余元。

法官点评

本案中，杨晓芬和朱卫国对自己的婚姻都是不满意的，但是他们没有去寻求改善夫妻关系的方法，而是背叛家庭，以婚外情寻求慰藉，甚至在私情败露之后一错再错，失去人性和理智，最终害人性命。朱卫国和张老三作为上门女婿，都被自己的家庭轻视，结果夫妻感情破裂，还引发了更大的悲剧。其实，婚姻应该是自由平等的，如果其中一方总觉得高人一等，最终很可能会毁了自己的家庭。

谢劲梅

　　1977年9月出生，现任云南省昆明市盘龙区人民法院审判委员会专职委员。自2001年8月参加工作以来一直从事民事、商事审判工作，共审理各类民商事案件2700余件，多次进行示范庭审并获得云南省高级人民法院"百件精品庭审"及昆明市中级人民法院"金法槌奖"，并多次被评为"办案能手""优秀共产党员""调研先进个人""优秀公务员""云南省优秀女法官""盘龙区劳动模范""优秀直播法官"。

误入歧途的创业

主讲人：云南省昆明市盘龙区人民法院　谢劲梅

八月中秋月又圆，家家户户人团圆。李老太一家人的饭桌上也是欢声笑语一片，女儿程菲和女婿冯远难得回来一次，还带了一堆礼物和保健品给家里的亲戚们。冯远今年创业成功赚了大钱，饭桌上的亲戚们对他赞不绝口，李老太脸上有光，看在眼里，美在心上。

说话间，一阵急促的敲门声突然响起。敲门的竟然是两名警察："请问，冯远在吗？"李老太正一头雾水，这时，女婿冯远走了出来。

两位警察看到冯远，拿出了一张传唤证："冯远，你和我们正在调查的一起互联网犯罪案件有关，请跟我们走一趟吧。"一旁的李老太和程菲还没来得及说什么，冯远就被带走了。

家里热闹的氛围瞬间降到了冰点，一桌子人面面相觑，李老太的女儿程菲更是一脸惨白，心想，上次警察登门不是说没事吗？怎么这回直接把人带走了？

事情还要从一年前说起。那年中秋节，李老太一家的饭桌上与今年截然不同，死气沉沉的。女儿程菲和女婿冯远刚计划贷款买房，冯远就丢了工作，家里经济情况不容乐观。月饼没吃上几口，丈母娘李老太就明里暗里地抱怨起了冯远，嫌弃女婿文化水平低、收入少、没前途。冯远不乐意了，回顶了两句，一顿团圆饭吃得不欢而散。

回到家，冯远心里更是五味杂陈。他思绪万千，往事浮上心头。

冯远的妻子程菲，在外地县城的一家中学当语文老师，有事业编制，工作稳定。冯远自己却三天两头地换工作，丈母娘看不上自己也不是一天两天的事情了。妻子程菲性格温柔，长得也漂亮，当初结婚的时候丈母娘就不太同意。但学历低这件事情，别人这么说也就算了，丈母娘这么说，让冯远心里觉得特别委屈。

原来，冯远之所以学历不高，和妻子程菲有很大关系。冯远和程菲高中时是同桌，两个人成绩都不错，关系也很好，但是程菲性格比较内向，平时也总是独来独往。一次放学的途中，程菲在路上遇到了几个小混混拦路抢劫，冯远正好路过，便毫不犹豫地冲上去，和小混混们厮打起来。但冯远单枪匹马哪里打得过，很快便被几个小混混围殴。最终还是程菲报警，才把小混混们吓跑了。但冯远也因此身负重伤，在医院治疗了很久，错过了当年的高考。

冯远家在农村，父亲以前是化肥厂的工人，但在单位里因长期受同事排挤，下岗之后在重压之下就跳楼自杀了。之后母亲也染上了精神性疾病，家里的重担都压在冯远这个孩子身上。虽然冯远在学校成绩优异，但家里经济条件太差，无法负担他复读一年的各种开销。恰逢国家鼓励高职教育，每年还有定额补助和奖学金，因此冯远便没有选择复读考大学，而是上了离本地不远的职业学校学习计算机专业。短短一年以后，他便早早踏入社会开始讨生活。

但也正是这一次意外，让程菲觉得冯远这个小伙子非常靠谱，后来两人偷偷恋爱，并在程菲大学毕业后正式走到了一起。李老太私下对女儿程菲抱怨过很多次，她嫌冯远学历低，家境也不好，担心女儿跟着冯远吃苦。但程菲看中了冯远对自己的真情实意，不顾母亲的劝阻，义无反顾地和冯远结婚了。后来，程菲考上了外地县城的教师岗位，小两口便一起到了外地，开始了新的生活。

每当冯远回想起这些事，心里便满是忧愁。饭桌上李老太的那番话，让冯远又是气愤又是委屈，他既生气丈母娘说话难听，又怪自己没本事。

而李老太在小两口生气回家以后也思来想去，觉得自己的话说得有些过分，但这确实是她的心里话。冯远没有足够的经济能力让女儿过上好日子，李老太不忍心女儿受罪，决定私下把自己的养老积蓄拿出来进行投资，为小两口以后买房做准备。

时下互联网借贷平台盛行，李老太不知在哪里看了几条广告，又被身边的几位"投资大神"忽悠，就在其中一个互联网借贷平台上注册登录，将自己的养老积蓄全部投入这个借贷平台。刚开始，李老太还能定期收到借贷平台结算的利息，可还不到半年，借贷平台就倒闭了，李老太的本钱是一分也没收回来。

直到这时，冯远夫妻俩才知道母亲李老太被骗了，可是互联网借贷平台看不见摸不着，李老太和一众受害者走投无路，只好联合将这家借贷平台告到了法院。由于借贷平台的老板和背后的债务人都跑路了，法院依法对该案进行了缺席审理。不幸的是，官司虽然打赢了，但案款一直未能执行下来，李老太投进去的钱看起来就要这样打水漂了。

经过这件事，李老太深受打击，整天郁郁寡欢、情绪低沉，身体也是一天不如一天。而冯远对丈母娘的举动很是感动，觉得如果自己能争点气，可能就不会有这些事发生，所以冯远希望尽快想办法把这笔钱追回来。

冯远想到，自己在职业学校学的就是计算机专业，于是便整天泡在网吧，废寝忘食，希望能够追溯到借贷平台老板所在地的一点消息。在这个过程中，冯远的计算机技术有了突飞猛进的进步，他还得到了网吧老板的赏识，成了网吧特聘的技术处理人员。

这天，冯远突然接到妻子程菲的电话，电话中程菲泣不成声，说母亲出事了，让冯远赶紧到医院来。

原来，在上街买菜的过程中，李老太因为低血糖晕倒，被送进了医院。医院对李老太例行检查，意外发现李老太的胃里长了肿瘤。幸好发现得早，肿瘤又是良性的，医生判断，通过手术就能够完成基本治疗，但手术相关的费用是 30 万元左右。

真是屋漏偏逢连夜雨，对于现在的冯远一家来说，30 万元无疑是一笔巨款。平日里小两口省吃俭用也只够勉强生活，现在丈母娘的养老积蓄也打了水漂，家里实在是没有经济能力再来支付这笔 30 万元的手术费。

变故发生以后，妻子程菲整日东奔西走凑钱，冯远看在眼里、急在心里。眼看着就要到预交手术费的日子了，一天晚上，冯远醉醺醺地回到家里，掏出一张银行卡递给妻子程菲，说："这里面有 30 万元，你先拿去缴费，给咱妈换个好点的床位。不够的话，过两天我再给你一笔。"

妻子程菲惊呆了，追问钱的来历："冯远，你老实跟我说，这钱怎么来的？你不会是干了什么违法的事情吧？"冯远大手一挥，说："你别管，让你拿着你就拿着。我现在正创业呢，做的是与互联网相关的事情，说了你也不懂。"

程菲一再追问，冯远也只是趁着酒意迷迷糊糊地说，自己发现了一个正经的创业途径，来钱快、成本低，今天的收入就是客户给的第一笔钱。

程菲对丈夫冯远的说法半疑半信，但治疗母亲的病要紧，程菲很快接过了这笔钱，交上了母亲治病的手术费和后续治疗费。丈母娘出院以后，得知自己的手术费都是女婿出的，感激不尽，对冯远的印象也开始好转。

女婿的一夜暴富，让家里的经济条件陡然好转，冯远有时一个月就能往家里带回几万元。冯远说创业不太稳定，就一边在网吧上班，一边创业。妻子程菲越想越觉得不对劲，总觉得这件事有猫腻。她又多次向丈夫询问钱的来历，但丈夫口中来来回回就是那几句话，言之凿凿地说赚来的钱清清白白。

为了确认冯远的说法，程菲甚至偷偷尾随他。但是一切正如冯远所说，他每天按时在网吧上下班，看起来没有任何异常。时间一长，程菲的心也渐渐安定了下来。

小两口的积蓄越来越多，丈母娘对女婿也越看越顺眼，眼看着一家人的生活走上了正轨，没想到，有一天警察竟然找上门来。

不过，警察这次上门倒也没什么大事。原来，冯远工作的网吧发生了盗窃事件，网吧的几台电脑主机被人偷了。警察这次上门，只是按照规定对网吧工作人员进行询问、调查。幸好盗窃案发生的时候，冯远正好被派往网吧的另一家连锁店处理工作，有充分的不在场证明，事情很快就这么过去了。

但没想到，就在今年中秋节，警察竟然再一次上门，而且二话不说就把冯远带走了，这也就是开头发生的那一幕。

程菲觉得事情并不简单，她和母亲匆匆告别后，就马上前往公安局了解情况。警察最后告诉她，冯远因涉嫌破坏信息系统犯罪被依法传唤调查。

什么？程菲是一头雾水，连连向警察解释，说自己的丈夫遵纪守法，警察一定是抓错人了。

那么，这究竟是怎么回事呢？

原来，在上一次的网吧失窃案中，警方注意到了一件不起眼的小事：身为网吧技术处理人员的冯远，竟然多次在半夜偷偷潜入网吧使用电脑。他到底在干什么呢？

职业的敏锐性让警方觉得事情并不简单。经过进一步调查，警方果然有了新的发现。原来，网吧里的电脑看似都可以正常运营，但是这些电脑开机之后，都会自动弹出一个窗口广告，这个广告无法关闭，属于移植在系统内部的自动程序，而网吧老板却说对此毫不知情。

警察怀疑，这件事情和身为网吧的特聘技术处理人员冯远有关，于是又再次对冯远进行了传唤。冯远在调查过程中反复强调自己是冤枉的，但经过警方的多次盘问调查，结合警方在冯远家中笔记本电脑上查获的数据等线索，案件的真相终于浮出了水面。

原来有一天，一家广告公司通过邮件与冯远联系，希望可以利用冯远的技术才能帮助公司投放广告，冯远需要做的工作主要是制作广告链接，并将广告链接申请投放在相关网页中，用户每点击一次广告链接，冯远就可以据此获得提成。由于承诺的报酬可观，双方很快就达成了一致。

这天晚上，冯远尝试申请了一些广告链接放在网页里，可是一个月下来，冯远失望地发现，因为这些网页的流量不够，所以广告的点击率非常低，远远达不到广告公司的要求，根本拿不到什么报酬。

冯远大失所望，怎么才能够快速提高广告的点击率呢？就在这段时间，丈母娘李老太病重需要巨额手术费用，冯远的内心更加焦虑。

一天，冯远看着网吧人来人往的场面，突然想到：我是不是可以利用网吧的优势呢？如果每一个到网吧上网的客人都能够点击一次自己投放的广告，那点击率不就上去了吗？

说干就干，由于冯远对网吧的网络构架非常熟悉，他前前后后熬了半个月的通宵，终于写出了一个程序。冯远利用自己的技术侵入了网吧服务器上的"网络安全系统"，通过秘密植入广告链接地址的方式，向网吧的每个客户投放广告。后来他又如法炮制，把自己编写的这种广告程序上传到了全市其他一些网吧的服务器上。这样一来，每一个到这些网吧上网的人，在打开任何软件程序时，都会被迫先打开冯远投放的广告链接。

冯远没读过什么书，也不觉得这是违法的事，只是觉得这样做，既隐蔽又能够很方便地加大广告的浏览量，但具体能赚多少钱，冯远也没有概念。这天，又到了和广告公司结算报酬的日子，手机短信响了起来，冯远打开手机一看，银行的转账短信提示，仅仅两个月，广告公司支付的结算款竟然有 30 万元左右。

冯远惊呆了，他没有想到自己竟然在无意间打开了致富的大门。冯远想，广告公司只要求点击率，对于用户是如何点击的并没有要求，自己既完成了投放广告的目的，又没有损害别人的利益，还能赚钱，真是知识改变命运！可没想到，因为一次意外的网吧失窃事件，公安机关发现了异常，将冯远抓获。

看守所中的冯远还没有意识到自己已经涉嫌犯罪，在公安机关的审讯过程中，尽管冯远配合调查，但他大呼冤枉，说自己没有损害任何人的利益。该案被移送至检察机关审查后，检察机关以冯远涉嫌破坏计算机信息系统罪，向人民法院提起了公诉。这起案件由法院的张法官主审。

开庭那天，冯远见到了坐在旁听席的妻子程菲和丈母娘李老太，忍不住号啕大哭，多日的委屈和不解让他对着张法官哭诉："法官，我是冤枉的，我真的什么也不知道，您一定要还我清白。"

对此，张法官通过审理公诉机关提交的证据，结合网吧老板、广告公司等案外人的证人证言，基本确定了冯远利用互联网技术，突破公安机关网络安全系统，非法控制网吧电脑的犯罪事实。

冯远辩护称，他的行为既没有造成网吧电脑无法运行的情况，又没有直接损害他人的利益，得到的钱款也是广告公司给他的正常收入，因此不构成犯罪。他也愿意主动上交自己剩余的非法所得，希望法官予以考虑。

那么，冯远的辩护意见是否有效呢？他的行为应该如何定性，是否构成检察机关所指控的"破坏计算机信息系统罪"呢？

张法官分析认为，冯远入侵网吧系统非法修改系统程序、植入广告的行为，看似对网吧电脑系统没有造成损害，违法所得也来源于广告公司的收入提成，这确实与一般的计算机犯罪有所区别，但是该行为事实上已经侵犯了社会公共利益与安全，违反了国家的互联网管理规定，定罪处罚应当无疑义。

但是在本案中，公诉机关起诉的罪名为破坏计算机信息系统罪，所谓"破坏计算机信息系统罪"，是指对计算机信息功能进行删除、修改、增加、干扰，造成信息系统不能正常运行，后果严重的，构成破坏计算机信息系统罪。本案中被告人冯远的非法入侵行为并未对计算机系统功能或数据进行直接破坏，也没有明显影响计算机系统的正常运行。冯远的行为，更多体现在对计算机系统的非法控制，侵犯了计算机系统的保密性与控制性。同时也应考虑到，本案被入侵的是营业性的普通网吧，冯远非法获利共计50余万元，都是投送广告所直接产生的佣金。这一点，也和靠"破坏计算机信息系统"，接受雇用获取报酬的行为存在本质区别。

所以张法官认为，冯远的行为应当认定为"非法控制计算机信息系统罪"。

根据《中华人民共和国刑法》第二百八十五条第二款的规定："违反国家规定，侵入前款规定以外的计算机信息系统或者采用其他技术手段，获取该计算机信息系统中存储、处理或者传输的数据，或者对该计算机信息系统实施非法控制，情节严重的，处三年以下有期徒刑或者拘役，并处或者单处罚金；情节特别严重的，处三年以上七年以下有期徒刑，并处罚金。"

同时，张法官也考虑到本案的一个特殊情况，那就是案件审理过程中，由于冯远具备较高的计算机专业水平，特别是对网络信息安全问题比较了解，他主动提出可以协助公安机关改进电脑管理程序、填补相关的网络漏洞，这一行为将有效降低同类型犯罪行为发生的概率，对维护社会公共安全具有积极意义。

综上所述，张法官最后认为，尽管被告人冯远缺乏法律常识，违反法律规定，已经触犯了刑法，但其立功表现是显著的，造成的社会危害是相对轻微的，依法对其免予刑事处罚，更能体现罪责相适应原则。

最终，经合议庭评议，法院作出判决：被告人冯远犯非法控制计算机信息系统罪，免予刑事处罚；查获的涉案物品及赃款依法予以没收。

宣判后不久，另一个消息传来，冯远的丈母娘李老太在借贷平台受骗的案件也有了结果。借贷平台老板因涉嫌非法吸收公众存款及拒不执行判决、裁定罪被抓获，涉及的赃款大部分被追回；在法院执行局法官的不懈努力下，李老太的大部分投资本钱也追回来了。

法官点评

回顾本案，李老太合法维权追回钱款和冯远为了钱走上犯罪道路，两件事情形成了鲜明对比。但是说到底，无论是李老太一时脑热，把养老积蓄投到毫无安全保障的借贷平台，还是冯远利用网络漏洞为自己牟利，都是错误的金钱观所导致的。尤其是冯远，如果他能多一些基本的法律常识，或许就不会铤而走险了。凡是想靠歪门邪道一夜暴富的人，终会竹篮打水一场空。

李明娟

　　傣族，1989年9月出生，现任云南省普洱市思茅区人民法院四级法官。2015年参加工作以来审理民商事案件千余件。法律是工作，也是信仰；演讲是爱好，也是武器。职业和爱好的结合，使普法效果最大化。曾获单位"优秀个人"、2017年云南省第十一届"红土地之歌"演讲比赛三等奖等荣誉。

强势的姐姐

主讲人：云南省普洱市思茅区人民法院　李明娟

2020 年 6 月的一天，正在埋头工作的杨法官又接到了林云的电话。林云是杨法官办理的一起继承纠纷案的原告，自从案子移交至法院，她就每天给杨法官打电话。最近几天，杨法官明显感觉到林云的情绪异常，总是喋喋不休地说自己命苦，几次在电话那头哭喊，泣不成声。刚挂了电话，一份特殊的鉴定申请书又递到了杨法官面前。杨法官定睛一看，居然是林云的弟弟——被告林海提交的，他竟然要申请对姐姐林云进行精神鉴定，还说姐姐逼死了女儿，害死了父母。

在办案过程中申请鉴定倒是常有的事，可申请鉴定当事人精神有问题，而且还是亲弟弟要申请鉴定姐姐是精神病，杨法官还是头一回遇到。那么，林云到底是不是真的精神异常，又是否真的逼死了女儿、害死了父母呢？

原来，林家老夫妻生育了一女一子：女儿林云、儿子林海。俩孩子从小没怎么让老两口操心，成年后也都算事业有成。尤其是女儿林云，从小就是家里的骄傲，不但勤快、爱干净，学习成绩更是一直名列前茅。为了保持优秀，林云养成了严格管理自己的习惯，做什么都得按计划进行，甚至弟弟林海都觉得姐姐的行为就是所谓的强迫症。因为从小不让父母操心，所以在家里父母宠着林云，什么事都顺着她的意思办，弟弟也让着她。渐渐地，林云的性格开始变得有些自我。

后来，林云果然不负家人的期望，以优异的成绩考上了名牌大学，一时成了街坊邻居口中的骄傲。在大学里，林云又给自己立下"大学期间绝不谈恋爱"的规矩，努力充实自己，除了成绩优异，她更是能在学校开展的各项大型活动中独当一面，"唯我独尊"的做派也越发明显。

毕业后，林云很快凭借自己出众的能力，在大学就读地找到了一份体面的工作。虽然林云甚少与同事交流，一心扑在工作上，可她说一不二的执行力、强迫症般执行计划的习惯，还是让她的工作业绩一路攀升，她很快就成了公司主管，成了业内小有名气的女强人。然而，成为主管的林云并不知道，她的性格习惯给自己造成了巨大压力，导致她夜夜失眠、日日焦虑，而同事也对她的强势做派颇有微词。

其实，在女强人的外表下，林云敏感又脆弱。身处异乡、同事惧怕她的强势，这使得林云常常在夜深人静时感到孤单，渴望呵护。说来也巧，公司新来的小伙子王浩虽然初入社会，却十分踏实肯干，最重要的是，他并没有因为林云在工作中的强势而跟她产生距离，反而对这个外表美丽、工作能力出众的年轻女上司心生爱慕，毫不避讳地对林云展开了猛烈追求。

林云经常因为工作顾不上吃早餐，王浩就每天早起，变着花样地给林云做早餐，时常送上亲手做的礼物，陪着林云加班到深夜，还风雨无阻地坚持送林云回家。没谈过恋爱的林云，第一次体会到异性无微不至的关怀，对于能力十足、收入不菲的她来说，这些比物质条件更加可贵，她觉得自己找到了依靠，很快与王浩坠入爱河。

没多久，两人便开始谈婚论嫁。但事与愿违，一向和善的林家父母对此却坚决反对。先不说两人接触不久、了解不深，单从双方的成长背景来看，林家父母就觉得他们并不合适。林云家虽不是富贵人家，但父母都是退休教师，也算书香门第。可王浩出生在偏远的小山村，家里很穷。虽说他也算努力，但上有年迈的父母需要照顾，下有比他小十几岁的弟弟、妹妹需要帮扶，就林云这娇惯强势的性格，又没吃过苦，让她怎么跟这一大家子人相处？

林父劝女儿："小王这个孩子，虽说现在对你不错，可他耳根子软，听父母的话。嫁给他以后，你得伺候老的、照顾小的，还担上了一大家子的生计，到时候受不了怎么办？"林云一听这话不以为意："爸，您想多了，从小到大还没我搞不定的事，而且王浩说了，结婚后家里都听我的，我说东他绝不往西！"父母一听这话更是急得拍大腿，女儿根本没有婚姻里互谅互让的心态，还想着"当公主"，这怎么能把日子过好呢？

父母苦口婆心地劝说，可林云不为所动。看着父母因为这事愁得吃不下睡不好，弟弟林海可不干了，也极力劝说姐姐。可正沉浸在热恋中的林云哪里听得进去，家人的劝说反而激起了她的决心："你们都不用再说了，我的选择不会错。就算错了，我也能承担！"弟弟林海见她一副不撞南墙不回头的样子，只得作罢。

就这样，林云和王浩结婚了。刚开始王浩确实对林云极尽照顾，虽说林云的强势确实让他头疼，但他宠着、让着妻子，两人的生活过得也还不错。一年后，女儿王梦琪出生了。王浩的母亲自告奋勇帮着照顾孙女，住到了两人家中。可林云的婆婆常年在村里随性惯了，衣服、碗碟乱放是常事，而且经常不和林云打招呼就把吃的往女儿嘴里送，还让女儿在地上乱爬，这让林云受不了了。在她看来，孩子吃什么、吃多少、做什么，都要按照计划来。

而婆婆觉得林云太娇惯孩子，她带孩子的方式没问题，王浩就是她一手培养的。林云一副瞧不起自己的样子，让她心里堵得慌。婆媳两人多次发生争吵，不善言辞的婆婆每次都败下阵来，抹着眼泪跟儿子哭诉，王浩左右为难。每次他想跟妻子好好谈谈，林云却不耐烦地说道："结婚前咱们说好了，家里全都听我的，你妈才来几天啊，就想把家里的大事小事把着不放？王浩，我告诉你，娶了我是你的福气，别不识好歹！你们要受不了，那就离婚！"

王浩为了孩子不敢多言，可每次争吵时林云都以离婚威胁，王浩不胜其烦。前前后后折腾了半年，两人最终还是过不到一起了，决定离婚。

消息传到林家父母耳中，二老焦急万分，外孙女王梦琪还不满周岁呀，林云怎么说离婚就离婚。心疼外甥女的林海更是反对："当初你要结婚，我们都劝你慎重，你不听。现在孩子那么小你又要离婚，姐，你怎么忍心啊？以前我们怎么宠着你都行，可现在你得为女儿考虑考虑啊！"然而这一次，林云还是没有听从家人的劝说，跟王浩离了婚，独自抚养女儿。

离婚后的林云成了单亲妈妈，她把所有心血都倾注在女儿身上，对于女儿成长的每一步，她都精细规划。好在王梦琪没有辜负林云的期望，靓丽乖巧，还考上了名牌大学的播音专业。但是王梦琪从小缺少父爱，在她的成长过程中，舅舅林海就像父亲一样疼爱她，两人关系十分亲近。

进入大学的王梦琪松了一口气，这下总算是摆脱母亲的控制了！王梦琪积极参加学校的各项活动，还加入了学生会，漂亮活泼的她很快成了学生会的文艺部部长。不久后，她和学生会主席、一个阳光帅气的男孩越走越近。情窦初开又从小缺失父爱的少女，加之想要逃离母亲的强势掌控，很快便不顾母亲"大学期间不准恋爱"的禁令，和男孩偷偷谈起了恋爱。

半年之后，林云察觉到了异样：以前周末都会回家的女儿，最近却总说学校有事，不见人影。每次和她视频聊天总是急匆匆地挂断，还越来越爱打扮，接个电话都要躲到房间里。林云越想越觉得不对劲，她悄悄来到学校，想看看女儿是不是有事瞒着自己。

一天，林云刚把车开进校门，就看见王梦琪跟男友手牵手地散步。原本谈恋爱不算什么大事，但对于婚姻失败、习惯于掌控一切的林云来说，女儿的这次"反抗"与隐瞒如同晴天霹雳。她不由分说冲上前去，一把拽过女儿，强行把她带回了家。林云吼道："我不是不让你在大学里谈恋爱吗？你还小，男人的甜言蜜语是最不可靠的，赶紧给我分手！"

一向对她言听计从的王梦琪，这次却表现得十分强硬："妈，我是你的女儿，不是你养的宠物，你能不能尊重我？从小到大我都没有对你说过'不'字，可我也有自己的判断和想法，我不分手！"林云眼前一黑，气急败坏地吼道："你长大了，翅膀硬了，如果不听我的，那我就当没你这个女儿！你给我滚出这个家！"王梦琪也没有犹豫，直接收拾东西返回了学校。

本以为女儿不敢赌气太久，可这次竟然一个月不回家、不接电话，对她避而不见。这让原本打算以退为进的林云坐不住了，不是所有事情都应该在她的掌握之中吗？骨子里的强势让林云做出了一个极端的决定，既然她找不到女儿，那就逼女儿出来见她！

林云再次来到学校，在校园的人工湖边假装跳湖逼女儿王梦琪出来相见，引得路人纷纷驻足围观。等到王梦琪听到风声匆匆赶来时，母亲在校园里跳湖逼迫自己与男友分手的事，已经传遍了整个学校。王梦琪看着母亲，万般无奈之下和男友分手了。

林云这么一闹，让王梦琪颜面扫地，她不愿面对老师和同学，不想上学，回家后把自己反锁在屋内，不吃不喝。这天，林云再次敲门给女儿送吃的，可眼前的一幕让她惊呆了，女儿正坐在窗户边眼神空洞地看着她，她冲过去想把女儿拽回来，可王梦琪却没给她这个机会，纵身从22楼一跃而下，结束了自己年轻的生命。她给母亲留下了一张字条，说自己从小都是为林云而活，今天想为自己结束。看着女儿的遗言，林云当即晕倒在地。

王梦琪自杀的消息传到了林家人耳中，这个巨大打击让林云的父母一夜之间苍老了许多，本就身患疾病的林母更是伤心晕倒，之后病情恶化被送入医院。

弟弟林海强忍着失去外甥女的伤痛，守候在母亲病床前，此刻，他怎么都不能原谅自己的姐姐，这一切都是她一手造成的，如果不是她太过强势偏执，她婚姻的不幸、外甥女的丧命、父母身体状况一落千丈……通通都不会发生！碍于姐姐刚经历丧女之痛、父母身体不好，林海只能将不满隐忍在心里，尽心照顾母亲直到出院。

女儿的过世让林云的情绪变得很不稳定，她时常感到焦躁不安。孤身一人在外地生活的她，此时越发想念父母、渴望家庭的温暖。她时常休假回老家，与父母共同住在自己曾经长大的老房子里。对林云来说，仿佛待在父母身边，就能找到曾经被宠爱的幸福。而林家父母经历了外孙女自杀离世的变故，身体情况大不如前，看着孤身回家的林云，两位老人还是舍不得责怪林云。

一年后，年迈的林父林母相继过世，林云伤心不已。几位亲人相继离开的伤痛，使得林海对姐姐的不满日益增多。

林家父母过世后，老宅就成了二老的遗产。林云实在割舍不下老宅给她带来的心安与慰藉，照旧回老宅居住，心想父母一向最疼爱她，如果他们在世也不会反对，所以就故意回避一起和林海处理老宅的继承问题。林海心想，姐姐做派强势也就算了，现在居然对老宅的分割避而不谈，难道是看上了老宅的好地段？林海的不满终于爆发，他趁着姐姐不在，直接把锁换了。

林云进不了家门，愤怒不已，直接找到林海闹开了："父母从小最宠的是我，全家都让着我，何况我现在离了婚，女儿又不在了，你怎么能跟我争房子呢?"一向隐忍的林海这次也不忍了,原本一家人多幸福啊,就因为姐姐林云这一身的臭毛病,离了婚、害了孩子、拖累了父母,现在又蛮不讲理地想霸占老宅,他真是忍够了。

姐弟两人因为老宅的继承问题僵持不下,林云一纸诉状将弟弟林海起诉到法院,要求判决老宅由她继承。林海也不甘示弱,干脆向案件承办人杨法官递交了一份申请,要求鉴定姐姐精神异常,属于无民事行为能力人,无权起诉自己。这才有了最开始的那一幕。

自从收案后,杨法官确实察觉到了林云情绪的异常。为此,杨法官向专业人士咨询,基本认定林云只是情绪问题,连躁郁症都算不上。而认定一个成年人是否为无民事行为能力人的标准在于,他能否辨认或完全辨认自己的行为。也就是说,林云必须是患有不能辨认自己行为的精神疾病,才能被认定为无民事行为能力人。所以杨法官认为,一方面,林海的申请并不符合法律规定的启动精神鉴定的情形,大有赌气的成分;另一方面,如果让林云知晓弟弟向法院提出了这样的申请,那无疑会对情感脆弱的她产生强烈刺激。

杨法官思来想去,要化解姐弟两人的矛盾,还得让林海自己主动撤回申请。否则,依照法定程序,法院需要书面答复林海是否准许申请,这样一来,林云必然知晓此事。

杨法官找来林海,一方面,跟他说明本案不符合启动精神鉴定的条件;另一方面,杨法官还将自己了解到的林云的真实想法和状态告诉了林海,她之所以想要"独占"老宅是因为精神屡次受打击,孤身一人的她觉得居住在老宅里更温暖、更安心,并非林海所误解的贪图老宅的地段,两人之间存在误会。父母过世,这世上只有姐弟俩是骨肉血亲,对于林云这种性格,硬碰硬是不行的。

林海申请鉴定本就是赌气,其实他对姐姐除了埋怨还有同情。听完杨法官的解释和劝说后，林海最终同意撤回申请，也不在林云面前提及这件事。

开庭这天，林云情绪激动，始终认为自己离异、丧女，又失去了最疼爱自己的父母，是弱势方，再加上这一年是她回家和父母同住，属于法律规定的"和被继承人共同生活的继承人"，分配遗产时，可以多分。最重要的是，她提出，因为自己的不幸，父母生前曾经口头答允她，让她住在老宅，这就表示父母已经立下了口头遗嘱，老宅归她继承。而林海第一次听说父母还立过口头遗嘱，他对此感到诧异，也不认可。但因为有了杨法官庭前的劝解，所以他并未在庭审中与姐姐激烈对抗，只要求法庭公正判决。

经过庭审，杨法官认为，本案主要涉及"口头遗嘱成立条件"的问题。

法官解案 >>>

根据我国继承法第十七条第五款的规定："遗嘱人在危急情况下，可以立口头遗嘱。口头遗嘱应当有两个以上见证人在场见证。危急情况解除后，遗嘱人能够用书面或者录音形式立遗嘱的，所立的口头遗嘱无效。"

也就是说，遗嘱人可以立口头遗嘱，但关于立口头遗嘱的条件，法律是有明确规定的。

从庭审情况来看，林云说父母立了口头遗嘱，但只有她和父母三人在场，并没有其他见证人，林家父母也并不存在情况危急不得不立口头遗嘱的情形，而且林云间断性地回老宅和父母居住已经一年，即便有危急情况，这一年时间也足够让父母在情况解除后，用书面或者录音的形式将遗嘱内容固定下来。

这里有必要提醒大家，除了我们上面提到的口头遗嘱，继承法还规定了公证遗嘱、自书遗嘱、代书遗嘱、录音遗嘱。2021 年 1 月 1 日，《中华人民共和国民法典》施行，《中华人民共和国继承法》同时废止。而在民法典中，更是增加了录像遗嘱和打印遗嘱的形式，除了公证遗嘱和自书遗嘱外，其他形式的遗嘱均需要两个以上见证人在现场见证。

因此杨法官认为，林云所谓父母立下了口头遗嘱的说法，并不成立，本案只能认定为林家父母没有立遗嘱，应该按照法定继承办理。

从法定继承来看，林云和林海都属于父母的第一顺序继承人，继承遗产的份额应当均等。林云虽然提出继承法规定了"对被继承人尽了主要扶养义务或者与被继承人共同生活的继承人，分配遗产时，可以多分"，但事实是林云长期在外地工作生活，回老家也只是自己心情不好或者休假时，谈不上与父母共同生活，更谈不上对父母尽了主要扶养义务。反而是与父母同住一个城市的林海，虽不与父母生活在一起，却时时前去探望，照顾老两口的生活起居。

所以，本案也不存在应当多分的情形，老宅应当由姐弟两人平分。

经过评估，老宅价值42万元，林云又在外地生活，所以老宅归弟弟林海所有较为适宜。最终，经合议庭合议，法院对案件作出了判决：老宅所有权归林海，由林海补偿林云应继承的份额21万元。

拿到判决的那天，林海长舒了一口气。面对姐姐，他一语不发然后转身离开。看着判决结果和弟弟转身而去的背影，林云第一次反思，是不是自己真的做错了，为什么丈夫、女儿、父母甚至连弟弟都离她而去？

半个月后，法院的判决生效了，林云得从老宅搬出去，把老宅交还给弟弟。这天，她来到法院，请杨法官代她向林海转交老宅的钥匙。杨法官没有接过钥匙，反而递给她一封信，上面是林海的字迹，他说老宅永远是林云和他共同的家，钥匙依然留给林云，如果她想家了，依然可以回来住……看着信，一向强势的林云潸然泪下。

姐弟俩之间的继承官司落幕了，但亲情一定不会落幕。

法官点评

林云在父母的宠溺下长大，之后也是过着众星捧月、唯我独尊的生活。父母宠溺的爱，养成了林云骄纵强势的性格，使得她在被爱的环境中长大，却不知道如何表达爱。林云忽略了女儿内心的需求，导致女儿命丧花季，也造成了自己的人生悲剧。无论是林家父母还是林云，他们的初衷都是爱，却忽略了一点——爱，过犹不及。不要让爱变成伤害。

刘文欣

　　新疆维吾尔自治区乌鲁木齐市天山区人民法院审监庭副庭长，乌鲁木齐市第十七届人大代表，研究生学历，从事刑事审判工作八年，民事审判工作八年。曾被授予"全国法院党建工作先进个人""自治区优秀法官"等荣誉称号。在国家级、省级刊物发表论文十余篇，先后多次在全国论文研讨会及案例评选中获奖。

让我看看孙女吧

主讲人：新疆维吾尔自治区乌鲁木齐市天山区人民法院　刘文欣

一天晚上，一个小区的住宅楼里忽然传来了一阵乱哄哄的吵闹声。只听一个老太太哭喊着："你还我儿子，还我儿子！"接着是一个年轻女人的声音："你儿子不在这儿，他在太平间里躺着呢！"老太太的声音更加凄厉了："周雪艳，你害死我儿子，会遭报应的！"年轻女人"哼"了一声："你积点德吧！你儿子的死就是报应！"

话音刚落，只听一群人破口大骂，还夹杂着"乒乒乓乓"的打砸声。邻居们寻思着：坏了，怕是打起来了！于是，他们赶紧打电话报警。

警察到的时候，现场已乱成一团，叫骂声、厮打声震得楼道"嗡嗡"响，七八个面红耳赤的人推来搡去，房子里桌椅散乱，满地狼藉。警察喝止了众人，问完话后才知道是怎么回事。

原来，那个哭闹得最凶的老人是姚老太，和她吵架的年轻女人则是她的儿媳妇周雪艳。姚老太的儿子姚海江在医院刚刚去世，姚老太认为是儿媳妇害死了儿子，因此，今晚带了四五个亲友跑到周雪艳父母家来理论，两帮人一言不合就打了起来。

警察问姚老太："你说你儿媳妇害死了你儿子，这可不能随便开玩笑，你有啥证据啊？"姚老太抹着眼泪说："我儿子刚要和她离婚，就莫名其妙地死了，他一定是被这个黑心女人害死的，她想分遗产！"只听周雪艳

"呸"了一声道:"你少血口喷人,我这两年一直住在我爸妈家,想害他也得有机会吧?"

眼见两人气势汹汹地又要吵架,警察连忙制止。经过调查,双方互有损伤,都是皮外轻微伤,而对于姚老太一帮人损害周家财产的事情,经过警方反复调解,以姚老太赔偿周家1000元损失费而告终。

这边的事刚完,医院那边的事又来了,原来是周雪艳丈夫姚海江的尸检报告出来了。

话说周雪艳在接到丈夫的《死亡通知书》后起了疑心。两天前,姚海江因为急性胃肠炎住院,并不是什么大毛病,人怎么说没就没了呢?周雪艳找到主治医生想问个究竟,却发现医生闪烁其词,这就更让她生疑了:难道有什么不可告人的事?

想到女儿才两岁就没了爸爸,周雪艳真是心如刀绞,她们孤儿寡母今后该怎么办?她绝不能让丈夫死得不明不白。周雪艳跑到医院,要求对尸体进行解剖,查明原因。姚老太听说后却气得半死:"你这是要让我儿子死无全尸啊!"周雪艳咬牙切齿地说:"你不是说是我害死你儿子的吗?现在就查个明白!"

在周雪艳的坚持下,终于查明了真相,原来这竟是一起医疗事故。姚海江因急性胃肠炎住院后,医院还没来得及给他做全面检查就开始治疗,结果用药不当,导致年仅31岁的姚海江丧了命。

虽然这不构成刑事犯罪,但医院也躲不过民事责任。周雪艳和女儿、婆婆三人一起将医院告上法庭。经过法院多次调解,医院自知理亏,答应赔偿50万元。

事情算是水落石出,周雪艳和姚老太的眼泪也快流干了。她们不明白,这种不幸的事怎么偏偏被姚海江摊上了,真是太倒霉了!而对于姚海江生前提起的离婚诉讼,因为他作为原告已经死亡,法院裁定终结诉讼。

现在，姚海江又给两个女人出了个新难题，那就是这 50 万元该怎么分。为此，姚老太和周雪艳又吵了无数次架。

姚老太说："我儿子都要和你离婚了，你凭啥分他的钱？"而周雪艳却说："这不是还没离婚他就走了吗？我当然有权利分！再说了，要不是我据理力争，人早就被草草火化了，哪来的 50 万元？"

最后，因为姚海江和周雪艳有个女儿琪琪，经双方协商，姚老太分得 25 万元，周雪艳和琪琪分得 25 万元。

话说这姚老太自从儿子去世后，整天在家伤心流泪，只求多见见唯一的孙女琪琪。但周雪艳打定主意和婆婆老死不相往来，压根儿不给姚老太任何机会，无论姚老太怎么软磨硬泡都无济于事。

既然已经查明姚海江去世是个意外，那么，周雪艳为何还如此绝情？她和姚老太之间究竟有什么深仇大恨呢？事情得从头说起。

周雪艳的丈夫姚海江是独生子，爸爸走得早，由妈妈一手拉扯大，母子俩感情很深。周雪艳本以为找个孝子也挺好的，她想着，丈夫既然能对妈妈这么好，也一定不会亏待媳妇和孩子吧！可没想到，结婚后周雪艳才发现，丈夫对婆婆可谓是言听计从，有时候恨不得把她这个媳妇当外人，总把"我妈说……"挂在嘴边。

刚结婚时，姚老太就不大喜欢周雪艳，觉得她性格太强势，花钱又大手大脚。夫妻俩和姚老太住在一起，姚老太对儿子是千般好万般好，可偏偏对儿媳妇各种挑剔，嫌她这也干不好、那也干不好，常常为了一点鸡毛蒜皮的小事就唠叨半天。更让周雪艳难受的是，每次她偷偷和丈夫抱怨时，丈夫总不以为然，常向着婆婆，有时还怪她不懂事。

就这样，这家人磕磕绊绊地过了两年，周雪艳和婆婆之间的摩擦不减反增。有一天，周雪艳又和婆婆拌了几句嘴，丈夫不分青红皂白地就骂她没教养，周雪艳脱口而出："这日子我没法过了，咱们离婚吧！"

让我看看孙女吧

听了这话，姚海江还没说什么呢，姚老太已经抢白道："离就离，谁怕谁啊？我们海江没准还能找个更好的！"周雪艳被气得连吵架的心思都没了，她二话不说就跑回了娘家。父母得知女儿在婆家受了那么多气，也很心疼，只能同意她离婚。

可就在周雪艳下定决心要离婚时，却忽然发现自己怀孕了！这一下，她慌了神。周雪艳的父母也立刻改变了态度，好说歹说，劝她千万别冲动，为了孩子也得和姚海江好好过日子。没几天，估计姚海江是从丈母娘那里得到了消息，开始一趟趟地跑来找周雪艳，拼命地道歉，发誓今后一定护着她、宠着她。

周雪艳心软了，想着和丈夫过一辈子的人毕竟是自己而不是婆婆，现在她怀了孩子，只要丈夫对自己好、对孩子好，婆婆这边她可以忍一忍。

和丈夫回到家后，周雪艳也确实过了一段舒心日子，姚海江对她格外体贴，姚老太好像也消停了，不怎么找碴儿了，这让周雪艳以为苦尽甘来。谁知，临产时又起了风波。

当时，因周雪艳怀的胎儿过大，医生建议剖宫产，可姚老太却跳出来说必须顺产，不然会影响生二胎。这个时候该拿主意的姚海江竟犹豫不决，直到医生下最后通牒，才不得不进行剖宫产，这害得周雪艳吃了很多苦，差点丢了性命。

这还不算完，周雪艳生下女儿后身体严重受损，可当姚老太发现生下的是个孙女时，那一脸的失望和不满，藏都藏不住。

周雪艳出院回到家里，姚老太时不时就唉声叹气，嫌自己的命不好，嫌周雪艳的肚皮不争气，还怪周雪艳非要剖宫产，耽搁了生二胎的时间。周雪艳本来就身体弱，哪里受得了这些气！她想着丈夫能安慰自己几句，可这时，姚海江却说："谁家老人不是这样啊？你只管养身子，别没事找事。"

周雪艳的心里憋屈极了，觉得自己快把一生的眼泪都流完了。还没出月子，她已忍无可忍，抱着女儿跑回了娘家。

之后，姚海江也多次想接周雪艳和女儿琪琪回家，试图缓和婆媳关系，但当周雪艳提出要和婆婆分开住时，姚海江说："我妈就我一个儿子，她不跟我住跟谁住啊？再说了，我们家只有这一套房子。"

周雪艳想了想，建议给婆婆在附近租套房子住，以方便照顾。姚海江回去和姚老太商量时，姚老太哭天抢地，说如果自己被赶出家门，只能去寻死，吓得姚海江不得不作罢。

此后，周雪艳就一直住在父母家中，女儿琪琪成了她和姚海江之间唯一的联系纽带。姚海江天天在母亲和妻子两边跑，也是苦不堪言，常常借酒消愁，人越来越消沉。

琪琪两岁多时，姚海江想要二胎，可周雪艳生头胎时受了那么大的罪，如今和丈夫的感情又有了裂痕，压根儿不想要二胎。谁知道，姚海江却在姚老太的撺掇下，向法院起诉离婚，这让周雪艳心灰意冷。更让她没想到的是，仅仅一周后，姚海江就死于一场医疗事故。周雪艳深受打击，又遭到诬陷，因此恨上了姚老太。

这姚老太其实也不容易，儿子还很小的时候，丈夫就去世了，她一个人把姚海江拉扯大，一直没有再嫁，儿子几乎是她全部的希望和依靠。儿媳妇头胎生的是个女儿，又不肯再生二胎，再加上儿媳妇带着孩子回了娘家，所以，这些年里她都没怎么见过孙女。

现在，儿子先她而去，姚老太就只剩琪琪这一个亲人了，孙女成了她唯一的精神寄托，她当然想经常看看孩子，但周雪艳却死活不同意，就这样两人又僵持了两年多。

无奈之下，姚老太决定起诉周雪艳，要求探望孙女琪琪。这个案件分给了陈法官。

让我看看孙女吧

开庭这一天，陈法官一走进法庭，就看到了剑拔弩张的婆媳俩。原告姚老太是个面容枯瘦的老太太，不时用皱巴巴的手抹着眼泪。而被告周雪艳看起来很干练，始终绷着一张脸，没什么表情。

姚老太说，儿媳妇常年不让她看孙女，这都好几年了，她实在没法子，只好不顾脸面地闹到法院来。她拍着胸口问周雪艳："我好歹也是琪琪的奶奶吧，凭啥就不能看看自己的孙女？今天就当是我求你了，行不行啊？"

话都说到这个份儿上了，周雪艳却不为所动："我说不行就不行！"

姚老太哭了起来："我儿子都死了两年多了，我一次也没见过孙女，这遭的是什么罪啊！"

说到姚海江的死，周雪艳更来气了："你还有脸提这个，你儿子不是被我害死的吗？"姚老太摇着头说："雪艳，我知道当时错怪你了，我给你赔不是还不行吗？你能不能别再揪着不放了。"

见此情景，陈法官试探着问周雪艳："孩子没了爸爸，多一个人关心不是更好吗？"没想到，周雪艳一声冷笑："关心？她对我和琪琪只有伤害！我这辈子都不会原谅她。"接着，周雪艳便把姚老太以前怎么挑唆儿子离婚，怎么嫌弃她生的是女儿等事情，一股脑地倒了出来。

听完周雪艳的讲述，陈法官算是明白了，周雪艳对姚老太的怨恨可谓由来已久。但法庭上的姚老太看起来也确实可怜，陈法官想听听姚老太怎么说。

此时的姚老太已哭肿了双眼，她告诉陈法官，自己不到30岁就守寡了，为了把儿子养育成人，她在工地运货、当保姆，什么苦都吃过，好不容易才熬到姚海江长大成人。20多年来，她早已习惯和儿子相依为命。谁知，周雪艳才认识儿子半年多，就硬生生地把儿子从自己身边抢走了。以前儿子什么事都和她说，可结婚后只和媳妇说，这让姚老太感到很失落。

虽然，儿子也算听自己的话，但和以前明显不同了，还常常为了周雪艳和她生气，这怎么能让她不难过呢？姚老太解释说，其实她不是故意找儿媳妇的碴儿，也不是要破坏他俩的感情，她只是害怕儿子受媳妇的影响会冷落她，她就是想让他们重视她、关心她，但没想到适得其反。

姚老太还说，她的确是一心想抱孙子，这么多年自己又当爹又当娘，深切体会到了家里有个能扛事的男人是多么重要。所以在孙女出生时，她有点着急，才会催儿媳妇早点生二胎，这也是想趁自己身体好的时候能帮忙带孩子。可她没想到儿媳妇的性格这么烈，一气之下竟抱着孩子回了娘家。后来，她也多次催儿子接母女俩回家，但儿媳妇不仅不肯，还提出要和她分开住。姚老太说，自己一辈子的心思都花在了儿子身上，老了还要被赶出家门，这不是把她往绝路上逼吗！

说到儿子的死，姚老太承认当时错怪了儿媳妇，这也是自己一时糊涂又伤心过度所致，但毕竟都是两年多前的事了。她曾多次找儿媳妇和亲家，提出想见见孙女，但一次次被拒之门外，她也是走投无路了才会起诉到法院。

姚老太低声下气地恳求儿媳妇："雪艳，我啥都没了，还有什么可指望的呢？琪琪是我活下去的唯一理由了，我要求不高，只要能经常抱抱她，我就满足了！"

听完婆婆的话，周雪艳说道："你现在倒说得轻巧，想当初，从琪琪一出生时你就看不上她，如今说这些不觉得太迟了吗？"

庭审进行到此时，陈法官已大致了解了双方之间复杂的矛盾纠葛。都说"解铃还须系铃人"，看来只有解开姚老太和周雪艳之间的心结，才能让她们慢慢地放下陈年旧怨。虽然，这并非易事，但陈法官还是想试着推动她们各自向前一步。

陈法官首先从姚老太入手，对她说："你试想一下，如果周雪艳是你的女儿，你会怎么做？"半晌，姚老太承认，几年来，她没把儿媳妇当女儿看待，平时过于挑剔，在儿媳妇生孩子时也没好好照顾。最不应该的是，儿子去世时她还怀疑儿媳妇，跑到亲家那里闹事，为此，她愿意向儿媳妇和亲家赔罪。

见姚老太态度诚恳，陈法官开始做周雪艳的思想工作，让她从一个母亲的立场，试着理解姚老太："你也是孩子的妈妈，一定了解养孩子的辛苦，你婆婆再不好，毕竟把你丈夫养大成人了，对吧？你要相信她是爱儿子的，又怎么舍得伤害她唯一的孙女呢？死者为大，你丈夫已经不在了，他愿意看到你俩闹成这样吗？几年都过去了，你还一直背着这些包袱，能不累吗？该放下的时候就要放下啊！"

周雪艳低着头，不再那么激动，只是提出要和父母商量一下。没想到，她的父母提出了一个额外的要求，那就是姚海江留下的房子。

这套房子是姚老太早些年攒钱帮儿子买的婚房，属于姚海江的婚前财产。姚老太一直住在房子里，周雪艳则带着女儿住在自己父母家。姚海江去世后，两个女人为了怎么分房子的事，不知吵了多少次，一直僵持不下。现在，周雪艳的父母认为，周雪艳和琪琪作为姚海江的继承人，当然有权分房子。

提到房子，姚老太面露难色，她说这是自己唯一的住处，离开就无家可归了。周雪艳的父母又说："我们才不稀罕你的房子呢！只要你现在答应留给琪琪，我们就同意你探望孙女！这是态度问题。"姚老太说："等我死了，还不都是琪琪的吗？有必要这么急吗？万一你们……"姚老太没再继续说下去，但她明显有所顾虑，生怕对方翻脸，这样自己就再也见不到孙女了。

这时，陈法官打断了双方的争论，向他们解释道，法院不能以双方约定的房产情况作为调解的附加条件。在这起探望权纠纷的案件中，调解要解决的就是双方是否同意探望，如果同意的话，何时、何地、以何种方式进行探望。但说了半天，周家还是不放心，坚持要把房产作为调解的先决条件，这很容易陷入拉锯战。因此，陈法官决定停止调解工作。

虽然双方最终没有达成调解，但毕竟婆媳间的矛盾已出现了缓和的迹象，这无疑是个好的开始。

对于陈法官而言，现在就是要作出一个公平合理并让双方都信服的判决。那么，姚老太的诉讼请求能否得到法院的支持呢？

法官解案 >>>

所谓探望权是亲权的延伸，祖父母与孙子女具有基于血缘情感而产生的特殊身份，不因父母婚姻关系的结束而消灭，对祖父母探望孙子女的主张予以保护，符合探望权的价值取向和善良风俗。

而探望权设立的初衷，是为了保护未成年子女的身心健康和情感需要，允许姚老太对琪琪进行探望，能让琪琪获得应有的关爱。而对姚老太来说，赋予失独老人探望孙辈的权利，也符合老年人权益保障法中所弘扬的"敬老、养老、助老"的美德。

同时，根据《中华人民共和国民法典》第三十五条第一款的规定："监护人应当按照最有利于被监护人的原则履行监护职责。监护人除为维护被监护人利益外，不得处分被监护人的财产。"这是基本原则，周雪艳不能因自己和姚老太之间的恩怨，而影响到琪琪的身心健康。

当然，姚老太的探望也不能妨碍周雪艳对琪琪履行监护职责，否则，周雪艳有权中止探视。

基于以上考虑，陈法官最终作出了判决：自判决发生法律效力之日的次月起，至琪琪年满8周岁时止，姚老太可每月探望琪琪两次，周雪艳负有协助配合义务。

宣判时，姚老太拿着判决书的手都在颤抖，她走上前对儿媳妇周雪艳说："雪艳，我想好了，我现在就写个遗嘱，把房子留给琪琪。"停了一下，她又说："不管咋样，我得谢谢你留住了姚家的血脉啊！只要你愿意，随时都可以带着琪琪回来，哪怕……哪怕你今后改嫁，我都不会再说啥……"

周雪艳有点生气地说："改什么嫁？我会带着琪琪过一辈子的。"姚老太一听也愣住了，无论周雪艳是不是为了姚家，这都让她很受触动。她一把抓住了周雪艳的手："雪艳啊，千万别这么想，你还年轻着呢，不能过得和我一样苦啊！"一席话让周雪艳也红了眼眶。

周雪艳扭过头说："行了，法院咋判我咋办，等过年时我带琪琪回去给你拜年，你可得把红包准备好！"姚老太连忙点头答应。陈法官看到这一幕，才终于放下心来。

法官点评

姚海江的猝然离世，对母亲姚老太和妻子周雪艳来说，都是一种重创。生者应相互体谅，将心比心，冷静处理过往的纠葛，学会放下和宽容。在过去的几年里，姚老太和周雪艳都在孤独中各自艰难度日，希望以后她们能和睦相处，这一定是去世的姚海江最大的心愿。

死亡悬赏令

主讲人：新疆维吾尔自治区乌鲁木齐市天山区人民法院　刘文欣

这天，快到中午下班时，某公司经理周世杰接到了一个陌生男人的电话。对方自称是王哥的朋友——马洛，想找周世杰帮个忙，约他当面谈一谈。今年42岁的周世杰一向爱交往，人缘很好，常有人找他办事。此时，他虽记不清马洛说的是哪个王哥，但还是欣然答应见面聊。

中午，周世杰在餐厅见到了马洛，这是个年轻、瘦削的小伙子，头发是自来卷，他一口一个"周哥"叫着，还问周世杰的女儿是不是快考高中了，看起来对周世杰的家庭情况很清楚。周世杰寒暄了几句后，就问马洛找他帮什么忙。

马洛神秘地一笑，说："我想问你要样东西。"周世杰问："啥东西？只要在我的能力范围内，肯定给你。"马洛凑近后低声道："有人……让我要你的命。"

周世杰瞠目结舌，以为自己听错了，忙问："你说啥？"马洛皮笑肉不笑地重复了一遍。这下，周世杰可听清了，他不由得往后一退，险些没坐稳，勉强挤出一丝笑容问："你……你开玩笑吧？"马洛拍拍周世杰的肩膀说："周哥，别紧张啊，我既然约你出来肯定有我的意思，听我慢慢说。"

马洛告诉周世杰，有人在网上发布了40万元的悬赏令，要取周世杰的性命。马洛接单后让雇主先付10万元"诚意金"，可雇主总是打马虎眼，一拖再拖，他一怒之下就跟雇主翻了脸。说到这儿，马洛给周世杰递了杯茶，缓缓说道："周哥，一看你就是个爽快人。你要是相信我，就给我 5000 元辛苦费，我帮你查出雇主是谁。"

周世杰将信将疑，半晌没回过神来。马洛又打开手机上的 QQ 聊天记录给周世杰看，雇主是一个网名叫"蝶恋花"的人。马洛眨眨眼，笑道："周哥，这是不是你在外面欠的风流债啊？"周世杰赶紧摇头："别胡说，我压根儿不认识她，这一定是搞错了。"马洛用手指轻敲桌面，漫不经心地说出了周世杰的家庭住址、媳妇的工作单位、孩子就读的学校和班级，甚至还有上学路线。

听到这些话后，周世杰浑身直冒汗。马洛在一旁斜着眼说道："周哥，5000 元不算多吧？你要是不给我，等哪天命没了，留着 5000 万元也没用啊。"周世杰考虑再三，最终抱着破财免灾的想法转给马洛 5000 元。

当晚，周世杰去了父母家，惊魂未定，他悄悄将此事告诉了父亲周茂。周茂以前是当地棉麻厂的厂长，见多识广，听完儿子的讲述，不由得皱起了眉，问儿子在外面有没有拈花惹草。周世杰差点急眼，摇头道："爸，你还不知道我是啥样的人吗？我哪有那个胆儿啊！"

周茂寻思着，虽说儿子在外面应酬多，但在家就是个"妻管严"，要是真有这种事，儿媳妇早就闹开了。周茂思来想去，仍觉得此事可疑，心想，马洛可能是个骗子，但既然儿子已经给了 5000 元，覆水难收，就当是买个心安吧。

可没想到，这 5000 元并没有买来心安。自从与马洛见面后，周世杰总是提心吊胆的，于是，他带着妻子和女儿搬离了原来的住所，回到一处闲置的老房子住。一个多月后的某天晚上，周茂去儿子家的空房帮忙浇花，忙完后，他走在一条僻静的小路上，忽然，有人从身后卡住了他的脖子。紧接着，一道寒光闪过，一把刀抵住他的喉咙。

周茂没敢大喊大叫，歹徒将他挟持到附近的小树林里。周茂强作镇定地问："你是谁？我哪里得罪你了？你到底想要啥啊？"歹徒冷笑道："是你儿子得罪了人，有人想要他的命！"

原来，这个歹徒正是此前找过周世杰的马洛。马洛告诉周茂，有人花40万元雇他杀掉周世杰，如果周茂给他补偿10万元，他就放过周世杰，还可以帮忙找出雇主。周茂试探着问了一句："我儿子不是给了你5000元吗？"马洛冷笑了一声说道："计划没有变化快啊！"

他说，本来他确实已向雇主摊牌，这单买卖他不干了，让雇主另请高明。可就在前几天，雇主又找到他，说只要能除掉周世杰，40万元一分不会少，否则就鱼死网破，他只好重新接单。但他同情周世杰上有老下有小，所以就想到了这个两全其美的好办法——他放弃杀周世杰，但周家要给他10万元补偿款，然后，他就离开本地。这样，既可以保住周世杰的命，他自己也不至于白忙活。

周茂心里七上八下的，他寻思着，儿子到底得罪了谁，莫非有事瞒着自己，不然他怎么会被马洛盯上呢？虽然，周茂觉得马洛的话也未必可信，但他就周世杰一个独子，加上马洛刚才持刀威胁把他吓得不轻，他估计要是不答应马洛，马洛不会善罢甘休。于是，周茂便和马洛说好，当晚先给他1.5万元，剩余的8.5万元等三天后凑齐了再交给马洛，这件事就算两清了。

三天后，马洛约周茂见面交钱，周茂来到了人员混杂的客运站，按马洛的指示把装钱的纸袋扔到了一个垃圾箱里，然后快步离开。就在马洛准备拿钱时，被守在一旁的警察抓了个正着。原来，周茂父子见马洛贪得无厌、故技重施，想着这就是个无底洞，哪有个头啊，于是报了警，来了个守株待兔。

面对审讯，马洛先是告诉警方，自己在客运站被贼偷了个精光，因为饿得慌，他便想去垃圾箱里找点吃的，谁知竟然发现一笔意外之财。当警方拿出周世杰给马洛的转账记录时，马洛才改口承认自己是骗钱。

马洛说，他和周茂父子无冤无仇，根本没人雇他杀害周世杰。他凭三寸不烂之舌从周世杰那里骗了 5000 元后，觉得讹钱太容易了，于是，他想干票大的，然后溜之大吉。他盯上了周茂，没想到这爷俩竟然报了警。周茂父子得知雇凶杀人只是马洛骗钱的幌子时，又气又悔。但警方却怀疑事情没这么简单。

因为警方调取了马洛的通信记录，发现有个陌生号码最近一直在和马洛联系。而且，马洛的 QQ 聊天记录显示，一个名叫"蝶恋花"的人向马洛提供了周茂父子的详细情况，还给马洛发送了一个小视频。打开一看，视频中有双手在不停地点钞票，一沓又一沓，足有几十万元之多。如果马洛只是为了骗钱，一般不会准备这么完整详细的材料。看起来，马洛可能不是单打独斗，而更像是真的受雇于人，不然谁会给他发点钞票的视频呢？

在证据面前，马洛抵赖不成，只好供认，自己因为害怕承担杀人的重责，之前没敢说真话。马洛告诉警方，自己家在农村，今年已经 29 岁了，按当地习俗早该娶妻生子了。父母天天念叨，可无奈家里穷，没有女人愿意跟他交往。他好不容易认识了现在的女友小芹，但因没钱给彩礼，女方家里死活不同意他俩结婚，还不断地给小芹介绍新对象。马洛急了，只好四处打听赚钱的买卖。

一天，马洛在网上看到有人发布了一个 40 万元的悬赏令，发帖的人名叫"蝶恋花"，声称要高薪聘高手办点事，有意者加 QQ 账号私聊。正为钱发愁的马洛和"蝶恋花"聊了后才知道，对方是要找杀手除掉一个仇人。

但是，杀人这种事一般人哪敢想啊，马洛也不是没有犹豫过，可急着结婚的他一心只想挣钱。考虑了几天后，他决定先接单，并盘算着最好既不用杀人又能拿钱，想见机行事。

马洛和"蝶恋花"谈妥后便来到本地。他以为"蝶恋花"是个为情报仇的女人，但来了本地后，他只见过一个有点瘸腿的老汉，说是帮"蝶恋花"传话的，至于老汉和幕后主使"蝶恋花"是什么关系，马洛也不清楚。其间，这个叫"蝶恋花"的人给马洛留了个电话，并一直通过QQ和马洛保持联系。

刚开始的时候，马洛想，杀人这种大事，雇主怎么也得先付10万元的费用以表诚意吧，他盘算着到时候拿了钱就跑。但这个"蝶恋花"却非要等周世杰死后才肯付钱，双方为此闹翻了。马洛心有不甘，跑去找周世杰要了5000元，他想着再也不蹚这浑水了。谁知过了一阵，"蝶恋花"再次发布悬赏令，又通过QQ联系他，还给他发了一段点钞票的视频，说钱已备好，事成后立即兑现。

马洛根本不敢去杀人，但现在手里的5000元连给女友买套首饰都不够，更别说结婚了。他心一横，决定重新接单。可马洛在周世杰家附近蹲守了好几天，都不见周世杰的踪影，只好把目标转向了周茂，想着能从周茂那儿拿点钱，也算没白忙活。马洛交代完实情后，说自己很后悔，他不想杀人，也不敢杀人，不停地请求警察放过自己。

现在，杀手马洛已落网，可神秘的雇主"蝶恋花"在哪儿呢？目前，只知道瘸腿老汉的一点信息，他和"蝶恋花"到底是什么关系？警方开始仔细摸排，调查幕后主使。

因雇主要杀害的是周世杰，所以周世杰一直在想自己究竟得罪过什么人。但周世杰是出了名的"好好先生"，不曾与人结仇，思来想去还是一头雾水。这时，警方提出，"蝶恋花"曾把周茂父子的信息全都发给了马洛，雇主有没有可能是与周世杰的父亲周茂有过节呢？

警方询问周茂时，周茂也摸不着头脑。他早已退休多年，平时也就养花、下下棋，和人并无矛盾，更没有什么男女感情上的纠葛。但当听说和马洛接头的是个瘸腿老汉时，周茂猛然想起一个人，那就是他多年前的同事——李四海。

原来，当年周茂和李四海都在棉麻厂上班，平时关系挺不错。但有一年，两人同时竞聘厂长职位，结果，不知是谁写了封匿名信，检举李四海破坏别人家庭，此事闹得沸沸扬扬，影响了李四海民主测评的票数。最后，周茂当选为厂长。心高气傲的李四海自然不服，到处宣称是周茂写信诬陷他。谁知祸不单行，没多久，李四海因中风留下了跛足的后遗症，只好提前退休。两人为此结怨，再无往来。

根据周茂和马洛的讲述，警方很快找到了李四海，这是个头发稀疏、颤巍巍的拄拐老人，怎么看都不像是雇凶杀人者。当问及和周茂的恩怨时，他也是糊里糊涂，一问三不知。可是，马洛经过辨认指出，李四海正是与他接头的瘸腿老汉。

那么，李四海是不是真正的幕后主使？这个"蝶恋花"又是谁呢？

经过一次次审讯，李四海终于供认，他正是幕后主使，也就是QQ上的"蝶恋花"。事情还得从20多年前李四海和周茂结怨时说起。

李四海说，当年，他和周茂都在棉麻厂上班，他还比周茂早一年当上车间主任。可是，周茂表面上和他称兄道弟，背后却使阴招写信抹黑他，诬陷他与一个已婚女工有私情。那时，李四海和周茂都在竞聘厂长职位，明明他比周茂资格老、能力强，可那封匿名信害得他名誉扫地，丢掉了厂长的职位。更可气的是，周茂当上领导后拿腔拿调，处处刁难他，弄得他在厂里没有立足之地。

回到家后，李四海也没好日子过，媳妇天天像审犯人一样审问他，还动不动就一哭二闹三上吊。他被气得中风，早早退休，媳妇干脆带着孩子改嫁。其实，他和那个女工并无私情，只是因为两人在同一个车间，平时接触机会比较多，又有很多共同话题，所以他们经常一起在食堂吃饭、聊天。没想到，这就被周茂诬陷成"有外遇"。那个女同事也因受不了流言蜚语，离开工厂去了外地。

因为身体中风，李四海的一条腿瘸了，说话也不利索，去医院都没个人陪着。他最怕的就是住院，别人都有家人陪护，还有朋友探望，他却总是孤零零的一个人。"我有时想，这样活着还不如死了算了。"说着，李四海竟然哭了起来。

在李四海看来，周茂让他倒霉了一辈子，他恨透了周茂，这种恨，随着时间的流逝与日俱增。他知道周茂最疼爱的就是独子周世杰，所以，他决定雇人杀掉周世杰，让周茂也尝尝失去家人的滋味。

近两年，李四海跟朋友学会了上网，有时也在网上炒炒股，网络为他打开了新世界的大门。同时，复仇的火焰也越来越旺。有一天，李四海想到了雇凶杀人的主意。为了掩盖身份，他在 QQ 上注册了一个女性化的网名"蝶恋花"，然后在网上发布了一条 40 万元的"死亡悬赏令"。很快，就有个叫马洛的人接单。于是，就有了之前的故事。

得知事情的来龙去脉后，周茂感到脊背阵阵发凉。他没想到，因为一个误会，差点要了儿子的命！

周茂说，他根本没写过什么举报信，但这事他还真有所了解。多年后，他听以前的老同事谈起，信是那个女工的丈夫写的，因为女工的丈夫觉得李四海让他丢了脸，不配当领导。周茂也曾想把此事告诉李四海，可两人早就井水不犯河水了。而且，事情已过去了很多年，周茂没有李四海的联系方式，也不想再去揭旧伤疤。可他万万没想到，李四海竟然恨了他 20 多年，甚至想雇凶杀了他的儿子。

案件查明后，公诉机关很快以故意杀人罪（未遂）起诉李四海，以故意杀人罪（未遂）、敲诈勒索罪起诉马洛。这起案件由法院的吴法官主审。

开庭那天，吴法官见到了李四海和马洛——一个是风烛残年的老人，一个是血气方刚的青年，两人都在悄悄抹眼泪。李四海一上来就颤抖着说："法官，我有错……可我没杀人啊！"李四海认为，自己并没有犯罪，因为他在网上发布悬赏令，只是为了吓唬一下周茂父子，可他没想到，杀手为了钱不择手段，根本不听他的安排。

对此，马洛却反驳说："他胡说！他肯定是要杀了周世杰啊，不然费那么大的劲干吗？要想吓唬人，写封恐吓信不就得了？"马洛还说，自己从没杀过人，也压根儿不敢杀人，他接单是被逼无奈，只是想赚点钱好回家娶媳妇。

吴法官认为，这两个人明显是在互相推诿，通过警方调取的 QQ 聊天记录、证人证言、扣押物品清单等证据，基本上能还原案件经过。

一开始，李四海化名"蝶恋花"在网上发布了 40 万元的悬赏令，并与马洛私聊，要求对方杀掉周世杰，马洛答应接单。随后，马洛多次向李四海催要 10 万元预付款未果，双方解除雇用关系。后马洛找到周世杰告密，乘机索要了 5000 元。不久，李四海再次发布悬赏令，又联系到马洛，发了点钞票的视频后，两人决定继续合作。马洛购买了刀具、迷药、绳索等工具，在周世杰家附近蹲守了好几天，但找不到下手机会。于是，马洛转向周茂索要 10 万元，他先拿了 1.5 万元，在取剩余 8.5 万元时被警方抓捕归案。

面对证据，李四海只得承认发布了悬赏令，但他坚持说只是为了让马洛帮自己吓唬周家父子。而马洛则说，自己主动放弃杀人，属于犯罪中止，至于他向周茂父子要钱的事，那是人家自愿给的钱，所以，他不构成敲诈勒索罪。同时，两名被告人都认为，周世杰并没有真的因此丧命，所以，他俩不构成故意杀人罪。

那么，李四海和马洛的辩解意见能否成立呢？

法官解案 >>>

吴法官认为,根据《中华人民共和国刑法》第二百三十二条的规定:"故意杀人的,处死刑、无期徒刑或者十年以上有期徒刑;情节较轻的,处三年以上十年以下有期徒刑。"由此可见,故意杀人罪的构成,不以实害结果为要件。

为便于理解,可以将故意杀人罪与过失致人死亡罪进行对比。构成过失致人死亡罪,必须发生致人死亡的实际后果,否则就不能成立该罪。这和故意杀人罪有明显不同。在故意杀人罪中,被害人是否死亡并不影响定罪。本案中,李四海雇用马洛杀人,两人不仅有犯罪的意思表示,而且已着手准备,包括收集信息、购买工具、实地踩点等。因此,两人应当构成故意杀人罪。

另外,马洛没有完成杀害周世杰的行为,公诉机关起诉时认为马洛属于犯罪未遂,而马洛自己认为属于犯罪中止。到底应该如何定性呢?

这里我们需要先了解一个刑法概念:犯罪形态。犯罪形态是在故意犯罪过程中由于主客观原因停止下来所呈现的状态,这种停止不是暂时性的停顿,而是结局性的停止,犯罪形态包括犯罪预备、犯罪未遂、犯罪中止和犯罪既遂。

《中华人民共和国刑法》第二十二条第一款规定:"为了犯罪,准备工具、制造条件的,是犯罪预备。"第二十三条第一款规定:"已经着手实行犯罪,由于犯罪分子意志以外的原因而未得逞的,是犯罪未遂。"第二十四条第一款规定:"在犯罪过程中,自动放弃犯罪或者自动有效地防止犯罪结果发生的,是犯罪中止。"

三者中,只有犯罪中止是能为而不为,体现出行为人的主观恶性和社会危害性较小,因此,刑事责任也相对较轻。但在本案中,马洛并不是自动放弃犯罪，而是因为没有发现周世杰的行踪，暂时没采取进一步的行动，因此，不属于犯罪中止。

虽然，公诉机关起诉时认为马洛已经着手实施杀人行为，但吴法官经审理认为，马洛为了杀人买工具、踩点，是为犯罪做准备，还没有实施杀人行为。因此，马洛的行为应当属于刑法中的犯罪预备。

另外，马洛找到周茂父子，实施言语恐吓，甚至持刀索要钱款，这就是一种威胁方式。若非如此，周茂父子也不会被迫给钱。因此，马洛的行为还应构成敲诈勒索罪，其中2万元既遂，剩余8.5万元未遂。

最终，经过合议庭评议，法院判决：李四海犯故意杀人罪，判处有期徒刑六年。马洛犯故意杀人罪，判处有期徒刑六年；犯敲诈勒索罪，判处有期徒刑三年，并处罚金1万元，数罪并罚，决定执行有期徒刑八年，并处罚金1万元。

至此，一起因报复引发的雇凶杀人案落下了帷幕。

法官点评

回顾本案，李四海把错都归于别人，竞聘失败、中风偏瘫甚至离婚，他都怪周茂，却没想过是自己狭隘的心胸让人生之路越走越窄。马洛则是为了钱不择手段，不仅没有收获爱情，还丧失了自由。说到底，仇恨让李四海心理扭曲，贪婪让马洛铤而走险。正是这种害人之心催生了犯罪，让他们一步步滑向深渊！

被诱导的殉情

主讲人：新疆维吾尔自治区乌鲁木齐市天山区人民法院　刘文欣

5月的一天黄昏，湖面上碧波荡漾，水中倒映着岸边的杨柳和一位姑娘的倩影。原本，这是多么美好的画面啊，可姑娘悲戚的哭声打破了宁静，她就是故事的女主角杜若兰。

杜若兰现年23岁，皮肤白皙，五官秀丽，长得像瓷娃娃一样精致。此刻，她一边哭一边拨通了电话，呜咽着说："我……等不到你了，是不是？"电话里传来一个男人的喊声："兰兰，你别做傻事，听我说，你一定要等我啊！"只见杜若兰面如死灰，沉默片刻后，她将一小瓶不明液体一饮而尽，然后就挂断了电话。

电话那头的男人显然被吓坏了，半个小时后，男人赶到了湖边，等他找到杜若兰时，几乎已认不出对方的样子了。杜若兰蜷缩得像刺猬一样，头发蓬乱，面部扭曲，嘴角还流着口水。男人使劲地摇晃她："兰兰，醒醒呀，我来了。"可杜若兰双眼紧闭，一言不发。

男人的叫喊声引得几个路人跑来围观，有人提醒道："快送医院吧！"男人如梦初醒，在众人的帮助下，把杜若兰抱上一辆车，送到了附近的医院。然而，杜若兰喝下的是一种让医生都闻之色变的剧毒农药，这种农药喝上10毫升就足以致命。最终，虽然经过全力抢救，但这个年仅23岁的姑娘还是不治身亡。

正当杜若兰的家人匆匆赶往医院时，那个送杜若兰入院的男人却已悄然离开。

杜若兰的离世让母亲痛不欲生，见到女儿遗体时，杜母几度哭晕过去，她想不通，女儿怎么会突然喝农药自杀呢？就在杜母满怀悲痛地接收并整理女儿遗物时，却有了一个惊人的发现。杜母看到了女儿的微信聊天记录，原来，女儿竟然是与人相约自杀，并且剧毒农药还是对方提议买的。这个人正是把杜若兰送到医院的男人——周凯！

看到微信里"周凯"这个名字时，杜母捶胸顿足，哭喊着说，女儿就是被周凯害死的。如今，女儿已死，周凯却好好活着，杜母认为，肯定是周凯逼迫、诱骗女儿自杀。于是，她向公安机关报案，控告周凯故意杀人。

警方通过对杜母、周凯等人的调查，以及死者杜若兰手机上留存的聊天记录等证据，了解到杜若兰自杀背后的故事。

周凯和杜若兰是在网上认识的，当时两人聊得很投机，又发现他们就住在相邻的镇上，便觉得特别有缘，于是，他们互加了微信好友。杜若兰的性格比较文静，而周凯幽默风趣，常把杜若兰逗得开怀大笑。这一来二去的，两人便渐生好感。

起初，周凯提出见面时，杜若兰拒绝了好几次，但后来架不住周凯的软磨硬泡，终于答应一起吃顿饭。原本，周凯还疑心杜若兰不肯见面是因为她对自己的外貌不自信，可当杜若兰出现在眼前时，周凯便对她一见钟情。杜若兰肤白貌美，温柔可亲，一看就是那种非常文静的姑娘。

当然，周凯自身的条件也不算差，中等身材，五官端正，可他觉得和杜若兰一比，自己哪儿都显得粗糙。他是做生意的，见多识广，杜若兰和他聊天很开心，而她每次笑的时候，都会在周凯的心里荡起层层涟漪。

一顿饭下来，周凯满脑子都是杜若兰水灵灵的眼睛，他不想错过机会，很快就表白了："做我的女朋友吧，我会给你一辈子的幸福！"可杜若兰并没有立即同意。周凯认为这是女孩子的矜持，便加强了追求的攻势，每天嘘寒问暖，简直把杜若兰宠成了公主一般。

终于，杜若兰被打动了，两人发展成恋人关系。但是，杜若兰告诉周凯，妈妈对她管得很严，两人暂时只能偷偷约会。于是，僻静的郊区公园就成了他们的好去处。两人经常一起在湖边漫步、聊天，度过了一段非常甜蜜的时光。

几个月后的情人节，周凯给杜若兰打电话，约她晚上看电影，杜若兰却吞吞吐吐地说："我……今天不太方便。"周凯问："咋了，是哪里不舒服吗？要不要我陪你去医院？"杜若兰无精打采地拒绝了："不用，就是有点头疼而已。"

当晚，大街上满是有说有笑的情侣，周凯却形单影只，想到杜若兰卧病在床更加孤单，他决定去陪陪女朋友。周凯买了止疼片和玫瑰花，打算给杜若兰一个惊喜。可杜若兰听说后，却不肯让周凯到家里来，说是怕被妈妈看到。周凯说："那我在你家楼下等你，把药给你后我就走，这总行了吧？"杜若兰拗不过周凯，只好同意了。

周凯见杜若兰从单元门出来时神色慌张，生怕被人看到似的，心里很不是滋味，他暗想，我就这么见不得人吗？男大当婚、女大当嫁，谈恋爱很正常啊，杜若兰为什么不敢告诉她妈妈呢？

当晚回到家，周凯忽然收到了杜若兰的微信消息："对不起，我们还是分开吧！"周凯如同挨了一记闷棍，大脑一片空白，他立刻给杜若兰打电话，追问到底怎么回事。杜若兰说："我妈看到你送来的花，就不停地逼问我，我说了咱俩的事儿，她让我立刻和你分手。"周凯不解地问："为什么啊？她都没见过我，怎么连个机会都不给我呢？"杜若兰一字一顿地说："我妈……想让我嫁给别人。"

此后，杜若兰是打电话不接，发微信不回。周凯简直要疯了，每天茶饭不思、精神恍惚，手机一刻也不离身，只要铃声一响，他就以为是杜若兰打电话过来了，可却一次次陷入失望。几天后，周凯决定去找杜若兰当面问个明白。

周凯来到杜若兰住的小区，问到了杜若兰家的门牌号。他鼓足勇气敲响了房门，但开门的却是个50多岁的女人，身后还躲着个一两岁的小男孩。原来，杜若兰外出办事去了，这个女人是杜若兰的妈妈。

得知周凯的来意后，杜母沉默了半晌，说道："周凯，我知道你，也知道你和我们家兰兰的事。但是我今天不妨明确告诉你，兰兰早就有对象了，叫齐明亮，就等着结婚呢！"

周凯听完吃了一惊，心想，难道这个齐明亮就是杜家逼着女儿要嫁的人吗？他急忙说："你们怎么能让女儿嫁给不喜欢的人呢？再说了，她不是还没结婚吗？恋爱自由啊，我俩可是认真的。"

杜母被逼急了，声音有些发颤："你到底搞清楚状况没有？我今天就索性挑明了吧！"她冲着那个正在吃饼干的小男孩喊道："浩浩，告诉叔叔，你是谁，你妈妈叫啥？"小男孩用稚嫩的声音回答："我叫齐浩，我妈妈叫杜若兰。"孩子的这句话一出口，周凯如遭五雷轰顶，僵坐在沙发上。接着，他从杜母口中听到了一个完全不一样的杜若兰。

杜母告诉周凯，杜若兰和齐明亮从小青梅竹马，初中时就恋爱了。两年前杜若兰意外怀孕，把杜母气得半死，可男方家听说此事后，坚持要求生下孩子，表示认定了杜若兰这个儿媳妇。杜母虽然觉得女儿未婚先孕很丢人，但也担心流产伤身，又想着小地方人多嘴杂，发生这种事，杜若兰以后想嫁给别人恐怕也会受影响。齐明亮看起来忠厚老实，双方家里也知根知底，应该靠得住，于是只好答应了。

就在两家人商量着让齐明亮和杜若兰赶紧领结婚证时，忽然发现，齐明亮还没到 22 岁法定婚龄。两家人一合计，决定让杜若兰先把孩子生下来，等齐明亮满 22 岁后再领结婚证。后来，杜若兰顺利生下了一个男孩，婆家欢天喜地，齐明亮也意识到肩上的担子更重了，起早贪黑地赚钱养家，想给杜若兰办一场风风光光的婚礼，领结婚证的事就暂时耽搁了。

谁知，婚礼还没办呢，杜母就发现女儿在和其他男人秘密交往，这个男人正是周凯。杜母气得直骂女儿，但家丑不可外扬，齐明亮那边还蒙在鼓里呢，杜母决定快刀斩乱麻，让女儿立即和周凯断绝关系。所以，杜若兰才突然提出要和周凯分手。

听完杜母的讲述，周凯的心里如同打翻了五味瓶，他不敢相信，像出水芙蓉一样清纯的杜若兰，居然有这么复杂的过往，而且还一直瞒着他。周凯看看杜母，又看看杜若兰的儿子，只能颓然地离开。回到家后，周凯心如刀绞，他恨杜若兰骗自己，更恨自己忘不了杜若兰。这种煎熬让他濒临崩溃，他给杜若兰发信息说："你之前的事我已经知道了，听不到你的解释，我除了死，别无选择。"终于，杜若兰给周凯打来电话，泣不成声地请求他的原谅，说自己也是没办法。

杜若兰告诉周凯，两年前，她意外怀孕，一下子慌了神，后面的事全是双方家长在做主。她不想就这样和齐明亮过一辈子，而且自从生完孩子后，齐明亮忙着挣钱，两人几乎没什么交流，感情也越来越淡。本来杜若兰觉得自己都抑郁了，但遇见周凯后，她仿佛活了过来，认定周凯才是自己理想中的爱人。她也曾想过要告诉周凯自己的经历，却又不忍破坏周凯的幻想，而且她已经生下了齐家的孩子，孩子该怎么办呢？思来想去，她也只能先瞒着，走一步算一步。可情人节那天，妈妈还是发现了她的秘密，逼着她和周凯分手。她倍感煎熬，但也只能照妈妈的命令做。

周凯听完杜若兰的讲述后，心乱如麻，可他认定杜若兰是自己的真爱，也相信杜若兰一定爱着他。他下定决心，告诉杜若兰："齐明亮能给

被诱导的殉情

509

你的，我都可以给你；他给不了你的，我也能给你。咱们这就结婚吧！"周凯的求婚让杜若兰措手不及，事情发展到这个地步，杜若兰无法再瞒着齐明亮，于是她向齐明亮和盘托出自己与周凯相爱的事情。

齐明亮是个闷葫芦，不太爱说话，但他是真心爱着杜若兰和儿子，天天都想着挣钱买房，好让一家三口早点过上好日子。现在出了这种事，他倒是没过多责备杜若兰，反而认为是自己忙着打工，对产后抑郁的杜若兰关心不够，才让周凯乘虚而入。齐明亮表示，只要杜若兰与周凯一刀两断，他愿意立即和杜若兰结婚。

这下，杜若兰就更为难了，一边是痴心的周凯，一边是忠厚的齐明亮，她该如何选择呢？在这个节骨眼上，杜母对女儿说，如果杜若兰不离开周凯，她就和杜若兰断绝母女关系，而且，杜母还拿出了"撒手锏"——杜若兰的儿子浩浩。这个不到两岁的小家伙，聪明又可爱，就算杜若兰舍得离开齐明亮，又怎么舍得离开儿子呢？她挣扎再三，还是决定向周凯摊牌，表示自己要嫁给齐明亮。

周凯得知后，彻底崩溃。他每天去找杜若兰，逼得杜若兰不得不搬到别处躲了起来。周凯给杜若兰打电话，杜若兰也不接。他又疯狂地给杜若兰发微信，甚至还在微信中表示："死是唯一的解药。"周凯的苦苦纠缠让杜若兰痛苦万分，她发信息说："你这样会逼死我的。"周凯此时的心情已经跌到了谷底，他说："那我们就一起死吧！一瓶农药就能解决所有的问题。"就这样，陷入绝望的周凯和杜若兰相约自杀，两个人计划在郊区公园一起服毒。

那天中午，杜若兰到城郊的农药店买了剧毒农药，然后就在湖边等周凯，可等到太阳落山，周凯也没来，万念俱灰的杜若兰独自喝下了农药。等到周凯赶来时，杜若兰已经不省人事，送到医院之后也没能抢救过来——这就是故事刚开始的那一幕。

面对警方的询问，周凯承认曾和杜若兰相约自杀。但他说，当时自己伤心欲绝，完全是在发泄情绪，没想到杜若兰会当真。两人相约自杀后，周凯得知父亲突然摔伤，想到自己如果死了，家里就没了依靠，所以彻底放弃了自杀念头。而且，后来在电话里，他也劝过杜若兰别冲动，但为时已晚。周凯痛苦地说，他若真想害死杜若兰，就不会再跑去找杜若兰，并把她送到医院抢救。

那么，周凯与杜若兰相约自杀后，又单方面反悔，他是否构成杜母控告的故意杀人罪呢？

警方经过调查认为，在相约自杀时，强迫、诱骗、唆使他人与自己一起自杀，或协助他人实施自杀行为，放任死亡结果的发生，导致他人死亡的，可能构成故意杀人罪。本案中，周凯虽然曾与杜若兰相约自杀，但并没有证据证实周凯强迫、诱骗、唆使杜若兰自杀，或者协助杜若兰自杀，也就是说，不能认定周凯有故意杀害杜若兰的主观故意和客观行为。而导致杜若兰死亡的直接原因，是她服用了自行购买的剧毒农药。因此，警方最后认定，周凯的行为不能构成故意杀人罪。

得知这个结果后，杜母的眼泪都快哭干了，想到这些年自己含辛茹苦养大的女儿就这么没了，她整天都像丢了魂儿似的。不到两岁的小外孙也常常问："外婆，妈妈呢？"杜母心如刀割，她无法原谅周凯，坚决要求为女儿讨个说法。

这时，公安机关一边劝慰杜母，一边也给出了建议：虽然周凯的行为不构成刑事犯罪，但并不意味着不用承担赔偿责任，何不试试向法院起诉周凯，要求赔偿呢？

于是，杜母决定以她和外孙浩浩作为原告，向法院提起民事诉讼，要求被告周凯予以赔偿。不过，杜母咨询后也认为，虽然死亡赔偿金、精神抚慰金算下来接近 100 万元，但女儿毕竟是自杀身亡，不能全怪别人，因此，只主张了 20 万元赔偿款。

案件立案后，分给了法院的宋法官主审。开庭前，宋法官通过查阅案卷，了解到杜家人和周凯的纠葛，唏嘘不已。世上有很多人拼命想活下去，却没有机会，而年轻的姑娘偏偏要选择轻生，实在太可惜了。看到起诉状时，宋法官发现，原告只有两人，分别是杜母和杜若兰的儿子。这让宋法官感到很疑惑，按理说，死者的继承人，包括父母、子女都属于法律规定的赔偿权利人，应共同起诉被告，案卷材料也显示杜若兰的父母尚在，那她的父亲呢，为什么没有作为共同原告？

这可是个重要的程序问题，因为，杜父、杜母和浩浩都同样享有向周凯主张赔偿的权利，如果法院最终判决周凯进行赔偿，而杜父又不是原告，就会损害他应当享有的获赔权利。也就是说，杜父属于必要的共同诉讼参与人，这个案子的原告里少了杜父，就会影响诉讼程序。

这里，也就引出了本案的法律知识点——必要的共同诉讼。

法官解案 >>>

必要的共同诉讼是指当事人一方为二人以上，对同一诉讼标的有共同的利害关系而形成的共同诉讼。本案中，杜若兰死亡后，她的第一顺位继承人包括父母和子女。起诉时，原告应该为三人，但起诉书中少了必要的共同诉讼参与人——杜父。

根据《最高人民法院关于适用〈中华人民共和国民事诉讼法〉的解释》第七十四条的规定："人民法院追加共同诉讼的当事人时，应当通知其他当事人。应当追加的原告，已明确表示放弃实体权利的，可不予追加；既不愿意参加诉讼，又不放弃实体权利的，仍应追加为共同原告，其不参加诉讼，不影响人民法院对案件的审理和依法作出判决。"

正是基于上述规定，宋法官首先联系了杜母，这才知道，原来早在多年前，杜母就因为和杜父感情不和分居了，平时也很少来往。于是，法院又单独通知杜父参加诉讼。杜父和杜母一样，对于女儿的死，他感到十分悲痛，希望法院一定要让周凯付出应有的代价。可杜父因为与杜母积怨太深，不愿到庭参加诉讼，但又表示不会放弃实体权利。

因此，法院决定依法将杜父追加为共同原告，继续案件的审理。

法庭上，几乎一夜白头的杜母声泪俱下，她告诉宋法官，杜若兰怀孕时才20岁出头，还很年轻。除了未婚先孕这件事，女儿一直都很听自己的话，直到遇见周凯，她就像着了魔一般，连儿子也不管了，谁劝都没用。当时，女儿明明已决心分手，周凯却死缠烂打，还欺骗杜若兰自杀。如今，幼子丧母，白发人送黑发人。杜母当庭质问周凯："要不是因为你把兰兰往绝路上逼，她会自杀吗？"

被告席上的周凯眼窝深陷、胡子拉碴的，他忍不住回击："是她骗了我的感情，好吗？"周凯说自己深爱着杜若兰，但杜若兰一直瞒着已有孩子的事。两人相约自杀后，他是因为担心父母孤苦无依，才放弃了自杀念头，难道这也有错吗？

宋法官分析认为，暂且不论两人感情上谁对谁错，在法律上，事实已经比较清楚了。杜若兰因为情感纠葛服毒自杀，导致死亡，应由个人承担主要责任，但在此过程中，周凯也存在一定的过错。在本案中，一开始，杜若兰曾多次向周凯提出分手，表示不能对不起儿子、妈妈和齐明亮，但周凯始终拒绝接受，并以死相逼。接着，当杜若兰说自己不想活了时，周凯不仅没有劝阻，反而表示愿意一起死。于是，两人才相约自杀。最后，周凯明知剧毒农药可能致死，还向杜若兰提议喝农药，且在杜若兰购买农药后，周凯没有妥善处理，延误抢救时机，导致杜若兰服毒身亡。

据此，宋法官认为，杜若兰的死无疑与周凯有关，他不仅在心理上对杜若兰的自杀给予支持，还在行为上为杜若兰自杀提供信息。所以，周凯

被诱导的殉情

应当承担部分赔偿责任。

本案中，根据法律规定计算出的死亡赔偿金、精神抚慰金将近 100 万元，法院综合全案认为，周凯应承担全部赔偿责任的 15%。最终，法院判决，周凯向杜若兰的父母和儿子赔偿 14.9 万元。本案中原告主张 20 万元，也就是说，大部分的诉讼请求得到了法院支持。

法官点评

案件结束了，但无论周凯赔偿杜家人多少钱，都无法挽回杜若兰年轻的生命。男女之间感情的事，确实很难说得清，但有一点我们要明白，如果在感情的纠缠中失去理性，就可能陷入绝境，本案中的杜若兰和周凯就是如此。两人的相约自杀，也暴露出了他们的懦弱和自私。杜若兰死了，却把痛苦留给了年迈的父母和幼小的儿子。周凯虽然活着，但他能逃得过法律和良知的惩罚吗？

唐　楠

　　香港城市大学法学研究生、工商管理硕士双硕士学历、学位，曾在香港高等法院跟随法官学习并出访美国埃默里大学。先后供职于中国人民银行、某城市商业银行总行，一直从事法律工作。后追随梦想，成为一名新疆维吾尔自治区乌鲁木齐市中级人民法院员额法官。曾荣立三等功并获优秀公务员荣誉。

求转运落圈套

主讲人：新疆维吾尔自治区乌鲁木齐市中级人民法院　唐　楠

2018 年的一天凌晨，街上空荡无人，在路灯的映照下有一个曼妙的身影，她很犹豫地走到派出所门前，不停地徘徊。面对值班民警的再三询问，这名女子才说："我……我要报警！有人……强奸我。"

报案的女子名叫李玉，故事还要从几个月前的一场宴会说起。

那是某公司的一次商务晚宴。作为公司老总的秘书，李玉善于察言观色，酒桌上坐着的都是兄弟公司老总级别的"大人物"，觥筹交错中大家相谈甚欢，李玉也端着酒瓶给每一位客人斟满酒水。其中有一位客人最吸引李玉的注意，虽然此人少言寡语，但穿着考究、举止沉稳。在谈话中，李玉了解到这位客人姓刘，是业界非常知名的"风水大师"。这张酒桌上，几乎所有公司选址、装修等，都请这位"刘大师"看过风水。原来这就是传说中神乎其神的"刘大师"，李玉赶紧找准机会向"刘大师"敬酒，"刘大师"非常谦逊，没有一点架子，还主动递给李玉一张名片，邀请李玉有时间到自己的风水馆坐一坐。李玉仔细端详这张名片，上面写着：易经风水馆，风水大师：刘天强，业务范围：风水、占卜、转运、起名等。李玉赶紧将名片放到自己的包里，觉得将来还真有可能请他帮忙。

李玉每天都很忙碌。三年前，她只身一人从农村来到城市打拼，虽然起早贪黑，但是事业并没有什么起色，收入低、发展慢。这段时间，男朋友又和自己分手了，李玉觉得生活、事业似乎都是灰色的，什么时候自己的生活、事业才能顺一点呢？

李玉找到自己的闺蜜韩英诉苦，韩英开玩笑地说："今年是你的本命年，本命年就是不顺的事情多，要不你找个风水先生看看？"

韩英只是随口调侃，但说者无心、听者有意。李玉觉得韩英说得非常有道理，她突然想到了刘天强，说不定这位"刘大师"可以帮自己转运呢！于是，她急忙翻出了刘天强的名片。

"易经风水馆"可真难找，虽然刘天强给李玉发了具体的位置，可是李玉在小胡同里走了很久，才找到一座自建房，"易经风水馆"的小牌匾就挂在自建房非常隐蔽的一处墙上。李玉很纳闷，心想刘天强不是"大师"吗，他不在宽敞的写字楼里办公，居然跑到这么寒酸的地方，不会是个江湖骗子吧？但当李玉走进"易经风水馆"后，却是眼前一亮。这里地方虽然不大，但内容非常丰富。书桌上摆放着晚会、企业年会中刘天强与明星、社会名流的合影，墙上挂着企业、单位送来的锦旗。书架上摆满了各类风水书籍，书桌上还放着一本讲风水的书籍，封面上标注的作者正是刘天强。看到这些，李玉觉得刘天强果然是"大师级"的人物。

"要是在市中心写字楼里开风水馆，那太高调了。这里很安静，你不觉得吗？"刘天强的话打断了李玉的思绪，李玉不好意思地说："就是，就是。"李玉心想，大师就是大师，连我想什么，他都知道，看来确实有些实力。

"李秘书今天大驾光临，有什么指教啊？"刘天强将工夫茶泡好后递给李玉一小杯，平静地说道。

"刘大师，我这段时间运气差得很，事业上也没有什么起色，这就算了，我还和男朋友分手了。"李玉倒着苦水，"今年是我的本命年，听说本命年霉运多，都说刘大师功力深厚，我想请你帮我转转运啊。"

　　刘天强并没有接话，只是说："先聊聊你的生活吧！"李玉觉得有些奇怪，可既然对方都这么说了，她只好介绍了自己的情况。

　　开始的时候，李玉像做自我介绍一样，说自己是哪一年出生的、在哪里上学、在哪里工作……刘天强很少插话，只是让李玉尽量说得详细一些。但是说着说着，李玉就有了一种主动倾诉的欲望，也许是由于身处太多的利益关系之中，李玉总是没有倾诉的对象，工作压力和生活阴影其实早就压得她喘不上气来。慢慢地，李玉就开始说到了自己生活中的一些细节，说着说着，不自觉地泪流满面……

　　李玉觉得，对面的刘天强今天能不能给自己转运已经不那么重要了，自己能把积压在心中的委屈说出来，就觉得心情舒畅了许多。不知不觉，两个多小时过去了。李玉说完了，接过刘天强递过来的纸巾，抹去眼泪，抱歉地说道："对不起，耽误刘大师这么长时间，我该走了！"

　　正当李玉起身准备离开，刘天强突然轻轻地说了一句："你的继父是不是虐待过你？还对你有过非分的想法？"话声虽小，但是李玉觉得自己像被一道闪电击中，直接瘫坐在了地上。

　　虽然刚才倾诉了很多，但儿时那段不堪回首的记忆，李玉还是小心地回避着，不愿意说出来。那段经历就像噩梦，无时无刻不让李玉感到恐惧和愤怒：继父经常不让自己吃饭，还用烟头烫自己的手臂，母亲也经常因为琐事受到继父的毒打，更谈不上保护女儿了。甚至李玉有一次从梦中惊醒，发现继父就在床边，想猥亵自己，还好自己喊了人，及时逃脱了。所以，李玉很早就离开了家，来到陌生的城市，想寻找属于自己的生活。她将这段噩梦深埋在心中。

　　"刘大师……你咋知道的？"李玉站起来，顾不得拍掉身上的灰，急切地想知道这个自己坚守了十几年的秘密，刘天强是怎么知道的。"这是天机，不可泄露。"刘天强指了指自己对面的凳子，神秘地说道："今年是你的本命年，按我说的做，半年后，你一定可以事业爱情双丰收。"

李玉非常高兴，急忙掏钱包，想酬谢刘天强。但让李玉觉得意外的是，刘天强满脸不高兴地说："你能到我这里转运，说明我们是有缘分的，谈钱就是在玷污我们的缘分。"听到这话，刘天强在李玉心中的形象更高大了。

刘天强告诉李玉，感情不顺和从小生活不幸福都是因为"冲了太岁"，需要烧香叩拜才能交到好运。刘天强带着李玉到了市场上一个非常偏僻的小店，他告诉李玉，只有在这个地方购买的香炉、佛龛等才有灵气，并且必须由刘天强亲自购买才有效，说着他掏出了自己的钱包。李玉哪能让"刘大师"掏钱去为自己买东西，直接将自己的钱包递给了刘天强。过了半个多小时，刘天强才从这个破破烂烂的小店里走出来。李玉钱包里仅有的 1000 元，换回来的是一些旧佛龛、香炉及一小把香。

刘天强告诉李玉，每天一定要按照指定的时间烧香叩拜，半年后一定有好运。两人加了微信，开始的时候，他们聊的都是风水、运势等。慢慢地，李玉开始向刘天强倾诉生活、工作中的烦恼，特别是刘天强告诉李玉自己还是单身的时候，李玉就经常约他一起吃饭、逛街。两人在微信上聊天也越来越亲密。

之后，李玉每天都非常开心，好姐妹韩英好奇地问道："你这段时间怎么了，面带桃花，有啥喜事吗？"李玉被韩英这么一问，满脸羞涩，就将刘天强如何料事如神，如何无偿帮助自己，如何对自己好的事情告诉了韩英。

韩英看李玉这么相信这个刘天强，觉得自己刚离婚，要不也找他转转运。本来韩英约好李玉一起去见刘天强，但是李玉临时要出差，韩英就只好自己开车去了。

第一次见面，韩英刚想说自己是李玉介绍来的，没想到刘天强突然问："你开的车是不是白色的？"随后还直接将韩英住在哪个小区、门牌号是什么都说了出来。韩英非常惊讶，心想，这个刘天强果真有实力。

正在这时，一位大姐突然兴冲冲地走进来，手里展开一面锦旗，"扑通"一声跪在了地上，激动地说："多亏您帮我的孩子转运，孩子在高考中超常发挥，已经考上了名牌大学。"

等刘天强送走那个大姐之后，韩英对他更加刮目相看。

和李玉一样，刘天强给韩英转运确实没有收取任何费用，但是购买香火的店铺还是他带着韩英去的，韩英当然不能让刘天强出钱买香，直接就递给了他 1000 元。

刘天强告诉韩英："这家店的香才是最好的香，你刚才看到的那位大姐，也是从这里买的香。你可能不知道，大姐家的孩子原来学习成绩并不好，自从烧香叩拜了以后，才在高考中超常发挥。"刘天强突然问韩英："知不知道我为什么要亲自带你买香？"韩英一脸茫然。刘天强掐指一算，说："你是不是属猴？"韩英惊讶地说："是啊。" 刘天强说："我们属相相配，我亲自去拿香火再转交给你，就相当于我把自己身上的仙气存入香中，这样你烧香的效果就更好了呀。"

韩英觉得刘天强确实有本事，也真的是为了自己好。从此，刘天强怎么说，韩英就怎么做。

日子过得很快，三个多月过去了。天天烧香叩拜、祈求好运的李玉，却收到了一个让她震惊的消息：公司要控制成本，辞退了一大批员工，自己也在其中。

李玉的心情糟透了，虽然公司要裁员的消息她早就知道了，可她非常自信，觉得自己工作很努力，而且又找了刘天强转运，肯定是不会被裁员的，可没想到是这样的结果。

李玉第一时间找到了刘天强哭诉："我都按照你说的做了，为什么还会被裁员啊？"刘天强一边安慰李玉，一边解释道："现在才三个多月，还没有见效啊。我不是说了吗，要想见效，起码得半年以上。"李玉哭着说："我不管，我现在就要交上好运。"刘天强一副非常为难的样子，坐在一边小声说道："办法倒不是没有，就是……哎，还是算了。"

李玉一听他有办法，急忙撒娇，刘天强这才说道："办法就是点痣转运，这样可以快速消除你的霉运。但是点痣是要点全身的痣，所以……你得把衣服脱掉。"

即使自己喜欢刘天强，但一听要脱去衣服，李玉还是很不好意思。

看到李玉很犹豫，刘天强有些生气地说："你知道吗，这个点痣用的药水，我从来没有拿出来过。要不是因为我属龙、你属狗，我们属相相配，而且我也喜欢你，我才不会给你点痣，这非常消耗我的功力，要不还是算了吧……"

听到刘天强说喜欢自己，李玉心里别提多开心了。李玉也想着快点交上好运，就脱去了衣服。而在点痣的同时，刘天强又告诉李玉只有"破脏水"才能彻底消除霉运。李玉也没有反对，最终和刘天强发生了关系。

事后，李玉穿上衣服，还请刘天强在风水馆楼下的餐馆吃饭，两个人的聊天内容更甜蜜了。就在这时，刘天强突然告诉李玉，经过这段时间的交往，自己确实很喜欢李玉，但是作为风水大师，给客户"破脏水"是犯了大忌，自己再也不能给别人看风水了。

李玉赶忙问："这可怎么办啊？"这时，刘天强告诉李玉："你得包一个8888元的大红包放到我店里的佛龛下，我每日诵经，这样才能破忌。这是天机，绝不能告诉别人，不然你的霉运会降落在我的头上。"

李玉刚被裁员，哪有这么多的钱，她告诉刘天强自己身上并没有带钱，等回家凑够钱再交给他。

李玉回到家中时，已经很晚了。突然，韩英发来了微信，她警告李玉，不要被刘天强骗了。李玉刚想为刘天强辩解几句，可韩英直接打电话过来，她接下来的话让李玉完全蒙了。

原来，韩英说自己无意间看到了刘天强的护照，发现他的真名叫"刘强"。韩英留了一个心眼，偷偷翻看了那些标注作者为刘天强的风水书，发现实际上这些书除了封面，里面全是白纸。韩英还说，刘强告诉自己他属蛇，可按照护照上的年龄，他根本不可能属蛇。

韩英痛斥着刘强，而电话这头，李玉早已听不进去了。自己被骗了香火钱，甚至还和这个刘强发生了关系……李玉觉得实在太委屈了，决定赶紧去派出所报案。但走到派出所门口后，她又害怕一旦报了案，自己被骗并且和刘强发生关系的事就人尽皆知了，这让自己以后还怎么见人啊！

听完李玉的讲述，警方立即展开调查，很快便将刘强抓获。面对民警的讯问，刘强供认不讳，情节大体上和李玉的陈述一致。

公安机关侦查完毕后，移送检察院审查起诉，检察院以被告刘强涉嫌强奸罪向法院提起公诉。

接手案件后，张法官起初觉得很奇怪，受害人之所以选择相信刘强，是因为刘强能够说出受害人的相关情况，而这些情况都是当事人的隐私，一般人不可能知道。比如，刘强为什么知道李玉小时候被继父虐待甚至险遭猥亵；再比如，刘强为什么知道韩英的车颜色、住所的具体位置。难道刘强真有什么神功吗？

仔细查阅卷宗后，张法官明白了，所谓"大师"从来没有什么真正的神功。依据刘强在公安机关审讯时交代的内容，原来，对于李玉的隐私，刘强也是猜的，因为李玉极度痛恨继父，交谈过程中甚至会咬牙切齿，但又有些犹豫。刘强也是试着猜的，没想到还真猜中了。猜出韩英的车颜色，是因为刘强提前就知道韩英要过来，他通过自己在房前安装的摄像头看到了韩英的车。而韩英住所的具体位置，也是之前刘强在与李玉的交谈中一点点知道的，没什么稀奇的。李玉和韩英购买的香火也并不是什么有灵气的香火，都是刘强购买的廉价香火，他再加价卖给李玉和韩英。至于说自己孩子考上名牌大学的大姐，那是刘强知道韩英要过来看风水，花钱雇来演戏给韩英看的。

刘强还交代，他不认识什么社会名流，只是善于包装自己，在一些公共场合，他会挤到明星和社会名流旁边合影，企图提高自己的社会地位。自己看风水的那几招，都是从几本迷信小册子、星座书籍中学来的。刘强很清楚，"易经风水馆"根本办不下来营业执照，为了逃避法律制裁，他经常更换营业的地方，但都是一些非常偏僻的城乡接合部。

案件进入庭审阶段，检察院公诉人指控刘强构成强奸罪。但是张法官通过分析案件材料，却发现了一些问题。

因为依据我国刑法，强奸罪是指违背妇女意志，使用暴力、胁迫或者其他手段，强行与其发生性行为的罪行。而在本案中，没有刘强使用过暴力和胁迫的任何证据。在公安机关的卷宗中，李玉的陈述也显示，在刘强为李玉点痣并发生关系的时候，李玉并没有任何反抗，也没有任何拒绝的表述。刘强和李玉发生关系后，两人坐在床边聊了一个多小时，事后还到楼下吃了饭，聊天内容较为亲密，没有任何过激言论。

结合全案情况和法律规定，仅有被害人李玉自称被强奸这一孤证，不能认定被告人刘强构成强奸罪。

法官解案 >>>

张法官通过分析刘强的行为，比对法律规定，认为刘强实际上触犯了我国刑法第三百条的规定，即组织、利用会道门、邪教组织、利用迷信破坏法律实施罪。这里所谓的迷信是指从事占卜、算命、看阴阳风水等活动。

在本案中，刘强实施了看风水、占卜算命等迷信活动。依据公安机关的审讯和检察院的调查，刘强利用了包括被害人李玉在内的一部分群众文化水平低、辨别能力差等特点，长期从事迷信活动，严重破坏了正常的社会秩序，而严重破坏正常社会秩序也是破坏法律、行政法规实施，所以应当依法予以惩处。

最终，被告人刘强因利用迷信破坏法律实施罪，被判处有期徒刑二年零六个月，并处罚金1万元。

案件到此告一段落，又一个所谓的"大师"因为犯罪锒铛入狱。

法官点评

本案中刘强骗财骗色的手段其实并不高明，但正是因为像李玉、韩英这样的人，将生活中的不如意都归结到自己运气差、风水不好，才给了所谓的"大师"骗人的机会，所以只有相信科学、抵制迷信，遇到困难时勇于面对、积极解决，才能避免上当受骗。